Frieden: Vom Wert der Koexistenz

Grundwerte Europas Band 6

Frieden:
Vom Wert der Koexistenz

Herausgegeben von Clemens Sedmak

Die Deutsche Nationalbibliothek verzeichnet diese Publikation
in der Deutschen Nationalbibliografie;
detaillierte bibliografische Daten sind im Internet über
http://dnb.d-nb.de abrufbar.

Das Werk ist in allen seinen Teilen urheberrechtlich geschützt.
Jede Verwertung ist ohne Zustimmung des Verlages unzulässig.
Das gilt insbesondere für Vervielfältigungen,
Übersetzungen, Mikroverfilmungen und die Einspeicherung in
und Verarbeitung durch elektronische Systeme.

© 2016 by WBG (Wissenschaftliche Buchgesellschaft), Darmstadt
Die Herausgabe dieses Werkes wurde durch die Vereinsmitglieder der WBG ermöglicht.
Reproduktionsfähige Druckvorlagenerstellung: Dorit Wolf-Schwarz
Schrift: Garamond, Helvetica
Einbandgestaltung: Peter Lohse, Heppenheim
Gedruckt auf säurefreiem und alterungsbeständigem Papier
Printed in Germany

Besuchen Sie uns im Internet: www.wbg-wissenverbindet.de

ISBN 978-3-534-20779-4

Elektronisch sind folgende Aufnahmen erhältlich:
eBook (PDF): 978-3-534-74177-9
eBook (epub): 978-3-534-74178-6

Inhalt

Clemens Sedmak
„Eine neue Art in der Welt zu leben."
Zur Einleitung 9

Zum Begriff und zur Ethik des Friedens

Ines-Jacqueline Werkner
Der gerechte Frieden als neues friedensethisches Leitbild 25

Jean-Christophe Merle
Friede und Gerechtigkeit 43

Georg Cavallar
Die Denkungsart des Friedens. Ein vergessenes Erbe der Aufklärung 63

Bemühungen um Frieden in der Europäischen Geschichte

Oliver Hidalgo
Rousseau, Kant und die Aporien des gerechten Krieges
und demokratischen Friedens: Zwischen Politik, Recht und Moral 79

Christoph Kampmann
Friedensnorm und Friedenspraxis in der Frühen Neuzeit 99

Gerd Althoff
Frieden herstellen und Frieden erhalten im Mittelalter 117

Friedenspolitik in Europa und der Welt

Regina Heller
Russland und der Frieden in Europa – normative Entwicklungspfade
und aktuelle Außenpolitik 137

Dagmar Richter
Frieden durch Recht 157

Bernhard Rinke
Zerplatzt Kants Traum? Über den „Ewigen Frieden"
in der Europäischen Union 189

FRIEDEN UND RELIGION

Rüdiger Lohlker
Friede: Islamische Perspektiven 203

Wolfgang Palaver
Religion(en) und Friede: Wege zur universalen Geschwisterlichkeit 223

Thomas Nauerth
Die christlichen Kirchen und der Friede.
Ein Rückblick auf 100 Jahre Aufbruch 245

Verzeichnis der Autorinnen und Autoren 271

Vorwort

Friede ist eines jener Güter, das in seinem Wert vor allem dann am deutlichsten erkannt wird, wenn das Gut verloren ist. Paradoxerweise erzählen Kriege Sehnsuchtsgeschichten von Frieden. Das Ringen Europas um ein friedliches Miteinander ist auch diesenm Paradox zu verdanken; gleichzeitig impliziert dieser Hinweis, dass Friede unschwer selbstverständlich, ja selbstgefällig werden kann; hier sind Erinnerungsarbeit ebenso hilfreich wie Aufmerksamkeit gegenüber dem, was Frieden herausfordert.

Zum Zeitpunkt des Erscheinens dieses Bandes ist das Thema „Menschen auf der Flucht" ein prägendes Thema in Europa; Menschen fliehen vor Kriegen, Konflikten, Unsicherheit und suchen Frieden und Stabilität – und hoffen friedvolles Leben in Europa zu finden.

Die Realität sieht oft anders aus. Friede ist kein Gut, das angeschafft und dann bewirtschaftet werden kann; Friede ist kein Gut, das „ein für allemal" angeeignet werden kann; es bedarf der dauernden Arbeit am Frieden – und es bedarf der steten Erinnerung, dass Friede kostbar und zerbrechlich ist. Der vorliegende Band soll ein kleiner Beitrag zu dieser Erinnerungsarbeit sein; vielleicht auch ein wenig mehr: Arbeit am Nachdenken über den Frieden und die Friedenssicherung.

Mein Dank gilt wieder Benjamin Landgrebe von der Wissenschaftlichen Buchgesellschaft für die geduldige Begleitung des Projekts und Dorit Wolf-Schwarz für das gewissenhafte und zuverlässige Layout. Eigens und besonders bedanken will ich mich bei Gottfried Schweiger für die große Unterstützung bei der Umsetzung. Und natürlich statte ich aufrichtigen und herzlichen Dank an alle Autorinnen und Autoren ab! Ich wünsche dem Buch eine wohlwollende Aufnahme.

Clemens Sedmak

Clemens Sedmak

„Eine neue Art in der Welt zu leben." Zur Einleitung

Immanuel Kant hat in seiner Schrift *Zum ewigen Frieden* daran erinnert, dass jeder wirkliche Friede den Verzicht auf alle möglichen zukünftigen Kriegsgründe voraussetzt. Das war eine Lektion, die durch die Bedingungen der Beendigung des Ersten Weltkriegs bitter gelernt werden musste. Voraussetzung für Frieden ist nach Kant die nationalstaatliche Souveränität – das ist eine These, die die Europäische Union seit der frühen Nachkriegszeit zurückzuweisen sucht; Kants Position allerdings, Frieden auf Dauer durch eine Rechtsordnung zu sichern, wird in Europa konsequent verfolgt. Die von Kant konstatierte große Herausforderung, auch für unsere Zeit, ist die grenzübergreifende Sicherung von Frieden bei Respektierung nationalstaatlicher Souveränität. Frieden braucht Ordnung und Form. In seiner Dankesrede als Träger des Friedenspreises des Deutschen Buchhandels führte David Grossman in dieser Hinsicht am Beispiel Israel aus: „Wenn es Frieden gäbe, hätte Israel endlich Grenzen. Das ist nicht trivial, schon gar nicht für ein Volk, das die meiste Zeit seines Bestehens verstreut unter anderen Völkern gelebt hat, und die meisten Katastrophen in seiner Geschichte eben aufgrund dieses Umstands erleben musste. Stellen Sie sich vor: Auch nach 62 Jahren hat Israel noch immer keine festen Grenzen. Seine Grenzen verschieben sich etwa alle zehn Jahre, weiten sich aus oder werden zurückgedrängt, mal unseretwegen, mal wegen unserer Nachbarn. Wer keine klaren Grenzen hat, gleicht einem, in dessen Haus die Wände sich fortwährend bewegen; einem, der keinen festen Boden unter den Füßen spürt. Einem, der kein wirkliches Zuhause hat."[1]

Frieden braucht Ordnung und Frieden braucht Form – Ordnung und Form werden auch in Grenzen ausgedrückt, wie ja auch Verträge moralische Spielräume definieren und eingrenzen; dann erst, durch Ordnung und Form, kann ein „Zuhause" entstehen, ein Ort, an dem man in Sicherheit bleiben und wachsen kann; die Aspekte von Ordnung und Form haben Europas Geschichte mit seinen Friedensverträgen wie auch zwischenstaatlichen Konflikten geprägt. Diese Konfliktgeschichte ist als Lerngeschichte zu ergreifen, um das Sprachspiel von Frieden als europäischem Wert glaubhaft spielen zu können.

---

1   David Grossman, Dankrede 2010: http://www.friedenspreis-des-deutschen-buchhandels.de.

Glaubwürdigkeit und Lerngeschichte

Europa hat in keinem Fall ein Privileg darauf, glaubwürdig von Frieden zu sprechen; gerade die erste Hälfte des 20. Jahrhunderts hat eine moralische Hypothek aufgebaut, die nicht abgetragen werden kann; nach Ansicht des amerikanischen Philosophen Robert Nozick kommt die Shoah einem zweiten Sündenfall gleich, der die Conditio Humana nachhaltig verändert hat; nun sei es – und das wurde von und in Europa verschuldet – keine Tragik mehr, wenn die Menschheit aufhören würde, zu existieren.[2] Ein Blick auf diesen zweiten Sündenfall darf nicht erspart werden. Auschwitz schafft Irreversibilitäten, die zu Lasten werden, die kaum abgedient werden können, wie Primo Levi, der 1987 Suizid beging und bis zuletzt mit den Erfahrungen von Auschwitz gerungen hatte, festhält. Er beschreibt die Stunde der Befreiung aus dem KZ:

> „So schlug auch die Stunde der Freiheit für uns ernst und lastend und erfüllte unsere Seelen mit Freude und zugleich mit einem schmerzlichen Schamgefühl, um dessentwillen wir gewünscht hätten, unser Bewußtsein und unser Gedächtnis von dem Greuel, das es beherbergte, reinzuwaschen: und mit Qual, weil wir spürten, daß es nicht möglich war, daß nie irgend etwas so Gutes und Reines kommen könnte, das unsere Vergangenheit auslöschen würde, und daß die Spuren der Versündigung für immer in uns bleiben würden, in der Erinnerung derer, die es miterlebt haben, an den Orten, wo es geschehen war, und in den Berichten, die wir darüber abgeben würden. Daher ... hat niemals jemand besser als wir die unheilbare Natur der Versündigung begreifen können, die sich ausbreitet wie eine ansteckende Krankheit. Es ist unsinnig zu glauben, sie könne durch menschliche Gerechtigkeit getilgt werden. Sie ist eine unerschöpfliche Quelle des Bösen."[3]

Diese „Quelle des Bösen" bleibt erhalten; die in Europa entfachten Weltkriege haben ihre Spuren hinterlassen, wohl in jede Familiengeschichte hinein. Wir erahnen nur die Spitze des Eisbergs an Traumatisierungen und Verwundungen. Ein Beispiel: In ihrer bemerkenswerten Autobiographie schildert Ella E. Schneider Hilton ihren kriegsgeprägten Lebensweg, der sie von Kiew über Regensburg und Passau bis nach Mississippi führte; sie musste als Wolgadeutsche 1943 ihre Heimat verlassen, verlor dabei ihren Vater, kam in ein Lager nach Deutschland, wo sie zunächst in Quarantäne gehalten und erniedrigenden Untersuchungen unterworfen wurden; immer wieder wurden sie registriert, immer wieder mussten sie ihre konstruierte Geschichte, die keine jüdischen Familienmitglieder einschloss, erzählen.[4] Aufgrund des Kriegs war die Familie

---

2   Robert Nozick, The Examined Life. New York: Schuster 2006, 236–242.
3   Primo Levi, Die Atempause. München ⁴1999, 9.
4   Ella E. Schneider Hilton, assisted by Angela K. Hilton, Displaced Person. A Girl's Life in Russia, Germany, and America. Baton Rouge, Louisiana 2004.

– die Mutter schloss in Deutschland eine Vernunftehe mit einem Witwer, der ebenfalls Wolgadeutscher war – in Europa „out of place", „displaced", konnte weder Frieden noch Heimat finden. Diese Situation wurde nach Kriegsende in gewisser Hinsicht noch verschärft; wieder musste die Geschichte neu erzählt werden, der Status „Flüchtling" war in Europa nicht abzuschütteln; erst 1952 konnte die Familie – der Preis war unter anderem eine Abtreibung, die die Mutter vornehmen ließ, da schwangeren Frauen die Überfahrt in die USA nicht gestattet war – in die USA auswandern. Ellas Eltern wurden in den Vereinigten Staaten nie heimisch, fassten weder sprachlich noch kulturell noch sozial wirklich Fuss, blieben also ihr Leben lang „out of place". Das ist keine Erfahrung des Friedens, selbst bei schweigenden Waffen.

Die Erfahrung des 20. Jahrhunderts hat Frieden als kostbares wie bedrohtes Gut gezeigt. Lebenssicherheit ist kostbar; sie war nach dem schlafwandelnd begonnenen Ersten Weltkrieg verloren, war auch in der Zwischenkriegszeit mit ihren Wirtschaftskrisen nicht gegeben, wurde in den 1940er Jahren einem radikal Bösen geopfert, um mit Avishai Margalit zu sprechen.[5] Wenn wir von „Europa" und „Frieden" sprechen, darf die Erinnerungsarbeit nicht fehlen, muss der europäische Wert des Friedens als teurer und erlittener Wert gezeichnet werden. Primo Levi hat immer wieder darauf hingewiesen, dass dieses Staunen, ja Entsetzen darüber, was möglich ist, nicht abstumpfen dürfe. Wir dürfen nicht vergessen, „was in Auschwitz Menschen aus Menschen zu machen gewagt haben."[6] Es geht um die Erhaltung eines moralischen Empfindungsgefühls, einer moralischen Sensibilität, es geht um die Scham, etwa „die Scham über Auschwitz, die Scham, die jeder Mensch darüber empfinden müßte, daß es Menschen waren, die Auschwitz erdacht und errichtet haben."[7] Wir dürfen nicht vergessen, dass es Menschen sind, die anderen Menschen die Hölle bereiten können: „Das ist die Hölle. Heute, in unserer Zeit, muß die Hölle so beschaffen sein, ein großer, leerer Raum, und müde stehen wir darin, und ein tropfender Wasserhahn ist da, und man kann das Wasser nicht trinken, und uns erwartet etwas gewiß Schreckliches, und es geschieht nichts und noch immer geschieht nichts. Wie soll man da Gedanken fassen? Man kann keine Gedanken mehr fassen; es ist, als seien wir bereits gestorben."[8] Die Abwesenheit von Frieden kann die Hölle auf Erden bringen. Hölle ist Auslöschung. Es ist dem Menschen möglich, anderen Menschen Identität abzusprechen, Identität auszulöschen, Namen zu tilgen, Existenzen zu vernichten, Leben zu zerstören, Lebenspläne zunichte zu machen. Frieden ist die Möglichkeit von Heimat, die Erfahrung von Lebenssicherheit.

---

5   Avishai Margalit, Ethik der Erinnerung. Frankfurt/Main 2000.
6   Primo Levi, Ist das ein Mensch? Erinnerungen an Auschwitz. Frankfurt/Main: Neuausgabe 1979, 57.
7   Ebd., 183.
8   Ebd., 21.

Es gehört zu Strukturen der Unmenschlichkeit, einem Menschen all das zu nehmen, was ihm Heimat sein kann. Primo Levi hat diese Erfahrung in Auschwitz gemacht: „Ich fragte ihn (mit einer Naivität, die mir einige Tage später schon sagenhaft vorkommen wird), ob wir denn wenigstens unsere Zahnbürsten zurückerhalten werden. Darüber lacht er nicht, sondern macht ein verächtliches Gesicht und wirft mir die Worte hin: ‚Vous n'êtes pas à la maison.' Das aber ist der Kehrreim, den wir uns von allen immer und immer wieder sagen lassen müssen."[9] In einem Kontext beheimatet zu sein, heißt: auf Vertrautes zurückgreifen zu können; Vertrauen in die Strukturen des betreffenden Kontextes zu haben; diesen Kontext identifizieren und sich selbst anhand dieses Kontexts bestimmen zu können. Entscheidende Faktoren für diese Vertrautheit sind Namen, Benennen, Benennungen.[10] Namen schaffen Vertrautheit; Vertrautheit schafft Lebenssicherheit.

Frieden bedeutet, einen Lebensplatz zu haben. Ein Lebensplatz ist eine soziale Verankerung des eigenen Daseins mit der Erfahrung von Anerkennung, die sich in Beziehungen und Strukturen manifestiert. Wenn Menschen den Lebensplatz als bedroht empfinden, kann kein Friede herrschen.[11] Primo Levi spricht vom „Urchaos" und der rastlosen „Suche nach dem eigenen Platz, der eigenen Sphäre",[12] erzählt von seiner neunmonatigen Odyssee, bis er endlich nach Turin zurückkehren kann, stets auf der Suche nach und in der Hoffnung auf einen stabilen Lebensplatz in einer stabilen Welt: „Wir hatten eine kurze, sichere Reise erhofft, ein Lager, das darauf vorbereitet war, uns aufzunehmen, einen erträglichen Ersatz für Zuhause; und diese Hoffnung war Teil einer weitaus größeren Hoffnung, jener auf eine wohlgeordnete und gerechte Welt, wie durch ein Wunder wieder in ihre Fundamente gefügt nach einer Ewigkeit von Umwälzungen, Verirrungen und Gemetzeln, nach langem Ausharren."[13]

Friede ist nicht Indifferenz, ist nicht Abstumpfung. Berichte aus den Konzentrationslagern halten fest, dass das Ende der menschlichen Existenz dann erreicht ist, wenn ein Zustand der Indifferenz eingesetzt hat: „Hätten wir mit diesen allmorgendlichen Verrichtungen aufgehört, diesen völlig gedankenlosen

---

9   Ebd., 28.
10 Primo Levi beschreibt einen Kameraden, mit dem er eines Tages arbeitet: „Es ist Null Achtzehn. Nur so heißt er: Null Achtzehn, die letzten drei Ziffern seiner Nummer; als sei sich ein jeder bewußt geworden, daß nur ein Mensch es verdient, einen Namen zu haben und daß Null Achtzehn kein Mensch mehr ist. Ich glaube, er selber hat seinen Namen vergessen, denn so benimmt er sich. Seine Sprache und sein Blick erwecken den Eindruck, als sei sein Inneres leer, als bestehe er nur noch aus der Hülle, wie die Reste mancher Insekten, die man, mit einem Faden an einem Stein hängend, an den Ufern der Teiche findet, und der Wind hat sein Spiel mit ihnen" (ebd., 43).
11 Siehe Ben Rawlences Buch über das größte Flüchtlingslager der Welt in Nordkenya mit seinen permanenten Spannungen, Konflikten und Provisorien – Ben Rawlence, City of Thorns. Nine lives in the World's Largest Refugee Camp. New York 2016.
12 Levi, Atempause, 33.
13 Ebd., 37.

„Eine neue Art in der Welt zu leben." 13

Gesten, so wäre dies der Anfang vom Ende gewesen, der Beginn der Selbstaufgabe, das erste Anzeichen einer angekündigten Niederlage. Wenn man merkte, daß ein Kumpel es unterließ, seine morgendliche Toilette zu machen und daß überdies sein Blick erlosch, mußte man sofort eingreifen. Mit ihm sprechen, ihn zum Sprechen bringen, dafür sorgen, daß er sich von neuem für die Welt, für sich selbst interessierte."[14] Der Boden der menschlichen Existenz ist erreicht, wenn der Lauf der Welt keinen Unterschied mehr macht: „Alles ist ihm so gleichgültig, daß er sich gar nicht mehr darum kümmert, Mühen und Schläge zu vermeiden oder Nahrung zu suchen. Er führt jeden Befehl aus, den er bekommt, und wenn sie ihn in den Tod schicken werden, so wird er wahrscheinlich mit derselben völligen Gleichgültigkeit hingehen."[15]

Friede ist nicht Gleichgültigkeit; Frieden ist nicht Abstumpfung; so kann von Frieden nicht gesprochen werden, wenn Menschen indifferent sind gegenüber dem Leiden anderer. Es ist ironisch, dass der mit dem Karlspreis 2016 ausgezeichnete Papst Franziskus sich wiederholt gezwungen sah, Europa zur Überwindung der Gleichgültigkeit gegenüber Flüchtlingen aufzurufen, so etwa in Lampedusa am 8. Juli 2013.[16] In seiner Ansprache bei der San Egidio Gemeinschaft am 15. Juni 2014 in Rom sprach Papst Franziskus das müde gewordene Europa an. Müdigkeit kann in die Gleichgültigkeit führen oder auch Ausdruck der Gleichgültigkeit sein. Friede in Europa verlangt jedoch harte Arbeit. Und diese Arbeit wurde in der Nachkriegszeit auch geleistet.

Arbeit am Frieden

Das zwanzigste Jahrhundert ist kein konsequentes Zeugnis für Frieden in Europa und durch Europa; das heißt jedoch nicht, dass „Friede" aufhört, ein europäischer Wert zu sein, ist doch die Arbeit an der politischen Architektur im Nachkriegseuropa Ausdruck eines Ringens um Frieden. Die Allgemeine Erklärung der Menschenrechte wurde vom französischen Juristen René Cassin entworfen[17], der den Begriff der Menschenwürde prominent im ersten Artikel (und nicht bloß in der Präambel!) positionieren wollte. Denn die Menschenwürde war mit Füßen getreten worden. Die Arbeit am Frieden war echte Arbeit, Arbeit an Kooperationen und Allianzen[18], Arbeit an der Vergangenheitsbewirtschaftung. Und diese Arbeit trug für Europa Früchte.

14 Jorge Semprun, Der Tote mit meinem Namen. Frankfurt/Main 2002, 149.
15 Levi, Ist das ein Mensch, 44.
16 Vgl. Andreas Batlogg, Globalisierung der Gleichgültigkeit. *Stimmen der Zeit* 232 (2014) 1–2 – siehe auch *Evangelii Gaudium*, 54.
17 Vgl. Jay Winter, Antoine Prost, René Cassin and Human Rights. From the Great War to the Universal Declaration. Cambridge 2013.
18 John Mearsheimer vertritt die These, dass der Friede in Europa nach dem Ende des Zweiten Weltkriegs vor allem mit dem Verhältnis zu den USA zusammenhängt, die

Am 10. Dezember 2012 wurde – nicht ohne begleitenden Ausdruck von Skeptizismus und Reserve[19] – der Friedensnobelpreis an die Europäische Union verliehen; Hermann Van Rompuy, Präsident des Europäischen Rates, und José Barroso, Präsident der Europäischen Kommission, nahmen den Preis entgegen. In seinen Dankesworten erinnerte Van Rompuy, der sich als Nachkriegskind in Belgien mit Sehnsucht nach ruhigem Alltag vorstellte, an den „ureigensten Zweck der Europäischen Union: die Brüderlichkeit zwischen den europäischen Nationen jetzt und in Zukunft zu stärken." Er führte bewegende symbolische Gesten an, die die Arbeit am Frieden ausdrückten und konsolidierten (der Kniefall Willy Brandts in Warschau; Kohl und Mitterrand Hand in Hand in Verdun, eine Menschenkette von zwei Millionen Menschen im Jahr 1989 von Tallinn über Riga bis Vilnius) – heilende und friedensstärkende Momente.

Die Arbeit am Aufbau des Friedens wird zur Arbeit am Erhalt des Friedens. Wenn Van Rompuy formuliert: „Unser Kontinent, der nach 1945 aus der Asche auferstanden ist und 1989 wieder zusammengefunden hat, besitzt enorme Fähigkeiten, sich neu zu erfinden", so drückt er eine Einsicht aus, die sich in der europäischen Geschichtsschreibung immer wieder findet: Die Fähigkeit Europas zum Neuanfang. Diese Fähigkeit ist auch für den Bau am Frieden entscheidend. Präsident Barroso betont in seiner Rede, dass Friede von gutem Wille, einer Rechtsordnung und von gemeinsamen Interessen durch die Zugehörigkeit zu einer Interessengemeinschaft getragen werde – Friede wird in dieser Lesart gesichert durch eine Staatengemeinschaft und nicht mehr durch Nationalstaaten, durch ein Denken, das über nationalstaatliche Souveränität hinausgeht. Und dieses Denken weist sich der Geschichte verpflichtet: „Das konkrete Engagement der Europäischen Union für das Geschehen in der Welt ist nachhaltig geprägt von den tragischen Erfahrungen unseres Kontinents mit extremem Nationalismus, mit Krieg und dem furchtbaren Unheil der Shoah. Es wird von unserem Wunsch getragen, in Zukunft diese Fehler zu vermeiden."

Hier wird Frieden zu dem, was man einen „Sehnsuchtsbegriff" nennen könnte, ein Begriff, der eine Ausrichtung angibt, die vielleicht nicht im Erleben eingeholt werden kann, aber doch Orientierung bietet. José Barroso hat in seiner Friedensnobelpreisrede Spinozas Wort „Pax enim non belli privatio, sed virtus est" zitiert; das Wort entstammt Spinozas Politischem Traktat (V, 4) und bezeichnet den Frieden als eine Haltung, als eine Tugend, die einer Stärke des Charakters entspringt („quae ex animi fortitudine oretur"). Frieden ist damit eingeordnet in eine Welt von Haltungen, von Innerlichkeit. Politischer Frieden

---

einerseits Truppen in Europa stationiert hatten, andererseits die europäischen Staaten in globale Verantwortungen hineinnahmen (John Mearsheimer, why is europe peaceful today? *European Political Science* 9 (2010) 387–397.

19 Derek Centola, The Emblematic Statement of the Nobel Peace Prize. Miami-Florida European Union Center of Excellence. *Jean Monnet/Robert Schuman Paper Series* 13,1 (2013).

und spirituelle Friedfertigkeit rücken näher zusammen. Dieser Gedanke ist in der Geistesgeschichte wohl verankert. Friede als Lebensform schließt eine Geisteshaltung ein; Augustinus hält in Buch 19, Kapitel 13 des „Gottesstaates" fest, dass Friede als geordnete Zusammenstimmung der einzelnen Teile verstanden werden könne, innerhalb der Seele, zwischen Leib und Seele, zwischen den Menschen wie auch zwischen Mensch und Gott. „Geordnete Eintracht" („ordinata concordia") wird ebenso zum Schlüsselbegriff wie „Ruhe der Ordnung" („tranquillitas ordinis"). Hier kommen äußere Aspekte wie Rahmenbedingungen mit inneren Aspekten wie Seelenfrieden zusammen. Und das bedeutet auch eine Begegnung von Politik und Religion. Nach dem 11. September ist es in der Weltöffentlichkeit deutlich geworden, dass Frieden ohne Berücksichtigung der religiösen Dimension unrealistisch sei. In seiner „Regensburger Vorlesung" vom 12. September 2006 hat Papst Benedict XVI, zurückgekehrt an seine letzte akademische Wirkstätte, an die Bedeutung der Harmonie von Vernunft und Glauben für den Frieden erinnert. Dabei sind auch spirituelle Quellen von Bedeutung, die Frieden vor allem auch als „Sehnsuchtsbegriff" zeigen; die christliche Tradition bietet bedeutsame Aussagen über den Frieden an, etwa im vierzehnten Kapitel des Johannesevangeliums – Jesus werden in Joh 14:27 die Sätze in den Mund gelegt „Frieden hinterlasse ich Euch, meinen Frieden gebe ich Euch. Nicht einen Frieden, wie die Welt ihn gibt, gebe ich Euch." Auffallend an dieser Stelle ist zumindest, dass der Zuspruch des Friedens ein Trostwort ist, das mit der Verheißung der Sendung des Heiligen Geistes in Zusammenhang steht: Der Geist wiederum wird nicht unbedingt mit Ruhe, Stille, Stabilität in Verbindung gebracht, sondern mit Feuer, Unruhe und Bewegung. Der Friede, den Jesus nahelegt, ist nicht ein Friede der „Windstille", sondern ein Friede des Sturms. Dazu kommt, dass diese Stelle den Anspruch erhebt, einen Frieden finden zu können, wie ihn die Welt nicht geben kann – ein Friede, der nicht auf „Vertrag", sondern auf „Bund" beruht. Arbeit am Frieden ist auch Arbeit an den geistlichen Quellen. Solche spirituellen Quellen sind in der Friedensarbeit nicht zu unterschätzen. Denn Friede ist ein Wert, der mit allen verfügbaren Mitteln gestützt werden will.

Die Fragilität des Friedens

Werte sind schließlich keine Ruhekissen, sondern Stacheln im Fleisch; so verhält es sich auch mit Frieden, der in Europa nicht vom erlittenen Frieden zum wohlgenährten Wohlstandsfrieden auf Kosten anderer werden darf. Gerade beim Frieden zeigt sich eine Grundherausforderung der Landschaft europäischer Werte, die Werte „ad intra" und die Werte „ad exta". Wie kann der Friede innerhalb Europas glaubwürdig sein, wenn er an den Grenzen gefährdet oder gar gebrochen ist? Wie kann die Rede vom friedlichen Nachkriegseuropa plausibel sein, wenn sich Srebrenica mitten in Europa im Jahr 1995 ereignet hat? Damals wurden mehr als 8000 bosnische Muslime von christlichen Serben ermordet, ein Gewaltexzess mitten in Europa, die niederländische UN-Schutztruppe verhinderte das Massaker nicht.[20] Das hatte massive Auswirkungen auf die Rolle der Staatengemeinschaft,[21] zeigt aber auch, dass Friede ohne Religionsfrieden nicht nachhaltig sein kann. Ivo Andrićs geographisch relevanter Roman *Die Brücke über die Drina* mag als Illustration dieses Punktes dienen. Und das ist nur ein – allerdings tief erschütternder – Aspekt.

In seiner Dankesrede anlässlich der Verleihung des Friedenspreises des Deutschen Buchhandels 2009 sagte Claudio Magris mit Blick auf die Herausforderung der Migration: „Es ist leicht und auch angebracht, die Unmenschlichkeit derjenigen zu kritisieren, welche die Einwanderer zurückweisen. Aber es könnte der Moment kommen, in dem die Anzahl unserer Mitmenschen auf der Welt, die mit Recht ihren unerträglichen Lebensumständen entfliehen wollen, derart zunimmt, dass sie buchstäblich keinen Platz mehr finden und damit untragbare Konflikte auslösen, in unvorhersehbaren Formen, die ebenfalls ganz anders sind als das, was wir traditionsgemäß Krieg nennen."[22]

Ist es tatsächlich so, dass Kultur, nach einem Wort Nietzsches, „nur ein dünnes Apfelhäutchen über dem glühenden Chaos" ist? Frieden braucht Ordnung und Form, um eine Lebensform werden zu können, die so etwas wie „Geborgenheit" und „Sicherheit" erfahren lässt. Frieden kann in diesem Sinne als Rahmen gesehen werden, Welt so anzueignen, dass sie zu Heimat werden kann. Friede ist dann Erfahrung wie Gesinnung, Rahmenordnung wie Lebensform. Ohne Friede kann man kein gutes Leben führen; Edward und Robert Skidelsky haben „Sicherheit" als ein Basisgut definiert, als eine elementare Zutat für ein gutes Leben, als einen unverzichtbaren, in sich guten und universalen Baustein. Dabei haben sie „Sicherheit" charakterisiert als die Perspektive, weitgehend ungestört leben zu können, ohne Angst vor Gewalt oder plötzlichen massiven Änderungen wie hoher Inflation oder Deflation.[23] Friede ist Quelle für das Basisgut der Sicherheit, das wiederum entscheidend für das Gemeinwohl ist, es geht alle an – diese Erinnerung findet sich bei Papst Johannes XXIII, wenn er in seiner Enzyklika *Pacem in Terris* von 1963 die Bedeutung des Friedens für alle unterstreicht und an eine leider verhallte Mahnung von 1939 erinnert: „Endlich ist der Friede von höchstem Wert für alle: für die einzelnen Menschen, für

20 Vgl. Joyce van de Bildt, Srebrenica: A Dutch national trauma. *Journal of Peace, Conflict & Development* 21 (2015) 115–145.
21 Vgl. Cedric Ryngaert, Nico Schrijver, Lessons Learned from the Srebrenica Massacre: From UN Peacekeeping Reform to Legal Responsibility. *Neth Int Law Rev* 62 (2015) 219–227.
22 Claudio Magris, Dankrede 2009: http://www.friedenspreis-des-deutschen-buchhandels.de.
23 „By security we mean an individual's justified expectation that his life will continue more or less in its accustomed course, undisturbed by war, crime, revolution or major social and economic upheavals" (Robert Skidelsky, Edward Skidelsky, How Much Is Enough. Money and the Good Life. London: Allen Lane 2012, 156) – hier wird unterstellt, das seine Umgebung mit selbstverständlichen Objekten („taken-for-granted objects"), Strukturen und Abläufen unverzichtbarer Bestandteil eines guten Lebens sind.

den häuslichen Herd, für die Völker und schließlich für die gesamte Menschheitsfamilie. Diesbezüglich hallt in Unseren Ohren noch die mahnende Stimme Unseres Vorgängers Pius XII. nach: „Nichts ist mit dem Frieden verloren. Aber alles kann mit dem Krieg verloren sein" (Pius XII., *Rundfunkbotschaft vom 24.8.1939*)."[24]

Alles kann mit dem Krieg verloren sein; Friede ist in diesem Sinne nicht ein Wert unter anderen, sondern ein Ermöglichungswert, sozusagen ein transzendentales Gut. Dieses Gut, das andere Güter erst möglich macht, ist Teil einer Lebensform. Friede kann nicht nur durch Verträge gesichert werden, wie auch immer wichtig Verträge sind. Verträge sind auf Vertrauen angewiesen, um überhaupt als Verträge anerkannt zu werden. Ähnlich wie Vertrauen in eine „Praxis des Vertrauens" eingebettet ist[25], so ist Frieden einzubetten in eine Kultur der Friedfertigkeit – Friedfertigkeit wiederum kann verstanden werden als eine Einstellung, als eine Ressource zweiter Ordnung, mit Verwundbarkeit in sozialen Situationen umgehen zu können. Diese Charakterisierung von Friedfertigkeit ist Lennard Nordenfelts Definition von Gesundheit als „as second order-capability" nachempfunden.[26] Friedfertigkeit ist eine Ressource zweiter Ordnung, die Ressourcen erster Ordnung koordiniert und gewichtet, also Ressourcen wie Erinnerungen, Emotionen, Erfahrungen, Überzeugungen. Friedfertigkeit ist eine Einstellung, die Wahrnehmung und Erfahrung prägt; damit wird Friede zu einer Lebensform, zu einer Art zu leben. Diese Art zu leben setzt die Anerkennung von Verwundbarkeit voraus.

Wir brauchen Arbeit am Frieden, weil Menschen verwundbar sind. Die Geschichte Europas, vor allem aber auch das 20. Jahrhundert, hat an diese Verwundbarkeit erinnert, die auch eine moralische Verwundbarkeit ist. Friede als europäischer Wert ist Auftrag zur Arbeit, Grund zur Demut ob des Geschehenen und Begründung von Dankbarkeit für die Erfahrung von Frieden in der Nachkriegszeit.

Zu den Beiträgen in diesem Band

Der vorliegende Band geht dem Status von Frieden in Europa nach. Er steht unter dem Vorzeichen der Anerkennung von Verwundbarkeit: Frieden gilt ja als hohes, wenn nicht sogar höchstes Gut. Gleichzeitig sind Krieg und Gewalt omnipräsent. Das ist der Ausgangspunkt des Beitrags von *Ines-Jacqueline Werkner*, der den ersten Teil dieses Bandes zum Begriff und zur Ethik des Friedens

---

24 *Pacem in Terris*, 62.
25 Vgl. Martin Hartmann, Die Praxis des Vertrauens. Frankfurt/Main 2011.
26 „A is completely helathy, if and only if A is in a bodily or mental state which is such that A has the second order ability to realize all his or her vital goals given standard or reasonable circumstances" (L. Nordenfelt, Standard Circumstances and Vital Goals. *Bioethics* 27,5 [2013] 280–284).

eröffnet. Angesichts der aktuellen Krisen und Konflikte wie in der Ukraine, dem Bürgerkrieg in Syrien oder dem Vormarsch des Islamischen Staates stellt sie sich die Frage: Wie kann man dem Krieg entgegentreten und für Gerechtigkeit sorgen? Ist Frieden überhaupt möglich oder bleibt er eine Utopie? Mit dem Konzept des gerechten Friedens versuchen christliche Kirchen verschiedener Konfessionen – auf internationaler Ebene insbesondere der Ökumenische Rat der Kirchen, aber auch andere „faith-based" NGOs sowie der Vatikan –, darauf eine Antwort zu geben. Dabei steht der gerechte Frieden „für einen fundamentalen Wandel in der ethischen Praxis". Es gilt nicht mehr das Prinzip des „Si vis pacem para bellum". An seine Stelle tritt nun die Maxime „Si vis pacem para pacem". So unterscheidet sich der gerechte Frieden auch grundlegend von der Lehre des gerechten Krieges. Das steht, wie oben angedeutet, in Einklang mit Kants Überlegungen zum Frieden. Das neue Konzept umfasst weitaus mehr als den Schutz vor ungerechtem Einsatz von Gewalt; es schließt soziale Gerechtigkeit, Rechtsstaatlichkeit, Achtung der Menschenrechte und Sicherheit für alle Menschen mit ein. Dennoch bleibt die Frage nach der Anwendung von Waffengewalt auch für den gerechten Frieden von zentraler Bedeutung. Das zeigen u.a. aktuelle friedensethische Kontroversen um die internationale Schutzverantwortung: Wie wird die *responsibility to protect* im Rahmen des neuen friedensethischen Leitbildes reflektiert? Kann sie als Anhaltspunkt für eine Ethik des gerechten Friedens dienen oder ist eher zu konstatieren: „Menschen geschützt – gerechten Frieden verloren"? Welche Rolle kann in diesem Kontext der ökumenische Vorschlag eines *just policing* spielen?

Jean-Christophe Merle widmet sich in seinem Beitrag dem Verhältnis von Frieden und Gerechtigkeit. Heutzutage wird oft die Ansicht vertreten, dass Friede und Gerechtigkeit einander unterstützen, und zwar so sehr, dass nur die Kombination beider die Errichtung eines Weltfriedens und einer globalen Gerechtigkeit ermöglichen könnte, die unter gewissen Umständen für die Erfüllung der Voraussetzungen ihrer eigenen dauerhaften Stabilität sorgen würden. Seit Kant werden der Friede sowie die Gerechtigkeit als zweistufig gedacht. Auf der ersten Stufe, die den traditionellen Lehren des gerechten Krieges entspricht, besteht der Friede in der momentanen Konfliktlosigkeit, und die Gerechtigkeit besteht in der Einhaltung bestimmter Regeln. Auf der zweiten Stufe bestehen Friede und Gerechtigkeit in einer stabilen bzw. gerechten institutionellen Ordnung. Die traditionellen Lehren des gerechten Krieges können sich keine zweite Stufe vorstellen, weil es unter Staaten keinen gemeinsamen, globalen Richter geben könnte, der Urteile treffen und vollstrecken würde. Die kantische Perspektive sieht die institutionelle Errichtung eines ewigen gerechten Friedens ohne Übergang über gerechte Kriege und gerechte Frieden erster Stufe, sondern durch eine interne Republikanisierung der Staaten vor. Im heutigen System der internationalen Beziehungen sowie in der öffentlichen Debatte findet man beide Modelle: die genannte Perspektive eines ewigen Friedens (1) durch internationale Institutionen über kontinuierliche Fortschritte (einzelne Abkommen, Entwicklung von fairen Verhandlungsverfahren; zunehmende Absicht der Kriegsparteien, einen gleichgewichteten Frieden zu erreichen; von außen erstrebte Demokratisierung usw.) und (2) gemäß den Regeln der traditionellen Lehren des gerechten Krieges – u.a. gemäß dem Verhältnismäßigkeitsprinzip – zu erreichen. Die zentrale Aufgabe bleibt, den gerechten Frieden stets zu schützen, zu fördern und gegebenenfalls wiederzuerlangen sowie auf die Förderung der friedfertigen Motive zu achten und die kriegslustigen Motive zu bekämpfen.

Der dritte Beitrag der ersten Sektion von *Georg Cavaller* greift ein Thema auf, das im Zeitalter der Aufklärung immerhin in Ansätzen bearbeitet wurde, mittlerweile aber kaum noch Beachtung findet: die Denkungsart. Cavaller geht der Rolle der Denkungsart bei manchen Philosophen des Zeitalters der Aufklärung nach, etwa bei Smith, Rousseau und vor allem bei Kant, der seiner Meinung nach dieses Themenfeld am klarsten formulierte und diskutierte. Er unterscheidet zwischen unreflektierter und reflektierter Aufklärung, die „Aufklärung über die Aufklärung" betreibt, und zwischen einem systematischen Denken und dem herkömmlichen Systemdenken. Die verfolgte erweiterte Denkungsart des Friedens ist bei Kant der epistemologische oder kognitive Kosmopolitismus des sogenannten Weltbürgers, der versucht, den „Egoismus der Vernunft" zu transzendieren und die Perspektive von anderen im Sinne von Adam Smiths „Impartial Spectator" einzunehmen.

Die Beiträge der zweiten Sektion widmen sich dann Bemühungen um Frieden in der Europäischen Geschichte. Wie der Beitrag von *Oliver Hidalgo* zeigt, entwickelte sich die Idee eines friedlichen Europas historisch geschen spiegelbildlich zum Thema des gerechten Krieges. Dessen paradoxes Ziel sollte eben die gewaltsame (Wieder-)Herstellung des Friedens sein. Die Ansätze, die Rousseau und Kant in der zweiten Hälfte des 18. Jahrhunderts zur Frage nach Krieg und Frieden entwickelten, zeigen diesbezüglich, wie sich angesichts fortschreitender Demokratisierungsprozesse ein neues Denkparadigma der internationalen Beziehungen etablierte. Dieses vermochte für sich zu beanspruchen, die traditionelle Theorie des *bellum iustum* sowohl inhaltlich wie formal zu überwinden. Gleichzeitig entstanden dadurch allerdings neue Aporien wie das Verhältnis zwischen Frieden und Volkssouveränität, Recht und Moral, welche die Theoriebildung in der Friedens- und Konfliktforschung seitdem vor neue Herausforderungen stellen.

Ausgangspunkt des Beitrags von *Christoph Kampmann* ist der fundamentale Wandel des Begriffsverständnisses von Frieden im Verlauf der Frühen Neuzeit, also der Zeit zwischen dem ausgehenden 15. und dem frühen 19. Jahrhundert. Zum einen wurde die religiöse bzw. konfessionelle Eintracht nicht mehr als notwendiger Bestandteil des Friedens angesehen. Zum anderen wurde immer stärker zwischen dem inneren (bzw. innerstaatlichen) Frieden und dem äußeren Frieden unterschieden. Seit dem 18. Jahrhundert war eine deutliche Tendenz zu erkennen, den Begriff des Friedens für die inneren Verhältnisse eines Staates durch den Begriff der Sicherheit (*securitas interna*) zu ersetzen. Diese Veränderungen im Begriffsverständnis hängen eng mit der generellen Entwicklung der Friedensproblematik in der Frühen Neuzeit zusammen: Sie ist geprägt von einem grundlegenden Spannungsverhältnis zwischen einer weiterhin anerkannten Friedensnorm, also der prinzipiellen, wenn auch nicht uneingeschränkt anerkannten Verpflichtung christlicher Herrschaftsträger zur Wahrung des Friedens untereinander, und einer von ständiger Präsenz des Krieges geprägten politischen Lebenswelt. Während das Problem des innerstaatlichen Friedens bis zum Beginn des 19. Jahrhunderts weitgehend gelöst wurde, misslangen alle Versuche zur Errichtung einer dauerhaften zwischenstaatlichen Friedensordnung, obwohl diese immer wieder in (politisch freilich zumeist wirkungslos gebliebenen) Friedensutopien beschworen wurde. Nachhaltiger war der Beitrag der Frühen Neuzeit zur Entwicklung diplomatischer Techniken zur Friedensstiftung, konkret also zur Einhegung und Begrenzung von kriegerischen Konflikten sowie zur Schaffung begrenzter Zonen von Sicherheit.

Der Beitrag von *Gerd Althoff* problematisiert schließlich zunächst das verbreitete Bild vom Mittelalter als einer besonders unfriedlichen Epoche, wie es sich in der Neuzeit ausgebildet hat. Ursache dieser Wertung sind der vorstaatliche Charakter der Ordnung und das Fehlen eines Gewaltmonopols im Mittelalter. Dennoch gab es verschiedene Institutionen, durch die unterschiedliche Gruppen friedliches Verhalten und wechselseitige Unterstützung etablierten. Neben dem von Obrigkeiten ‚gebotenen' Frieden stand der ‚gemachte' oder ‚gelobte' Frieden. Frieden vereinbarte und hielt man in erster Linie mit seinesgleichen. Doch selbst in diesem eigentlich befriedeten Bereich der Gesellschaft blieb die Gewohnheit, sein Recht mit Gewalt durchzusetzen, wenn es verletzt wurde. Dies führte zu zahlreichen Konflikten (Fehden), in denen die Akteure regelmäßig die Unterstützung ihrer Umgebung erhielten.

Die Beiträge der dritten Sektion dieses Bandes sind um die Fragestellung einer Politik des Friedens gruppiert. Der Beitrag von *Regina Heller* fragt nach der Relevanz der politischen Norm Frieden in der russischen Außenpolitik, insbesondere angesichts der aktuellen Kontroversen zwischen Russland und dem Westen im Ukraine-Konflikt. Die EU ist im Wesentlichen einem liberalen Weltbild verhaftet, das davon ausgeht, dass Frieden das Ergebnis von demokratischer Herrschaftsordnung im Inneren und zunehmender Verflechtung zwischen gleichberechtigten Staaten nach außen ist. Russland lehnt eine solche liberale Friedensordnung ab, da sie den im Land historisch-kulturell gewachsenen Vorstellungen, aber auch den aktuellen Interessenlagen der politischen Elite in Moskau widerspricht. Die in Russland historisch gewachsene Vorstellung von Frieden hat keine liberale Unterfütterung und bleibt dadurch stark rückgekoppelt an die Produktion von Sicherheit. Indem die politischen Eliten an diesen antiliberalen Vorstellungen festhalten, legitimieren und konsolidieren sie ihre zunehmend instabile Herrschaft nach innen und ihren regionalen Führungsanspruch nach außen. Die Kategorie Sicherheit bleibt dabei friedensnormativ ambivalent: Bei der gegenwärtigen Außenpolitik Russlands im postsowjetischen Raum scheint sie eher einer Vorstellung zu folgen, die dem Hobbes'schen Naturzustand von Feindschaft und Konkurrenz verhaftet bleibt. Geht es um gesamteuropäische oder auch globale Sicherheitsfragen, ist Russland stets auch offen für kooperative Sicherheitsarrangements gewesen. Diese sind allerdings bis heute dem klassischen „westfälischen" und damit am Nationalstaat ausgerichteten Ordnungsprinzip verhaftet geblieben. Dies bringt Russland verstärkt in Konflikt mit dem Westen, der insbesondere seit 1990 vermehrt postmoderne Vorstellung von Ordnung vorangetrieben bzw. entsprechende Politiken praktiziert hat.

Wie der Beitrag von *Dagmar Richter* im Anschluss zeigt, ist „Frieden" aus rechtlicher Perspektive ein vielschichtiger Begriff. Ohne inneren Frieden, das Fundament jeder Rechtsordnung, wird der Staat zum „failed state". Der historische Kampf um den „ewigen Landfrieden" in Europa lässt sich heute noch im „Landfriedensbruch" erahnen. Im modernen Verfassungsstaat liegt das „Gewaltmonopol" beim Staat, der im Gegenzug den inneren Frieden garantiert und damit grundrechtlichen Schutzpflichten nachkommt. Den äußeren Frieden beschädigt jede Verletzung des völkerrechtlichen Gewaltverbots – die den Staaten eine „Rechtspflicht zum Frieden" zwingend auferlegt. Das rechtliche Instrumentarium zum äußeren Frieden erstreckte sich historisch vom Recht des Souveräns zum Kriege (*ius ad bellum*) bis hin zum Gewaltverbot und der Anerkennung der „Aggression" als völkerrechtliches Verbrechen. Heute ist das Verbot jeder Androhung oder Anwendung von Gewalt das Fundament der Vereinten Nationen. „Peacemaking", „Peacekeeping" und „Peacebuilding" unterfüttern es. Diskutiert werden Ausnahmen wie die „präventive" Selbstverteidigung oder humanitäre Intervention, aber auch der „bewaffnete Angriff" als Voraussetzung gewaltsamer Selbstverteidigung. Je weiter „Bruch oder Bedrohung des Friedens" nach der UN-Charta reichen, umso mehr kann der Sicherheitsrat Zwangsmaßnahmen auch in atypischen Situationen (interne Konflikte, Piratenüberfälle, Terrorismus, Epidemien) treffen – wenn er politisch handlungsfähig ist. Die europäische Friedensordnung beruht auf einem komplexen Zusammenspiel von EU, OSZE, NATO und UNO. Obwohl die gemeinsame Sicherheits- und Verteidigungspolitik außerhalb des integrierten Bereichs der EU liegt, sieht der EU-Vertrag zahlreiche Handlungsformen bis hin zu Kampfeinsätzen vor. Dabei dehnt sich der Friedensbegriff wie im Rahmen der UNO aus. Die Vetomacht einzelner Mitgliedstaaten hindert Europa sowohl daran, „Friedensmacht" zu sein, aber auch daran, Militärmacht zu werden. Auf der staatlichen Ebene hat das Grundgesetz Kampfeinsätzen der Bundeswehr Grenzen gesetzt, mehr aber noch das Bundesverfassungsgericht. De facto hat Deutschland heute kein „Parlamentsheer", sondern ein „Gerichtsheer". Die Antwort auf Fragen wie die nach der Zulässigkeit von „national verantworteten" Außeneinsätzen außerhalb kollektiver Sicherheitssysteme wird darüber entscheiden, inwieweit Deutschland auch selbstständig als Militärmacht agieren könnte. Obwohl der Frieden heute nicht mehr scharf vom „Krieg" getrennt werden kann, hängt die Anwendbarkeit humanitären Völkerrechts von Beginn und Dauer der Feindseligkeiten ab. Insgesamt bleibt das Recht unverzichtbar für den Frieden, bewirkt ihn aber nicht selbst. „Frieden durch Recht" hat Grenzen. Abwegig erscheint die These vom „Lawfare", welche das Recht als potentielles Kampfmittel betrachtet. Dagegen muss die Frage nach der Legalität des Friedens gestellt werden. Zu einem „Recht auf Frieden" wird die Völkerrechtsordnung erst gelangen, wenn sie sich konsequent an den Bedürfnissen der Menschen orientiert.

Bernhard Rinke diskutiert in seinem Beitrag, der diese Sektion beschließt, die Europäische Union als Friedensprojekt. Insbesondere in der Selbstwahrnehmung der Europäischen Union und ihrer offiziellen Rhetorik ist der Frieden dem „Friedensprojekt Europa" als Meistererzählung gleichsam eingeschrieben. In diesem Sinne bildet der Frieden gleichsam das Genom des Integrationsprozesses. Die Pazifierung der zwischenstaatlichen Beziehungen im Integrationsraum kann mithin als realhistorische Manifestation von Immanuel Kants Traum vom „Ewigen Frieden" verstanden werden, in welchem sich der Frieden durch Demokratie, der Frieden durch Institutionen und der Frieden durch Freihandel wechselseitig bedingen und verstärken. Und tatsächlich ist der Frieden in der EU noch immer von erstaunlicher Stabilität. Europa ist im weltweiten Maßstab auch weiterhin die friedlichste Region. Vor dem Hintergrund der multiplen Krisen, mit denen sich die EU derzeit konfrontiert sieht, verliert das Narrativ von der Friedensgemeinschaft Europa und die damit verbundene Vorstellung, dass die europäische Geschichte mit der teleologischen Realisierung von Kants Traum gleichsam an ihr Ende gekommen sei, indes mehr und mehr an Überzeugungskraft. Mehr und mehr verbreitet sich die Auffassung, dass die EU nicht mehr Teil der rettenden Antworten auf die Krisen der Gegenwart sei, sondern vielmehr Teil der Probleme, wenn nicht sogar deren eigentliche Ursache. Ein geschichtsnotwendiger Determinismus hin zum „Ewigen Frieden" in der EU besteht demnach keineswegs. Als unvollendetes Projekt der europäischen Moderne bleibt der Frieden in der EU vielmehr auf der Agenda, bleibt die kantianische Agenda auch weiterhin fordernder Anspruch: Der Frieden in der EU bleibt der EU aufgegeben.

Die abschließende Sektion dieses Bandes versammelt schließlich Beiträge, die sich mit dem Verhältnis von Frieden und Religion beschäftigen. *Rüdiger Lohlker* fragt, inwieweit es möglich ist, Frieden in islamischer Perspektive zu denken, begründet in den grundlegenden Texten, z. B. eben im Koran. In Form eines Gedankenexperiments wird versucht, diese Frage zu beantworten. Dieses Gedankenexperiment erfolgt in mehreren Durchgängen. Anhand des Korankommentars eines der führenden Gelehrten des 13./14. Jahrhunderts im Iran, Nizām al-dīn al-Nīsābūrī, wird gezeigt, dass selbst der sonst gängigerweise als „Kampf" übersetzte arabische Begriff klar als innerer Kampf ausgelegt werden kann. Al-Nīsābūrī steht aber nicht allein. Am Beispiel des Korankommentars des bedeutenden islamischen Philosophen Mullā Sadrā (16./17. Jahrhundert) lässt sich ebenfalls eine Interpretation des Kampfes als spiritueller Kampf konstatieren. Als ein Beispiel aus dem zwanzigsten Jahrhundert wird der syrische Theoretiker der Gewaltfreiheit Jawdat Saʿīd, der die Ablehnung der Gewalt koranisch insbesondere am Beispiel von „Adams ersten Sohn" entwickelt, diskutiert. Als zweites Beispiel aus dem zwanzigsten Jahrhundert dient

Abdul Ghaffar Khan (gest. 1988), ein Protagonist des gewaltfreien paschtunischen Kampfes gegen den britischen Kolonialismus. Die so umrissene Perspektive lässt erkennen, dass Friede und sogar Gewaltfreiheit denkbar sind. Ein Bestreiten der Existenz dieser Perspektive zeugt von einem zutiefst fundamentalistischen Verständnis des Islams auf all jenen Seiten, die dies vertreten.

Ohne die vor allem im Blick auf die archaischen Religionen klar erkennbare Nähe von Gewalt und Religion zu negieren, zielt der Beitrag von *Wolfgang Palaver* auf das Friedenspotential der Hochreligionen, wie er im heute notwendig gewordenen Aufruf zu einer universalen Geschwisterlichkeit besonders deutlich sichtbar wird. Die Geschwisterlichkeit selbst ist allerdings ähnlich ambivalent wie alle Religionen, denn sie ist vom Schatten der Geschwisterrivalität begleitet, wie schon die Erzählung vom Urbrudermord Kains an Abel zeigt. In dieser Geschichte lässt sich mittels jüdischer, christlicher und islamischer Interpretationen typologisch der zur Gewalt verdammte Besitzmensch Kain von Abel unterscheiden, der durch seine Ausrichtung auf Gott hin den irdischen Sackgassen der Gewalt entkommen kann. Abels hingebende Gottesliebe als Voraussetzung seiner Liebe zu den Nächsten berührt sich mit Einsichten Gandhis, der in der Hingabe an Gott einen wichtigen Weg zum Frieden entdeckte, weil er mit Überwindung des Neids einhergeht. Abels Gottesliebe lässt sich auch als eine Form von kenotischer Geschwisterlichkeit verstehen, wie sie sich mittels der französischen Mystikerin und Philosophin Simone Weil aus der Absage an das besitzergreifende egoistische Ich ergibt und wie sie in den großen mystischen Traditionen vielfach auffindbar ist. Als Beispiel für eine solche kenotische Geschwisterlichkeit kann auf Franz von Assisi verwiesen werden, der gerade deshalb mitten in der Zeit der Kreuzzüge in Dialog mit dem muslimischen Sultan al-Kamil treten konnte. Vorbildhaft lebte er uns eine Form von „geschwisterlicher Unterordnung" vor, die für den heute so notwendig gewordenen Dialog der Religionen und Kulturen wegweisend ist.

Der Beitrag von *Thomas Nauerth*, der diesen Band beschließt, geht von zwei Beobachtungen aus. Seit gut 100 Jahren entstehen in den Kirchen Basisbewegungen, die christliche Themen und Aufgaben neu entdecken, entwickeln und für die verfassten Kirchen insgesamt vordenken. Ebenfalls seit gut 100 Jahren wird – vor allem von diesen Basisbewegungen – die Idee des Friedens als ein wesentliches christliches Thema erkannt, benannt und in den unterschiedlichen Zeitläufen kontextualisiert. Unter Berücksichtigung sowohl der protestantischen als auch der katholischen Kirchen, aber mit deutlicher Beschränkung auf die Entwicklungen in Deutschland unternimmt es der Artikel, die Geschichte und die Geschichten dieses neuen Themenfeldes in den christlichen Kirchen in den letzten 100 Jahren zu skizzieren. Dadurch ergeben sich nicht zuletzt auch neue Möglichkeiten, den aktuellen Stand des friedensethischen Diskurses in den Kirchen kritisch zu beleuchten und einige Defizite zu benennen. Der Artikel kann insgesamt aufzeigen, wie sehr christliche Kirchen in den letzten 100 Jahren in Europa zu einem wichtigen gesellschaftlichen und politischen Faktor für das zentrale Politikfeld „Frieden" geworden sind. Am gesellschaftlichen

Konsens, dass die Länder Europas in Frieden miteinander koexistieren sollen und dass auch über Europa hinaus der Friede als Ziel für eine bessere Welt verwirklicht werden sollte, haben kirchliche Bewegungen entscheidend mitgewirkt.

So zeigt sich auch in diesen Beiträgen die Bedeutung materieller wie immaterieller Ressourcen zum Frieden, die Relevanz des Politischen wie des Spirituellen. Ein Wert ist in diesem Sinne wenn schon nicht Bürger zweier Welten, so doch Wirkmacht in zwei Welten und muss von beiden Welten genährt werden, weil er auch beide Welten prägt.

ZUM BEGRIFF UND ZUR ETHIK DES FRIEDENS

Ines-Jacqueline Werkner
Der gerechte Frieden als neues friedensethisches Leitbild

Einleitung

Frieden gilt als hohes – wenn nicht sogar höchstes – Gut; es gehört zu den tiefsten Wünschen unseres Menschseins. Dennoch ist die Welt von Gewalt und Kriegen durchzogen. Bestanden mit dem Ende des Kalten Krieges zunächst Hoffnungen auf eine Friedensdividende, wurden diese durch die Anschläge vom 11. September 2001, den transnationalen Terrorismus und die Situation in Afghanistan schnell wieder zunichtegemacht. Auch die aktuellen Krisen und Konflikte wie in der Ukraine, der Bürgerkrieg in Syrien oder der Vormarsch des Islamischen Staates fordern die internationale Gemeinschaft heraus: Wie kann man dem Krieg entgegentreten und für Gerechtigkeit sorgen? Ist Frieden überhaupt möglich oder bleibt er eine Utopie?

Mit dem Konzept des gerechten Friedens versuchen christliche Kirchen verschiedener Konfessionen – auf internationaler Ebene insbesondere der Ökumenische Rat der Kirchen (ÖRK), gleichfalls aber auch andere religiös basierte NGOs sowie der Vatikan –, darauf eine Antwort zu geben. Dabei stehe der gerechte Frieden „für einen fundamentalen Wandel in der ethischen Praxis" und setze „andere Bewertungsgrundlagen und Handlungskriterien voraus".[1] Ausgehend von Ps 85,11 – „dass Gerechtigkeit und Frieden sich küssen" – sowie Jes 32, 17 – „der Gerechtigkeit Frucht wird Friede sein, und der Ertrag der Gerechtigkeit ewige Stille und Sicherheit" (vgl. auch Jak 3, 18) werden Frieden und Gerechtigkeit wechselseitig aufeinander bezogen.[2] In prägnanter Weise formuliert der katholische Theologe Thomas Hoppe das diesem Terminus zugrunde liegende Verhältnis beider Begriffe: „Wo die Gerechtigkeit verletzt wird, steht auch der Friede auf dem Spiel – wo umgekehrt der Friede verloren wird, herrschen rasch auch Verhältnisse tiefer Ungerechtigkeit."[3]

---

1 Ökumenischer Rat der Kirchen (2011): Ein ökumenischer Aufruf zum gerechten Frieden. Genf, Präambel.
2 Vgl. Ökumenischer Rat der Kirchen (2011): Ein ökumenischer Aufruf zum gerechten Frieden, Ziff. 1 und 3.
3 Hoppe, Thomas (2011): Der Gerechte Friede – Ein Paradigmenwechsel in der christlichen Friedensethik?, in: Werkner, Ines-Jacqueline; Kronfeld-Goharani, Ulrike (Hrsg.): Der ambivalente Frieden. Die Friedensforschung vor neuen Herausforderungen. Wiesbaden, S. 57–72, hier S. 63.

Damit verbunden ist ein Perspektivwechsel: Es gilt nicht mehr das Prinzip des „si vis pacem para bellum" (wenn du den Frieden willst, rüste dich zum Krieg). An seine Stelle tritt nun die Maxime „si vis pacem para pacem" (wenn du den Frieden willst, bereite den Frieden vor). So unterscheidet sich der gerechte Frieden auch grundlegend von der Lehre des gerechten Krieges. Das neue Konzept umfasst weitaus mehr als den Schutz vor ungerechtem Einsatz von Gewalt; es schließt soziale Gerechtigkeit, Rechtsstaatlichkeit, Achtung der Menschenrechte und Sicherheit für alle Menschen mit ein.[4] Im ökumenischen Aufruf zum gerechten Frieden sind vier Bereiche benannt, die die Breite des Konzeptes verdeutlichen: Frieden in der Gemeinschaft, Frieden mit der Erde, Frieden in der Wirtschaft sowie Frieden zwischen den Völkern.[5] Dennoch bleibt die Frage nach der Anwendung von Waffengewalt auch für den gerechten Frieden von zentraler Bedeutung. So erweist sich militärisches Handeln als per se problematisch, „ist [es] durch das, was unter Menschen nicht sein soll, bestimmt: Gewalt".[6] Verlangt ist eine ethische Erwägungskompetenz, die angesichts der humanitär begründeten militärischen Interventionen und der Forderung nach einer *Responsibility to Protect* (R2P) eine ganz neue Brisanz gewinnt und die Friedensethik mehr denn je herausfordert.

An diese Problematik anknüpfend widmet sich der Beitrag den aktuellen friedensethischen Kontroversen um die internationale Schutzverantwortung im Lichte des gerechten Friedens: Wie wird die *Responsibility to Protect* im Rahmen des neuen friedensethischen Leitbildes reflektiert? Kann sie als Anhaltspunkt für eine Ethik des gerechten Friedens dienen oder ist eher zu konstatieren: „Menschen geschützt – gerechten Frieden verloren"[7]? Einleitend skizziert der Beitrag – auf den Ökumenischen Rat der Kirchen[8] fokussierend – die Statio-

---

4 Vgl. Ökumenischer Rat der Kirchen (2011): Ein ökumenischer Aufruf zum gerechten Frieden, Ziff. 10.
5 Vgl. Ökumenischer Rat der Kirchen (2011): Ein ökumenischer Aufruf zum gerechten Frieden, Ziff. 29–41.
6 Ebeling, Klaus (2006): Militär und Ethik. Moral- und militärkritische Reflexionen zum Selbstverständnis der Bundeswehr. Stuttgart, S. 9.
7 In Anlehnung an den Titel des internationalen Kongresses 2013 in Berlin, vgl. Werkner, Ines-Jacqueline; Rademacher, Dirk (Hrsg.) (2013): Menschen geschützt – gerechten Frieden verloren? Kontroversen um die internationale Schutzverantwortung in der christlichen Friedensethik. Münster.
8 Der Ökumenische Rat der Kirchen (auch Weltkirchenrat) wurde im August 1948 in Amsterdam von Vertretern aus 147 Kirchen – vorwiegend protestantisch und westlich geprägt – gegründet. Heute gehören ihm 345 Mitgliedskirchen mit mehr als 500 Millionen Christen an, darunter die Mehrzahl der orthodoxen Kirchen, zahlreiche anglikanische, baptistische, lutherische, methodistische und reformierte Kirchen sowie viele vereinigte und unabhängige Kirchen, vor allem aus Afrika, Asien, der Karibik, Lateinamerika, dem Nahen und Mittleren Osten sowie dem pazifischen Raum. Damit ist der ÖRK die umfassendste und repräsentativste ökumenische Organisation. Die römisch-katholische Kirche als weltweit größte christliche Kirche gehört dem ÖRK nicht an. Dies ist u.a. dem Selbstverständnis der katholischen Kirche und dem Status des Heiligen Stuhls als

nen auf dem Weg zum gerechten Frieden. In einem zweiten Schritt reflektiert er das für das Konzept zentrale Verhältnis von Frieden und Gerechtigkeit, um vor diesem Hintergrund die ökumenische Debatte um den gerechten Frieden in seiner Spannung zwischen Gewaltverbot und Anwendung militärischer Gewalt zum Schutz bedrohter Menschen in den Blick zu nehmen. In diesem Kontext kommt dann auch dem ökumenischen Vorschlag eines *Just Policing* eine besondere Bedeutung zu.

Ökumenische Stationen auf dem Weg zum gerechten Frieden[9]

Angesichts der Erfahrungen des Zweiten Weltkrieges negierte der Ökumenische Rat der Kirchen bei seiner Gründung 1948 Krieg als Mittel der Politik: „Krieg soll nach Gottes Willen nicht sein", er sei „Sünde wider Gott und eine Entwürdigung des Menschen"[10]. 35 Jahre später, auf der Vollversammlung des ÖRK in Vancouver 1983, zu einer Zeit hitziger Debatten um den NATO-Doppelbeschluss und die Stationierung nuklearer Marschflugkörper in Westeuropa, schlug die Delegation der Deutschen Demokratischen Republik (DDR) ein gesamtchristliches Friedenskonzil vor, so wie es Dietrich Bonhoeffer 1934 im dänischen Fanø bei der Tagung des Ökumenischen Rates für Praktisches Christentum gefordert hatte. Da die Einberufung eines ökumenischen Konzils nicht absehbar war, einigte man sich auf einen „konziliaren Prozess gegenseitiger Verpflichtung auf Gerechtigkeit, Frieden und Bewahrung der Schöpfung".[11] Die Ökumenische Weltkonvokation 1990 in Seoul machte dann unter „III. Bundesschluss", Punkt 5 deutlich, dass Frieden als ein umfassender Prozess der Überwindung von Gewalt in sozialer, ökonomischer und ökologischer Dimension verstanden werden muss.[12]

In den Jahren 1988 und 1989 versammelten sich Christinnen und Christen aus der DDR zu ökumenischen Versammlungen für Gerechtigkeit, Frieden und Bewahrung der Schöpfung in Dresden und Magdeburg. Sie verwiesen auf die Notwendigkeit, zum Schalom als dem Frieden der Völker zurückzukehren:

Völkerrechtssubjekt geschuldet. Sie unterhält aber enge Beziehungen zum Rat und entsendet Vertreter zu ÖRK-Konferenzen, den Tagungen des Zentralausschusses und den Vollversammlungen des ÖRK. Zudem tagt jährlich eine gemeinsame Arbeitsgruppe.

9   Dieser Abschnitt stützt sich in Teilen auf den Beitrag von Werkner, Ines-Jacqueline; Rademacher, Dirk (2013): Menschen geschützt – gerechten Frieden verloren? Eine Einleitung, in: Dies. (Hrsg.) Menschen geschützt – gerechten Frieden verloren? Kontroversen um die internationale Schutzverantwortung in der christlichen Friedensethik Münster, S. 1–20.

10 Ökumenischer Rat der Kirchen (1948): Die Unordnung der Welt und Gottes Heilsplan. Bd. IV. Tübingen, S. 260f.

11 Müller-Römheld, Walter (Hrsg.) (1983): Bericht aus Vancouver 1983. Offizieller Bericht der Sechsten Vollversammlung des Ökumenischen Rates der Kirchen. Frankfurt a. M., S. 261.

12 Vgl. Schmitthenner, Ulrich (1998): Der konziliare Prozess: Gemeinsam für Gerechtigkeit, Frieden und Bewahrung der Schöpfung. Ein Kompendium. Idstein, S. 51f.

Mit der notwendigen Überwindung der Institution des Krieges kommt auch die Lehre vom gerechten Krieg, durch welche die Kirchen den Krieg zu humanisieren hofften, an ein Ende. Daher muß schon jetzt eine Lehre vom gerechten Frieden entwickelt werden, die zugleich theologisch begründet und dialogoffen auf allgemein-menschliche Werte bezogen ist. Dies im Dialog mit Andersglaubenden und Nichtglaubenden zu erarbeiten, ist eine langfristige ökumenische Aufgabe der Kirchen.[13]

Leitend war die Einsicht, dass unter den Bedingungen der bipolaren Konstellation des Kalten Krieges, verbunden mit der atomaren Abschreckungspolitik, das im Rahmen der Lehre vom gerechten Krieg entwickelte *ius in bello*[14] nicht mehr einzuhalten sei. Mit dieser Forderung nach einem Ende der Lehre vom gerechten Krieg und einem Perspektivwechsel hin zur Entwicklung einer Lehre vom gerechten Frieden hat die Ökumenische Versammlung in der DDR die weitere friedensethische Diskussion im ÖRK maßgeblich geprägt. So verabschiedete der Zentralausschuss des Ökumenischen Rates der Kirchen 1994 in Johannesburg einen Programmvorschlag, in dem er zum ersten Mal den Begriff des gerechten Friedens[15] aufnahm:

> Angesichts der Notwendigkeit, ‚dem Geist, der Logik und der Praxis des Krieges' entgegenzutreten und sie zu überwinden und neue theologische Ansätze zu entwickeln, die den Lehren Christi entsprechen – welche nicht vom Krieg ausgehen, um zum Frieden zu gelangen, sondern bei der Notwendigkeit von Gerechtigkeit ansetzen – mag es in der Tat an der Zeit sein, dass die Kirchen gemeinsam die Herausforderung annehmen, auf jede theologische Rechtfertigung des Einsatzes militärischer Gewalt zu verzichten und eine Koinonia zu werden, die sich für einen gerechten Frieden einsetzt.[16]

---

13   Ökumenische Versammlung für Gerechtigkeit, Frieden und Bewahrung der Schöpfung (1989): Umkehr zu Gerechtigkeit, Frieden und Bewahrung der Schöpfung. Grundlegung. http://oikoumene.net/home/regional/dresden/dmd.4/index.html (Zugegriffen: 11. September 2013), Ziff. 36.
14   Recht im Krieg, verbunden mit zwei Kriterien: der Verhältnismäßigkeit der angewandten Mittel sowie der Unterscheidung von Kombattanten und Nicht-Kombattanten.
15   In die ökumenische Bewegung wurde der Begriff 1941 mit der Gründung der „Kommission für einen gerechten und dauerhalten Frieden" (Commission on a Just and Durable Peace) des Bundesrates der Kirchen Christi in den USA eingebracht. Seit 1985 bezeichnet sich die Vereinigte Kirche Christi (United Church of Christ) offiziell als Kirche des gerechten Friedens. Vgl. Raiser, Konrad; Schmitthenner, Ulrich (Hrsg.) (2012): Gerechter Friede. Ein ökumenischer Aufruf zum Gerechten Frieden. Begleitdokument des Ökumenischen Rates der Kirchen. Münster, S. 24.
16   Ökumenischer Rat der Kirchen (1994): Empfehlungen zum Programm zur Überwindung von Gewalt. www.wcc-coe.org/wcc/pcn/cc94recos_g.html (Zugegriffen: 25. September 2015).

Einen Meilenstein auf dem Weg zum gerechten Frieden bildete die 8. Vollversammlung des Ökumenischen Rates der Kirchen in Harare/Simbabwe im Jahre 1998. Dort wurde – parallel zur Dekade der Vereinten Nationen für eine Kultur des Friedens und der Gewaltfreiheit für die Kinder der Welt – eine „Dekade zur Überwindung von Gewalt" ausgerufen.[17] Damit sollte „die Friedensschaffung vom Rand in das Zentrum des Lebens und Zeugnisses der Kirche"[18] gebracht werden. Der Zentralausschuss des ÖRK formulierte für die Dekade folgende Ziele: Sie sollte

– sich ganzheitlich mit dem breiten Spektrum von direkter wie auch struktureller Gewalt zu Hause, in Gemeinschaften und auf internationaler Ebene auseinandersetzen;
– Geist, Logik und Ausübung von Gewalt überwinden, auf jede theologische Rechtfertigung von Gewalt verzichten und stattdessen die Spiritualität von Versöhnung und aktiver Gewaltlosigkeit bekräftigen;
– ein Verständnis von Sicherheit entwickeln, das von Zusammenarbeit und Gemeinschaft statt von Herrschaft und Konkurrenz bestimmt ist;
– bei der Suche nach Frieden mit Gemeinschaften Andersgläubiger zusammenarbeiten, von ihnen lernen und sich mit dem Missbrauch religiöser Identität auseinandersetzen sowie
– gegen die zunehmende Militarisierung, insbesondere gegen die Verbreitung von Feuer- und Handfeuerwaffen, protestieren.

Am Ende der Dekade zur Überwindung von Gewalt fand in Kingston/Jamaika eine Friedenskonvokation statt, in deren Mittelpunkt der ökumenische Aufruf zum gerechten Frieden stand. Dieser definiert gerechten Frieden als:

(…) einen kollektiven und dynamischen, doch zugleich fest verankerten Prozess (…), der darauf ausgerichtet ist, dass Menschen frei von Angst und Not leben können, dass sie Feindschaft, Diskriminierung und Unterdrückung überwinden und die Voraussetzungen schaffen können für gerechte Beziehungen, die den Erfahrungen der am stärksten Gefährdeten Vorrang einräumen und die Integrität der Schöpfung achten.[19]

Der Aufruf zeigt vier große Kontexte auf, die einen gerechten Frieden ausmachen:

– *Frieden in der Gemeinschaft* („damit alle frei von Angst leben können"), denn viele Gemeinschaften sind gespalten (nach Klasse, Rasse, Hautfarbe, Kaste, Religion, Geschlecht);

---

17 Vgl. hierzu auch Enns, Fernando (2012): Ökumene und Frieden. Bewährungsfelder ökumenischer Theologie. Neukirchen-Vluyn, S. 193ff.
18 Ökumenischer Rat der Kirchen (1999): Ein Rahmenkonzept für die Dekade zur Überwindung von Gewalt. www.wcc-coe.org/wcc/dov/frame-g.html (Zugegriffen: 26. September 2015).
19 Ökumenischer Rat der Kirchen (2011): Ein ökumenischer Aufruf zum gerechten Frieden, Ziff. 11.

- *Frieden mit der Erde* („damit das Leben erhalten wird"), nachdem Habgier, Egoismus und der Glaube an grenzenloses Wachstum Ausbeutung und Zerstörung gebracht haben und der Klimawandel als Folge menschlicher Lebensstile zu einer weltweiten Gefährdung geworden ist;
- *Frieden in der Wirtschaft* („damit alle in Würde leben können") in einer Welt, die durch Armut, die Ausweitung der sozioökonomischen Kluft (in und zwischen Nationen) sowie globale Wirtschafts- und Finanzkrisen geprägt ist, sowie
- *Frieden zwischen den Völkern* („damit Menschenleben geschützt werden"), so sind Fremdenfeindlichkeit, Gewalt zwischen verschiedenen Bevölkerungsgruppen, Kriegsverbrechen und Völkermord weiterhin präsent und werden „verstärkt durch den skrupellosen Einsatz von Wissenschaft, Technik und Kapital".Mit dieser Dimensionierung folgt der ökumenische Aufruf einem weiten Friedensverständnis. Dabei ist die thematische Anlehnung des Aufrufs an den konziliaren Prozess „Gerechtigkeit, Frieden, Bewahrung der Schöpfung" ebenso unübersehbar wie die Erweiterung der Trias durch den Aspekt der ökonomischen Gerechtigkeit, der seit 2003 über den Prozess der Alternativen Globalisierung im Dienst von Menschen und Erde (*Alternative Globalization Addressing People and Earth*, AGAPE) immer drängender geworden war.

Auch die 10. Vollversammlung des ÖRK 2013 in Busan/Südkorea setzte den konziliaren Prozess in Anschluss an das Leitbild des gerechten Friedens konsequent fort und konstatiert: „Der Weg des gerechten Friedens ist ein grundlegender Bezugsrahmen für kohärente ökumenische Reflexion, Spiritualität, Engagement und die aktive Friedensarbeit."[20] Am Ende der Vollversammlung beschlossen die Kirchen einen ökumenischen „Pilgerweg der Gerechtigkeit und des Friedens":

> Wir wollen den Weg gemeinsam fortsetzen. Herausgefordert durch unsere Erfahrungen in Busan rufen wir alle Menschen guten Willens dazu auf, ihre von Gott gegebenen Gaben für Handlungen einzusetzen, die verwandeln. Diese Vollversammlung ruft euch auf, euch unserem Pilgerweg anzuschließen. Mögen die Kirchen Gemeinschaften der Heilung und des Mitgefühls sein, und mögen wir die gute Nachricht aussäen, damit Gerechtigkeit gedeihen kann und Gottes tiefer Frieden auf der Welt bleibe.[21]

Damit konnten bestehende Kontroversen zwischen den Kirchen im ÖRK umgangen werden. Statt „konfrontativer Auseinandersetzungen über das notwendige Gleichgewicht zwischen vertikalen und horizontalen, theologischen und

---

20 Ökumenischer Rat der Kirchen (2013): Erklärung über den Weg des gerechten Friedens. Busan/Südkorea, S. 2.
21 Vgl. Ökumenischer Rat der Kirchen (2013): Botschaft der 10. ÖRK-Vollversammlung „Schließt euch unserer Pilgerreise der Gerechtigkeit und des Friedens an". Busan/Südkorea, Absch. 6.

gesellschaftspolitischen Anliegen" werde mit dem Pilgerweg ein neuer Weg des ökumenischen Zusammenseins beschritten, „ein Wechsel vom Statischen hin zum Dynamischen, von einer auf soliden theologischen Vereinbarungen gegründeten Status-quo-Stabilität hin zu einer gemeinsamen, nach vorne gerichteten Bewegung".[22] Das ermögliche – so Ioan Sauca[23] – nicht mehr so lange warten zu müssen, bis eine Übereinstimmung erreicht sei, „vielmehr werden wir unsere Einheit entdecken, indem wir gemeinsam Seite an Seite gehen".[24] Zugleich hebe die Metapher des Pilgerweges die spirituelle Bedeutung und tiefgreifenden theologischen Implikationen des gemeinsamen ökumenischen Weges hervor[25] und beuge einer Reduktion des gerechten Friedens auf ein gesellschaftspolitisches Ziel vor.[26]

Der gerechte Frieden – das haben die Ausführungen zur Entwicklung dieses Konzeptes auf ökumenischer Ebene deutlich machen können – hat sich als Neuansatz in der christlichen Friedensethik etablieren können. Unbeantwortet geblieben ist bislang aber noch der Umgang mit dem ethischen Dilemma militärischer Gewaltanwendung.

Frieden und Gerechtigkeit – ein immanentes Spannungsverhältnis?

Der gerechte Frieden geht mit seinem weiten und mehrdimensionalen Friedensverständnis über die auf Kriegsbegrenzung angelegte *bellum iustum*-Lehre deutlich hinaus, gilt es vor allem, die „Bedingungen des Friedens"[27] zu bestimmen und herzustellen. Dabei bietet die inhaltliche Verknüpfung von Frieden und Gerechtigkeit den Ausgangspunkt für eine Kritik an bestehenden Gewaltverhältnissen, auch struktureller Art: „Soziale Gerechtigkeit tritt Privilegierungen entgegen, wirtschaftliche Gerechtigkeit dem Reichtum, ökologische Gerechtigkeit dem Konsum und politische Gerechtigkeit Macht an sich."[28]

---

22 Sauca, Ioan (2015): Der Pilgerweg der Gerechtigkeit und des Friedens: Ein ökumenisches Paradigma für unsere Zeit. Eine orthodoxe Sicht, in: Ökumenische Rundschau 64 (1), S. 31–41, hier S. 32.
23 Ioan Sauca ist stellvertretender Generalsekretär des ÖRK und Priester der Rumänisch-Orthodoxen Kirche.
24 Sauca, Ioan (2015): Der Pilgerweg der Gerechtigkeit und des Friedens: Ein ökumenisches Paradigma für unsere Zeit. Eine orthodoxe Sicht, S. 34.
25 Sauca, Ioan (2015): Der Pilgerweg der Gerechtigkeit und des Friedens: Ein ökumenisches Paradigma für unsere Zeit. Eine orthodoxe Sicht, S. 33.
26 Enns, Fernando (2015): Behutsam mitgehen mit deinem Gott. Der Ökumenische Pilgerweg der Gerechtigkeit und des Friedens – als Neuausrichtung der Ökumenischen Bewegung, in: Ökumenische Rundschau 64 (1), S. 16–30, hier S. 20f.
27 Weizsäcker, Carl Friedrich von (1963): Die Bedingungen des Friedens. Rede anlässlich der Verleihung des Friedenspreises des Deutschen Buchhandels. Göttingen.
28 Ökumenischer Rat der Kirchen (2013): Erklärung über den Weg des gerechten Friedens. Busan/Südkorea, S. 1.

Dieser Perspektivwechsel impliziert zugleich eine prinzipielle, dem Konzept inhärente friedenspolitische Spannung. Denn „good things do not always go together".[29] Gehören normativ Frieden und Gerechtigkeit unauflösbar zusammen, können sie in der politischen Realität auseinanderfallen: wenn Gewaltanwendung zum Schutz elementarer Menschenrechte alternativlos erscheint oder die Aufrechterhaltung des Friedens mit zentralen Gerechtigkeitsforderungen kollidiert. So grenzt sich der gerechte Frieden nicht nur vom gerechten Krieg ab, sondern auch von einem „ungerechten Frieden". Und genau dieser bietet – so Lothar Brock – „einen moralisch attraktiven Grund für Rebellion und Krieg und andere Formen kollektiver Gewalt".[30]

Diese Debatte wird seit den 1970er Jahren auch in Auseinandersetzung mit Johan Galtungs positivem Friedensbegriff geführt: Definiert als Abwesenheit struktureller Gewalt (worunter all jene Arten von Gewalt gefasst werden, die aus systemischen Strukturen resultieren wie Repression und Ausbeutung) und verstanden als soziale Gerechtigkeit[31] hat auch der positive Frieden seine Entgegensetzung nicht im Krieg, sondern im Unfrieden. Gewaltfreiheit und Gerechtigkeit können in Widerspruch zueinander treten. Dieser Gefahr ist sich auch Galtung bewusst:

> Anstrengungen, sowohl personale als auch strukturelle Gewalt zu vermeiden, können leicht dazu führen, eine von beiden oder gar beide zu akzeptieren. Wenn man also die Wahl zwischen der Korrektur eines sozialen Übels mit Hilfe personaler Gewalt und dem Nichtstun hat, kann letzteres in der Tat bedeuten, daß man die Kräfte unterstützt, die für die Ungerechtigkeit verantwortlich sind. Und umgekehrt: der Gebrauch personaler Gewalt kann leicht dazu führen, daß man weder langfristige Abwesenheit von Gewalt noch Gerechtigkeit erreicht.[32]

Dieses Dilemma führt bei Galtung aber nicht zur Verwerfung des positiven Friedensbegriffs, sein Plädoyer lautet vielmehr, beide Ziele in gleicher Weise zu verfolgen, alles andere sei „eine Art intellektueller und moralischer Kapitulation".[33]

---

29 Müller, Harald (2013): Justice and Peace. Good Things do not always go together, in Gunther Hellmann (Hrsg.): Justice and Peace: Interdisciplinary Perspectives on a Contested Relationship. Frankfurt a. M., S. 43–68.
30 Brock, Lothar (2013): Das Leitbild des gerechten Friedens im Spannungsfeld zwischen Gerechtigkeit und Frieden, in: Werkner, Ines-Jacqueline; Rademacher, Dirk (Hrsg.) (2013): Menschen geschützt – gerechten Frieden verloren? Kontroversen um die internationale Schutzverantwortung in der christlichen Friedensethik. Münster, S. 23–35, hier S. 23f.
31 Vgl. Galtung, Johan (1975): Strukturelle Gewalt. Beiträge zur Friedens- und Konfliktforschung. Reinbek bei Hamburg, S. 32.
32 Galtung, Johan (1975): Strukturelle Gewalt. Beiträge zur Friedens- und Konfliktforschung, S. 34.
33 Galtung, Johan (1975): Strukturelle Gewalt. Beiträge zur Friedens- und Konfliktforschung, S. 36.

In diesem Sinne lässt sich auch der gerechte Frieden lesen. Dabei kann er – und in diesem Punkt unterscheiden sich beide Friedensbegriffe – die Unbedingtheit der ethischen Verpflichtung christologisch begründen: Der gerechte Frieden verweist auf das kommende Reich. Die Stiftung des Friedens und das Streben nach Gerechtigkeit sind Inhalt eschatologischer Verheißung. In diesem Sinne bleibt der Friede zwar „eine die Grenzen des Machbaren transzendierende Gabe"[34] und dem menschlichen Friedenshandeln entzogen. Zugleich aber ist die christliche Gemeinschaft gefordert, „innerhalb der herrschenden Ordnung Vorgriffe auf den messianischen Frieden zu wagen und auf diese Weise die Welt vernünftiger und menschlicher zu gestalten"[35]. Gefordert sind folglich Strategien, die in der Lage sind, die Spannung zwischen Frieden und Gerechtigkeit, wenn diese auch nicht aufgehoben werden kann, doch zumindest abzumildern.

Kontroversen um die internationale Schutzverantwortung

Das Spannungsverhältnis von Frieden und Gerechtigkeit zeigt sich insbesondere im Kontext der internationalen Schutzverantwortung. Einerseits verfolgt die *Responsibility to Protect* mit ihrer Trias der Verantwortung zur Prävention (*Responsibility to Prevent*), zur Reaktion (*Responsibility to React*) und zum Wiederaufbau (*Responsibility to Rebuild*)[36] einen weiten Ansatz der internationalen Krisen- und Konfliktbearbeitung. Auch wenn öffentliche Debatten nur selten darauf rekurrieren, liegt der Schwerpunkt dieses Konzeptes eindeutig in der Gewaltprävention. Das eröffnet die Chance, die Zahl der Fälle zu minimieren, in denen sich die Frage nach legitimer Gewaltanwendung stellt. Dennoch bleiben – andererseits – Zielkonflikte zwischen der angestrebten Gewaltfreiheit und dem notwendigen Schutz bedrohter Menschen möglich, insbesondere wenn die internationale Gemeinschaft in der Verantwortung steht, Völkermord, Kriegsverbrechen, Verbrechen gegen die Menschlichkeit oder ethnische Säuberungen zu

---

34 Körtner, Ulrich H. J. (2006): Flucht in die Rhetorik. Der Protestantismus muss eine Friedensethik entwickeln, die heutigen Kriegen gerecht wird, in: Zeitzeichen 7 (9), S. 12–14, hier S. 13.

35 Die deutschen Bischöfe (2000): Gerechter Friede. Bonn, Ziff. 56.

36 International Commission on Intervention and State Sovereignty (ICISS) (2001): The Responsibility to Protect. Ottawa. Im Mittelpunkt dieses Kommissionsberichts steht die Neudefinition von Souveränität. Danach beschränkt sich Souveränität nicht mehr allein auf die staatliche Selbstbestimmung und Nichteinmischung, sondern die Souveränität des Staates müsse sich an der Souveränität des Individuums messen lassen, womit staatliche Souveränität den Schutz der Bevölkerung einschließe. Sind Staaten nicht in der Lage oder willens, die eigene Bevölkerung zu schützen, sei die internationale Gemeinschaft gefordert, dieser Verantwortung zum Schutz der Menschen nachzukommen. Vgl. Werkner, Ines-Jacqueline; Rademacher, Dirk (2013): Menschen geschützt – gerechten Frieden verloren? Eine Einleitung, S. 5.

verhindern und militärische Interventionen das letzte Mittel zu sein scheinen. Und genau hier scheiden sich die Positionen: Während die einen in der R2P einen Weg sehen, bedrohte Menschen zu schützen, befürchten andere eine Aushöhlung des Gewaltverbots. Und wieder andere kritisieren, dass selbst im Falle eines Konsenses die Frage nach der Umsetzung weiterhin offen bleibe.[37]

Vor diesem Hintergrund verwundert es nicht, dass auch die Kirchen und der ÖRK in dieser Frage gespalten sind. Im unmittelbaren Nachgang der Annahme der *Responsibility to Protect* auf dem Weltgipfel der Vereinten Nationen 2005[38] befasste sich auch der Ökumenische Rat der Kirchen explizit mit der internationalen Schutzverantwortung. Auf der 9. Vollversammlung 2006 in Porto Alegre/Brasilien verabschiedete er die Erklärung „Gefährdete Bevölkerungsgruppen: Erklärung zur Schutzpflicht". In dieser unterstützen die Mitgliedskirchen die in der Entstehung begriffene internationale Norm der Schutzpflicht und befürworten den Perspektivenwechsel, der „die Bedürfnisse und Rechte der Zivilbevölkerung und die Pflichten des Souveränitätsträgers in den Mittelpunkt [stellt], nicht nur dessen Rechte"[39]. Sie unterstreichen die Prävention als zentrales Instrument und Anliegen der Kirchen. Die ethische Frage der Anwendung militärischer Gewalt zu humanitären Zwecken bleibt allerdings weiterhin offen. Denn wenn auch die Erklärung zur Schutzpflicht von der ÖRK-Vollversammlung im Konsens gebilligt wurde, stehen dort gegensätzliche Positionen unvermittelt nebeneinander:

> Kirchen mögen einräumen, dass Gewaltanwendung zum Schutz der Bevölkerung unter bestimmten Umständen eine Option darstellt, die den Erfolg nicht garantieren kann, die aber genutzt werden muss, da die Welt bisher weder in der Lage war, noch ist, irgendein anderes Instrument zu finden, um Menschen in aussichtslosen Situationen zu Hilfe zu kommen. Es ist allerdings festzuhalten, dass innerhalb der Kirchen auch Gruppierungen bestehen, die Gewalt kategorisch ablehnen. Sie vertreten eine Pflichterfüllung durch konsequente Prävention und – wie hoch der Preis auch sein mag – als letztes Mittel das Risiko gewaltloser Intervention bei gewalttätigen Auseinandersetzungen einzugehen. Beide Ansätze können

---

37 Vgl. hierzu Responsibility to React – wenn Intervention das „letzte" Mittel ist … Workshopdiskussion mit Impulsen von Dirck Ackermann, Jürgen-Joachim von Sandrart und Christian Hillmer & Paul Schäfer, eingeführt und zusammengefasst von Markus Ch. Müller, in: Werkner, Ines-Jacqueline; Rademacher, Dirk (Hrsg.) (2013): Menschen geschützt – gerechten Frieden verloren?, S. 197–215, hier S. 197.

38 Vereinte Nationen, Generalversammlung (2005): Ergebnisdokument des Weltgipfels 2005. A/RES/60/1 vom 24.10.2005, insb. Art. 138 und 139.

39 Ökumenischer Rat der Kirchen (2006): Gefährdete Bevölkerungsgruppen: Erklärung zur Schutzpflicht. Porte Alegre, Ziff. 5. www.oikoumene.org/de/resources/documents/assembly/2006-porto-alegre/1-statements-documents-adopted/international-affairs/report-from-the-public-issues-committee/responsibility-to-protect?set_language=de (Zugegriffen: 26. September 2015).

erfolglos bleiben, sind aber in gleicher Weise als Ausdruck christlicher Pflichterfüllung zu respektieren.[40]

Während für die einen die primäre Option für Gewaltfreiheit die Anwendung von Gewalt als Ultima Ratio nicht ausschließt (bzw. sogar explizit mit einschließt), stellt sich für andere die Frage, ob die Mitgliedskirchen damit noch der Zielsetzung ihrer Dekade, Geist, Logik und Ausübung von Gewalt zu überwinden, entsprechen oder letztlich nicht doch der Logik des gerechten Krieges verhaftet bleiben.[41]

Diese Spannung wird auch im ökumenischen Aufruf zum gerechten Frieden nicht aufgelöst. Die Anwendung von Waffengewalt stellt auch hier eine der zentralen Herausforderungen und ethischen Dilemmata auf dem Weg zu einem gerechten Frieden dar: So könne es Extremsituationen geben, „in denen der rechtmäßige Einsatz von Waffengewalt als letzter Ausweg und kleineres Übel notwendig werden kann, um gefährdete Bevölkerungsgruppen zu schützen, die unmittelbaren tödlichen Gefahren ausgesetzt sind". Zugleich sei dies aber ein „Zeichen schwerwiegenden Versagens" und „zusätzliches Hindernis auf dem Weg zu einem gerechten Frieden".[42] Die abschließende Botschaft der Friedenskonvokation in Kingston ruft dann zu weiterer Diskussion, Urteilsfindung und Ausarbeitung auf:

> Wir ringen weiter um die Frage, wie unschuldige Menschen vor Ungerechtigkeit, Krieg und Gewalt geschützt werden können. In diesem Zusammenhang stellen wir uns tiefgreifende Fragen zum Konzept der „Schutzverantwortung" und zu dessen möglichem Missbrauch. Wir rufen den ÖRK und seine Partnerorganisationen dringend auf, ihre Haltung in dieser Frage weiter zu klären.[43]

Dem schließt sich auch die 10. ÖRK-Vollversammlung in Busan an:

> Gemeinsam empfehlen wir dem Ökumenischen Rat der Kirchen, in Zusammenarbeit mit Mitgliedskirchen und kirchlichen Diensten und Werken eine kritische Analyse der „Verantwortung zur Prävention, zur Reaktion und zum Wiederaufbau" sowie deren Bezug zum gerechten Frieden und deren missbräuchliche Nutzung zur Rechtfertigung von bewaffneten Interventionen durchzuführen.[44]

---

40 Ökumenischer Rat der Kirchen (2006): Gefährdete Bevölkerungsgruppen: Erklärung zur Schutzpflicht. Porte Alegre, Ziff. 14.
41 Vgl. hierzu auch Enns, Fernando (2012): Ökumene und Frieden. Bewährungsfelder ökumenischer Theologie, S. 220ff.
42 Ökumenischer Rat der Kirchen (2011): Ein ökumenischer Aufruf zum gerechten Frieden, Ziff. 22.
43 Ökumenischer Rat der Kirchen (2011): Botschaft der Internationalen ökumenischen Friedenskonvokation. Genf.
44 Ökumenischer Rat der Kirchen (2013): Erklärung über den Weg des gerechten Friedens, S. 5.

Die fortdauernden Kontroversen um die militärische Gewaltanwendung im Ringen um einen gerechten Frieden erklären sich aus den unterschiedlichen Kontexten und geschichtlichen Prägungen der verschiedenen Mitgliedskirchen, die zugleich sehr unterschiedliche Sichtweisen im Blick auf den Weg zum Frieden einbringen.[45] In der ökumenischen Debatte lassen sich drei zentrale Positionen ausmachen:

1. Die christlich-pazifistische Position, die bezüglich der *Responsibility to React* ausschließlich zivile, nichtmilitärische Interventionen unterstützt: Dazu gehören vor allem die historischen Friedenskirchen mit ihrem klaren Bekenntnis zur Gewaltfreiheit. Dieses Bekenntnis stehe weniger für eine Gesinnungslogik (im Sinne der „Wahrung der Reinheit der eigenen Gesinnung"[46]), eher für einen Verantwortungspazifismus. Zum einen argumentieren die Friedenskirchen politisch: „Der Gebrauch von Gewalt als ‚letztem Mittel', um Gerechtigkeit zu erzielen, schafft Bedingungen, die die Herstellung von Gerechtigkeit verhindern."[47] So bestehe die Gefahr, dass militärische Gewalt auch als Ultima Ratio der Gewaltlogik verhaftet bleibe (einschließlich ihrer Folgen wie der Legitimierung von Waffenproduktion und Rüstungsexporten oder der Entwicklung neuer Technologien). Gefragt seien stattdessen alternative zivile und gewaltfreie Handlungsmöglichkeiten. Aus theologisch-ethischer Perspektive sei Gewaltfreiheit nicht schlicht eine Handlungsoption, sondern gelte vielmehr „als eine einzuübende Haltung im gesamten Leben, weil sie den Kern des christlichen Bekenntnisses erst glaubwürdig macht".[48]
2. Die Position des unbedingten Schutzes der Menschenrechte: Dabei sei militärische Gewalt als letztes Mittel zum Schutz gefährdeter Bevölkerungsgruppen nicht kategorisch auszuschließen. Zu dieser Gruppe gehört u.a. die Evangelische Kirche in Deutschland. In ihrer Friedensdenkschrift argumentiert sie mit dem inneren Zusammenhang von Frieden, Recht und Gerechtigkeit. So liege dem gerechten Frieden perspektivisch eine „kooperativ verfasste Ordnung ohne Weltregierung"[49] mit einem System kollektiver Sicherheit zugrunde. Zu seiner Verwirklichung sei der gerechte

---

45 Ökumenischer Rat der Kirchen (2011): Botschaft der Internationalen ökumenischen Friedenskonvokation; Enns, Fernando (2012): Ökumene und Frieden. Bewährungsfelder ökumenischer Theologie, S. 227.
46 Lienemann, Wolfgang (2000): Frieden. Göttingen, S. 131.
47 Enns, Fernando (2012): Ökumene und Frieden. Bewährungsfelder ökumenischer Theologie, S. 226.
48 Enns, Fernando (2016): Der gerechte Frieden in den Friedenskirchen, in: Werkner, Ines-Jacqueline; Ebeling, Klaus (Hrsg.): Handbuch Friedensethik. Wiesbaden (in Vorbereitung).
49 Evangelische Kirche in Deutschland (2007): Aus Gottes Frieden leben – für gerechten Frieden sorgen. Eine Denkschrift des Rates der Evangelischen Kirche in Deutschland. Gütersloh, Ziff. 86.

Frieden auf das Recht angewiesen,⁵⁰ das wiederum „auf Durchsetzbarkeit angelegt"⁵¹ sei. Damit stellt sich dann auch die Frage nach den ethischen Kriterien des Gewaltgebrauchs. Diesbezüglich steht der Terminus der „rechtserhaltenden Gewalt" im Fokus der Friedensdenkschrift, verbunden mit der Absage an die Lehre vom gerechten Krieg. So heißt es explizit in der Friedensdenkschrift: „Im Rahmen des Leitbilds vom gerechten Frieden hat die Lehre vom *bellum iustum* keinen Platz mehr."⁵², ⁵³

3. Die Position der Lehre vom gerechten Krieg: Diese Perspektive ist nach wie vor im angloamerikanischen Raum vorherrschend, u.a. in der anglikanischen Kirche Englands. Dabei werde der gerechte Frieden mit seinem Vorrang gewaltfreier Lösungen durchaus bejaht. Wenn allerdings Politiker signalisieren, „dass sie die Anwendung militärischer Gewalt in Erwägung ziehen", dann sei es „die Aufgabe der Kirchen, sie zu fragen, ob sie denn wirklich alle Bedingungen für einen gerechten Krieg geprüft haben".⁵⁴ Auch gehöre über die Extremfälle der R2P hinaus „die Gewaltanwendung zum Schutz einer Gemeinschaft" (z.B. die Freiheit Berlins im Kalten Krieg) zum möglichen Szenario eines gerechten Krieges.⁵⁵ Im Rahmen der Entfaltung und Anwendung der *bellum iustum*-Lehre im Horizont gegenwärtiger Herausforderungen werde der gerechte Frieden dann auch eher als Teilaspekt des gerechten Krieges (im Sinne eines *ius post bellum*)

---

50 Evangelische Kirche in Deutschland (2007): Aus Gottes Frieden leben – für gerechten Frieden sorgen. Eine Denkschrift des Rates der Evangelischen Kirche in Deutschland, Ziff. 85.

51 Evangelische Kirche in Deutschland (2007): Aus Gottes Frieden leben – für gerechten Frieden sorgen. Eine Denkschrift des Rates der Evangelischen Kirche in Deutschland, Ziff. 98.

52 Evangelische Kirche in Deutschland (2007): Aus Gottes Frieden leben – für gerechten Frieden sorgen. Eine Denkschrift des Rates der Evangelischen Kirche in Deutschland, Ziff. 102.

53 Vgl. hierzu auch Werkner, Ines-Jacqueline (2010): Friedensethik und humanitäre Intervention – Konsequenzen aus der Friedensdenkschrift, in: Dörfler-Dierken, Angelika; Portugall, Gerd (Hrsg.): Friedensethik und Sicherheitspolitik. Weißbuch 2006 und EKD-Friedensdenkschrift 2007 in der Diskussion. Wiesbaden, S. 141–152, hier S. 145f.

54 David Fisher in der Podiumsdiskussion 2013 in Berlin, vgl. Der gerechte Frieden – interkonfessionell diskutiert. Podiumsdiskussion mit David Fisher, Heinz-Gerhard Justenhoven, Eva Senghaas-Knobloch & Georgios Vlantis, in: Werkner, Ines-Jacqueline; Rademacher, Dirk (Hrsg.): Menschen geschützt – gerechten Frieden verloren? Kontroversen um die internationale Schutzverantwortung in der christlichen Friedensethik, S. 59–76, hier S. 71.

55 David Fisher in der Podiumsdiskussion 2013 in Berlin, vgl. Der gerechte Frieden – interkonfessionell diskutiert. Podiumsdiskussion mit David Fisher, Heinz-Gerhard Justenhoven, Eva Senghaas-Knobloch & Georgios Vlantis, in: Werkner, Ines-Jacqueline; Rademacher, Dirk (Hrsg.): Menschen geschützt – gerechten Frieden verloren? Kontroversen um die internationale Schutzverantwortung in der christlichen Friedensethik, S. 59–76, hier S. 63.

begriffen: „Any discussion of just war is precisely to protect just peace."⁵⁶ So entbrannte in Kingston auch eine heftige Diskussion um die Formulierung im Aufruf zum gerechten Frieden, wonach „die Berufung auf das Konzept eines ‚gerechten Krieges' und dessen übliche Anwendung als obsolet zu erachten"⁵⁷ sei. Die abschließende Botschaft der Friedenskonvokation formulierte dann als Kompromissformel, im Bekenntnis zum gerechten Frieden „über die Lehre vom gerechten Krieg hinaus[zugehen]".⁵⁸

Just Policing – eine Alternative zur militärischen Intervention?

Intention der Kirchen ist es, mit dem Leitbild des gerechten Friedens über die Kontroverse „gerechter Krieg versus Pazifismus" hinauszugehen und die Spannungen zwischen den beiden großen christlichen Friedenstraditionen, die wesentlich die letzten Jahrzehnte geprägt haben, aufzulösen.⁵⁹ Ein Vorschlag zur Überwindung dieser beiden, sich letztlich antagonistisch gegenüberstehenden Standpunkte findet sich in der ökumenischen Erklärung zur Schutzpflicht. Als Alternative schlägt der ÖRK internationale Polizeikräfte vor:

> Gewaltanwendung zu humanitären Zwecken muss in ein breites Spektrum wirtschaftlicher, sozialer, politischer und diplomatischer Anstrengungen eingebettet sein, die die direkten wie langfristigen Ursachen der Krise in den Blick nehmen. Auf lange Sicht sollten für diese Aufgaben internationale Polizeikräfte ausgebildet werden, die an das Völkerrecht gebunden sind.⁶⁰

Er ruft die internationale Gemeinschaft und die einzelnen Staaten auf, „die Entwicklung von Strategien für den Einsatz von Polizeikräften in Situationen schwerwiegender Menschenrechtsverletzungen zu unterstützen".⁶¹

Solche Polizeieinsätze sollten „von streng von ihnen getrennten humanitären Hilfsmaßnahmen" begleitet sein und mit der Bereitschaft und den notwen-

---

56 Nicholas Sagovsky, ehemaliger Bischof von Westminster Abbey, in der Podiumsdiskussion zum Thema „Gerechter Friede – eine Utopie?" am 3. Juni 2011 auf dem Kirchentag in Dresden.
57 Ökumenischer Rat der Kirchen (2011): Ein ökumenischer Aufruf zum gerechten Frieden, Ziff. 23.
58 Ökumenischer Rat der Kirchen (2011): Botschaft der Internationalen ökumenischen Friedenskonvokation.
59 Vgl. Raiser, Konrad; Schmitthenner, Ulrich (Hrsg.) (2012): Gerechter Friede. Ein ökumenischer Aufruf zum Gerechten Frieden. Begleitdokument des Ökumenischen Rates der Kirchen. Berlin, S. 104.
60 Ökumenischer Rat der Kirchen (2006): Gefährdete Bevölkerungsgruppen: Erklärung zur Schutzpflicht, Ziff. 16.
61 Ökumenischer Rat der Kirchen (2006): Gefährdete Bevölkerungsgruppen: Erklärung zur Schutzpflicht, Ziff. (e) der Beschlussfassung.

digen Mitteln einhergehen, „der bedrohten Bevölkerung beizustehen, bis die Grundlagen der Ordnung und öffentlichen Sicherheit wiederhergestellt sind".[62] In diesem Kontext differenziert die Erklärung zur Schutzpflicht auch zwischen Gewalt, die zu humanitären Zwecken eingesetzt wird, deren ausschließliche Aufgabe der Schutz der bedrohten Bevölkerung darstellt und die „einer das Recht achtenden Polizeitätigkeit" nahekommt, und Gewalt, die Zielen einer Kriegsführung dient, „um eine Auseinandersetzung zu gewinnen oder ein Regime zu besiegen".[63]

Hinter diesem Vorschlag steht – ohne dies in der ökumenischen Erklärung konkret zu benennen oder näher zu entfalten – der Ansatz des *Just Policing*,[64] verstanden als „gerechtes polizeiliches Handeln".[65] Im Fokus dieses Konzeptes steht das Ziel der Gewaltdeeskalation und Gewaltminimierung. So würden sich Polizeieinheiten aufgrund ihres Aufgabenprofils und ihrer Ausstattung deutlich vom Militär unterscheiden. Angestrebt werde nicht – so Fernando Enns – ein „Sieg über andere", vielmehr gehe es darum, „gerechte win-win-Lösungen zu ermöglichen", und diese mit geringstmöglicher Zwangsausübung.[66]

Die Idee des *Just Policing* geht auf einen fünfjährigen mennonitisch-katholischen Dialog zurück, der von 1998 bis 2003 geführt wurde.[67] Dabei wurden Gemeinsamkeiten festgestellt wie das christliche Friedenszeugnis oder auch die enge Verbindung von Frieden und Gerechtigkeit, aber auch Divergenzen benannt. Dazu zählt insbesondere der Dissens über Gewaltfreiheit und gerechtem Krieg. Ziel war es daher, ein Konzept zu entwickeln, das die verschiedenen Positionen widerspiegeln könne.

Mit dieser Intention entwarfen Gerald W. Schlabach und Ivan J. Kauffman ein erstes inoffizielles Hintergrundpapier, das im Rahmen eines mennonitisch-katholischen Colloquiums 2002 erstmalig diskutiert und in den Folgejah-

---

62 Ökumenischer Rat der Kirchen (2006): Gefährdete Bevölkerungsgruppen: Erklärung zur Schutzpflicht, Ziff. 16.
63 Ökumenischer Rat der Kirchen (2006): Gefährdete Bevölkerungsgruppen: Erklärung zur Schutzpflicht, Ziff. 17.
64 Vgl. Schlabach, Gerald W. (Hrsg.) (2007): Just Policing, Not War. An Alternative Response to World Violence. Collegeville, Minnesota.
65 Schlabach, Gerald W. (2011): „Just Policing" – die Frage nach der (De-)Legitimierung des Krieges muss nicht kirchentrennend bleiben. Lernerfahrungen aus dem mennonitisch-katholischen Dialog, in: Ökumenische Rundschau, 2011 (1), S. 66–79, hier S. 66.
66 Enns, Fernando (2013): Gerechter Frieden zwischen Interventionsverbot und Schutzgebot. Das ethische Dilemma der Gewaltanwendung, in: Werkner, Ines-Jacqueline; Rademacher, Dirk (Hrsg.): Menschen geschützt – gerechten Frieden verloren? Kontroversen um die internationale Schutzverantwortung in der christlichen Friedensethik. Münster, S. 95–110, hier S. 107.
67 Vgl. „Called Together to be Peacemakers. Report of the International Dialogue between the Catholic Church and Mennonite World Conference 1998 – 2003" vom August 2003, www.mwc-cmm.org/sites/default/files/report_cathmenno_final_eng.pdf (Zugegriffen: 3. September 2014).

ren wesentlich unter der Federführung von Schlabach weiterentwickelt wurde. Das folgende Zitat skizziert die zentrale Grundidee dieses Ansatzes:

> Würden die besten Intentionen der Theoretiker des gerechten Krieges in die Praxis umgesetzt, dann würden sie nur ein gerechtes polizeiliches Handeln legitimieren, auf keinen Fall jedoch Krieg. Und wenn christliche Pazifisten in irgendeiner Weise Operationen, die begrenzte, aber potentiell tödliche Gewalt mit sich bringen, unterstützen, sich daran beteiligen oder sich zumindest nicht völlig dagegen aussprechen, dann gilt das für ein gerechtes polizeiliches Vorgehen. *Just Policing* – und *nur* ein gerechtes polizeiliches Handeln.[68]

Das heißt, während *Just Policing* aus erster Perspektive als eine eng begrenzte Anwendung des gerechten Krieges angesehen werden könne, sei im zweiten Falle eine pazifistische Lesart – beispielsweise im Sinne eines Rechtspazifismus – denkbar. Genau diese Konstellation ermögliche Schlabach zufolge die angestrebte Konvergenz beider Standpunkte.

Dahingestellt bleibe, inwieweit es gelingen kann, die Voraussetzungen dafür zu schaffen, ein *Just Policing* auf internationaler Ebene zu etablieren, und auch, angesichts von Völkermord, Kriegsverbrechen, Verbrechen gegen die Menschlichkeit oder ethnischen Säuberungen Militär durch Polizei zu ersetzen. Zumindest aber bietet dieser Vorschlag die Chance, einen neuen Ansatz im internationalen Umgang mit Konflikten zu etablieren und neue Perspektiven in der Konfliktprävention eröffnen, womit sich im Sinne der Prozesshaftigkeit des Friedens auch die Schwelle der militärischen Ultima Ratio verschieben ließe.

Ausblick

Der Ökumenische Rat der Kirchen ist mit zwei zentralen Herausforderungen konfrontiert: mit der Frage nach der Einheit der Christen und der Wahrnehmung seiner Verantwortung für den Frieden. Das spiegelt sich auch in der aktuellen Debatte um den gerechten Frieden wider. Einerseits hat sich der gerechte Frieden als Neuansatz in der christlichen Friedensethik etablieren können, verbunden mit einem Perspektivenwechsel unter der Maxime „Si vis pacem para pacem", die über die Abwesenheit militärischer Gewalt deutlich hinausreicht. Frieden wird an die Aufgabe der Schaffung sozialer Gerechtigkeit gebunden, zwischen beiden besteht eine unauflösbare Beziehung. Dabei wird Frieden – im Bild des Luk 1,79: „Richte unsere Füße auf den Weg des Friedens" – als Prozess begriffen, der seinen besonderen Ausdruck im ökumenischen Pilgerweg der Gerechtigkeit und des Friedens findet.

---

68 Schlabach, Gerald W. (2011): „Just Policing" – die Frage nach der (De-)Legitimierung des Krieges muss nicht kirchentrennend bleiben. Lernerfahrungen aus dem mennonitisch-katholischen Dialog, S. 67.

Andererseits bestehen weiterhin Differenzen hinsichtlich der Anwendung militärischer Gewalt. Inwieweit bleibt – so die kritische Anfrage – der gerechte Frieden noch zu sehr der Logik des Krieges verhaftet? Diese wird insbesondere im Kontext der *Responsibility to Protect* debattiert:

> Soll die noch weiter zu klärende Norm der Schutzverantwortung als Anhaltspunkt für eine Ethik des gerechten Friedens dienen, dann muss sich erweisen, ob es in diesem Rahmen möglich ist, ‚Geist, Logik und Praxis' des Krieges zu überwinden.[69]

Dies umfasst eine Reihe noch offener Fragen: Wie lässt sich im Lichte der *Responsibility to Protect* und der dortigen Neudefinition von Souveränität der Gefahr einer Aushebelung des Gewaltverbots entgehen? Wie kann ein möglicher Missbrauch der internationalen Schutzverantwortung verhindert werden? Und wie ist in diesem Kontext mit der Unzulänglichkeit des internationalen Rechtssystems umzugehen? – Unabhängig davon, wie die Beantwortung dieser Fragen ausfällt, wird eines deutlich: Die grundlegende Paradoxie einer Friedensethik, die zur Gewalteinhegung Kriterien für die Legitimation von Gewalt bietet, bleibt unauflösbar.

Literatur (Auswahl)

Enns, Fernando (2012): Ökumene und Frieden. Bewährungsfelder ökumenischer Theologie. Neukirchen-Vluyn.
Evangelische Kirche in Deutschland (2007): Aus Gottes Frieden leben – für gerechten Frieden sorgen. Eine Denkschrift des Rates der Evangelischen Kirche in Deutschland. Gütersloh.
Galtung, Johan (1975): Strukturelle Gewalt. Beiträge zur Friedens- und Konfliktforschung. Reinbek bei Hamburg.
Lienemann, Wolfgang (2000): Frieden. Göttingen.
Ökumenischer Rat der Kirchen (2006): Gefährdete Bevölkerungsgruppen: Erklärung zur Schutzpflicht. Porte Alegre.
Ökumenischer Rat der Kirchen (2011): Ein ökumenischer Aufruf zum gerechten Frieden. Genf.
Raiser, Konrad; Schmitthenner, Ulrich (Hrsg.) (2012): Gerechter Friede. Ein ökumenischer Aufruf zum Gerechten Frieden. Begleitdokument des Ökumenischen Rates der Kirchen. Münster.
Schlabach, Gerald W. (Hrsg.) (2007): Just Policing, Not War. An Alternative Response to World Violence. Collegeville, Minnesota.
Werkner, Ines-Jacqueline; Rademacher, Dirk (Hrsg.) (2013): Menschen geschützt – gerechten Frieden verloren? Kontroversen um die internationale Schutzverantwortung in der christlichen Friedensethik. Münster.

---

69 Raiser, Konrad (2015): Vom Frieden her denken. Ökumenische Impulse zur friedensethischen Diskussion, in: Evangelische Theologie 75 (4), S. 246–258, hier S. 256.

Jean-Christophe Merle
Friede und Gerechtigkeit

1. Einleitung

Wer nicht wünscht, dass Friede und Gerechtigkeit weltweit herrschen, der ist sicherlich ein unmoralischer Mensch. Manche bekennen sich ausdrücklich zu dieser Immoralität, so beispielsweise Nietzsche, der sowohl den Frieden als auch die Gerechtigkeit als Werte radikal ablehnt.[1] Dabei wird zu Recht von der Vereinbarkeit beider miteinander ausgegangen. Mehr noch: Oft will man zeigen, dass die Herrschaft des Friedens und die Herrschaft der Gerechtigkeit einander unterstützen, und zwar so sehr, dass die Kombination beider die Errichtung eines Weltfriedens und einer globalen Gerechtigkeit ermöglichen könnte, die unter gewissen Umständen für die Erfüllung der Voraussetzungen ihrer eigenen dauerhaften Stabilität sorgen würden. Diese Voraussetzungen sind institutioneller Art, wie die einzelnen Entwürfe eines ewigen Friedens – allen voran Kants *Zum ewigen Frieden* – es immer wieder betont haben.[2] Heutzutage werden solche Entwürfe für einen ewigen Frieden oft als ein Schritt betrachtet, der weiter geht als die gewöhnlichen Friedensverträge, jedoch nicht als etwas radikal anderes. Der ewige Friede gilt als Vervollkommnung und Verstärkung der gewöhnlichen Friedensverträge. Nun folgen die gewöhnlichen Friedensverträge und der Weg zu ihnen den Grundsätzen der Lehren des gerechten Krieges, welche zu einer anderen Perspektive und zu einer anderen Tradition als die Entwürfe für einen ewigen Frieden gehören. Unsere heutige Auffassung eines immerwährenden Weltfriedens und des geeigneten Weges dorthin kombiniert also Elemente miteinander, die zu zwei verschiedenen Arten von Entwürfen und Theorien gehören.

Diese Kombination, die ich zunächst darstellen werde, ist deswegen attraktiv, weil sie bezüglich des Weltfriedens und der globalen Gerechtigkeit ein Modell anbietet, das dem modernen Modell des gerechten und stabilen innerstaatlichen

---

1 „Ihr sollt den Frieden lieben als Mittel zu neuen Kriegen" (*Also sprach Zarathustra*, „Vom Krieg und Kriegsvolke"), siehe auch *Menschliches, Allzumenschliches*, Aphorismus 477; „Jedem das Seine geben: das wäre die Gerechtigkeit wollen und das Chaos erreichen" (*Nachgelassene Fragmente* 165).
2 Vgl. Merle, J. Ch. (1995), „Die Geschichte des Friedensbegriffs vor Kant. Ein Überblick", in: O. Höffe (Hrsg.), *Kants Zum ewigen Frieden*, Berlin: Akademie-Verlag, 31–42.

Friedens und des Weges dorthin ähnelt. Außerdem bietet diese Kombination einige Vorteile im Vergleich mit dem kantischen Modell des ewigen Friedens sowie mit den traditionellen Lehren des gerechten Krieges. Im Folgenden werde ich zu zeigen versuchen, dass diese Kombination den erwünschten gerechten und ewigen Frieden dennoch nicht erzielen kann. Außerdem verleitet eine solche Erwartung dazu, Kants Friedensschrift mit einer Utopie zu verwechseln. Nicht zuletzt würden auch Utopien nicht dem Modell eines auf Gerechtigkeit gebauten ewigen Friedens entsprechen; vielmehr stellen Utopien eine grundverschiedene Art von Frieden dar.

2. Der gerechte ewige Friede als Vervollkommnung der gewöhnlichen Frieden

Der Friede ist der Gegensatz vom Krieg als einem Konflikt, in dem organisierte und bewaffnete physische Gewalt durch eine Entität eingesetzt wird, deren Existenzberechtigung (anders als z.B. bei einer Räuberbande) nicht im Gebrauch einer solchen Gewalt besteht. Seit Kants Friedensschrift wird der Friede als zweistufig gedacht. Auf der *ersten Stufe* steht die momentane Konfliktlosigkeit, die Kant für einen bloßen Waffenstillstand hält.[3] Auf der *zweiten Stufe* steht eine stabile institutionelle Ordnung, die einen immerwährenden Frieden garantiert. Bei Kant ist das richtige Wort für den Frieden erster Stufe der Naturzustand, ein Begriff, den Kant von Hobbes übernimmt. Denn bereits Hobbes verstand unter diesem Begriff keinen wirklichen Konflikt, sondern einen Zustand, in dem jederzeit ein Konflikt ausbrechen kann. Das Gegenteil vom Naturzustand ist der Zivilzustand. Wenn die beiden genannten Stufen voneinander unterschieden werden, erweist sich, dass die These, nach der Friede und Gerechtigkeit einander stützen und gegenseitig für ihren Fortbestand sorgen, wenn sie die passende institutionelle Organisation erhalten, lediglich auf der zweiten Stufe vertreten wird, obwohl es auf der ersten Stufe durchaus einen gerechten Frieden geben kann.

Da sich der Friede zweiter Stufe durch eine institutionelle Ordnung auszeichnet, ist die Gerechtigkeit als gerechte institutionelle Ordnung von der Gerechtigkeit als Katalog von Regeln zu unterscheiden, die Konfliktparteien beachten sollen. Der Einfachheit halber bezeichne ich im Folgenden jene Art der Gerechtigkeit die *Gerechtigkeit zweiter Stufe*, diese Art aber die *Gerechtigkeit erster Stufe*. Die jeweilige erste Stufe des Friedens und der Gerechtigkeit entsprechen der Rawls'schen „nicht idealen" Theorie in Rawls' *Das Recht der Völker*. Die jeweilige zweite Stufe des Friedens und der Gerechtigkeit entsprechen der „idealen Theorie" in Rawls' *Das Recht der Völker*. Auf der ersten Stufe lässt sich Folgendes beobachten:

---

3   Kant, *Zum ewigen Frieden*, AA VIII 343.

1. *Gerechtigkeit bringt nicht notwendigerweise Frieden mit sich.* Denn es kann beispielsweise Uneinigkeit entweder über die Gerechtigkeitsprinzipien oder über deren Auslegung bestehen, und unter Umständen kann diese Uneinigkeit einen Kriegseintritt rechtfertigen.

2. *Friede bringt nicht notwendigerweise Gerechtigkeit mit sich.* Denn Friede mag auf einem ungerechten Gebrauch von Macht und Zwangsmitteln beruhen. Genauso kann das Ergebnis eines Krieges im Sieg einer Kriegspartei bestehen, deren Absicht es ist, die Herrschaft ihrer Willkür durch Anwendung von Gewalt und Zwang zu errichten.

3. *Ungerechtigkeit bringt nicht notwendigerweise Krieg mit sich.* Denn die vorhersehbaren Übel eines solchen Krieges (Opfer, Schäden, Hang zu besonders ungerechten Verhaltensmustern usw.) mögen das Übel übersteigen, das die genannte Ungerechtigkeit darstellt bzw. verursacht. Außerdem kann es sein, dass die Opfer der Ungerechtigkeit deswegen nicht zum Krieg greifen, weil sie grundsätzlich gegen den Krieg sind, weil sie Angst vor dessen Ergebnis haben oder auch weil sie über keine ausreichenden Mittel zur Kriegsführung verfügen.

4. *Krieg bringt nicht notwendigerweise Ungerechtigkeit mit sich.* Es kann sein, dass die vom Krieg verursachten Übel kleiner sind als das begangene Unrecht, und der Krieg kann zur Errichtung eines gerechten Zustandes führen.

Außerdem gibt es Umstände, unter denen die jeweilige erste Stufe des Friedens und der Gerechtigkeit gleichzeitig herrschen und entweder die Friedfertigkeit die Parteien zu einem gerechten Verhalten oder ein gerechtes Verhalten die Parteien zum Frieden motiviert. Dennoch können solche Umstände aus den im Punkt 1 erwähnten Gründen nicht ewig herrschen, so dass die erste Stufe der Gerechtigkeit und des Friedens grundsätzlich gefährdet ist und erst dann dauerhaft garantiert wird, wenn sowohl der Friede als auch die Gerechtigkeit die zweite Stufe erreichen. Darum ist die jeweils erste Stufe in der teleologischen Perspektive in die jeweils zweite Stufe zu integrieren. Denn nur die zweite Stufe bedeutet Stabilität, insoweit nur sie dauerhaft (ständig) für ihre eigene Unterstützung sorgt.

Was ist aber der Weg zur zweiten Stufe? In der heutzutage vorherrschenden Auffassung ist der direkte Übergang von der ersten zur zweiten Stufe nicht möglich. Zwar scheint ein erheblicher Teil der Tradition der Gesellschaftsvertragstheorien dieser Auffassung zu widersprechen. Solche Vertragstheorien wie die Locke'sche verstehen den Naturzustand nicht als einen Zustand des Krieges aller gegen alle. In Lockes Ausgangssituation gibt es vielmehr vor dem Vertrag eine Gesellschaft, die die bürgervertraglichen Institutionen lediglich vor Verletzungen der Naturrechte schützt.[4] In einer anderen Art von Gesellschaftsvertragstheorie, zu der Hobbes' *Leviathan* und Rousseaus *Vom Gesellschaftsvertrag* gehören, geht aber der Mensch vom Naturzustand als Zustand des Krieges aller gegen alle und des Unrechts zu einem auf gemeinsamen und stabilen Institutionen gegründeten Frieden über. Ein solcher direkter Übergang von einem Zu

---

4 Vgl. John Locke (1690): *Zwei Abhandlungen über die Regierung*, zweite Abhandlung, Kap. II.

stand, in dem Friede und Gerechtigkeit völlig fehlen, zu einem gerechten und stabilen Friedenszustand kann jedoch nur im Rahmen einer bestimmten Art von Gedankenexperiment stattfinden. Solche Gedankenexperimente sind nicht dazu bestimmt, die Entstehung rechtsstaatlicher Institutionen zu erklären, sondern deren Existenz zu rechtfertigen: Es geht darum, das Bestehen des (Rechts-)Staates zu legitimieren und die Bedingungen seiner Legitimität darzustellen.

Auf den *Abbildungen 1 bis 3* versuche ich, die Art und Weise darzustellen, wie der Übergang vom Hobbes'schen Naturzustand zum kantischen Frieden zweiter Stufe heutzutage meistens konzipiert wird. Diese Konzeption beschränkt sich nicht auf eine der beiden Dimensionen des Krieges, nämlich entweder auf die innerstaatliche oder auf die internationale Dimension. Darum enthalten meine Abbildungen beide Dimensionen, denen ich noch die innere Dimension der moralischen Konflikte in jedem einzelnen Individuum – dasjenige, was in Kants Religionsschrift der Kampf zwischen dem Prinzip des Guten und dem Prinzip des Bösen genannt wird – hinzufüge. Um jegliches Missverständnis auszuräumen, ist schon jetzt hinzuzufügen, dass meine Abbildungen in Bezug auf den internationalen Krieg und den internationalen Frieden nicht die kantische Konzeption des Übergangs vom Natur- zum Rechtszustand vorstellen, wie ich später erklären werde. In diesen Abbildungen beziehen sich also die Pfeile nicht auf Kant, sondern auf die Theorien des gerechten Krieges, die vor Kants *Zum ewigen Frieden* formuliert wurden und seitdem neben der kantischen Tradition fortbestehen. Die traditionellen Theorien des gerechten Krieges, die ich später erörtern werde, enthalten weder einen Frieden zweiter Stufe noch eine Gerechtigkeit zweiter Stufe. Darum wird in der Abbildung 1 versucht, das heutzutage vorherrschende Modell zu rekonstruieren, das auf der Kombination der beiden anderen genannten Modelle beruht. Den *Abbildungen 1 bis 3* liegen zwei Annahmen zugrunde: 1. Der Friede erster Stufe bzw. das Fehlen eines solchen Friedens, 2. die Gerechtigkeit erster Stufe bzw. das Fehlen einer solchen Gerechtigkeit. Da – anders als die Gerechtigkeit zweiter Stufe – die Gerechtigkeit erster Stufe nicht auf Institutionen, sondern auf dem Verhalten der Akteure beruht, stehen auf den Abbildungen keine gerechten Institutionen, sondern die Zwecke gerechter Akteure. Selbstverständlich können die Akteure auch Institutionen sein – z.B. können sie im internationalen Kontext Staaten sein –, aber diese institutionellen Akteure fungieren dann nicht als allen Akteuren gemeinsame Institutionen, die die Beziehungen zwischen den einzelnen Akteuren regeln, sondern als Akteure unter anderen Akteuren.

Der Friede und die Gerechtigkeit zweiter Stufe entstanden 1795 mit Kants *Zum ewigen Frieden*. Auf der *Abbildung 1* stehen sie nur als *Telos* gerechter Akteure bei einem Frieden erster Stufe (siehe das obere linke Feld auf den drei Abbildungen). Die Pfeile stellen den möglichen Weg solcher friedens- und gerechtigkeitssuchenden Akteure zum Frieden zweiter Stufe und zur Gerechtigkeit zweiter Stufe dar. Diese Abbildungen übernehmen die wichtigsten Thesen und die Termini der einschlägigen Theorien des gerechten Krieges, der Vertragstheorien und der Moraltheorien.

Abbildung 1: Internationaler Friede und internationale Gerechtigkeit

Was ein Staat anstrebt, der friedliche und gerechte Zwecke hat, wenn er Folgendem gegenübersteht	... dem gerechten Verhalten anderer Staaten	... dem ungerechten Verhalten anderer Staaten
... einem Frieden erster Stufe	die *Errichtung* eines Friedens zweiter Stufe mit einer *global governance*	als Ultima Ratio (d.h. nach gescheiterten Beschwerden, Verhandlungen, Vorschlägen für einen Schiedsrichter, Sanktionen usw.) eine *militärische Intervention* mit der Erlaubnis und unter der *Kontrolle der Völkergemeinschaft*
... einem Krieg	(der andere Staat handelt entweder *bona fide* oder *mala fide*, jedoch nicht extrem ungerecht) **entweder** einen Krieg mit der gerechten Absicht der präventiven Strafe und unter Kontrolle der inter-nationalen Institutionen bzw. der Völkergemeinschaft zu führen, (Demokratisierung bzw. Regimewechsel, *peace keeping missions* usw.), Krieg nach den traditionellen Regeln des *ius in bello* zu führen und nach den Regeln des *ius post bellum* durch eine internationale Vermittlung und mit der Absicht, den Krieg zu beenden, *einen Frieden erster Stufe zu erreichen*	(der andere Staat handelt *nicht nur mala fide*, sondern extrem ungerecht) oder einen Krieg mit ungleichem moralischen Status zwischen den Kriegsparteien zu führen (z.B. mit Michael Walzers und John Rawls' *supreme emergency exemption*[5]), **wenn der Feind als ein beinahe absolutes Übel eingestuft wird**

---

5   Vgl. Walzer, Michael, *Just and Unjust Wars*, New York: Basic Books 1977, Kap.16; Rawls, John, *Das Recht der Völker*, übers von Wilfried Hinsch, Berlin: Walter de Gruyter 2002, Kap. 14.3.

Abbildung 2: Friede und Gerechtigkeit innerhalb der einzelnen Gesellschaften

Was ein Individuum bzw. eine Gruppe anstrebt, das/die friedliche und gerechte Zwecke hat, wenn es/sie Folgendem gegenübersteht	... dem gerechten Verhalten anderer Individuen bzw. anderer Gruppen bzw. des Staates	... dem ungerechten Verhalten entweder des Staates oder anderer Individuen oder anderer Gruppen
... einem inneren Frieden erster Stufe	die *Errichtung* eines Friedens zweiter Stufe (samt öffentlicher Debatte, deliberativen demokratischen Verfahren, zivilem Ungehorsam usw.)	*(im Fall eines besonders schweren Unrechts seitens des Staates)* das aktive Widerstandsrecht in Anspruch nehmen
... einem Krieg	Krieg nach ähnlichen Regeln wie in den Theorien des gerechten Krieges und in der Absicht zu führen, einen Friedensvertrag zu vereinbaren,[6]	*entweder* einen Krieg in der gerechten Absicht der präventiven Bestrafung der Individuen und der Gruppen zu führen (z.B. Naturrecht auf Wiedergutmachung und auf präventive Bestrafung bei Locke), *oder* einen Krieg mit ungleichem moralischen Status gegen die Tyrannei oder gegen eine Gruppe von Individuen (z.B. gegen Räuberbanden bei Augustinus) zu führen, um einen gerechten Krieg abzuschließen

Anhand der *Abbildung 1* lässt sich beobachten:
1. dass kein Pfeil zum rechten oberen Feld führt (d.h. zu einem Frieden erster Stufe zwischen ungerechten Akteuren);
2. dass kein Pfeil vom rechten oberen Feld zum linken oberen Feld führt, d.h. vom Frieden erster Stufe mit ungerechten Akteuren – und daher vom ungerechten Frieden – zum gerechten Frieden zweiter Stufe.

---

6   Siehe z.B. Moir, L. (2002), *The Law of Internal Armed Conflict*, Cambridge: Cambridge University Press.

Abbildung 3 : Innerer Friede und innere Gerechtigkeit des Einzelmenschen

Was das innere moralische Motiv einer Person anstrebt, wenn es Folgendem gegenübersteht	... der Gerechtigkeit seiner Maxime	... der Ungerechtigkeit seiner Maxime
... einem inneren Frieden erster Stufe	einen inneren Frieden zweiter Stufe: kantisches Reich der Zwecke bzw. moralisches Gemeinwesen, in dem sich die Individuen nicht einander in Versuchung bringen und sich einander vertrauen	Gewissensbisse und schlechtes Gewissen
... einem inneren Kampf	Stärkung und Sieg der moralischen Maxime gegen die Versuchung	innere moralische Bekehrung

Mit anderen Worten:
1. Ein besonders ungerechter Friede erster Stufe ist nie einem gerechten Krieg vorzuziehen.
2. Es ist kein direkter Übergang von einem besonders ungerechten Frieden zu einem Frieden erster Stufe möglich, in dem gerechte Akteure einen Frieden zweiter Stufe anstreben. Der Übergang ist nur über einen gerechten Krieg möglich, der dann mit einem gerechten Frieden beendet wird.

Man könnte einwenden, dass diese Bemerkung auf der Gleichwertigkeit eines besonders ungerechten Friedens erster Stufe und der nötigen Inanspruchnahme eines gerechten Krieges beruht. Dies ist zwar der Fall, aber es kommt auch darauf an, zu untersuchen, worin ein Friede erster Stufe besteht, der zwar ungerecht, jedoch *nicht besonders* ungerecht ist, d.h. dessen Ungerechtigkeit kein besonders schweres Unrecht darstellt.

Es gilt zwei Quellen des Unrechts voneinander zu unterscheiden. *Entweder* stammt das Unrecht nicht aus einer ungerechten Absicht, sondern es erfolgt *bona fide*, nach bestem Wissen und Gewissen, und stammt aus einer Uneinigkeit über Gerechtigkeitsprinzipien bzw. über deren Auslegung in Streitfällen, so dass beide Parteien *bona fide* ihre Handlungen gegenseitig für ungerecht halten können. In diesem Fall handelt es sich um eine strukturelle Quelle des Unrechts. *Oder* das Unrecht stammt aus der Absicht von mindestens einer Partei, ungerecht zu handeln. In diesem Fall erfolgt das Unrecht *mala fide*, d.h. absichtlich und nicht strukturell.

Sowohl wenn die Quelle des Unrechts absichtlich ist als auch wenn sie strukturell ist, ist das Verhältnismäßigkeitsprinzip das Kriterium dafür, ob der Übergang vom ungerechten Frieden zum gerechten Krieg gerecht ist.

Das Verhältnismäßigkeitsprinzip fordert, 1. (im *ius ad bellum*) dass die Übel eines erwogenen gerechten Krieges (die Opfer, die Schäden usw.) deutlich geringer bleiben als die Übel des ungerechten Friedens sowie als die Übel aller möglichen Alternativen zur Kriegserklärung (Verhandlungen, Einberufung eines Schiedsgerichts usw.) und 2. (im *ius in bello*) dass, wenn der Krieg stattfindet, die von ihm verursachten Übel möglichst begrenzt bleiben. Von einem ungerechten Feind ist dauerhaftes Unrecht und Übel zu erwarten. Deshalb ist in diesem Fall das Kriterium des Verhältnismäßigkeitsprinzips oft erfüllt. In der heutzutage vorherrschenden Auffassung gibt es sogar bestimmte Feinde, die ein beinahe absolutes Übel darstellen, so dass der Krieg gegen sie um jeden Preis – d.h. auch um den Preis von Verletzungen der Regel des gerechten Krieges – gewonnen sein soll (*supreme emergency exemption*). Darum werden auf der *Abbildung 1* aus dem rechten oberen Feld zwei Pfeile gezogen: der eine zum rechten unteren Feld (Fall des gerechten Krieges gegen einen Gegner, der *mala fide* handelt) und der andere zum linken unteren Feld (Fall des gerechten Krieges gegen einen Gegner, der *bona fide* handelt). Also lässt sich Folgendes beobachten. Im Fall eines Konflikts, in dem beide Parteien *bona fide* handeln, bedeutet der Kriegseintritt den Wechsel von der rechten Spalte (dem ungerechten Verhalten anderer Staaten gegenüberstehen) zur linken Spalte (dem gerechten Verhalten anderer Staaten gegenüberstehen). In den traditionellen Lehren des gerechten Krieges wird die Frage aufgeworfen, ob der Krieg beiderseits gerecht geführt werden kann. Die Antwort auf diese Frage ist zweiteilig. Einerseits können, was den Inhalt des Streitfalls betrifft, nicht beide Parteien gleichzeitig Recht haben. Andererseits aber können sie durchaus beide gleichermaßen *bona fide* ihre Ansicht über den Streitfall verfolgen und die Regeln des gerechten Krieges beachten.

3. Das Modell der traditionellen Lehren des gerechten Krieges

Der Hauptunterschied zwischen der oben dargestellten, heutzutage vorherrschenden Auffassung und dem Modell der traditionellen Lehren des gerechten Krieges besteht darin, dass in den traditionellen Lehren des gerechten Krieges die Errichtung eines Friedens zweiter Stufe und einer Gerechtigkeit zweiter Stufe nicht verfolgt wird, wenn der Friede erster Stufe und die Gerechtigkeit erster Stufe wieder einmal erreicht werden. Die Abwesenheit der jeweiligen zweiten Stufe in den traditionellen Theorien des gerechten Krieges ist kein Versehen. Vielmehr resultiert sie aus der Tatsache, dass es keinen Richter gibt, der über Streitfälle zwischen den Fürsten entscheidet, sowie aus der Überzeugung, dass es keinen solchen Richter je geben könnte. Damit fehlen nicht nur die Rechtskraft und die Vollstreckbarkeit des gerechten und unparteiischen Urteils über einen Streitfall samt Zwangsbefugnis, sondern es fehlt bereits die Möglichkeit, ein gerechtes und unparteiisches Urteil zu treffen. Nach der Perspektive der Entwürfe eines ewigen Friedens sowie nach der heuzutage vorherrschenden Auffassung über den Krieg fehlt ein Richter für die Streitfälle zwischen Fürsten bzw. Staaten aus historischen Gründen. Dagegen sind in der heutzutage vorherrschenden Auffassung globale Institutionen denkbar, die die Rolle des fehlenden Richters übernehmen würden.

Nach Beendigung eines gerechten Krieges zwischen Parteien, die den Krieg *bona fide* geführt haben, bleibt nach den traditionellen Lehren des gerechten Krieges also die strukturelle Quelle des Unrechts erhalten. Wenn ein neues strukturelles Unrecht vorkommt und die Kriterien des Verhältnismäßigkeitsprinzips erfüllt sind, findet daher ein neuer gerechter Krieg statt. Außerdem kann weiterhin ein *mala fide* handelnder Akteur vorkommen, der absichtlich ein Unrecht begeht, was zu einem gerechten Krieg führen kann, vorausgesetzt dass die Kriterien des Verhältnismäßigkeitsprinzips erfüllt sind. Auf diese Weise wiederholen sich die gerechten Kriege. Darum habe ich auf der *Abbildung 4*, die die traditionellen Lehren des gerechten Krieges darstellt, einen doppelten Pfeil gezogen, weil in beiden Richtungen eine Entwicklung vorzuziehen sein mag.

Die Folge dieses Pfeils in beiden Richtungen besteht darin, dass das linke obere Feld (der ungerechte Friedenszustand) kein Feld mehr ist, zu dem kein Pfeil führen würde, d.h. das keinem einzigen anderen Feld vorgezogen werden könnte. In der Tat ist der ungerechte Friede, solange er nicht so ungerecht ist, dass die Kriterien des Verhältnismäßigkeitsprinzips erfüllt wären, einem Krieg um Gerechtigkeit vorzuziehen, der das Verhältnismäßigkeitsprinzip verletzen würde, weil der Krieg aufhören würde, die anfänglich erfüllten Voraussetzungen des Verhältnismäßigkeitsprinzips zu erfüllen (z.B. weil die Anzahl der Opfer und der Umfang der Schäden in einem Ausmaß zunehmen, der bei der Kriegserklärung unvorhersehbar war). Außerdem ist das rechte obere Feld auch kein Feld, das nicht direkt zum oberen linken Feld führen würde. Im Gegenteil sind die beiden oberen Felder gleichwertig. Im Grunde genommen handelt es sich um einen Äquivalenzpfeil. Denn der Zweck/Sinn des oberen linken Feldes besteht nicht mehr darin, zu einer zweiten Stufe des Friedens und der Gerechtigkeit zu gelangen, sondern die erste Stufe zu bewahren, indem jeder Krieg abgelehnt wird, der die Kriterien des Verhältnismäßigkeitsprinzips nicht erfüllt. Die Pfeile bilden einen Kreis, welcher – sowohl nach Kant als auch nach der heutzutage vorherschenden Auffassung – ein Teufelskreis ist, weil auf einen gerechten Frieden schließlich immer wieder ein gerechter Krieg folgt. Mit Kant wurde dieser Teufelskreis durch das *Telos* des ewigen gerechten Friedens ersetzt.

Abbildung 4: Internationaler Friede und internationale Gerechtigkeit in den traditionellen, vorkantianischen Theorien des gerechten Krieges

Was ein Staat anstrebt, der eine gerechte und friedfertige Absicht hat, wenn er Folgendem gegenübersteht	... dem gerechten Verhalten anderer Staaten	... dem ungerechten Verhalten anderer Staaten
... einem Frieden erster Stufe	den Frieden schützen, indem Streitfälle durch Verhandlungen, Schiedsrichter usw. beigelegt werden und kein Krieg geführt wird, der das Verhältnismäßigkeitsprinzip verletzt	auf einen gerechten Krieg als Ultima Ratio zurückgreifen, nachdem Forderungen, Verhandlungen und der Vorschlag, einen Schiedsrichter zu berufen, gescheitert sind
... einem Krieg	Krieg nach den Regeln des *ius in bello* und des *ius post bellum* führen, um einen Frieden erster Stufe zu erreichen	*Entweder* einen Krieg in der gerechten Absicht einer präventiven Bestrafung zu führen (der traditionellen Lehren des gerechten Krieges zufolge) *oder* einen Krieg unter der Prämisse einer radikalen Ungleichheit zwischen den Kriegsparteien zu führen, je nachdem wie der Gegner eingestuft wird, was den jeweiligen moralischen Status des Gegners betrifft (z.B. *supreme emergency exemption* bei Michael Walzer und John Rawls)

4. Das kantische Modell der Errichtung eines ewigen Friedens

In der *Idee einer allgemeinen Geschichte in weltbürgerlicher Absicht*[7] sowie in *Zum ewigen Frieden*[8] skizziert Kant den historischen Prozess, der die Menschengattung entgegen ihrer Neigungen und wegen der durch immer wiederkehrende Krie-

---

7 Siehe „Siebter Satz", AA 8: 24.
8 Siehe den ersten „Anhang".

ge verursachten Verwüstungen dazu bringt, keinen Frieden mehr anzustreben, der ein bloßer Waffenstillstand wäre, sondern nur noch einen ewigen Frieden. Dies impliziert aber keinesfalls, dass nach Kant der Weg zum ewigen Frieden über gerechte Kriege und gerechte Frieden führen würde. Im Gegenteil müssen sowohl die „Präliminarartikel" als auch die „Definitivartikel" von *Zum ewigen Frieden* von jedem einzelnen Staat angenommen und befolgt werden, unabhängig davon, in welchem Zustand sich der jeweilige Staat befindet (ungerechter Krieg, gerechter Krieg, ungerechter Friede oder gerechter Friede). Denn Kant erwähnt nicht, in welchem dieser vier Zustände sich die Staaten, die sich zu diesen Artikeln verpflichten, bei der Übernahme dieser Artikel befinden. In allen vier Fällen (d.h. in allen vier Feldern der Abbildung) streben die gerechten Staaten einen sofortigen Beitritt zum Frieden zweiter Stufe, d.h. zu den Institutionen des Völkerbundes an. Der kategorische Imperativ, eine derartige Weltrechtsordnung einzurichten, gilt in allen Zuständen, in denen sich die einzelnen Staaten befinden mögen. Daraus resultiert die *Abbildung 5*.

Abbildung 5: Internationaler Friede und internationale Gerechtigkeit bei Kant

Was ein Staat anstrebt, der eine gerechte und friedfertige Absicht hat, wenn er Folgendem gegenübersteht	dem gerechten Verhalten anderer Staaten	einem ungerechten Verhalten anderer Staaten
einem Frieden erster Stufe	die *Errichtung* eines internationalen Friedens zweiter Stufe, der auf einem bürgerlichen Frieden erster Stufe beruht, ohne einen bürgerlichen Frieden zweiter Stufe zu brauchen	die *Errichtung* eines internationalen Friedens zweiter Stufe, der auf einem bürgerlichen Frieden erster Stufe beruht, ohne einen bürgerlichen Frieden zweiter Stufe zu brauchen
einem Krieg	die *Errichtung* eines internationalen Friedens zweiter Stufe, der auf einem bürgerlichen Frieden erster Stufe beruht, ohne einen bürgerlichen Frieden zweiter Stufe zu brauchen	einen Verteidigungskrieg nach bestimmten Regeln des *ius in bello* mit Hilfe eines Völkerbundes zu führen, dessen Mitglieder einen internationalen Frieden zweiter Stufe abgeschlossen haben, der auf einem bürgerlichen Frieden zweiter Stufe beruht und der auf den künftig besiegten Feind ausgeweitet werden soll

5. Die Stärken der heutzutage vorherrschenden Auffassung

Die heutzutage vorherrschende Auffassung zeigt manche Stärken im Vergleich mit den beiden o.g. Alternativen, die diese Auffassung kombinieren. Die kantische Auffassung hat u.a. die Schwäche, dass sie den gerechten Krieg, den ungerechten Krieg, den gerechten Frieden erster Stufe und den ungerechten Frieden erster Stufe als moralisch gleichwertig betrachtet. Allen vier Zuständen setzt Kant gleichermaßen den ewigen gerechten Frieden zweiter Stufe entgegen. Entgegen der heutzutage vorherrschenden Position stellt bei Kant der ewige Friede nicht die Vollendung der einzelnen Frieden erster Stufe dar, sondern der ewige Friede ersetzt die einzelnen Frieden, indem er sie ablehnt, weil diese einzelnen Frieden den Keim künftiger Kriege in sich tragen.[9] Diese kantische Perspektive wirft einen einseitigen Blick auf diese einzelnen Frieden erster Stufe: Auch in den gerechten einzelnen Frieden erster Stufe sieht sie lediglich das Potential für Streitigkeiten, die zu einem neuen Krieg führen könnten, obwohl die einzelnen Bestimmungen dieser (einzelnen) Friedensverträge nicht etwa auf dem Diktat des Siegers beruhen. Die kantische Perspektive ignoriert Teilabkommen bezüglich bestimmter Streitigkeiten, die heutige Entwicklung von fairen Verhandlungsverfahren sowie die immer verbreitetere Absicht der Kriegsparteien, einen gleichgewichteten Frieden zu erreichen usw. Nun ruft all dies doch allmählich vorhersehbare Beziehungen zwischen den Feinden hervor, die sich manchmal zu Vertrauensverhältnissen zwischen alten Feinden entwickeln. Kants Friedensschrift begreift den Frieden zweiter Stufe ausschließlich als eine radikale Novität, die in keiner Weise einer vorherigen lehrreichen Erfahrung mit Frieden erster Stufe zu verdanken ist. Nun zeugen aber zahlreiche Beispiele und Forschungsergebnisse von der Bedeutung einer solchen Erfahrung.

Der einseitige Blick der kantischen Perspektive darf uns angesichts der genauen Bestimmungen der Institutionen im (kantischen) ewigen gerechten Frieden (zweiter Stufe) erstaunen. Es handelt sich nämlich nicht um einen Weltstaat, sondern um einen Völkerbund.[10] In Kants *Metaphysische Anfangsgründe der Rechtslehre* wird dieser Völkerbund genauer definiert als in *Zum ewigen Frieden*: Der Völkerbund verfügt weder über irgendeine legislative Zuständigkeit noch über irgendeine exekutive Zuständigkeit noch über eine wirkliche richterliche Zuständigkeit. Vielmehr besteht der Völkerbund aus einer Versammlung von Einzelstaaten, die einstimmig, ohne Vorgaben und ohne Verpflichtung urteilen, ohne eine eigene Rechtsprechung zu entwickeln. Der Völkerbund stellt daher

---

9   Vgl. „Erster Präliminarartikel": „Die vorhandene, obgleich jetzt vielleicht den Paziszierenden selbst noch nicht bekannte, Ursachen zum künftigen Kriege sind durch den Friedenschluß insgesamt vernichtet, sie mögen auch aus archivarischen Dokumenten mit noch so scharfsichtiger Ausspähungsgeschicklichkeit ausgeklaubt sein." (ZeF, AA 8: 343–344).

10 ZeF, AA, 8: 350.

einen sehr minimalen institutionellen Rahmen dar,[11] was die Möglichkeit einer allmählichen Errichtung dieses Rahmens aus der geteilten Erfahrung eines Friedens erster Stufe plausibilisieren dürfte. Auch die traditionellen Lehren des gerechten Krieges haben ihren Schwachpunkt, indem sie nicht die Möglichkeit in Betracht ziehen, die Stabilität und die Gerechtigkeit des gerechten Friedens erster Stufe durch die institutionelle Lösung der kantischen Perspektive zu ergänzen. Dabei können heutige internationale Institutionen wie die UN als Schritte auf dem Weg zur Verwirklichung der kantischen institutionellen Lösung betrachtet werden. Die Pläne für einen ewigen Frieden, die vor Kants *Zum ewigen Frieden* während der ganzen Neuzeit entworfen worden sind – z.B. von Erasmus[12], Emeric Crucé[13] und Abbé de Saint-Pierre[14] –, und die Hauptwerke der Lehren des gerechten Krieges – z.B. die Werke von Francisco de Vitoria[15], Alberico Gentili[16], Hugo Grotius[17] und Emer de Vattel[18] – bilden zwei verschiedene Traditionen, die sich parallel statt zusammen entwickelt haben. Die erste Tradition wendet sich an alle Fürsten bzw. Souveräne sowie an die gesamte Menschheit in der politischen und moralischen Absicht, den Frieden zweiter Stufe zu errichten. Die zweite richtet an jeden einzelnen Fürsten eine juristische Empfehlung über das gerechte Verhalten bezüglich jedes einzelnen Aspekts des Krieges von dem Zeitpunkt, zu dem der Fürst den Kriegseintritt in Erwägung zieht, bis zur Vereinbarung der einzelnen Bestimmungen des Friedensvertrags. Der Gegenstand der traditionellen Lehren des gerechten Krieges ist kein Entwurf für die Zukunft der Menschheit, sondern das gerechte Verhalten des einzelnen Fürsten in allen Angelegenheiten des Krieges. Außerdem sehen die genannten Lehren in den Entwürfen für die Zukunft der Menschheit zwei Risiken, vor denen aus ihrem Gesichtspunkt auch Kants Entwurf eines Völkerbundes – im Gegensatz zu einem Weltstaat

---

11   Vgl. Merle, Jean-Christophe, „Menschenrechte und Weltstaatlichkeit", in: Georg Lohmann u. Arnd Pollmann (Hrsg.), *Menschenrechte: Ein interdisziplinäres Handbuch*, Stuttgart: J.B. Metzler 2012, 369–376.
12   Vgl. Erasmus von Rotterdam, *Querela pacis undique gentium ejactae profligataeque*, 1517.
13   Vgl. Crucé, E., *Le nouveau Cynée ou discours d'Etat représentant les occasions et moyens d'établir une paix générale et liberté du commerce par tout le monde* (1623), Rennes: Presses Universitaires de Rennes, 2004.
14   Vgl. Castel de Saint-Pierre (C.I.), *Projet pour rendre la paix perpetuelle en europe (1713)*, Paris: Fayard, 1986.
15   Vgl. Vitoria, Francisco de (1995/1997), *De jure belli / Über das Kriegsrecht (1532)*, in: F. de Vitoria, *Vorlesungen (Relectiones) Völkerrecht, Politik, Kirche*, Bd. 2, hrsg. von U. Horst, H.-G. Justenhoven u. J. Stüben, Stuttgart: Kohlhammer, 542–605.
16   Cf. Gentili, A. (1933), *De iure belli libre tres (1598)*, éd. James Brown Scott, Oxford: Clarendon Press.
17   Vgl. Grotius, H. (2005): *Le droit de la guerre et de la paix (1625)*, hrsg. von Paul Pradier-Fodéré, Paris: Presses Universitaires de France.
18   Vgl. Vattel, Emer de (1773): *Le droit des gens ou principes de la loi naturelle*, Neuchâtel (http://books.google.de/books?id=OLYWAAAAQAAJ&printsec=frontcover&hl=de#v=onepage&q&f=false)

– sicherlich nicht wirklich schützen würde. 1. Für solche Entwürfe ist eine Weltregierung erforderlich. Dabei halten diese Lehren eine globale Rechts- und Staatsordnung wegen der riesigen Ausdehnung der Erde, der großen Entfernungen und der erheblichen Vielfalt der Völker für nicht durchsetzbar. 2. Eine Weltregierung könnte nur durch einen Imperialismus durchgesetzt werden, d.h. durch eine Weltdespotie, wie sie Kaiser Karl V. ausübte.

Die Versuche, einen Entwurf für den Weltfrieden tatsächlich umzusetzen, gehen auf dessen unmittelbare Befürworter – u.a. den US-Präsidenten Wilson oder den Friedensnobelpreisträger Léon Bourgeois[19], Autor von *Pour la Société des nations*, 1909 – zurück und beschränken sich auf die Etablierung des „Völkerbundes" nach dem Ersten Weltkrieg und somit auf die Gründung der UN nach dem Zweiten Weltkrieg. Nun haben diese Versuche wichtige Folgen für die Legitimität der Kriege gehabt. Dazu gehört das Verbot für die einzelnen Staaten, aus alleiniger eigener Entscheidung in einen Angriffskrieg einzutreten, so dass jeder einzelne Staat nur noch Verteidigungskriege beschließen kann. Aus den Kriegsministerien wurden dementsprechend Verteidigungsministerien. Nur der UN-Sicherheitsrat darf militärische Interventionen beschließen bzw. genehmigen. In Wirklichkeit aber kombinieren das heutige System der internationalen Beziehungen sowie die öffentliche Debatte zwei Modelle miteinander: die genannte Perspektive eines ewigen Friedens durch internationale Institutionen und die Regeln der traditionellen Lehren des gerechten Krieges. Dieses Mischmodell habe ich oben versucht als heutzutage vorherrschendes Modell zu formulieren. Warum setzen sich das Modell des ewigen Friedens und das UN-Modell jeweils nicht allein durch? Der Grund dafür liegt weder vor allem darin, dass die UN über keine eigenen militärischen Mittel verfügt und bei jeder militärischen Intervention auf den (nie ausreichenden) guten Willen der Mitgliedstaaten angewiesen ist, noch vor allem in der Zusammensetzung des Sicherheitsrats und im Vetorecht seiner fünf ständigen Mitglieder, sondern vor allem darin, dass sowohl die einzelnen Regierungen als auch die Öffentlichkeit in den einzelnen Ländern jede Art von Weltregierung – auch nur ansatzweise – ablehnen. Dies lässt sich auf ähnliche Gründe zurückführen wie die o.g. Ablehnung des gerechten Krieges durch die frühneuzeitlichen Lehren.

Weder die frühneuzeitlichen Entwürfe eines ewigen Friedens noch Kants *Zum ewigen Frieden* scheinen mir aber eine wirkliche Weltregierung im heutigen Sinne zu benötigen. Vielmehr hatten sie auf unterschiedliche Weise an eine Art von ständiger, beschließender, jedoch nicht legislativer Versammlung der Souveräne gedacht, in deren Rahmen die Gespräche, die Vermittlung und die Beratung es ermöglichen sollen, die Streitfälle auf einvernehmliche bzw. konsensuelle Weise zu lösen. Zwar schiene es heutzutage wenig plausibel, dass eine solche Versammlung konsensuelle Entscheidungen trifft. Der Grund dafür liegt

---

19 Vgl. Bourgeois, Léon (1909), *Pour la Société des nations*, Paris: Fasquelle (http://gallica.bnf.fr/ark:/12148/bpt6k5578026v).

in der Voraussetzung für eine solche Vorstellung, nämlich dass die Mitglieder dieser Versammlung, d.h. die Souveräne, eine besondere Qualität haben.

Bei Erasmus, Crucé, Saint-Pierre u.a. handelt es sich ausdrücklich um christliche Fürsten mit der Ausnahme des osmanischen Reichs. Diese Ausnahme bleibt aber unproblematisch. Denn der Christianismus, der vorausgesetzt wird, beschränkt sich weder auf den römischen Katholizismus noch auf den Anglikanismus noch auf ein protestantisches Bekenntnis noch auf die Orthodoxie, sondern er umfasst sie alle und entspricht eher einer Zivilreligion wie sie Rousseau in seinem Bürgergesellschaftsvertrag formuliert hat, d.h. einem gerechten bürgerlichen Frieden zweiter Stufe in der *Abbildung 2*. Im *Gesellschaftsvertrag* definiert Rousseau die „bürgerliche Religion" wie folgt: „Die Dogmen der bürgerlichen Religion müssen einfach, gering an Zahl und klar ausgedrückt sein, ohne Erklärungen und Erläuterungen. Die Existenz der allmächtigen, allwissenden, wohltätigen, vorhersehenden und sorgenden Gottheit, das zukünftige Leben, das Glück der Gerechten und die Bestrafung der Bösen sowie die Heiligkeit des Gesellschaftsvertrags und der Gesetze – das sind die positiven Dogmen. Was die negativen Dogmen anbelangt, so beschränke ich sie auf ein einziges: die Intoleranz; sie gehört jenen Kulten an, die wir ausgeschlossen haben."[20] Diese Zivilreligion enthält eine religiöse Sanktion, die den Gehorsam – und ggf. die Aufopferung – der einzelnen Bürger dem Gesetz gegenüber garantiert. Diese Sanktion ist die göttliche Strafe, die – wegen der Allwissenheit, der Allmacht und der vollkommenen Güte Gottes – sicherer ist und mehr gefürchtet wird als jede rechtliche oder physische Sanktion, weil sie auf die Ewigkeit gestellt wird. Die Kriterien für Rousseaus Zivilreligion werden von allen christlichen Konfessionen sowie auch vom Islam der Osmanen, vom Deismus und von weiteren Konfessionen erfüllt, vorausgesetzt, dass sie sich tolerant verhalten. Sie schließen aber den Atheismus aus. Bei den Autoren von Entwürfen eines ewigen Weltfriedens – zu denen Rousseau nicht gehört – befindet sich auf internationaler Ebene eine religiöse Sanktion, die der genannten gemeinsamen Zugehörigkeit zum Christianismus ähnlich ist. Heutzutage könnte kein Entwurf für den Weltfrieden auf der Prämisse einer gemeinsamen und durch eine religiöse Sanktion – sei es nur rousseauistischer Art – garantierten Moralität beruhen.

Kants *Zum ewigen Frieden* beruht auf einer völlig anderen Prämisse: „Die bürgerliche Verfassung in jedem Staate soll republikanisch sein."[21] Kant begründet dies, wie folgt: „Wenn (wie es in dieser Verfassung nicht anders sein kann) die Beistimmung der Staatsbürger dazu erfordert wird, um zu beschließen, ‚ob Krieg sein solle, oder nicht', so ist nichts natürlicher, als daß, da sie alle Drangsale des Krieges über sich selbst beschließen müßten (als da sind: selbst zu fechten; die Kosten des Krieges aus ihrer eigenen Habe herzugeben; die Verwüstung, die er hinter sich läßt, kümmerlich zu verbessern; zum Übermaße

---

20 Rousseau, Jean-Jacques: Gesellschaftsvertrag, übers von Hans Brockard, Stuttgart: Reclam, Buch IV, Kap. VIII, 151.
21 ZeF, erster „Definitivartikel", AA 8: 349.

des Übels endlich noch eine, den Frieden selbst verbitternde, nie (wegen naher immer neuer Kriege) zu tilgende Schuldenlast selbst zu übernehmen), sie sich sehr bedenken werden, ein so schlimmes Spiel anzufangen: Da hingegen in einer Verfassung, wo der Untertan nicht Staatsbürger, die also nicht republikanisch ist, es die unbedenklichste Sache von der Welt ist, weil das Oberhaupt nicht Staatsgenosse, sondern Staatseigentümer ist, an seinen Tafeln, Jagden, Lustschlössern, Hoffesten u. d. gl. durch den Krieg nicht das mindeste einbüßt [...]."[22] Heutzutage könnte aber kein Entwurf für den Weltfrieden auf der Prämisse vom Republikanismus der Einzelstaaten beruhen, zumal der kantische Republikanismus noch weitere Aspekte umfasst als die in der zitierten Textstelle, nämlich die „Publizität" – Öffentlichkeit – der politischen Entscheidungen und die Meinungsfreiheit, d.h. den Pluralismus. Wer sich – wie Michael Doyle[23] – auf die Staaten beschränkt, die diese Kriterien erfüllen, der kann allenfalls eine Erklärung dafür bieten, warum die seines Erachtens demokratischen und im kantischen Sinne republikanischen Staaten keinen Krieg gegeneinander führen. Dabei darf man aber bezweifeln, dass Republiken im kantischen Sinne tatsächlich den heutigen pluralistischen Republiken entsprechen.[24] Außerdem kommen weder die einen noch die anderen den Regierungsformen aller aktuellen Staaten gleich. Es wäre zwar denkbar, das Völkerrecht, das den ewigen Frieden garantieren soll, auf liberale (*liberal peoples*) oder achtbare (*decent peoples*) Staaten bzw. Völker im Rawls'schen Sinne zu beschränken. Denn im Gegensatz zu den rechtlosen Staaten (*outlaw states*) sowie zu den gescheiterten bzw. schwachen Staaten unter widrigen Umständen (*burdened states*) und im Gegensatz zum wohlwollenden Absolutismus (*benevolent absolutism*) erfüllen die genannten Staaten eine ähnliche Funktion wie die republikanischen Staaten bei Kant. Aus einer solchen Einschränkung des Friedensentwurfs auf liberale Staaten ergäbe sich im heutigen Weltzustand kein Weltfriede, sondern allenfalls eine Kerngruppe von Staaten, die sich allmählich um die von ihr besiegten Länder erweitern könnte, deren Verfassung diese Kerngruppe republikanisieren könnte.[25]

Eine solche allmähliche Erweiterung des Völkerrechts liberaler bzw. republikanischer Staaten wäre aber von der heutigen Auffassung des Weges zum ewigen Frieden grundverschieden. Denn die UN nimmt systematisch möglichst viele Mitglieder auf (äußerst wenige Länder gehören nicht zur UN), ohne die Art ihrer (jeweiligen) Verfassung zu berücksichtigen; außerdem mischt sich die UN nur dann in die interne Organisation der Mitgliedsstaaten ein, wenn es um *nation building* nach einem internationalen oder bürgerlichen Krieg geht, dessen Ergebnis das Verschwinden der Staats- und Verwaltungsordnung der jeweiligen Länder ist. Im heutigen internationalen Recht versucht man die internationa-

---

22 ZeF AA 8: 351.
23 Vgl. Doyle, Michael (1983), „Kant, Liberal Legacies and Foreign Affairs", in: *Philosophy and Public Affairs* 12/3: 205–235 u. 323–53.
24 Vgl. ZeF AA 8: 351.
25 Siehe ZeF AA 8: 356.

len Konflikte zu lösen, ohne eine bestimmte Art innerstaatlicher Verfassung vorauszusetzen. Die Beziehung zwischen dem internationalen Frieden und der pluralistischen demokratischen Verfassung ist also vielmehr eine umgekehrte: Der internationale Friede soll die allmähliche Demokratisierung der Staaten fördern.

Im Vergleich mit dem kantischen bzw. dem Rawls'schen Modell des ewigen Friedens hat die heutzutage vorherrschende Auffassung den Vorteil, dass sie von vornherein alle Staaten umfasst. Ihr Nachteil ist allerdings, dass sie weniger anspruchsvoll bzw. ambitioniert ist, d.h., dass die Beziehungen zwischen Staaten in der heutigen Auffassung des Weges zum Weltfrieden eine niedrigere Qualität ausweisen.

6. Der ewige Friede ist keine Utopie

Allerdings darf man die Qualität der internationalen Beziehungen zwischen republikanischen bzw. liberalen Staaten im kantischen bzw. im Rawls'schen Modell des ewigen Friedens nicht überschätzen. Zugegeben, Kant und Rawls begehen selber eine solche Überschätzung. Kant spricht nicht von einem immerwährenden Frieden – wie die englischen und die französichen Übersetzungen meinen: *perpetual* bzw. *perpétuelle* –, sondern von einem ewigen Frieden. Rawls spricht von einer „realistischen Utopie".[26] Oft wurde Kants Friedensschrift für eine utopische Vision bzw. schlechthin für eine Utopie gehalten. Nun kann weder das kantische noch das Rawls'sche Modell einen ewigen oder auch nur einen immerwährenden Frieden garantieren; und keines der beiden stellt eine Utopie dar.

Utopien sind wesentlich anders als die genannten Weltfriedensentwürfe. Zwar ist die utopische Ordnung innerlich dauerhaft friedlich, obwohl sie – wie schon bei Thomas Mores *Utopie* – durchaus Kriege nach außen führen kann, aber bei der Utopie steht – anders als bei den Weltfriedensentwürfen und in den Gesellschaftstheorien – nicht die Gerechtigkeit im Vordergrund, sondern das größte Glück ihrer Einwohner. Das größte Glück als *summum bonum* steht sowohl Hobbes' Leviathan entgegen, dessen Aufgabe sich darauf beschränkt, das *summum malum* des Naturzustandes als Krieg aller gegen alle zu verlassen, als auch den Lehren des gerechten Krieges, die lediglich auf eine Begrenzung der Schäden und der Zahl der Kriegsopfer sowie auf die Einhaltung von gerechten Regeln abzielen. Die Utopien verlangen von ihren Einwohnern keine bloßen Bürgertugenden im vertragstheoretischen Sinne des Gehorsams gegenüber den Gesetzen, sondern die Befolgung umfassender strenger sozialer Normen. Utopien sehen nur minimale Zwangsmittel vor und verlassen sich vielmehr auf die Motivation zur Tugend durch das dadurch erreichbare größte Glück aller

---

26 Vgl. Rawls, John: Das Recht der Völker, übers. von Wilfried Hinsch, Berlin: Walter de Gruyter Press 2002, Teil I, §1, 13.

Einwohner. Zugegeben, Rawls, der sich ausdrücklich auf Kants Friedensschrift beruft, nennt seine Theorie eine „realistische Utopie", und zwar aus zwei Gründen. Erstens ist sie insoweit realistisch, als sie – wie Rousseaus Vertragstheorie – die Menschen so annimmt, wie sie sind, und die Gesetze so, wie sie in einer wohlgeordneten Gesellschaft sein sollten. Zweitens ist sie utopisch, weil sie Ideale sowie staatsphilosophische Begriffe und Prinzipien verwendet, um Grundsätze für eine vernünftige und gerechte Gesellschaft zu bestimmen. Nun nehmen die Utopien die Menschen nicht so an, wie sie sind, sondern wie sie in der utopischen Ordnung sein könnten. Außerdem ist die Verwendung von Idealen sowie von staatsphilosophischen Begriffen und Prinzipien, um Grundsätze für eine vernünftige und gerechte Gesellschaft zu bestimmen, nicht für die Utopie spezifisch, sondern bei allen normativen Theorien vorhanden. Wie wir gesehen haben, hat die Utopie viel spezifischere Merkmale.

Die Stabilität der Utopien – vorausgesetzt dass sich Utopien je verwirklichen lassen – kann nur größer sein als diejenige in Kants Friedensmodell sowie diejenige der Vertragstheorien. Die Utopie verspricht ihren Einwohnern mehr als letztere: nicht nur den Frieden und die Gerechtigkeit, sondern auch das vollkommene Glück. Dieser distributive Vorteil darf als stärkere Motivation als das bloße Streben nach einem gerechten Frieden gelten. Dennoch können sich weder die Utopien noch die Entwürfe eines ewigen Friedens noch Vertragstheorien vor der folgenden Gefahr vollkommen schützen. Selbst derjenige Mensch, der das Glück bzw. die distributiven Vorteile der Gerechtigkeit genießt, kann Begierden entwickeln, deren gleichzeitige Erfüllung bei allen Menschen bzw. bei allen Völkern unmöglich ist. Neid, „Ehrsucht, Herrschsucht und Habsucht"[27] können auch Menschen oder Völker motivieren, die die distributiven Vorteile eines gerechten Zustandes genießen und sich daher für glücklich – wenn auch nicht für vollkommen glücklich – halten sollten. Solche Motive führen zur Begehung von Unrecht und zur Schadenzufügung. Lesen wir nochmals Kants Erklärung für den Zusammenhang zwischen dem ewigen Frieden und der republikanischen Regierung: „Wenn (wie es in dieser Verfassung nicht anders sein kann) die Beistimmung der Staatsbürger dazu erfordert wird, um zu beschließen, ‚ob Krieg sein solle, oder nicht', so ist nichts natürlicher, als daß, da sie alle Drangsale des Krieges über sich selbst beschließen müßten [...], sie sich sehr bedenken werden, ein so schlimmes Spiel anzufangen [...]."[28] Kants Schlussfolgerung ist aber ein Fehlschluss. Neid, Ehrsucht, Herrschsucht und Habsucht können durchaus sowohl einzelne Bürger als auch einzelne Völker dazu bewegen, das Abenteuer eines Krieges einzugehen und Schäden und Opfer in Kauf zu nehmen, solange sie die Hoffnung zum Sieg bewegt. Keine innere Verfassung und keine internationale Institution könnte je gänzlich gegen solche Motive immunisieren, obgleich manche Arten von Verfassungen bzw. von internationalen Institutionen weniger anfällig als andere sind. Darum lässt sich

---

27 Kant, *Idee eine allgemeinen Geschichte in weltbürgerlicher Absicht*, AA 8: 21.
28 ZeF AA 8: 351.

der Teufelskreis der *Abbildung 1* nicht völlig durchbrechen, so durchdacht die Institutionen auch immer gestaltet werden mögen. Der Unterschied zwischen einem gerechten Frieden erster Stufe und einem gerechten Frieden zweiter Stufe ist nicht radikal, sondern nur relativ, obwohl er durchaus beträchtlich ist. Kants *Zum ewigen Frieden* ist nicht das einzige Werk, das diesen Unterschied überschätzt. Das 8. Kapitel von Rawls' *Eine Theorie der Gerechtigkeit* vertritt die Ansicht, dass gerechte Institutionen, die jedem Mitglied einen distributiven Vorteil gewähren, bei jedem Mitglied einen „Sinn für Gerechtigkeit" hervorrufen. Dieser Sinn für Gerechtigkeit motiviere nach Rawls die Bürger wiederum zum Gehorsam sowie zur Förderung und Verbesserung der genannten gerechten Institutionen. Auf diese Weise – so Rawls – wird dem Neid sein Nährboden entzogen. Dieselbe Rolle spielt bei Rousseau die „bürgerliche Religion". Auf diese Weise rufen gerechte Institutionen *per se* die Bedingungen ihrer Stabilität hervor, so dass ein Tugendkreis besteht. Wegen der o.g. asozialen Motivationen steht dieser Tugendkreis m.E. ständig in Gefahr, durch einen Teufelskreis verdrängt zu werden. Der ewige gerechte Friede scheint mir daher eine Illusion zu sein, obgleich er im Grunde genommen nicht utopisch ist.

7. Schlussbemerkung

Aus diesem Grund bleibt der gerechte Friede immer zu schützen, zu fördern und ggf. wiederzuerlangen. Dadurch sollen zwei Aufgaben im Mittelpunkt stehen: 1. die Förderung der friedfertigen Motive und die Bekämpfung der kriegslustigen Motive – und daher die Erziehung der Menschen und der Völker sowie die Erforschung ihrer Motive; 2. die Kriterien für die jeweiligen Entscheidungen in konkreten Fällen zwischen zwei heterogenen Übeln: der Ungerechtigkeit bzw. dem Unrecht und dem Krieg. Für diese Kriterien spielt ein Prinzip, das weder Gerechtigkeit noch Friede ist, eine entscheidende Rolle: das Verhältnismäßigkeitsprinzip.

Georg Cavallar

Die Denkungsart des Friedens.
Ein vergessenes Erbe der Aufklärung

Einleitung

Mein Fokus sind nicht die Friedensprojekte der Aufklärung von William Penn bis zum frühen Fichte, nicht Kants politischer Kosmopolitismus, auch nicht sein berühmtes und viel diskutiertes Weltbürgerrecht.[1] Ich werde mich auch nicht mit der politischen Philosophie beschäftigen, etwa mit der schon seit Machiavelli und Montesquieu gestellten Frage, ob der Republikanismus zum Frieden führe. Stattdessen möchte ich ein vergessenes Thema aufgreifen, das im Zeitalter der Aufklärung wenigstens in Ansätzen bearbeitet wurde: die Denkungsart. Ich werde der Rolle der Denkungsart bei manchen Philosophen des Zeitalters der Aufklärung nachgehen, etwa bei Smith, Rousseau und vor allem bei Kant, der meiner Meinung nach dieses Thema am klarsten formulierte und diskutierte. Ich beginne mit Aspekten des Denkens der Aufklärung, die der Konzeption einer erweiterten Denkungsart förderlich waren, unterscheide zwischen unreflektierter und reflektierter Aufklärung, die „Aufklärung über die Aufklärung" betreibt, und zwischen einem systematischen Denken und dem herkömmlichen Systemdenken. Die erweiterte Denkungsart des Friedens kontrastiere ich mit ihrem Gegenstück, der eingeschränkten Denkungsart. Die erweiterte Denkungsart ist bei Kant der epistemologische oder kognitive Kosmopolitismus des sogenannten Weltbürgers, der versucht, den „Egoismus der Vernunft" zu transzendieren und die Perspektive von Adam Smiths „Impartial Spectator" einzunehmen. Im letzten Abschnitt nenne ich mögliche Beispiele aus dem 18. Jahrhundert für diese Denkungsart, aus dem Bereich des Streits der christlichen Konfessionen, der ethnozentrischen Vorurteile und dem Gebiet der Metaphysik. Ich schließe mit einigen Bemerkungen zur eingeschränkten Denkungsart des Unfriedens.

Eine erste Annäherung an das Thema bietet Rousseau. Im Zuge seiner Reflexion über die Eigenliebe im Émile schrieb Rousseau: „Große Männer täuschen sich nicht über ihre Überlegenheit. Sie sehen sie, sie fühlen sie und bleiben den-

---

1   Siehe einführend neuerdings Madrid, Niria Sánchez (2014): „Kant's Juridical Cosmopolitanism from the Standpoint of some Recent Global Justice Theories", in: Studia Philosophica Kantiana 3, 2, 18–31. Dieser Aufsatz setzt Überlegungen fort, die ich in Cavallar, Georg (2015) (Kant's Embedded Cosmopolitanism: History, Philosophy and Education for World Citizens. Berlin und Boston) begonnen habe.

noch bescheiden. Je mehr sie haben, desto besser erkennen sie, was ihnen fehlt."[2] Neben ihrer Bescheidenheit zeichnen sie sich durch ein hohes Maß an Reflexionswissen über ihren eigenen Charakter aus, vor allem über die eigenen Schwächen. „Hinsichtlich ihrer exklusiven Güter sind sie zu vernünftig, um auf Geschenke stolz zu sein, die sie sich nicht selbst gemacht haben. Ein guter Mensch kann auf seine Tugend stolz sein, weil sie ihm gehört. Aber worauf kann sich ein Mann von Geist etwas einbilden?"[3] Der Intellektuelle, der „l'homme d'esprit", wie es im Original heißt, hat keinen Grund zur Arroganz, denn seine Talente sind Naturanlagen und nicht etwas, das er sich selbst erworben hat. Der tugendhafte Mensch verdient unsere Bewunderung und Respekt, denn diese Tugend ist das Ergebnis eigener Anstrengungen. Hier ist das angedeutet, was Kant als „erweiterte Denkungsart" bezeichnet hat, nämlich die Bereitschaft, die eigene eingeschränkte oder borniert Denkungsweise, die wohl meist auf Eigenliebe zurückgeführt werden kann, zu transzendieren und sich „über die subjektiven Privatbedingungen des Urteils" hinwegzusetzen.[4] Rousseau distanzierte sich offenbar polemisch von manchen arroganten Intellektuellen der französischen Aufklärung, die sich auf ihren Esprit etwas einbildeten, statt darüber zu reflektieren, was sie sich selbst zuschreiben konnten und was nicht. Diese Reflexion könnte zu Bescheidenheit, zu einer erweiterten Denkungsart, zu mehr Hochachtung gegenüber Nichtintellektuellen führen, die zwar keinen Esprit, aber vielleicht gesunden Hausverstand und Tugend vorweisen können. Rousseaus Passage zeigt auch, dass diese Denkungsart auf einer moralischen Gesinnung basiert, die es dem Individuum ermöglicht, auch und vor allem die eigenen Vorurteile, liebgewonnenen Annahmen, Verzerrungen und Selbstbilder kritisch zu reflektieren.

Eine Umwandlung der Denkungsart hat Kant mehrfach beschrieben, etwa mit der kopernikanischen Wende in der ersten Kritik oder in der Moralphilosophie mit dem Bild des Menschen, der in sich selbst eine moralische Revolution beginnt.[5] In einer unveröffentlichten Reflexion hat Kant auch angedeutet, welche Bedeutung diese Umwandlung der Denkungsart in einer bestimmten Phase seines eigenen Lebens hatte. Zunächst war er offenbar der überhebliche Intellektuelle, der „den Pöbel" verachtete, weil dieser „von nichts weiß". Dann bewirkte die Lektüre Rousseaus – vielleicht genau die Stelle, die ich vorhin zitiert habe – ein „Umdenken". „Rousseau hat mich zurecht gebracht. Dieser verblendende Vorzug verschwindet, ich lerne die Menschen ehren."[6] Auffal-

2   Rousseau, Jean-Jacques (1983): Emil oder Über die Erziehung, hrsg. Von Ludwig Schmidts, Paderborn et al., 251.
3   Ibid. Im Original: „L'homme de bien peu! être fier de sa vertu, parce qu'elle est à lui ; mais de quoi l'homme d'esprit est-il fier?", Rousseau, Jean-Jacques (1968): Œuvres complètes, Bd. 4, Paris, 427.
4   Die Werke Kants werden zitiert nach: Kant, Immanuel (1900ff.): Werke. Akademie-Textausgabe. Berlin, hier Bd. 5, 295.
5   Siehe etwa Knapp, Tilo (2008): Die Kopernikanische Wende: Kants Neubegründung der Metaphysik in der reinen Vernunft. Berlin.
6   Kant, Immanuel (1900ff.): Werke, Bd. 20, 44.

lend ist, dass Kant in den Druckschriften immer wieder beteuert, dass die Denkungsart mit der Qualität, nicht mit der Quantität der Erkenntnis zu tun hat. Auch Menschen mit einem „kleinen" Umfang an Erkenntnis können über diese erweiterte Denkungsart verfügen.[7] Pointiert formuliert: Menschen ohne Hochschulabschluss, aber mit gesundem Hausverstand und intakten moralischen Anlagen praktizieren vielleicht eher die erweiterte Denkungsart als UniversitätsprofessorInnen, die ein unglaubliches Fachwissen vorweisen, denen es aber an reflektierender Urteilskraft und moralischer Gesinnung mangelt.

Aspekte des Denkens der Aufklärung, die der Konzeption einer erweiterten Denkungsart förderlich waren

Im Alltagsgebrauch, aber auch in der wissenschaftlichen Literatur ist meistens recht pauschal von „der Aufklärung" und von „den Aufklärern" die Rede. Hier sind zunächst Differenzierungen angebracht. Die Diskussion kann sehr grob und schematisch folgendermaßen zusammengefasst werden. Die erste Gruppe vertritt die „Einheitsthese", die besagt, dass bei aller Vielfalt die Einheit und Kohärenz der Aufklärung bewahrt werden kann. Als typischer Vertreter kann Ernst Cassirer gelten, der in seinem bahnbrechenden Werk „Die Philosophie der Aufklärung" (1932) von einer einheitlichen „Denkform", von einem „gemeinsamen Mittelpunkt", einem „Wesensbegriff der Aufklärung", von einem „Gesamtbild" glaubte sprechen zu können. Vertreter der Einheitsthese sind gegenwärtig etwa Jonathan Israel oder Robert Louden.[8] Die zweite Gruppe behauptet, dass es aufgrund der Vielfalt der Erscheinungsformen der Aufklärung keine gemeinsame Grundideen gebe, es fehle also die Einheit in der Vielfalt. Vertreter wären G. J. A. Pocock oder James Schmidt.[9] Eine vermittelnde Position nimmt in gewisser Weise Panajotis Kondylis ein, wenn er postuliert, dass es bei der Aufklärung nur Einheit hinsichtlich der gestellten Fragen gebe, nicht aber bei den versuchten Antworten, die sehr unterschiedlich ausfallen und daher von Polemik, „Vielfalt und Multidimensionalität" gekennzeichnet seien.[10]

---

7   Kant, Immanuel (1900ff.): Werke, Bd. 5, 295.
8   Cassirer, Ernst (2003): Die Philosophie der Aufklärung [1932]. Hamburg, 1–36, 113, 128, 32, 128, 143, 207, Israel, Jonathan (2001): Radical Enlightenment. Philosophy and the Making of Modernity 1650–1750. Oxford, Israel, Jonathan (2006): Enlightenment Contested. Philosophy, Modernity, and the Emancipation of Man 1670–1752. Oxford, Israel, Jonathan (2011): Democratic Enlightenment. Philosophy, Revolution, and Human Rights 1750–1790. Oxford, Louden, Robert B. (2007): The World We Want. How and Why the Ideals of the Enlightenment Still Elude Us. Oxford.
9   Pocock, G. J. A. (1999): Barbarism and Religion, 2 vols. New York, Schmidt, James (2003): Inventing the Enlightenment: Anti-Jacobins, British Hegelians, and the *Oxford English Dictionary*, in: Journal of the History of Ideas 64, 421–443.
10 Kondylis, Panajotis (1981): Die Aufklärung im Rahmen des neuzeitlichen Rationalismus. Stuttgart, 20–21. An Einführungen siehe besonders Alt, Peter-André (2001): Aufklä-

Die Vielfältigkeit der europäischen Aufklärung im 18. Jahrhundert macht einfache Etikettierungen unmöglich. Ob sie einen gemeinsamen Nenner aufweist, sei hier dahingestellt. Die Beantwortung dieser komplexen, wiederum philosophischen (und vielleicht sogar metaphysischen) Frage ist für meine Überlegungen gar nicht erforderlich. Aus Gründen intellektueller Redlichkeit sollte man sich aber – erstens – vor bequemen Klischees hüten sowie davor, „caricatures of Enlightenment ideals" entweder anzugreifen oder zu verteidigen.[11] Zweitens ist es sachlich angemessen, auf ein „inflated Enlightenment" zu verzichten, wo die Aufklärung mit „all modernity, [and] with nearly everything subsumed under the name of Western civilization" identifiziert wird.[12] Stattdessen sollte Aufklärung als historische Epochenbezeichnung für die geistesgeschichtliche Reformbewegung zwischen 1650 und 1800 in Europa und Nordamerika verwendet werden. Drittens kann zwischen einer gemäßigten und einer radikalen Aufklärung unterschieden werden. Der radikale Flügel wird von französischen atheistischen Materialisten wie Diderot, d'Holbach, La Mettrie oder Sade gebildet.[13] Im folgenden Abschnitt werde ich versuchen, einige Aspekte des Denkens der Aufklärung, die der Konzeption der erweiterten Denkungsart förderlich waren, mit Hilfe von Denkern der Aufklärung und anhand ausgewählter Sekundärliteratur zu rekonstruieren.

Vor allem die selbstreflexive Spätaufklärung im deutschen Sprachraum scheint – erstens – Aufklärung über die Aufklärung betrieben haben. Es ging nicht mehr nur um die Destruktion von Aberglauben und Vorurteil, sondern um die Aufhebung von Scheinwissen, ohne ein neues Scheinwissen an seine Stelle treten zu lassen. Aufklärung wurde von vielen als Kritik verstanden, vor allem aber als Selbstkritik, nämlich als kritische Prüfung der eigenen Vorurteile, Denkmuster und impliziten metaphysischen Annahmen. Die reflexive Aufklärung ist, wie Alex Hutter betont hat, eine „Aufklärung der Aufklärung".[14] Die unreflektierte Aufklärung gab sich mit einer Beseitigung des falschen Wissens, des Vorurteils oder der Unwissenheit zufrieden und strebte lediglich nach

---

rung. Stuttgart, Hardtwig, Wolfgang (Hrsg) (2010): Die Aufklärung und ihre Weltwirkung. Göttingen, Hunter, Ian (2001): Rival Enlightenments. Civil and Metaphysical Philosophy in Early Modern Germany. Cambridge, Meyer, Annette (2010): Die Epoche der Aufklärung, Berlin und Schneiders, Werner (2001): Das Zeitalter der Aufklärung. München.

11 Louden, Robert (2007): World We Want, 7.
12 Darnton, Robert (2003): George Washington's False Teeth: An Unconventional Guide to the Eighteenth Century. New York, 11, zitiert nach Louden, Robert (2007): World We Want, 9.
13 Die Einteilung wird von Jonathan Israel vorgeschlagen; siehe Fußnote 8.
14 Hutter, Axel (2009): „Kant und das Projekt einer Metaphysik der Aufklärung", in: Klemme, Heiner (Hrsg.): Kant und die Zukunft der europäischen Aufklärung, Berlin, 68–81, hier 72. Siehe auch den ausgezeichneten Text von Recki, Birigt (2006): Kant und die Aufklärung, in: Die Vernunft, ihre Natur, ihr Gefühl und der Fortschritt. Aufsätze zu Immanuel Kant, Paderborn, 15–38.

einem Wissenszuwachs. Die reflexive Aufklärung hingegen machte ebendieses Wissen zum Problem; sie versuchte über das Wissen aufzuklären. Die Vernunft musste deshalb „das beschwerlichste aller ihrer Geschäfte, nämlich das der Selbsterkenntnis [...] übernehmen".[15]

Die reflexive Aufklärung reagierte mithin auf eine Gefahr, die in jeder unreflektierten Aufklärung des bloßen Unwissens angelegt ist, nämlich auf die Gefahr, durch die bloße Anhäufung von Einzelkenntnissen, die sich in kein verantwortbares Wissen mehr integrieren lassen, eine neue Unmündigkeit zu befördern. Eine solche Unmündigkeit, die durch die blinde Wissensakkumulation einer unreflektierten Aufklärung überhaupt erst möglich wird, droht jedoch den eigentlichen Zweck der Aufklärung, die reflexive Dimension der Selbsterkenntnis, wieder zu vergessen oder aus den Augen zu verlieren.[16] Kant unterschied deshalb zwischen dem Wissen der Einzelwissenschaften und der Philosophie als Weisheitslehre. Ein mehr an Kenntnissen bedeutet nicht notwendig ein mehr an Aufklärung. Entscheidend ist die Qualität der Kenntnisse, die Fähigkeit, im Prozess des Selberdenkens von ihnen richtigen Gebrauch zu machen.

Aufklärung wurde – zweitens – als reflexive Metaphysik der Aufklärung verstanden. Gemeinhin wird angenommen, dass die Aufklärung metaphysikkritisch gewesen sei. Das ist insofern zutreffend, als die überwiegende Zahl der Aufklärer den metaphysischen Systemen des 17. Jahrhunderts, vor allem offenbar dem Cartesianismus skeptisch bis ablehnend gegenübergestanden ist. Der Akkumulation des Wissens speziell in den Naturwissenschaften stand eine Skepsis, in den Worten Kants eine „Gleichgültigkeit" im Bereich der Metaphysik gegenüber.[17] Die reflexive Aufklärung erkannte zunächst selbst bei den schärfsten Metaphysikkritikern eine implizite, verborgene eigene Metaphysik. Vielleicht mit Blick auf die radikalen materialistischen und atheistischen Vertreter der Aufklärung, auf Diderot und d'Holbach, formulierte Rousseau mit zynischem Sarkasmus: „Ich fand sie alle stolz, rechthaberisch, dogmatisch, selbst in ihrem vorgeblichen Skeptizismus. Sie wussten alles, bewiesen nichts und machten sich einer *über den anderen lustig.*"[18] Ganz ähnlich argumentierte auch Kant, dass „Verächter der Metaphysik" wie etwa Voltaire bei allem Witz, Humor und Esprit nicht verbergen können, dass auch sie selbst „ihre eigene Metaphysik" haben.[19] Wenn wir Metaphysik ähnlich wie das Atmen nicht vermeiden können, dann kommt es darauf an, welche Art von Metaphysik wir betreiben, und Aufklärer wie Rousseau oder Kant plädierten für eine kritische, selbstreflexive und praktische Metaphysik.

---

15   Kant, Immanuel (1781): Kritik der reinen Vernunft, A XI, in: Werke, Bd. 4, 9.
16   Hutter, Axel (2009): „Kant", 72.
17   Siehe etwa Kondylis, Panajotis (1981): Aufklärung, 170–286, Langthaler, Rudolf (2014): Geschichte, Ethik und Religion im Anschluss an Kant. Philosophische Perspektiven ‚zwischen skeptischer Hoffnungslosigkeit und dogmatischem Trotz'. Berlin und Kant, Immanuel (1900ff.): Werke, Bd. 4, 8.
18   Rousseau, Jean-Jacques (1983): Emil oder Über die Erziehung, hrsg. von Ludwig Schmidts, Paderborn et al., 277.
19   Kant, Immanuel (1900ff.): Werke, Bd. 29, 765, ibid. Bd. 4, 8 und 367.

Der Unterscheidung zwischen unreflektierter und reflektierter Aufklärung entspricht die kantische Differenzierung zwischen den Kategorien des Verstandes und den Ideen der Vernunft. Aufklärung ist nicht nur Wissensakkumulation des Verstandes, sondern vor allem *philosophische* Aufklärung, nämlich Weisheitslehre als „die Wissenschaft von der Beziehung aller Erkenntnis auf die wesentlichen Zwecke der menschlichen Vernunft".[20] Sie bietet zwar nicht ein System der Erkenntnis wie die abendländische Tradition, aber immerhin eine systematische und kritische Reflexion über die Grenzen der theoretischen Verstandeserkenntnis und die Möglichkeit des Glaubens, die sich aus der Gewissheit unserer moralischen Bestimmung speist. Die unreflektierte Aufklärung „vergisst" gleichermaßen auf die Dimension der Mündigkeit, des Selberdenkens, der eigenen Anstrengung und Bemühung, die dieses ungegenständliche metaphysische Reflexionswissen möglich macht. Sokrates stand auch aus diesem Grund bei vielen Vertretern der reflektierten Aufklärung in hohem Ansehen. Die Streitereien auf dem Schlachtfeld der dogmatischen Metaphysik führten den savoyischen Vikar bei Rousseau zum sokratischen Nichtwissen. Die unreflektierte und daher missverstandene Aufklärung, so der Vikar, führe zum Wunsch, alles „durchdringen" und „kennen" zu wollen. „Das einzige, was wir nicht wissen, ist unsere Unkenntnis von dem, was wir nicht wissen können."[21] Genau dieses Wissen um unsere eigene Unwissenheit, um deren Gründe, und die eigene Anstrengung auf dem Weg zu diesem reflexiven Wissen standen bei Rousseau im Mittelpunkt. Aufklärung kann deshalb – drittens – nur philosophische Aufklärung sein, da sie immer mit dem Mut zum Selberdenken zu tun hat, mit dem Mut, die Fallen aufzuspüren, in die das eigene Denken tappen kann. Aufklärung ist damit vor allem eines, nämlich anstrengend, weshalb auch Kant etwas zynisch anmerkte: „Es ist so bequem, unmündig zu sein. Habe ich ein Buch, das für mich Verstand hat, einen Seelsorger, der für mich ein Gewissen hat, einen Arzt, der für mich Diät beurteilt, und so weiter, so brauche ich mich ja nicht selbst zu bemühen."[22] Die bisherigen Ausführungen stellen nicht den Anspruch, das Wesen oder Grundcharakteristika der Aufklärung festgelegt zu haben. Ich habe mich nur bemüht, auf einzelne Aspekte zu verweisen, die im Zeitalter der Aufklärung offensichtlich von einigen Denkern entfaltet und für wichtig gehalten wurden und die Reflexion über die erweiterte Denkungsart vorbereitet haben.

---

20 Kant, Immanuel (1900ff.): Werke, Bd. 6, 434. Siehe auch die weiterführenden Überlegungen von La Rocca, Claudio (2009): „Aufgeklärte Vernunft – Gestern und Heute",, in: Klemme, Heiner (2009): Kant, 100–123.
21 Rousseau, Jean-Jacques (1983): Emil, 277.
22 Kant, Immanuel (1900ff.): Werke, Bd. 8, 35.

Die erweiterte, kosmopolitische Denkungsart

Die Denkungsart oder Denkweise bezieht sich in der engen Definition auf das Wie des Denkens. Sie unterscheidet sich von der moralischen Gesinnung, von Mentalität, Einstellung oder Haltung, auch wenn sie mit diesen Qualitäten eng verbunden sein wird und in der weiten Definition Kants tatsächlich mit diesen zusammenfällt. Die erweiterte Denkungsart kommt der Haltung der Weltoffenheit recht nahe, ist aber im Gegensatz zu Letzterer vor allem eine kognitive Kompetenz oder Fähigkeit. Sie unterscheidet sich vom „globalen Denken" dadurch, dass sie bei jedem Gegenstand oder Thema, auch wenn dieses keine globale Dimension haben sollte, zum Tragen kommt.

Die erweiterte Denkungsart ist bei Kant der epistemologische oder kognitive Kosmopolitismus des sogenannten Weltbürgers. Der Weltbürger versucht, den „Egoismus der Vernunft" zu transzendieren, der in der mangelnden Bereitschaft besteht, seine eigenen Urteile mit Hilfe der Urteile anderer zu testen. Das normative Ideal besteht in den drei Maximen der allgemeinen Menschenvernunft: der vorurteilsfreien, der erweiterten und der konsequenten Denkungsart. Die erste bekämpft Vorurteil und Aberglaube und fällt als Bereitschaft, „jederzeit selbst zu denken", mit der Aufklärung zusammen. Die konsequente Denkungsart besteht darin, sich an das Prinzip der Widerspruchsfreiheit zu halten und daher „mit sich einstimmig" zu denken. Die erweiterte Denkungsart überwindet den logischen Egoismus. „Dem Egoismus kann nur der Pluralismus entgegengesetzt werden, d. i. die Denkungsart: sich nicht als die ganze Welt in seinem Selbst befassend, sondern als einen bloßen Weltbürger zu betrachten und zu verhalten."[23] Wer versucht, den eigenen logischen Egoismus zu überwinden, bemüht sich, Sachverhalte aus der Perspektive anderer zu sehen, deren Standpunkte einzunehmen und die eigenen Urteile mit jenen anderer zu vergleichen. WeltbürgerInnen in diesem Sinn versuchen, ihr eigenes Denken zu erweitern und im Urteilen ein möglichst hohes Maß an Konsistenz und Universalität zu erreichen. Im Idealfall wird eine kosmopolitische Perspektive erreicht, die die „subjektiven Privatbedingungen des Urteils" transzendiert. Ein Mensch mit erweiterter Denkungsart reflektiert „aus einem allgemeinen Standpunkte (den er dadurch nur bestimmen kann, dass er sich in den Standpunkt anderer versetzt) über sein eigenes Urteil".[24]

Ähnliche Reflexionen in einem moralphilosophischen Kontext fand Kant bei einem Autor, den er selbst sehr geschätzt hat, nämlich bei Adam Smith, der in „The Theory of Moral Sentiments" (1759) formuliert: „We endeavour to examine our own conduct as we imagine any other fair and impartial spectator would examine it."[25] Die Fähigkeit, sich in die Lage eines anderen zu versetzen, basiert

---

23 Kant, Immanuel (1900ff.): Werke, Bd. 7, 130, Bd. 9, 80.
24 Kant, Immanuel (1900ff.): Werke, Bd. 5, 295; siehe auch ibid. Bd. 9, 57 und Bd. 19, 184–185.
25 Smith, Adam (2002): The Theory of Moral Sentiments, hrsg. von Knud Haakonssen, Cambridge, III.1.2., 129. Siehe auch die Analysen bei Raphael, D. D. (2007): The Im-

auf Vorstellungsvermögen (*imagination*) sowie der zentralen Sympathie, die nicht mit der Nächstenliebe zusammenfällt, sondern ein „Gefühl für Gefühle" darstellt, „welches moralische Gefühle und Werturteile zu erklären erlaubt".[26] Weil wir die Fähigkeit besitzen, über andere zu urteilen, können wir auch über uns selbst urteilen, da wir wissen, dass auch andere dasselbe mit uns tun. „We suppose ourselves the spectators of our own behaviour, and endeavour to imagine what effect it would, in this light, produce upon us. This is the only looking-glass by which we can, in some measure, with the eyes of other people, scrutinize the propriety of our own conduct."[27] Wir können die Perspektive des Zuschauers einnehmen, weil wir uns von uns selbst distanzieren können und selbst unsere eigene Parteilichkeit oder Voreingenommenheit „wie in einem Spiegel" sehen können – indem wir sie etwa bei anderen feststellen. Diese Fähigkeit zur Selbstdistanzierung und diese Reflexionsfähigkeit sind die Basis dafür, dass wir lernen, nicht nur unsere eigene Perspektive, sondern auch die der anderen zu relativieren. Da auch die Perspektiven der anderen meist inhomogen sein werden, benötigen wir einen Maßstab, der diese beurteilt, und das ist das Gewissen, der „ideal man within the breast"[28]. Diese Instanz der Unparteilichkeit und der Wechselseitigkeit bzw. Reziprozität transzendiert den bloßen Perspektivismus der ersten Ebene. Selbst jemand, der ein Bein verloren habe, werde sich nach einer Zeit der Verzweiflung und Trauer mit seiner Situation abfinden und seinen Verlust allmählich nur noch als „inconveniency" sehen, etwa mit der Überlegung, er hätte auch sein Leben verlieren können. „He soon identifies himself with the ideal man within the breast, he soon becomes himself the impartial spectator of his own situation."[29] Der unparteiische oder faire Zuseher generiert verallgemeinerungsfähige Maximen und das Ergebnis sind moralische Urteile, die Intersubjektivität, vielleicht sogar Objektivität beanspruchen können. Smiths Überlegungen können aus ihrem ethischen Kontext gelöst und auf unsere Fähigkeit zur Reflexion über den eigenen Standpunkt auch in Fragen der Erkenntnis bezogen werden.

Einem weit verbreiteten Klischee zufolge war „die Aufklärung" einseitig rationalistisch und vertrat einen naiven Glauben an die Vernunft, ein Vorwurf, der wohl auf die Romantik zurückgeht.[30] Tatsächlich impliziert die Konzeption der erweiterten Denkungsart eine Theorie der endlichen, allgemeinen und unverzichtbaren Vernunft oder besser Vernunftfähigkeit des Menschen. Die Vernunft

---

partial Spectator. Adam Smith's Moral Philosophy, Oxford und Ballestrem, Karl Graf (2001): Adam Smith. München.
26 Ballestrem, Karl Graf (2001): Smith, 66.
27 Smith, Adam (2002): Moral Sentiments, III.1.5, 131.
28 Smith, Adam (2002): Moral Sentiments, I.3.3.26, 170, I.3.3.28, 171, I.3.4.4, 183 und öfters.
29 Smith, Adam (2002): Moral Sentiments, I.3.3.29, 172. Die theologische Dimension von Smiths Moralphilosophie blende ich hier aus (darüber einführend Ballestrem, Karl Graf (2001): Smith, 80–94).
30 Siehe besonders Kondylis, Panajotis (1981): Aufklärung und Louden, Robert (2007): World We Want über Interpretationsklischees bezüglich der Aufklärung.

ist endlich, weil sie nicht in der Lage ist, ein umfassendes metaphysisches System zu entwerfen, das einer sachlichen Kritik standhält. Das gehörte, wie ich oben erwähnte, zu den Grundüberzeugungen der meisten Aufklärer, die deshalb, wie Cassirer formulierte, auch den „esprit systématique" an die Stelle des „esprit de système" – wohl typisch für die rationalistische Metaphysik des 17. Jahrhunderts und für Descartes – setzten.[31] Die Vernunft wird als fehlbar angesehen, weshalb sie auch auf Hilfe „von außen", auf die Korrektur durch andere vernünftige Lebewesen, angewiesen ist. Sie steht unter dem Horizont der Wahrheit, die nicht gegeben, sondern aufgegeben ist. Die Vernunft ist aber auch allgemein, weil sie prinzipiell jedem Menschen zugesprochen wird, auch denen, mit denen ich nicht einer Meinung bin. Selbst in Extremfällen, nämlich bei psychischen Erkrankungen, gelte nach Kant: „Wir können einen Menschen nur durch den Rest seines eigenen gesunden Verstandes überzeugen. Spreche ich diesen ihm ab, so ist es töricht, mit ihm zu vernünfteln."[32] Die Vernunft ist schließlich unverzichtbar, weil wir sonst einer beliebigen Subjektivität verhaftet bleiben, und uns nur noch über Befindlichkeiten austauschen würden, die jeden Anspruch auf Wahrheit aufgegeben haben. Elemente dieser Theorie der endlichen, allgemeinen und unverzichtbaren Vernunftfähigkeit des Menschen fand Norbert Hinske neben Kant bei Vertretern der deutschen Aufklärung wie Christian Wolff, Georg Friedrich Meier, Johann Georg Heinrich Feder und Johann Heinrich Lambert.[33] Kant hat meiner Meinung nach die Konzeption der erweiterten Denkungsart am klarsten ausgearbeitet, weshalb ich mich hier auch meistens auf ihn beziehe.[34]

Die Denkungsart fällt an manchen Stellen der Schriften Kants mit dem intelligiblen „Charakter schlechthin" zusammen.[35] Der Denkungsart liegt eine bestimmte Gesinnung – die „oberste Maxime" einer Person, die in deren „Willkür" aufgenommen wird, ein „Habitus", eine Haltung[36] – zugrunde. Denkungsart unterscheidet Kant von der Sinnesart, die sich auf Empirie bezieht oder

---

31 Cassirer, Ernst (2003): Die Philosophie, XI, 7, 101–102.
32 Kant, Immanuel (1900ff.): Werke, Bd. 16, 16 (Reflexion 1578).
33 Hinske, Norbert (1980): Kant als Herausforderung an die Gegenwart. Freiburg und München, 31–66.
34 Die Kernstellen sind Kant, Immanuel (1900ff.): Werke, Bd. 5: 293–296, Bd., 7: 294–295, Bd. 6: 472–473. An Sekundärliteratur siehe vor allem Koch, Lutz (2003): Kants ethische Didaktik. Würzburg, 324–431, Wood, Allen (2008): Kantian Ethics. Cambridge, 17–20, Munzel, Felicitas (1999): Kant's Conception of Moral Character. The ‚Critical' Link of Morality, Anthropology, and reflective Judgment, Chicago und London, 57–59, und 223–236, Keienburg, Johannes (2011): Immanuel Kant und die Öffentlichkeit der Vernunft. Berlin und New York, 154–174, sowie Recki, Birgit (2006): „An der Stelle [je]des andern denken". Über das kommunikative Element der Vernunft, in: Die Vernunft, ihre Natur, ihr Gefühl und der Fortschritt. Aufsätze zu Immanuel Kant, Paderborn, 111–125.
35 Kant, Immanuel (1900ff.): Werke, Bd. 7: 285; vgl. 294–295 und 291.
36 Vgl. Kant, Immanuel (1900ff.): Werke, Bd. 6: 31 und 37, 5: 471. Zum Verhältnis von Denkungsart und Gesinnung siehe Gressis, Robert A. (2013): The Relationship Between the *Gesinnung* and the *Denkungsart*, in: Bacin et al., (Hrsg.), Kant und die Philosophie in weltbürgerlicher Absicht, vol. 4, 403–412.

auch vom Temperament oder der Naturanlage. Die Denkungsart hingegen beruht auf Prinzipien.³⁷ In den Worten von Formosa ist die Gesinnung eine „highest-order maxim that defines the overall practical orientation [of one's character]".³⁸ Vorurteilsfreie, erweiterte und konsequente Denkungsart sind damit „Maximen", nämlich jene des „gemeinen Menschenverstandes".³⁹ In diesem Sinne schreibt Kant deshalb auch von „moralischer" oder „sittlicher" Denkungsart,⁴⁰ ihrer „Revolution" oder „Umwandlung",⁴¹ ihrer „Mißbildung" oder einer „unedlen Denkungsart".⁴² In manchen Passagen fällt aber „Denkungsart" einfach mit „Denkweise" zusammen, es wird also der kognitive Aspekt betont, etwa wenn Kant von einer Denkungsart schreibt, die „durch lange Gewohnheit zur Natur" geworden sei.⁴³ Ich unterscheide deshalb zwischen der engeren Definition von Denkungsart, die nur eine kognitive Dimension beinhaltet, und der weiteren Definition, die zusätzlich eine moralische Dimension umfasst.

Der oben erwähnte „Egoismus der Vernunft" fällt mit dem „logischen Eigensinn" zusammen, und dieser ist das Gegenstück des „Gemeinsinns", des „gemeinen Menschenverstandes" bzw. des „sensus communis logicus". Ihn definiert Kant als Beurteilungsvermögen, „welches in seiner Reflexion auf die Vorstellungsart jedes anderen in Gedanken (a priori) Rücksicht nimmt, um *gleichsam* an die gesamte Menschenvernunft sein Urteil zu halten und dadurch der Illusion zu entgehen, die aus subjektiven Privatbedingungen, welche leicht für objektiv gehalten werden könnten, auf das Urteil nachteiligen Einfluss haben würde".⁴⁴ Um unser eigenes Denken und Urteilen zu prüfen, benötigen wir also einen „Probierstein", der zwar die Wahrheit nicht garantiert, aber eine hinreichende Bedingung darstellt: der Verstand der anderen ermöglicht es uns, unsere „Privatvorstellungen" der kritischen Prüfung zu unterwerfen und in diesem Prozess der Veröffentlichung eventuell zu berichtigen.⁴⁵ Der borniete oder beschränkte Kopf zeichnet sich nicht durch geringes oder gar kein Wissen aus, sondern die Qualität ist hier wichtiger als die Quantität: es kommt auf die „Beschaffenheit" der Begriffe bzw. Grundsätze an. Selbst Gelehrte können diese beschränkte Denkungsart haben.⁴⁶

---

37 Kant, Immanuel (1900ff.): Werke, Bd. 6: 479; vgl. 4: 423, 7: 277 und 295.
38 Formosa, Paul (2012): From Discipline to Autonomy. Kant's Theory of Moral Development, in: Roth, Klas und Chris Surprenant (Hrsg.) (2012): Kant and Education. Interpretations and Commentary. New York and London, 163–176, hier 173.
39 Kant (1900ff.): Werke, Bd. 5: 294.
40 Vgl. Kant, Immanuel (1900ff.): Werke, Bd. 5: 446, 471, 472; Bd. 7: 68; Bd. 6: 45, 199 und 387.
41 Ibid. Bd. 6: 47 und 48
42 Ibid. Bd. 7: 326, Bd. 6: 472.
43 Ibid. Bd. 4: 262; siehe auch Bd. 3: 495, 446.
44 Ibid. Bd. 5: 293.
45 Ibid., Bd. 7: 219. Siehe einführend den ausgezeichneten Aufsatz von Pasternack, Lawrence (2014): Kant's Touchstone of Communication and the Public Use of Reason, in: *Society and Politics* 8, 78–91 und Recki, Birigt (2006): „An der Stelle [je]des andern denken", passim.
46 Kant, Immanuel (1900ff.): Werke, Bd. 7: 205 und 210.

Die apriorische Grundstruktur des menschlichen Verstandes begründet transzendentale Intersubjektivität zwischen den Menschen. Kants Vernunft ist nicht monologisch oder nur subjektzentriert, sie ist im Gegenteil auf andere vernunftbegabte Wesen angewiesen, auf Öffentlichkeit, freie Meinungsäußerung, Publizität, Gedankenaustausch, Pluralismus, Publikum und öffentliche Republik. Kommunikation ist bei der Wahrheitssuche nicht nur hilfreich, sie ist unverzichtbar. Im Gegensatz zur moralischen Sphäre, wo wir über den kategorischen Imperativ als (wenn auch vielleicht nur unkultiviertes) Kriterium der Beurteilung verfügen, gibt es bei theoretischen Urteilen keinen inneren Kompass, der uns garantiert, dass wir unsere Behauptungen selbst irrtumsfrei prüfen und in einem konkreten Fall zwischen Meinen, Wissen und Glauben, zwischen Überzeugung, Gewissheit und Überredung, zwischen subjektiven Privatbedingungen und objektiver Erkenntnis differenzieren können.[47] Der subjektzentrierte Aspekt ist bei Kant allerdings auch vorhanden: Aufklärung, erweiterte Denkungsart und Wahrheitssuche sind nicht nur durch den politischen Despotismus gefährdet (weil Kommunikation und Öffentlichkeit untergraben oder überhaupt abgeschafft werden), auch die Selbstsucht, der logische Egoismus, der durch Arroganz, „Eigendünkel" bzw. Überheblichkeit, Faulheit oder Feigheit verursacht werden kann,[48] kurz, eine korrumpierte Denkungsart gehören ebenfalls zu diesen Gefährdungen. Felicitas Munzel betont deshalb zu Recht, dass nur dort, wo die aufrichtige und gewissenhafte sokratische Selbstprüfung stattfinde, „where the inner freedom of integrity of the morally well-ordered conduct of thought, of the integrity of the honest and upright character, reigns, will the political, civil right of free speech be realized as a genuine freedom".[49] Es wäre unsinnig – auch wenn das in der Diskussion immer wieder geschehen ist –, in der Kantinterpretation die subjektzentrierte gegen die öffentliche, intersubjektive Dimension auszuspielen und umgekehrt. Diese Art von binärem Denken sollte überwunden werden.

Beispiele für erweiterte Denkungsart

Es würde den Rahmen dieses Aufsatzes sprengen, eine umfassende Analyse der erweiterten Denkungsart im Zeitalter der Aufklärung anzuführen. Ich nenne hier nur kursorisch mögliche Beispiele, erstens aus dem Bereich des Religiösen, der Konfessionen und des Kirchenglaubens. Der Prinzipal der Universität von Edinburgh eröffnete Versammlungen in der ersten Hälfte des 18. Jahrhunderts gerne mit dem Gebet: „Herr, weise zurück und unterdrücke den Geist des Zwangs und der Verfolgung, nicht nur bei Papisten, sondern bei Christen aller

---

47 Siehe hierzu ausführlich Keienburg, Johannes (2011): Kant, Pasternack, Lawrence (2014): Kant's touchstone und Cavallar, Georg (2015): Cosmopolitanism, 133–146.
48 Siehe etwa Kant (1900ff.): Werke, Bd. 24: 874, Bd. 9: 80.
49 Munzel, G. Felicitas (2012): Kant's Conception of Pedagogy. Toward Education for Freedom. Evanston, Illinois, 178. Siehe auch ibid., XVI, 83, 171–179 und 233, sowie Munzel (1999): Kant's Conception of Moral Character, 175–181.

Bekenntnisse."⁵⁰ Diese Formulierung eines Gemäßigten richtete sich polemisch gegen die „high flighers" bzw. „Fundamentalisten" in der schottischen Kirche. Sie kann aber auch als Beispiel für erweiterte Denkungsart gelesen werden, da anerkannt wurde, dass der „Geist des Zwangs und der Verfolgung" prinzipiell bei allen Konfessionen möglich sei, nicht nur beim traditionellen Gegner, den Katholiken. Kant hoffte, dass die unterschiedlichen, historisch gewachsenen Formen des Kirchenglaubens sich allmählich selbst reformieren und der Idee einer reinen Vernunftreligion annähern würden, die das Wesen des Glaubens in der Kultivierung eines guten Willens, einer moralischen Lebensführung und der Beförderung des höchsten Gutes sieht.⁵¹ Kant verabscheute „sectarian squabbles"⁵² und provozierte als Philosoph, der dem Protestantismus sicher näher stand als dem Katholizismus, seine überwiegend protestantische Leserschaft mit der Bemerkung, dass es „protestantische Katholiken" in Europa gäbe, nämlich Menschen mit „einer sich *erweiternden* Denkungsart", und noch viel mehr Beispiele von „erzkatholischen Protestanten", die nämlich ihre eigene Konfession bzw. ihren Kirchenglauben für „allgemein verbindlich" ausgeben und damit eine eingeschränkte Denkungsart an den Tag legten.⁵³ Mit dieser Bemerkung dokumentierte Kant meiner Meinung nach seine eigene erweiterte Denkungsart, denn die unter vielen Aufklärern und Vertretern des Protestantismus im 18. Jahrhundert übliche Polemik gegen den Katholizismus wird hier unterlaufen und eine wohl plausible Differenzierung eingebracht. Kant qualifiziert übrigens auch hier sein Urteil, nämlich mit dem Klammerausdruck, dass die „erweiterte Denkungsart" für die katholische Kirche als Institution nicht gelten könne – eine historisch wohl zutreffende Bemerkung.⁵⁴

Kants Begeisterung für die Französische Revolution war schon zu seinen Lebzeiten bekannt. Er zögerte nicht, sich auch öffentlich zu republikanischen Prinzipien zu bekennen⁵⁵ und auch noch 1798 die Revolution im „Streit der Fakultäten" zu verteidigen, wo er weniger die Revolution selbst und ihre verfassungsrechtliche Bedeutung als vielmehr die uneigennützige und moralische „Denkungsart der Zuschauer" in ganz Europa in den ersten Monaten betonte.⁵⁶ Allerdings vermied Kant eine einseitige, bornierte Denkungsart, denn die Schattenseiten dieser Revolution, nämlich der *terreur* unter Robespierre, werden nicht geleugnet, und als Zeiten „der öffentlichen und für gesetzmäßig erklärten Ungerechtigkeit" gebrandmarkt.⁵⁷ Kant war damit bereit, den meist konserva-

---

50 Zitiert in Ballestrem, Karl Graf (2001): Smith, 19.
51 Kant, Immanuel (1900ff.): Werke, Bd. 6: 105f. und 178–185.
52 Wood, Allen (1970): Kant's Moral Religion. Ithaca and London, 197–198.
53 Kant, Immanuel (1900ff.): Werke, Bd. 6: 109.
54 Zum Thema Katholizismus und Aufklärung siehe etwa: Fischer, Norbert (Hrsg.) (2005): Kant und der Katholizismus. Stationen einer wechselhaften Geschichte. Herder, Lehner, Ulrich (2011): Enlightened monks. The German benedictines 1740–1803. Oxford.
55 Siehe etwa Kuehn, Manfred (2001): Kant. A Biography. Cambridge, 14, 20, 340–343.
56 Kant, Immanuel (1900ff.): Werke, Bd. 7: 85.
57 Ibid. Bd. 7: 259.

tiven Kritikern der Revolution zuzugestehen, dass ihre Kritik in der Frage des faktischen Verlaufs der Revolution teilweise berechtigt war.

Im Versuch der Verwirklichung dieser erweiterten Denkungsart können auch die eigenen ethnozentrischen Vorurteile abgelegt werden. Naturrechtsautoren wie Locke und Vattel entwickelten beispielsweise das sogenannte *agricultural argument* zugunsten europäischer Kolonisation, indem sie argumentierten, dass rechtmäßiger Besitz auf der intensive Nutzung von Boden basiere. Mit Hilfe dieser Theorie ließen sich die Besitzansprüche der nomadischen Ureinwohner Nordamerikas, der *Native Americans* oder *First Nations* sowie der nichteuropäischen Einwohner anderer Kontinente ignorieren. Autoren wie Christian Wolff oder Denise Diderot kritisierten das Argument als illegitim – eine Kritik, die als Beispiel für kognitiven Kosmopolitismus bzw. die erweiterte Denkungsart gelesen werden kann.[58] Kant selbst schloss sich Wolff und Diderot an, und zwar mit einem prinzipiellen rechtsphilosophischen Argument: die Sphäre äußerer Handlungsfreiheit ist bei allen Menschen zu respektieren, solange sie mit der gleichen Freiheit anderer vereinbar ist. Europäer dürfen in Nachbarschaft dieser Völker siedeln, „wenn es aber Hirten- oder Jagdvölker sind (wie die Hottentotten, Tungusen und die meisten amerikanischen Nationen), deren Unterhalt von großen öden Landstrecken abhängt, so würde dies nicht mit Gewalt, sondern nur durch Vertrag, und selbst dieser nicht mit Benutzung der Unwissenheit jener Einwohner in Ansehung der Abtretung solcher Ländereien, geschehen können".[59] Die erweiterte Denkungsart ist sensitiv, was Kontexte betrifft – in diesem Fall berücksichtigt sie, dass nomadische Völker eine Lebensweise haben, die sie von kommerziellen Gesellschaften unterscheidet. Andererseits werden kontingente Aspekte ausgeblendet – etwa europäische Maßstäbe von Eigentum, Souveränität oder Staatlichkeit –, um universalen Prinzipien Priorität einzuräumen. In diesem Fall ist es das Recht auf Handlungsfreiheit, das Instrumentalisierungsverbot oder das Verbot von vorsätzlicher Täuschung. Im Falle der Metaphysik ist das Ergebnis die *docta ignorantia*, die gelehrte Unwissenheit und ein *non liquet*, „indem die Streitenden ihre Verblendung und Vorurteile, welche sie veruneinigt haben, einsehen lernen".[60] Urteile werden auf den Bereich möglicher Erfahrung eingeschränkt. Die Vernunft wird kultiviert, indem sie Einsicht in ihre eigene Tragfähigkeit und Grenzen gewinnt. Im Falle der nomadischen Völker findet sie das tragfähige Rechtsprinzip wechselseitiger äußerer Freiheit, das den Streit der Gelehrten entscheidet.

Diese Denkungsart muss nach Kant gelehrt und geübt werden. Ein naheliegendes Übungsfeld für Kant ist das Gebiet der Metaphysik, und er empfiehlt Lehrern, die Jugend „der frühen Kenntnis so gefährlicher Sätze" der Gegner von Religion und Moralität auszusetzen.[61] Diese Jugendlichen könnten dann

---

58 Siehe ausführlich Cavallar, Georg (2011): Imperfect cosmopolis: studies in the history of international legal theory and cosmopolitan ideas. Cardiff, 32–35.
59 Kant, Immanuel (1900ff.): Werke, Bd. 6: 353.
60 Vgl. Kant, Immanuel (1781): Kritik der reinen Vernunft, B 770 und B 775.
61 Ibid. B 782.

einsehen, dass das einzige tragfähige Argument gegen diese angeblichen „Freigeister" – Menschen haben keine theoretische Erkenntnisse im Bereich jenseits der Erfahrung – in gleicher Weise auf ihre eigenen metaphysischen Thesen über Gott, Freiheit und Unsterblichkeit zutrifft. Diese Denkbewegung selbst ist schon eine ausgezeichnete Übung in der erweiterten Denkungsart: indem wir uns in den Standpunkt anderer versetzen – in diesem Fall den der Freidenker, Atheisten oder Materialisten – trainieren wir unsere Fähigkeit zur erweiterten Denkungsart. Die sokratische Denkungsart, nämlich die Demut, unsere Unwissenheit in der spekulativen Metaphysik anzuerkennen, ist ein weiterer Nebeneffekt dieser Art des Lernens.[62]

Ohne Zweifel verdient der historische Kontext dieses Beispiels eine Erwähnung. Kants Perspektive ist die des aufgeklärten Theisten (oder vielleicht Christen), der den dogmatischen Materialismus und Atheismus ablehnt und seinen eigenen kritischen moralischen Theismus philosophisch begründen möchte; das wird besonders in den „Vorlesungen über die philosophische Religionslehre" deutlich.[63] Diese Haltung könnte man als voreingenommen, borniert und parteiisch kritisieren. Mit dieser Kritik wird aber der entscheidende Punkt übersehen. Jede Position ist eingebettet in historische, kulturelle und andere Kontexte. Worauf es ankommt ist der prinzipiengeleitete Versuch, über die eigene Perspektive zu reflektieren und andere miteinzubeziehen. Im Falle Kants war der Ausgangspunkt eine philosophische Position, die vor allem von den metaphysischen Systemen Wolffs und Baumgartens beeinflusst war. Die erweiterte Denkungsart lag in der Einsicht, dass für alle Seiten „die bestimmten Grenzen" der reinen theoretischen Vernunft gelten, „innerhalb denen alle unsere Erkenntnis von Gegenständen eingeschlossen ist".[64] Das „erweiternde" Element liegt hier im Grundsatz, die Grenzen der Vernunft, die für den ideologischen, philosophischen, religiösen oder einfach intellektuellen Gegner gelten, gleichermaßen für sich selbst als bindend anzuerkennen. Wenn es keine metaphysische Erkenntnis für den Atheisten geben kann, dann gilt das auch für den Theologen, gemäß der Maxime, mit sich einstimmig zu denken. Es wird also bewusst und reflektiert versucht, nicht den typischen Widerspruch zu praktizieren: ich bin skeptisch, wenn es um die Metaphysik der Gegenposition geht, aber dogmatisch bei meinen eigenen metaphysischen Behauptungen.

Ich möchte noch eine Qualifizierung ergänzen. Es ist nicht auszuschließen, dass Kant selbst Beispiele für bornierte Denkungsart geboten hat.[65] Es wäre außerdem ein Zeichen ebendieser Denkungsart, wenn Kantianer „mit al-

---

62 Siehe ibid., B 780–797, und die Analyse in Munzel, Felicitas (2012): Kant's Conception of Pedagogy, 238–261.
63 Vgl. Kant, Immanuel (1781): Kritik der reinen Vernunft, B XXXIV und Kant, Immanuel (1900ff.): Werke, Bd. 28: 1011–1012; über den Atheismus ibid., 28: 1010, 1001, 1026.
64 Kant, Immanuel (1781): Kritik der reinen Vernunft, B 789.
65 Zur Einführung siehe etwa Terra, Ricardo (2013): Hat die kantische Vernunft eine Hautfarbe?, in: Bacin et al. (Hrsg.) (2013): Kant und die Philosophie in weltbürgerlicher Absicht, Bd. 1, 431–447, oder die Diskussion um Kant und den Feminismus.

ler Gewalt" versuchen würden, Kant hier in Schutz zu nehmen und mögliche Schattenseiten zu leugnen. Schließlich lässt sich sinnvoll zwischen Kants theoretischen Reflexionen über die erweiterte Denkungsart und dem, was er selbst praktiziert bzw. gelebt hat, unterscheiden. Es sollte ihm meiner Meinung nach sein ehrliches Bemühen um eine erweiterte Denkungsart nicht abgesprochen werden. Mögliches Scheitern ist in der Konzeption des endlichen Verstandes gleichermaßen schon inbegriffen, der es nicht immer schafft, Urteile, die auf subjektiven Privatbedingungen basieren, als mangelhaft oder unzulässig zu entlarven.

Die eingeschränkte Denkungsart des Unfriedens ist „engstirnig" oder „borniert", und kann sich mit einem dogmatischen, fundamentalistischen, binären oder polemischen Denken überschneiden, wenn es auch nicht notwendigerweise mit diesem zusammenfällt. Es lässt sich durch folgende Kennzeichen charakterisieren. Die eingeschränkte Denkungsart bewirkt eine mangelnde Bereitschaft, die Perspektive der anderen zu berücksichtigen. Daraus folgt oft eine dogmatische Grundhaltung: das eigene Weltbild wird unkritisch vorausgesetzt oder für unumstößlich gehalten und durch Immunisierungsstrategien gegen Hinterfragungen verteidigt. Die unvollständig ausgebildete oder überhaupt fehlende konsequente Denkungsart führt zu Widersprüchen und inkohärenten Überlegungen, die nicht gesehen oder einfach nicht problematisiert werden.

Begleitphänomene der Denkungsart des Unfriedens sind oft die folgenden. Es häufen sich unzulässige Generalisierungen, das Denken ist undifferenziert und pauschal. An die Stelle sachlicher Diskussion tritt fallweise das *argumentum ad hominem*: die Philosophie der Andersdenkenden wird durch Angriffe auf deren Persönlichkeit und ihre Charaktereigenschaften in Frage gestellt. Beliebt sind spätestens seit Nietzsche und Freud sogenannte Psychologisierungen, nämlich die Neigung, jedes menschliche Verhalten und Denken mit pseudowissenschaftlichen Begriffen oder Hypothesen wie etwa Zivilisationshass oder Projektion zu „erklären". Übersehen wird dabei meistens, dass diese psychologischen Deutungen keine Erkenntnis bedeuten, sondern bloße Vermutungen sind, deren faktische Grundlage höchst fragwürdig bleiben muss. Ein anderes häufiges Begleitphänomen ist die Emotionalisierung der Diskussion.

Beispiele für die eingeschränkte Denkungsart sind unschwer zu finden. Sie reichen von religiösen Fundamentalismen über Nationalwahn, Chauvinismus, totalitärem Denken im Nationalsozialismus und Stalinismus bis zur dogmatischen und naiven Wissenschaftsgläubigkeit. Auch das Zeitalter der Aufklärung war von dieser Denkungsart nicht frei, nach 1800 scheint sie sich aber verstärkt zu haben, in Zeiten des deutschen Idealismus und des beginnenden Nationalismus. Johann Gottlieb Fichte etwa unterstellte dem Schriftsteller und Verleger Friedrich Nicolai „[t]otale und radikale Verkehrtheit [...], mit welcher auch nicht ein richtiger Gedanken verbunden ist". Von dieser Diagnose, die dem Andersdenkenden nicht einmal ein Mindestmaß an Vernünftigkeit zuspricht, ist es oft nur ein kleiner Schritt zur Nichtachtung des anderen als moralisches Subjekt oder Rechtssubjekt. „Es ist zu beklagen, dass Nicolai nicht unmittelbar darauf, als er diese Widerlegung zu Ende gebracht hatte, aufgehenkt worden."⁶⁶ Fichtes Denkungsart war ähnlich, wenn es um den entstehenden deutschen Nationalismus ging. Wenn ich es auch für fragwürdig halte, Fichte als Nationalisten abzustempeln, da er viele kosmopolitische Elemente auch in den berühmt-berüchtigten „Reden an die deutsche Nation" (1808) bewahrt hat, so fällt auf, dass Fichte Napoleon mit dem „Erbfeind der Menschheit", nämlich dem Teufel bzw. „dem Bösen überhaupt" gleichsetzt.⁶⁷ In der Gegenwart sind Beispiele für die eingeschränkte Denkungsart wahrscheinlich jene Eltern in angeblich aufgeklärten modernen Gesellschaften, die Leben und Gesundheit ihrer eigenen Kinder riskieren, weil sie von der Nutzlosigkeit von Impfungen und einer Verschwörung der Pharmakonzerne überzeugt sind. Eine eingeschränkte Denkungsart dokumentieren jene islamischen Fundamentalisten, die zu wissen meinen, dass der Holocaust eine Erfindung von Juden, Freimaurern und US-Imperialisten sei und der „Islamische Staat" des Jahres 2015 den authentischen Islam praktiziere. Eine ähnliche, wenn auch weniger gefährliche Denkungsart legen westliche Intellektuelle an den Tag, die den Koran für primitiv und lächerlich, „den" Islam für rückständig und barbarisch sowie „den" Westen für moralisch überlegen halten.

Pankaj Mishra rief nach den Terroranschlägen auf die Redaktion des „Charlie Hebdo" und auf einen jüdischen Supermarkt im Jänner 2015 zu einer neuen Aufklärung im globalen Maßstab auf.⁶⁸ Aus den bisherigen Ausführungen lässt sich ableiten, wie diese Aufklärung verstanden werden sollte: als reflexive Aufklärung über Aufklärung, die nicht auf Selbstkritik vergisst und die Kritik der eigenen Vorurteile und Denkmuster ernst nimmt. Als Aufklärung, die auf die Position der Andersdenkenden eingeht, die erweiterte Denkungsart praktiziert und die eigene reflektierende Urteilskraft kultiviert. Als Aufklärung, die bereit ist, den Begriff der Aufklärung differenziert zu verwenden, und die Gefahren sieht, der sich eine unreflektierte Aufklärung aussetzt, indem sie nämlich Gefahr läuft, mit der Absolutsetzung des instrumentellen Verstandes und der technologischen Rationalität jene Deformationen und Perversionen der Moderne zu fördern, die Horkheimer und Adorno in ihrer „Dialektik der Aufklärung" angeprangert haben. Als Aufklärung, die nicht nur Wissensakkumulation des Verstandes, sondern vor allem philosophische Aufklärung, nämlich Weisheitslehre ist, die über „die wesentlichen Zwecke der menschlichen Vernunft" nachdenkt.

66 Fichte, Johann Gottlieb (1911): Ausgewählte Werke in sechs Bänden, hrsg. von Fritz Medicus, Hamburg, Bd. 3, 693 und 703.
67 Siehe meine Analyse in Cavallar, Georg (2015): Cosmopolitanism, 151–153 und 158–159 sowie Münkler, Herfried (1999): „Wer sterben kann, wer will denn den zwingen" – Fichte als Philosoph des Krieges, in: Kunisch, Johannes und Herfried Münkler (Hrsg.), Die Wiedergeburt des Krieges aus dem Geist der Revolution. Studien zum bellizistischen Diskurs des ausgehenden 18. und beginnenden 19. Jahrhunderts, Berlin 1999, 241–259, die Zitate 243 und 244.
68 Mishra, Pankaj (2015): After the Paris attacks: It's time for a new Enlightenment, The Guardian, 20.1.2015.Pankaj Mishra, www.theguardian.com/news/2015/jan/20/-sp-after-paris-its-time-for-new-enlightenment, abgerufen am 22.1.15.

BEMÜHUNGEN UM FRIEDEN IN DER EUROPÄISCHEN GESCHICHTE

Oliver Hidalgo

Rousseau, Kant und die Aporien des gerechten Krieges und demokratischen Friedens: Zwischen Politik, Recht und Moral

(Gerechter) Krieg für Frieden?

Verfolgt man die Entwicklung der Friedensidee in Europa, fällt auf, dass sie sich in einer speziellen Dialektik zum Rechtfertigungsbedarf von Kriegen befindet: Solange der Krieg als mehr oder weniger unvermeidlicher Normalzustand galt (und wir können davon ausgehen, dass dies bis ca. zum 5. Jahrhundert v. Chr. der Fall war), verlief auch die normativ-theoretische Reflexion des Friedens auf eher bescheidenem Niveau. Unter Frieden wurde bis dahin bevorzugt eine Art Waffenstillstand verstanden, der die langen Phasen der gewaltsamen Auseinandersetzungen lediglich sporadisch unterbrach.[1] Die Idee eines allgemeinen Friedens (koiné eiréne), die eine dauerhafte Situation der Ruhe, politischen Stabilität sowie der materiellen Sicherheit herstellen sollte, konnte sich entsprechend erst herausbilden, nachdem der Griff zu den Waffen – nicht zuletzt infolge der Erfahrungen des Peloponnesischen Krieges – unter verstärkten Legitimierungsdruck geriet.[2] Genuin politisch argumentierte dabei Thukydides, der die Hegemoniebestrebungen des demokratischen Athens als unklug kritisierte, musste doch der Attische Seebund beinahe zwangsläufig andere griechische Städte zu einem Zweckbündnis unter der Führung Spartas provozieren.[3] Moralischer besetzt waren hingegen die Ausführungen Platons, der in der *Politeia* vor Habgier und Ehrgeiz als Kriegsgründen warnte und stattdessen für geopolitisches und ökonomisches Maßhalten eintrat. Der Krieg sei folgerichtig auf die notwendige militärische Verteidigung der Polis zu konzentrieren.[4] Und weil Friede und Harmonie das Beste für das Gemeinwesen seien, führe der gute Politiker einzig und allein Krieg um des Friedens willen.[5]

---

1 Als Ausnahme ist die Amphiktyonie von Delphi zu erwähnen. Vgl. Tausend, Klaus (1992): Amphiktyonie und Symmachie. Formen zwischenstaatlicher Beziehungen im antiken Griechenland. Stuttgart.
2 Dazu Jehne, Martin (1994): Koiné Eiréne. Untersuchungen zu den Befriedungs- und Stabilisierungsbemühungen in der griechischen Poliswelt des 4. Jahrhunderts v. Chr. Stuttgart.
3 Siehe Thukydides (1991): Geschichte des Peloponnesischen Krieges. München.
4 Siehe Platon (2000a): Politeia. Sämtliche Werke Bd. 2. 2. Aufl. Reinbek bei Hamburg, 372c–376e.
5 Vgl. Platon (2000b): Nomoi. Sämtliche Werke Bd. 4. 2. Aufl. Reinbek bei Hamburg, 628d/e.

Die sich analog etablierende Idee eines gerechten Krieges, welcher „nur um des Friedens willen da" sei,[6] verdeutlicht sich später in den Werken von Aristoteles und Cicero. Während sich bei Aristoteles diesbezüglich noch die ethisch problematische Unterscheidung zwischen Griechen und Barbaren widerspiegelt,[7] überliefert Cicero eine bereits elaborierte Theorie des *bellum iustum*, an die er die römische Republik in ihrer Spätphase zu erinnern bezweckt. Demnach wäre der Krieg als gewaltsame Rechtsdurchsetzung im Bereich der Außenpolitik anzusehen, sofern zuvor Rechtsbrüche von Verträgen (pacta sunt servanda) gegenüber Rom oder seinen Bundesgenossen vorlägen und (nach gescheiterten Verhandlungen) der vormalige Zustand alternativ nicht zu restaurieren sei. Weitere Komponenten von Ciceros Theorie sind das Prinzip der Entschädigung, die Verhältnismäßigkeit in der Bestrafung der Gegner sowie die Unterscheidung von Schuldigen (den Machthabern) und Unschuldigen (der Bevölkerung).[8]

Der (im Grunde defensiven) Logik des klassischen *bellum iustum* entgegengesetzt, jedoch auf ihre Weise die Dialektik zwischen Krieg und Frieden bestätigend, war hingegen die spätere Lehre des *imperialen* Friedens, wie sie sich vor allem in der römischen Kaiserzeit durchsetzte. Demnach sei es gerade der Größe und militärischen Stärke Roms zu verdanken gewesen, dass nach den eklatanten innen- und außenpolitischen Kriegen in der Endphase der römischen Republik eine mehr als zweihundertjährige Periode relativen Friedens einkehrte. Die *Pax Romana* avancierte dadurch zum Synonym und Legitimationsgrund des römischen Imperiums und wurde auch von späteren Imperien als Rechtfertigungsbasis und normatives Vorbild genutzt.[9]

Das (politische Denken im) Christentum erwies sich in der Folge als Erbin beider Argumentationsmuster der Dialektik zwischen Krieg und Frieden. Lediglich in einer Frühphase motivierten die radikalpazifistischen Maximen der Bergpredigt, die in den Evangelien angelegte Trennung zwischen religiöser und politischer Sphäre sowie eine apokalyptische Grundausrichtung führende Kirchenschriftsteller der Epoche wie Origenes oder Tertullian dazu, in ihren Werken strikte Gewaltfreiheit zu predigen. Doch nachdem das (ehedem allenfalls geduldete) Christentum im 4. Jahrhundert n. Chr. zunächst zu einer rechtlich privilegierten Glaubenslehre und schließlich sogar zur Staatsreligion des römi-

---

6   Aristoteles (1994): Politik. Reinbek bei Hamburg, 1333b35–36.
7   Da nach Aristoteles das Verhältnis zwischen Griechen und Barbaren von Natur aus auf Gewalt beruht und in die Beziehung zwischen Herrschern und Sklaven mündet (vgl. Politik 1252b5–9, 1253b18–23, 1255a1–b40, 1256b23–27), sind für ihn im Prinzip nur Kriege zwischen griechischen Poleis rechtfertigungsbedürftig. Dabei scheint er zudem Platons Differenzierung zwischen der geregelten Kriegsführung unter den Hellenen und der ungeregelten gegen die Barbaren zu übernehmen. Dazu Politeia 469e–471c.
8   Ciceros Behandlung des *bellum iustum* findet sich insbesondere in den Werken *De re publica* 2.17, 3.23 und *De officiis* 1.20–26, 1.34–40, 1.62, 1.74–85, 2.26–28 und 3.108.
9   Vgl. z. B. Parchami, Ali (2009): Hegemonic Peace and Empire. The Pax Romana, Britannica, and Americana. London/New York. Beeinflusst von der Idee der Pax Romana zeigte sich zudem das byzantinische Reich.

schen Reiches avanciert war, ließ sich die vormals praktizierte Entwertung der Politik nicht länger aufrechterhalten. Der Herausforderung, die (kriegerische) Welt des Politischen konsistent in den Rahmen der dem Frieden verpflichteten christlichen Eschatologie zu integrieren, stellte ich schließlich Augustinus' zwischen 413 und 426 n. Chr. verfasste Schrift *De civitate dei*. Dem Bereich der Politik bzw. dem irdischen Leben dort wenigstens einen gewissen Anteil an der göttlichen Gerechtigkeit zugestehend, griff Augustinus dazu die alte Idee des *bellum iustum* auf und deklarierte die Vereinbarkeit zwischen der Ausübung politischer Gewalt und der Friedensbotschaft der Evangelien unter der Bedingung von vier Grundsätzen: gerechte Kriegsgründe (*causa iusta*), rechte Absicht *(recta intentio)*, reale Aussicht auf Wiederherstellung des Friedens (*iustus finis*) sowie eine legitime Autorität, das heißt eine staatliche Obrigkeit, die über den Krieg zu entscheiden hatte.[10] Gleichzeitig knüpfte Augustinus den politischen Universalanspruch des römischen Reiches an die absolute Wahrheit des christlichen Glaubens.[11]

Im Ergebnis vergleicht Augustinus die mögliche Aufhebung „jener Anordnung" des fünften Gebotes, „keinen Menschen zu töten", im Falle des Führens von Kriegen „auf Gottes Veranlassung" mit der Todesstrafe für Verbrecher „nach dem Gebot vernünftiger Gerechtigkeit".[12] Dabei ging es ihm zwar wie schon Cicero in erster Linie um die Ahndung von begangenem Unrecht und Vertragsbrüchen, in letzter Konsequenz aber auch von *allgemeinen* Verletzungen der göttlichen Ordnung. Und da der vordergründige Frieden der „Gottlosen" in Wahrheit gar kein bewahrenswerter „Friede" sei" und man in einem *bellum iustum* zugleich die „Sünde" der Gegenseite bekämpfte,[13] ließen sich mit seiner Lehre ebenso Angriffskriege legitimieren, ohne dass der Kontrahent zuvor einen Rechtsbruch hätte begehen müssen. Bei Augustinus selbst motivierte dies Gewalt gegen Häretiker oder Schismatiker unter Betonung des „Friedensziels" der Missionierung. Ab dem 11. Jahrhundert nutzte man seine Lehre zur Apologie von Kreuzzügen. Bekannt für eine solche ethisch-theologische Argumentation zugunsten eines ‚Heiligen Krieges' wurde vor allem Thomas von Aquin.[14]

---

10   Zur von Augustinus nicht systematisch dargestellten Lehre vom gerechten Krieg siehe insbesondere Augustinus (2007): Vom Gottesstaat. München, Buch XIX, Kap. 7, 12–14.
11   „[Es ist] der eine und wahre Gott, der keine Grenzen dir [Rom, AdV] setzt, sei's räumlich oder auch zeitlich, und ein ewiges Reich dir gibt" (Augustinus: Vom Gottesstaat, Buch II, Kap. 29, 110). Die Idee des imperialen Friedens auf Basis theologisch-christlicher Fundierung zeichnete später vor allem – allen weiteren Unterschieden zum Trotz – die Positionen von Dante Alighieri und Marsilius von Padua aus.
12   Augustinus: Vom Gottesstaat, Buch I, Kap. 21, 39.
13   Augustinus: Vom Gottesstaat, Buch XIX, Kap. 12, 550, 558.
14   Siehe Beestermöller, Gerhard (1990): Thomas von Aquin und der gerechte Krieg. Friedensethik im theologischen Kontext der Summa Theologiae. Köln. Als weitere Kriterien des *bellum iustum* wurden von Thomas die Verhältnismäßigkeit (proportionalitas) der Kriegsmittel sowie die Notwendigkeit des Krieges als ultima ratio unterstrichen. Vgl. Beestermöller (1990), 125–132.

Unter Druck geriet die christliche Lehre von der Gerechtigkeit des Krieges, der zum (auslegbaren) Friedenszweck unternommen wird, in der spanischen Spätscholastik. Hier war es insbesondere Francisco de Vitoria, der den in der christlichen Rechtfertigung des Krieges stets mitschwingenden moralischen Überlegenheitsanspruch in Zweifel zog. In seiner simultanen Desavouierung des europäischen Kolonialismus und der erzwungenen Missionierung von indigenen Bevölkerungen wich Vitoria von der seinerzeit üblichen Forderung eines ‚gerechten Krieges' gegen die Indios auf Basis des Naturrechts ab und insistierte, dass es überhaupt keine Instanz für die (objektive) Feststellung von Gerechtigkeit und Ungerechtigkeit im Zusammenhang des Krieges gebe. Wie er in der Vorlesung *De iure belli* (1539) darlegt, sei es deswegen nicht unwahrscheinlich, dass ein Krieg von den jeweils beteiligten Kontrahenten subjektiv als gerecht angesehen wird.[15] Im Zweifel wäre daher eine mögliche friedliche Konfliktregulierung stets zu bevorzugen.

Das von Vitoria vor diesem Hintergrund proklamierte *ius inter gentes*, welches überdies zwischen einem rechtlich wie moralisch unproblematischen Verteidigungskrieg und einem schwierig zu legitimierenden offensiven (Straf-)Krieg zu unterscheiden beginnt,[16] bricht mit dem am Ende unvermeidlich diskriminierenden Feindbegriff der klassischen *bellum iustum*-Lehre und versteht das Verhältnis zwischen den Kombattanten weder als eines zwischen Verbrechern und Richtern noch zwischen Gläubigen und Ungläubigen. Es bildete insofern eine wichtige Stufe zur Entfaltung eines *symmetrischen* Rechtsverhältnisses zwischen den Staaten als den maßgeblichen Subjekten des Völkerrechts. Jene Argumentationslogik auf die Spitze treibend, bestritt Balthasar de Ayala im dreibändigen *De Iure et Officiis Bellicis et Disciplina* den materiellen Legitimationsbedarf von Kriegen schlechthin und schlug das *ius ad bellum* dem Souveränitätsbereich der Staaten im sich herauskristallisierenden europäischen Mächtesystem zu. Ein rechtmäßiger Krieg setze einzig noch eine formelle Kriegserklärung sowie den Verzicht auf unzulässige Kriegsmittel voraus, das heißt er bestimmte sich exklusiv nach den Regeln des *ius in bello*.

Der Weg zum neuzeitlichen „Völkerrecht des Krieges", das nach 1600 von Alberico Gentili, Hugo Grotius oder Emer de Vattel ausformuliert wurde, war durch Vitoria und Ayala eindeutig vorgezeichnet. Hierin bestätigte sich das als gleichberechtigt angenommene Verhältnis zwischen den souveränen Staaten, das an formalrechtliche Bedingungen geknüpfte *ius ad bellum* sowie die Begrenzung des Krieges durch ein *Recht im Krieg*. Gentilis legalistische Sicht auf den Krieg eröffnete die Möglichkeit eines *objektiv* beidseitig gerechten Krieges und machte ergo die Differenz zu einem moralisch ungerechten Krieg praktisch gesehen

---

15 Vgl. de Vitoria, Francisco (1997): Vorlesungen II. Völkerrecht – Politik – Kirche. Stuttgart u. a., 571–578.
16 Später wurde dieser Aspekt zum Ankerpunkt der Völkerrechtslehre von Francisco Suárez. Dazu Soder, Josef (1973): Francisco Suárez und das Völkerrecht. Grundgedanken zu Staat, Recht und internationalen Beziehungen. Frankfurt a. M., 248–279.

überflüssig.[17] Grotius' *De jure belli ac pacis* (1625) fokussierte hingegen auf die Harmonie zwischen dem Recht des Krieges und des Friedens, das heißt dem Völkerrecht und dem universalen Naturrecht, das auch die Staaten respektieren müssen.[18] Beide, Gentili wie Grotius, verwarfen die Idee des *bellum iustum* jedoch nicht explizit, sondern stilisieren den Krieg als ein Rechtssurrogat, das eine objektive Entscheidung über unklare Rechts- und Gebietsansprüche herbeiführt, die anders nicht zu erzielen wäre, weil die Arena der internationalen Beziehungen eine übergeordnete Schiedsinstanz entbehrt. Während Gentili den Zustand zwischen Krieg und Frieden freilich als moralisch gleichwertig ansah, zeichnet sich in Grotius' dynamischer Völkerrechtslehre die Perspektive eines langfristigen Friedens ab, der auf einem Völkerbund basiert. Erst der Schweizer Vattel diskreditierte dann Mitte des 18. Jahrhunderts die alte Lehre vom *bellum iustum* als im Ganzen ungeeigneten Maßstab für das Völkerrecht. Nach seinem Dafürhalten sollten Friedenschlüsse durch Akzeptieren faktischer Kriegsresultate geschlossen werden. Moralische Erwägungen über die (vorherige) Berechtigung von Kriegen und den davon implizierten politischen Entscheidungen würden demgegenüber bloß eine Spirale der Gewalt und des Revanchismus in Gang setzen.[19]

Vom Humanismus Erasmus von Rotterdams[20] sowie von Grotius ausgehend bemühte sich in der Zwischenzeit jedoch ein zweiter Strang der Völkerrechtslehre, nicht nur die klassische Lehre des *bellum iustum* zu verabschieden und ein von der Moral befreites, Rechtssicherheit gewährendes *ius gentium* zu etablieren, sondern die Dialektik von Krieg und Frieden also solche zu durchbrechen. Beispiele hierfür sind Eméric Crucès *La nouveau cynée* (1623) oder William Penns *Essay Towards the Present and Future Peace of Europe* (1693). Im *Projet pour rendre la paix perpétuelle* (1713) schlug später der Abbé de Saint-Pierre ein europäisches Staatenbündnis vor, das die – christlichen Werten verpflichteten – Herrscher zur Abstimmung ihrer Außen- und Militärpolitik sowie zur Wahrung des Friedens auf Basis kollektiver Selbstverteidigung bringen sollte.[21] Ein internationales Schiedsgericht war zusätzlich vorgesehen, um aufkommende Streitigkeiten zwischen den Akteuren zu schlichten.

---

17 Siehe Gentili, Alberico (1933): De iure belli libri tres (1588–1589). Oxford/London, Kap. I–VI.

18 Zur (noch) normativen Grundausrichtung bei Grotius siehe Yasuaki, Onuma (Hrsg.) (1993): A Normative Approach to War. Peace, War, and Justice in Hugo Grotius. Oxford u. a. Die bei Grotius zugleich anklingende Spannung zwischen Moral und Recht behandelt Christopher, Paul (1994): The Ethics of War and Peace. An Introduction to Legal and Moral Issues. New Jersey, 70–134.

19 de Vattel, Emer (1959): Le Droit des Gens ou Principes de la Loi Naturelle. Tübingen, Buch III, Kap. 1, 11–13.

20 Siehe dazu die pazifistische Schrift *Die Klage des Friedens, der bei allen Völkern verworfen und niedergeschlagen wurde* (1517).

21 Den christlichen Hintergrund seiner Überlegungen verdeutlicht Saint-Pierre kurz danach im zweiteiligen *Projet de Traité pour rendre la paix perpétuelle entre les souverains chrétiens* (1716).

Saint-Pierres Ansatz, an dem er seit 1708 gearbeitet hatte und für dessen Umsetzung er wegen des Friedens von Utrecht (1712–1713)[22] reale Chancen sah, wollte die von Hobbes verfolgte Idee der Befriedung, die souveräne Nationalstaaten auf kontraktualistischer Grundlage innenpolitisch leisten konnten, auf die internationale Ebene transferieren. Das Verständnis der Entwürfe, die in kritischer Auseinandersetzung mit Saint-Pierre daraufhin von Rousseau und Kant forciert wurden, um das Projekt eines dauerhaften, aus seiner traditionellen Amalgamierung mit dem Krieg herausgelösten Friedens voranzutreiben, muss jene vertragstheoretische Grundlegung im Auge behalten. Erst dadurch werden nicht nur die Gemeinsamkeiten und Divergenzen sichtbar, die Rousseaus und Kants Profilierung eines internationalen Rechtssystems ausmachen, sondern auch die Aporien, aus denen sich beide Denker nicht zu befreien vermochten.

Rousseau – Krieg oder Frieden? Völkerrecht oder Volkssouveränität?

Im *Leviathan* stellt Hobbes die territoriale Friedensstiftung qua Souveränität und Gewaltmonopol allen anderen moral-, politik- und rechtsphilosophischen Erörterungen voran und betrachtet den Frieden als oberstes Ziel seiner Wissenschaft vom Staat. Keine Antwort wusste er oder wollte er geben, wie der unablässige Kriegszustand *zwischen* den souveränen Staaten zu überwinden sei. Im Rahmen seiner Naturzustandskonzeption führte er lediglich aus, wie der Mensch den natürlichen Zustand der Rechtsunsicherheit und des Krieges verlässt und in den friedlichen Zustand des *Commonwealth* einkehrt. Jenseits der Grenze des bürgerschaftlich-staatlichen Zusammenschlusses existiert der Naturzustand jedoch weiter, was Hobbes dazu veranlasste, sein hypothetisches Naturzustandstheorem mit Hilfe des anarchischen internationalen Systems zu illustrieren.[23]

In Rousseaus Werk stößt man hingegen wenigstens auf einige Anläufe, das Problem des internationalen Naturzustandes in den Griff zu bekommen. Als Prämisse für sein Unterfangen kehrt der Genfer Philosoph zunächst zu einem Missverständnis zurück, das er bereits im *Diskurs über die Ungleichheit* (1755) entlarven wollte und dem die Tradition des Kontraktualismus bis dato allgemein unterliege: In ihrer Beschreibung des Naturzustandes sei die Vertragstheorie nie vom sanftmütigen Wesen des *homme naturel* ausgegangen, sondern immer schon vom Stadium des degenerierten, gewalttätigen Menschen in Gesellschaft, wo Konkurrenzdenken, Misstrauen, Habgier und Eitelkeit die natürliche Friedliebigkeit verschüttet habe. „Vom wilden Menschen sprachen sie; den gesitte-

---

22 An diesem war Saint-Pierre als Unterhändler aktiv beteiligt.
23 Vgl. Hobbes, Thomas (1984): Leviathan oder Stoff, Form und Gewalt eines kirchlichen und bürgerlichen Staates. Frankfurt a. M., Kap. XIII, 97f.

ten beschrieben sie."²⁴ Deshalb hätten Hobbes, Locke und andere den falschen Schluss gezogen, die staatliche Autorität existiere vorsätzlich zur Domestizierung der Menschen und zur Unterdrückung seiner kriegerischen Neigungen. Im Fragment *Vom Kriege* wiederholt Rousseau die bekannte Diagnose des zweiten *Discours*:

> Der Mensch ist von Natur friedlich und furchtsam [...]; an den Krieg gewöhnt er sich nur durch die Erfahrung des Krieges. Die Ehre, der Eigennutz, die Vorurteile, die Rache, alle die Leidenschaften, die ihn der Gefahr und dem Tode trotzen lassen, sind ihm im Naturzustand fremd. Erst wenn er mit einem Menschen in Gesellschaft lebt, entschließt er sich, einen anderen anzugreifen; und Soldat wird er erst, nachdem er Bürger geworden ist [...]. Es gibt also durchaus keinen allgemeinen Krieg des Menschen gegen den Menschen; und das Menschengeschlecht ist nicht allein zu dem Zwecke geschaffen, sich selbst zu zerstören.²⁵

Man könnte hieraus folgern, dass die Staatenwelt nur deshalb einen umfassenden Zustand des Krieges evoziert, weil sie auf der gleichermaßen falschen wie heiklen anthropologischen Annahme der Konfliktnatur des Menschen begründet ist.²⁶ Alternativ verfasste Staaten, die die natürliche Güte des Menschen zum Vorschein bringen, sollten demnach – so die evidente Schlussfolgerung – womöglich ein friedliches internationales System fundieren können. Indes bezeichnet Rousseau den Kriegszustand zwischen politischen Mächten als „natürlich",²⁷ worin der für ihn typische Pessimismus zum Ausdruck kommt, auf selbst gestellte Diagnosen keine geeigneten Therapievorschläge folgen lassen zu können.²⁸ Die Situation für den Menschen erscheint dadurch doppelt prekär, als dieser nicht nur im Inneren in Beziehung zu anderen Menschen durch die konkurrenzbasierte bürgerliche Gesellschaft korrumpiert wird, sondern zu-

---

24 Rousseau, Jean-Jacques (1996a): Abhandlung über den Ursprung und die Grundlagen der Ungleichheit unter den Menschen, in: Sozialphilosophische und Politische Schriften. Düsseldorf, 60.
25 Rousseau, Jean-Jacques (1996b): Vom Kriege, in: Sozialphilosophische und Politische Schriften. Düsseldorf, 407. Siehe auch ebd., 416ff., wo der fatale Irrtum von Hobbes, den natürlichen Zustand der Menschen als Krieg aller gegen alle anzunehmen, nochmals gebrandmarkt wird.
26 Dazu Rousseaus Kritik am Ende des *Diskurs über die Ungleichheit*, die den „Missbrauch der politischen Gesellschaft" zur Absicherung der bürgerlichen Eigentumsordnung und damit zur Fortsetzung von Egoismus und Habgier beklagt (Rousseau (1996a), 123).
27 Rousseau: Vom Kriege, 413.
28 Sehr deutlich wird dies im *Contrat social*, hinter dem man vordergründig eine plausible Antwort auf die im zweiten Diskurs aufgeworfenen Probleme vermuten könnte. Allerdings lässt Rousseau für seine aufmerksamen Leser keinen Zweifel daran bestehen, dass er die moderne Gesellschaft prinzipiell für zu pathologisiert und darob unfähig hält, seinen theoretischen Entwurf zu realisieren. Dazu insbesondere das 15. Kapitel des III. Buchs.

gleich im Äußeren (als Teil eines Volkes) die Feindschaft mit anderen Völkern, die Anarchie des internationalen Systems sowie die Drangsale des Krieges zu erdulden hat.[29]

Jene Natürlichkeit des Krieges in der Arena der internationalen Politik, die aus jedem Friedensversuch nur einen temporären Waffenstillstand macht,[30] ist für Rousseau umso unausweichlicher, als er eben *nicht* von einer wie auch immer gearteten Isomorphie zwischen Menschen und Staaten ausgeht. Mögen die der Einsamkeit der Natur entrissenen Menschen in Konflikte verstrickt sein und sich gegenseitig aus niederen Beweggründen Gewalt antun, so steigert sich doch erst im Gegensatz der Staaten mit ihren schier unerschöpflichen Ressourcen sowie ihrer durch nichts zu stillenden Gier nach Macht und Wohlstand eine vorhandene Konfliktlinie zum Intensitätsgrad bzw. zur Dauerhaftigkeit eines Krieges. Nahezu die Argumentation Carl Schmitts im *Begriff des Politischen* antizipierend, schreibt Rousseau, dass es zwischen Individuen gar keinen Krieg im eigentlichen Sinne geben könne, da ihnen natürliche wie motivationale Grenzen gesetzt seien, die sie nicht zu überschreiten vermögen. Ein Staat hingegen habe, „weil er ein künstlicher Körper ist, kein bestimmtes Maß, die ihm eigene Größe ist nicht begrenzt, er kann sie stets erweitern; er fühlt sich schwach, solange es Staaten gibt, die stärker sind als er. Um seiner Sicherheit und Erhaltung willen muss er mächtiger werden als alle seine Nachbarn."[31]

Was hier anklingt, ist das sogenannte Sicherheitsdilemma in den internationalen Beziehungen, auf das sich die klassische Theorie des *Realismus* bis heute gründet.[32] Demnach provoziere das (unter den Vorzeichen wechselseitiger Bedrohung unvermeidliche) Insistieren der Staaten auf eigene sicherheitspolitische Interessen eine Spirale der Machtpolitik (vor allem in Form des Wettrüstens) und damit in Konsequenz Krieg und politische Instabilität. Bemerkenswerterweise reserviert Rousseau damit jedoch die Hobbes'sche Logik des Naturzustandes, wonach die dortigen Risiken und Gefahren dem auf sich selbst angewiesenen natürlichen Menschen ein *Recht auf alles* einräumen (das sich bei näherem Hinsehen als Recht des Stärkeren erweist), exklusiv für die Staaten. Insofern avanciert er im Grunde sogar überzeugender zum Ahnherrn des Politischen Realismus in den IB, als dies für Hobbes gilt, bei dem die Staaten längst nicht so schutzlos präsentiert werden wie der einzelne Mensch.[33]

---

29 Rousseau: Vom Kriege, 416.
30 Ebd., 412: „Was ist im Grunde solch ein Frieden anderes als ein fortgesetzter Krieg [...]?"
31 Ebd., 410f.
32 Vgl. Herz, John (1950): Idealist Internationalism and the Security Dilemma, in: World Politics 2 (2), 157–180.
33 Dazu Hobbes: Leviathan, Kap. XIII. Nicht zuletzt aufgrund seines Schlafbedürfnisses kann der Mensch nach Hobbes niemals so stark werden, als dass ihn nicht Schwächere gefährden könnten (vgl. ebd., 94f.). Die radikale Gleichheit, von der Hobbes in anthropologischer Hinsicht ausgeht, sowie der davon betroffene Gefährdungsgrad lässt sich folglich auf Staaten nicht übertragen.

Die (potentielle) Frage nach der Rechtmäßigkeit von Kriegen stellt sich für Rousseau zunächst allenfalls am Rande. Er konstatiert, dass Souveräne faktisch unbegrenzt über den Krieg entscheiden.[34] Die theoretische Option, mit völkerrechtlichen Regelungen nationale Souveränität zu beschneiden, sei demgegenüber ausgeschlossen, denn

> was das sogenannte Völkerrecht angeht, so lässt sich mir Sicherheit sagen, dass seine Gesetze in Ermangelung einer hoheitlichen Sanktion nichts anderes sind als Chimären, schwächer noch als das Naturrecht. Dieses spricht wenigstens im Herzen des Einzelnen, während die Vereinbarungen des Völkerrechts […] allein so lange respektiert werden, wie sie mit dem Vorteil der Einzelnen übereinstimmen.[35]

Die Logik der politischen Theorie von Hobbes wird an dieser Stelle von Rousseau fast kompromissloser verfolgt als zuvor von ihrem Urheber. Es mag entsprechend auf den ersten Blick verwundern, wenn Rousseau es vor dem Hintergrund solcher Prämissen überhaupt für zielführend hielt, sich mit dem oben erwähnten Friedensprojekt des Abbé Saint-Pierre intensiver auseinanderzusetzen. Dennoch ist nicht nur ein solches *Extrait du Projet de Paix perpétuelle*[36] erhalten, das Rousseau zum Plan Saint-Pierres angefertigt hat, sondern ebenso ein eigener Entwurf für den Frieden in Europa.[37]

Was könnte die Motivation dafür gewesen sein? Glaubte Rousseau wie sein Vorgänger vielleicht doch an die Überwindbarkeit des Krieges? Oder wollte er eine andere, noch tiefer liegende Aporie aufzeigen als diejenige zwischen Krieg und Frieden? Für die erste Lesart spricht, dass Rousseau den Versuch Saint-Pierres, durch eine freiwillige Konföderation Frieden in Europa zu schaffen, affirmativ kommentiert. Der Plan sei fast „zu gut, um ausgeführt zu werden", seine „sittliche Wahrheit" ebenso unbestritten wie seine „Vorteile" unwiderlegbar.[38] Lediglich die Machtkonstellation in Europa sträube sich dagegen. Die zweite Lesart wird nichtsdestoweniger durch einige vage Andeutungen im bereits diskutierten Fragment *Vom Kriege* gestützt. Eher vorsichtig und unverbindlich spricht Rousseau dort vom notwendigen „Zusammenspiel von Macht und Gesetz", um eine „Vollendung der gesellschaftlichen Ordnung" zu erreichen.[39] Jene offensichtliche Anspielung auf das eigene Projekt im *Contrat social*, die Macht an Recht und Gesetz zu binden, scheint womöglich doch einen Weg

---

34 „[Wir können] sagen, auf den Krieg bezogen, dass der Souverän den Schaden zufügt und der Staat ihn erleidet." (Rousseau: Vom Kriege, 414)
35 Ebd., 416.
36 Vgl. Rousseau, Jean-Jacques (1996c): Gutachten über den Plan eines ewigen Friedens, in: Sozialphilosophische und Politische Schriften. Düsseldorf, 393–404.
37 Vgl. Rousseau, Jean-Jacques (2009): Entwurf eines fortdauernden Friedens, in: Köhler, Michael (Hrsg.): Friedensschriften. Hamburg, 13–81.
38 Rousseau: Gutachten über den Plan eines ewigen Friedens, 404, 395.
39 Rousseau: Vom Kriege, 416.

aus dem doppelten Dilemma des natürlichen Kriegszustandes zwischen den Völkern und der sozialen Korruption des natürlichen Menschen aufzuzeigen. Schließlich ist ja auch der Souverän, der über den Krieg entscheidet, per Gesellschaftsvertrag „ins Leben gerufen" worden.[40] Warum also nicht annehmen, dass eine *volonté générale*, die nicht durch Ränkespiele von Fürsten beeinträchtigt wird, sondern ganz aus der politischen Freiheit der Bürger fließt, in der Lage wäre, den gordischen Knoten des Krieges und der Korruption des menschlichen Wesens zu zerschlagen?

Jene konstruktive Perspektive vor Augen, muss es befremdlich wirken, wenn Rousseau exakt die Gegenansicht zu vertreten scheint: „Wenn man den Gesellschaftsvertrag mit einem Hieb zerschlagen könnte, gäbe es augenblicklich keine Kriege mehr." Wie ist dieser kryptische Satz gemeint? Im unmittelbaren Kontext schreibt Rousseau, dass einen Krieg gegen einen Souverän zu führen bedeute, „die öffentliche Übereinkunft und alles, was aus ihr entsteht, [anzugreifen]".[41] Auch hier nimmt er Carl Schmitts Position vorweg, wonach sich eine (auf Souveränität gegründete) politische Entität notgedrungen in Gegnerschaft zu anderen politischen Entitäten befindet. Das vorhin in Aussicht gestellte Ende des Krieges wäre folgerichtig eine (un)politische Welt, in welcher der Friede einer Friedhofsruhe gleicht. Gegen das Argument des imperialen Friedens und auf die stete Gefahr wie die aktuelle Realität eines friedlichen Despotismus aufmerksam machend, schreibt Rousseau:

> [Ich sehe] unglückliche Völker, die seufzen unter eisernem Joch, das Menschengeschlecht zermalmt von einer Handvoll Unterdrücker, eine darbende Masse, von Schmerz und Hunger überwältigt, deren Blut und Tränen der Reiche in Frieden trinkt, und überall sehe ich den Starken gewappnet gegen den Schwachen mit der furchtbaren Macht der Gesetze. All das geschieht friedlich und ohne Widerstand.[42]

Rousseaus Position ist keineswegs mit einem Bellizismus zu verwechseln. Worauf er aber offensichtlich pocht, ist, dass der Frieden nicht um jeden Preis zu bevorzugen sei. Dies deckt sich mit einem weiteren Paradox, das bereits aus dem *Contrat social* (Buch II, Kapitel 9–10) bekannt ist, nämlich das der Größe des Staates. Wenn Volkssouveränität wirklich ernst genommen und die Gesetzgebung nicht in die Hände von Berufspolitikern und ihren Eigeninteressen gelegt werden soll, dann ist man zur Organisierbarkeit der *volonté générale* auf eher überschaubare Gemeinwesen angewiesen. Gleichzeitig bedarf es einer gewissen Größe, um Schutz und Unterhalt der Bevölkerung zu gewährleisten. Das Fragment *Vom Kriege* beschwört analog die Vitalität verhältnismäßig kleiner Staaten, die sich durch rege Bürgerbeteiligung und Leidenschaft auszeichnen, wohinge-

---

40 Ebd., 413.
41 Ebd., 414.
42 Ebd., 415.

gen jede größere Ausdehnung den politischen Willen des Volkes schwäche und seine Bewegungen kraftloser werden lasse.[43]

Im Ergebnis läuft dies auf den Kompromiss hinaus, der schon den Völkerbundgedanken bei Saint-Pierre auszeichnete und der uns danach in Montesquieus Überlegungen zum Föderalismus[44] begegnet: die Verbindung von Autonomie, Freiheit und Rechtsstaatlichkeit nach innen sowie Frieden und kollektiver Sicherheit nach außen. In dieser Weise könnten nach Rousseau die Vorteile der großen und kleinen Staaten verquickt werden.[45]

Der Unterschied zu Hobbes erweist sich damit in Wirklichkeit als gewaltig, war es doch eben der Autor des *Leviathan*, der die Volkssouveränität generell zugunsten von Sicherheit und Frieden in einem zentralistischen Staatswesen ablehnte. Der klassische Gegensatz zwischen der Freiheit auf der einen und Frieden und Sicherheit auf der anderen Seite brachte Rousseau in diesem Zusammenhang so weit, seine eigenen Prioritäten Hobbes im Zweifel diametral entgegenzusetzen. Etwaige Unwägbarkeiten der Volkssouveränität waren für ihn zu dulden und durch keine vorrangige sicherheitspolitische Festlegung auszuhebeln. Die von Machiavelli begründete, in ihrer Tendenz martialische republikanische Traditionslinie mag hier für ihn besonderen Reiz besessen haben, weil sie sich überzeugend gegen bürgerliche Dekadenz und ein übertriebenes Sicherheitsbedürfnis lancieren ließ.

Im Ganzen aber überwiegen bei Rousseau auch hier wie stets die Widersprüche. In seinem eigenen Entwurf zum *Paix perpétuelle* spiegeln sich einerseits wieder Hobbes'sche Chiffren wie das Pochen auf eine Entscheidungsinstanz oder die Möglichkeit der Konföderation, Gesetze durch Zwangsmaßnahmen durchzusetzen.[46] Doch selbst wenn er die Hobbes'sche Friedenslogik wenigstens zum Teil adaptiert, bleibt im Hintergrund die entschiedene Warnung vor einem Superleviathan, der für Ruhe und Ordnung sorgt, ständig spürbar. Nichts wäre dem Anti-Kosmopoliten Rousseau fremder gewesen. Wichtiger als das Vorhandensein einer kollektiven Sanktionsgewalt zur Erreichung des Friedens war für ihn die unvermeidliche Spannung, die selbst die von Saint-Pierre vorgeschlagene friedliche europäische Republik zu seiner eigenen Idee der Volkssouveränität behielt. Indem souverän gesetztes Staatsrecht aus der Perspektive anderer Staaten immer partikular und subjektiv ausfällt, musste sich ein objektiver, allgemeiner Wille, sprich ein objektives, allgemeingültiges Völkerrecht stets in Spannung zur Volkssouveränität befinden, umso mehr, als es sich im Vergleich zu großen Flächenstaaten nochmals um eine markante Steigerung der territorialen Größenordnung handelt.

Rousseaus Ausführungen zur Idee eines internationalen Friedens verfangen sich insgesamt in der Aporie, dass ein allgemein verbindliches objektives Völ-

---

43 Vgl. ebd., 412.
44 Siehe etwa den *Geist der Gesetze* Buch IX, Kap. 1–3
45 Vgl. Rousseau: Entwurf eines fortdauernden Friedens, 17.
46 Vgl. Ebd., 23, 45ff.

kerrecht nur über eine Souveränitätsabgabe und folgerichtig durch einen Widerspruch zum (partikularen) Gesellschaftsvertrag denkbar wäre.[47] Umgekehrt aber würde sich eine machtlose internationale Koalition ebenso wenig in der Lage zeigen, Völkerrecht zu schaffen, geschweige denn durchzusetzen. Dazu passend entdecken wir wie zuvor in Rousseaus innenpolitischen Erwägungen[48] auch in seiner Theorie der Außenpolitik eine Aporie des Anfangs: Mag der Plan des Friedens noch so vernünftig sein, seine Umsetzung wäre aufgrund der erwartbaren Widerstände der aktuellen Machthaber im Zweifelsfall nur gewaltsam und mit schrecklichen Mitteln möglich. Deshalb sei es für Rousseau und seine Zeitgenossen ein Trost, mögliche Ausführungen der Idee zum ewigen Frieden persönlich nicht mehr zu erleben.[49]

Festzuhalten ist, dass Rousseaus Primat staatlicher Freiheit und Volkssouveränität ihn beinahe notgedrungen in die beschriebene völkerrechtliche Aporie führt. Die Verrechtlichung der internationalen Beziehungen, die er (mit Saint-Pierre und schon vor Kant) als unerlässliche Voraussetzung einer dauerhaften Friedensordnung ansah, war von seiner eigenen radikalen Konzeption staatlicher Selbstbestimmung nicht zu leisten. Für die weitere ideengeschichtliche Entwicklung, die im Friedensentwurf Kants gipfeln sollte, war es gleichwohl entscheidend, dass Rousseaus komplexe Analyse der europäischen Außenpolitik deren Verwobenheit mit der Innenpolitik hypostasierte und damit den zentralen Baustein einer liberalen Theorie der Internationalen Beziehungen vorwegnahm. Dies zeigt sich, wenn er im *Extrait du Projet de Paix perpétuelle* betont, dass die Monarchen ihre Macht sowohl gegenüber ihrem Volk als auch anderen Staaten stetig vergrößern wollen. Deswegen würden Krieg und Eroberungen nach außen mit Despotismus und Unterdrückung im Inneren korrespondieren und sich wechselseitig stützen.[50] Für einen erfolgversprechenden Reformansatz verlangt dies implizit, beide Aspekte konzertiert anzugehen.[51]

Die Perspektive der Verflechtung von innen- und außenpolitischen Angelegenheiten kann im Übrigen als eigentlicher Grund angenommen werden, dass sich Rousseau, der vor allem an einer inneren Reform des Gemeinwesens interessiert war, wenigstens zeitweilig mit den internationalen Beziehungen beschäf-

---

47 Vgl. Asbach, Olaf (2001): Zwischen Souveränität und Föderation. Moderne Staatlichkeit und die Ordnung Europas beim Abbé de Saint-Pierre und bei Jean-Jacques Rousseau, in: Zeitschrift für Politikwissenschaft 11 (2), 1091.
48 Hier sei an die berühmte Stelle im 7. Kapitel des II. Buchs des *Contrat social* erinnert: „Damit ein Volk, das erst im Werden ist, die gesunden Maximen der Politik gutheißen und den Grundregeln der Staatsräson folgen kann, wäre es erforderlich, dass die Wirkung zur Ursache würde" (Rousseau, Jean-Jacques (1996d): Vom Gesellschaftsvertrag, in: Sozialphilosophische und Politische Schriften. Düsseldorf, 303).
49 Rousseau: Gutachten über den Plan zum ewigen Frieden, 404.
50 Ebd., 386f.
51 Analog weist Rousseau darauf hin, dass Gelder, die für Kriegswesen und Aufrüstung ausgegeben werden, anschließend dem Wohlstand der Bürger fehlen. Vgl. Rousseau: Entwurf eines fortdauernden Friedens, 15.

tigte.⁵² Werkgeschichtlich kehrt er mit seinen Verfassungsentwürfen für Korsika und Polen zudem zur vorrangigen Betrachtung der innerstaatlichen Verhältnisse zurück. Dabei schimmert zwar durch, dass er sich eine friedliche Koexistenz kleinerer, auf Volkssouveränität gegründeter Republiken durchaus vorstellen könnte,⁵³ allerdings sieht er keinerlei Chance, diesen Ansatz für eine gesamteuropäische Lösung des Friedensproblems zu nutzen. Vielmehr erscheint Korsika als große Ausnahme, die sich bestenfalls von den Einflüssen des kriegerischen Europas unabhängig macht und Autarkie anstrebt. Dem Mammutprojekt eines universalen Weltfriedens wollte sich Rousseau angesichts seiner kontinuierlich wachsenden Resignation offenbar nicht weiter widmen.

Kant – Der *ewige Friede* als Legalisierung der internationalen Beziehungen

Es kann als gesichert gelten, dass sich die These von der ‚Vollendung' Rousseaus durch Kant vor allem im Hinblick auf die Innenpolitik verifizieren lässt.⁵⁴ Doch auch außenpolitisch greift Kant die von Rousseau thematisierten Versatzstücke auf und versucht, sie in einen gleichermaßen kohärenten wie konsistenten Ansatz zu überführen: die Verwobenheit zwischen innen- und außenpolitischer Sphäre; die Vorstellung des natürlichen Kriegszustandes, der mithilfe der Ideen des Völkerrechts und des Völkerbundes von einem dauerhaften Zustand des Friedens abgelöst werden soll; die Rolle, die auf Volkssouveränität gegründete Republiken in diesem Zusammenhang zu spielen haben. Im Gegensatz zu Rousseau, der dem Nutzen maximierenden Denken der liberalen bürgerlichen Marktgesellschaft sowie dem Ideal des Kosmopolitismus/Weltbürgerrechts stets skeptisch gegenüberstand, glaubt Kant jedoch, mit diesen Chiffren jene (zusätzlichen) Bausteine für einen Friedensentwurf gefunden zu haben, deren Fehlen Rousseau erst in seine Aporien gestürzt hatte.

Der Ausgangspunkt aller Überlegungen der Schrift *Zum ewigen Frieden* (1795) ist, dass Letzterer sich keineswegs von selbst einstellt, sondern durch aktives Handeln „gestiftet werden" muss.⁵⁵ Um dies zu erreichen, müssen auf den drei relevanten Ebenen des Staats-, Völker-, und Weltbürgerrechts öffentliche Rechtsinstitute installiert werden und die fraglichen Gesetze und Rechtsprechungsvorgänge ineinandergreifen. Konkret sieht die von Kant propagierte

---

52 Vgl. Tauras, Olaf (1996): Jean-Jacques Rousseau. Friede durch Konföderation, in: Bellers, Jürgen (Hrsg.): Klassische Staatsentwürfe. Außenpolitisches Denken von Aristoteles bis heute. Darmstadt, 127.
53 Dazu bereits Rousseau: Vom Gesellschaftsvertrag, Buch II, Kap. 10, 310.
54 Vgl. Geismann, Georg (1982): Kant als Vollender von Hobbes und Rousseau, in: Der Staat 21, 161–189.
55 Kant, Immanuel (1992): Zum ewigen Frieden. Ein philosophischer Entwurf. Hamburg, 349/B 18.

und in den ersten drei Definitivartikeln niedergelegte Friedenskonzeption vor, dass sich staatsrechtlich gesehen Republiken etablieren, die verhindern, dass eine despotische Verfassung und willkürliche Entscheidungen bereits auf dem Niveau des *ius civitatis* die Rechtssicherheit der Bürger gefährden. Stattdessen bilden die in einer Republik bewährten vertraglichen und prozeduralen Verfahrensweisen zur friedlichen Handhabung von Konflikten die Basis dafür, dass auch in außenpolitischen Streitfragen auf solche Mechanismen zurückgegriffen werden kann. Außerdem erschwert in einer Republik das rationale Eigeninteresse der Bevölkerung, die in jedem Krieg den fälligen Blutzoll zu entrichten hat, die Motivation zum Krieg und kann es sich ein republikanischer Herrscher im Gegensatz zu Tyrannen und Despoten niemals leisten, den Willen des Volkes zu ignorieren (I). Jene republikanische Basis findet im völkerrechtlichen Bereich ihr Korrelat zunächst in einem Völkerbund, der nicht nur die Bürger innerhalb des Staates, sondern auch die Einzelstaaten unter die gemeinsamen Gesetze eines zu entwickelnden *ius gentium* stellt. Mit dem Eintritt der Staaten „in eine der bürgerlichen ähnliche Verfassung, wo jedem sein Recht gesichert werden kann",[56] wird der Kriegszustand im juridischen Sinn verlassen.[57] Im weiteren Verlauf soll sodann an die Stelle des Völkerbundes (als „das negative Surrogat eines den Krieg abwehrenden, bestehenden und sich immer ausbreitenden Bundes") die „positive Idee einer Weltrepublik"[58] treten. Letztere ist als ein durch freiwilligen, reziproken Souveränitätsverzicht entstehendes supranationales Gebilde vorstellbar, das – bei minimalen staatsrechtlichen Anforderungen – weit über einen bloßen Föderalismus souveräner Staaten hinausgeht, ohne eine Art Weltstaat zu bilden.[59] Mit dieser abermals gegen die Idee eines imperialen Friedens gerichteten Position antizipierte Kant im Kern die aktuelle rechtliche Verfassung der Europäischen Union,[60] die sich bei ihm freilich im Weltmaßstab konfigurieren sollte (II). Auf der dritten und letzten öffentlich-rechtlichen Beziehungsebene – dem Weltbürgerrecht (*ius cosmopoliticum*) – sieht Kants Entwurf schließlich ein allgemeines Grundrecht auf Hospitalität vor. Indem allen Menschen das Recht zustehe, sich überall „zur Gesellschaft anzubieten"[61] und die daraus resultierenden Begegnungen in Form von Kommunikation, Handel und Verkehr nach bestimmten allgemeinen Rechtsregelungen ablaufen, schafft Kant die juridischen Voraussetzungen für einen globalen privaten, kulturellen und technologisch-ökonomischen Austausch zwischen Individuen und Nationen. Dadurch sollten nicht zuletzt geopolitische Eroberungen obsolet werden.

---

56 Ebd., 354/B 30.
57 Siehe dazu auch Kant, Immanuel (1997): Metaphysik der Sitten. Rechtslehre. Frankfurt a. M. § 54, 467/B 247.
58 Kant: Zum ewigen Frieden, 357/B 38.
59 Vgl. Höffe, Otfried (2004): Völkerbund oder Weltrepublik? In: ders. (Hrsg.): Immanuel Kant. Zum ewigen Frieden. Berlin, 109–132.
60 Vgl. Höntzsch, Frauke (2007): Europa auf dem Weg ‚zum ewigen Frieden'? München.
61 Kant: Zum ewigen Frieden, 358/B 40.

Dass Kant hier insbesondere die seinerzeit fortschreitende Ära des europäischen Kolonialismus im Visier hatte, ist offenkundig (III).[62]

Die Innovation von Kants Friedensentwurf lag seinem Selbstverständnis nach vor allem in der rechtsphilosophischen Ablösung der Tradition eines Völkerrechts des Krieges durch ein Völkerrecht des Friedens.[63] Eben deshalb bezeichnet er seine Vorgänger Grotius, Pufendorf und Vattel als „leidige Tröster",[64] deren völkerrechtliche Lehren zwar primär zur Einhegung von Kriegen unternommen wurden, die sich von Staatsmännern aber zur Rechtfertigung eines Angriffskrieges nutzen ließen. Anders als vor allem Grotius gibt sich Kant deswegen nicht damit zufrieden, den Krieg aufgrund der (noch) vorhandenen Unzulänglichkeiten, Lücken sowie der mangelnden Sanktionsoptionen in den internationalen Rechtsbeziehungen als Substitut des Völkerrechts zu akzeptieren. Stattdessen will Kant zwischenstaatliche Konflikte prinzipiell einer juridischen Handhabung zuführen. Dies verlangte, den Staaten sowohl ein souveränes Recht zum Krieg als auch moralische Rechtfertigungsgründe gemäß der *bellum iustum*-Theorie zu verweigern.

Den Status seines theoretischen Programms zur Überwindung des Krieges veranschlagt Kant als regulative Idee, an der sich alle künftige Praxis der internationalen Beziehungen orientieren und an die sie sich sukzessive annähern soll.[65] Das heißt, er zeigt eine Perspektive auf, die nach Maßgabe rationaler Erwägungen die Voraussetzungen und Bedingungen für eine Beendigung der unfriedlichen Gegenwart bestimmt. Ob sich daraus faktisch eine internationale Friedensordnung realisiert, hängt vom Handeln der politischen Akteure ab. Mithin geht es der Friedensschrift im Grunde nur um das Verständnis dessen, welche spezifischen Denk- und Handlungsweisen dem Frieden bislang widerstrebten und welche demgegenüber Abhilfe versprechen. Verantwortungsträger können daraus Anknüpfungspunkte für eine alternative Gestaltung ihrer Außenpolitik ableiten.

Implizit stellt Kant in diesem Kontext zwei Entwicklungslogiken (oder Pfadabhängigkeiten) des internationalen Systems vor: erstens eine Politik, die auf

---

62 Programmatisch ergänzt werden die drei Definitivartikel durch die geschichtsphilosophische Erörterung des ersten Zusatzartikels, die verortet, welche historischen, ökonomischen und psychologischen Faktoren empirisch betrachtet die Entwicklung zu einem dauerhaften Frieden begünstigen, weiterhin durch die Klärung der Rolle der Philosophie und des öffentlichen Diskurses im zweiten Zusatz sowie den Anhang zum komplexen Verhältnis zwischen Moral und Politik.
63 Ausführlich Haag, Matthias (1997): Immanuel Kants ‚Zum ewigen Frieden' und ‚De Jure Belli ac Pacis' von Hugo Grotius. Ein Vergleich zweier Weltordnungsmodelle. Marburg.
64 Kant: Zum ewigen Frieden, 355/B 33.
65 „[S]o ist der ewige Friede […] freilich eine unausführbare Idee. Die politischen Grundsätze aber, die darauf abzwecken, nämlich solche Verbindungen der Staaten einzugehen, als zur kontinuierlichen Annäherung zu demselben dienen, sind es nicht " (Kant: Metaphysik der Sitten. Rechtslehre, § 61, 474/B 257) Ergänzend zudem Kant: Zum ewigen Frieden, 386/B 112.

die von ihm selbst vorgeschlagene internationale Rechtsordnung gemäß der regulativen Idee des Friedens zusteuert; und zweitens eine Politik, die einen solchen anspruchsvollen Rechtsfrieden aus diversen Gründen torpediert. Letztere Sichtweise, die der späteren Theorie des *Realismus* in den IB ähnelt, lässt sich aus den vorangestellten Präliminarartikeln herausschälen und benennt jene Verhaltensweisen, die einer kontinuierlichen Legalisierung der internationalen Beziehungen entgegenstehen. Hierzu gehört, den Charakter des Frieden mit Hobbes und seinen Epigonen als lediglich temporäre Abwesenheit des Krieges zu unterschätzen (Artikel 1), eine offensive Macht- und Geopolitik zu betreiben (Artikel 1, 2 und 5), dem (weiter oben erwähnten) Sicherheitsdilemma nachzugeben (Artikel 3), die vorhandenen ökonomischen Ressourcen für das Erreichen und die Stabilisierung politisch-militärischer Dominanz einzusetzen (Artikel 4) sowie schließlich bestehende völkerrechtliche Normen zu ignorieren (Artikel 1, 5 und 6). Entsprechend bezwecken die explizierten Verbotsgesetze[66] zu Beginn der Friedensschrift, all die eben genannten außenpolitischen Handlungsweisen zu untersagen und damit überhaupt eine Basis bereitzustellen, dass sich einander misstrauende Akteure zu Kooperationspartnern wandeln, die im Anschluss die internationalen Beziehungen institutionalisieren sowie die positiven Rechtsgrundsätze auf der Ebene des Staats-, Völker- und Weltbürgerrechts vorantreiben. Umgekehrt bedeutet dies, dass es einer historischen Initialzündung, einer Art ‚Vertrauensvorschuss' (wie ihn dezidiert der 6. Präliminarartikel anspricht) bedarf, um wirklich ein auf Recht gründendes Verhältnis zwischen den souveränen Nationalstaaten zu installieren. Solange dies ausbleibt und in der internationalen Welt weiterhin Akteure wirken, die mit ihrer Politik das legitime Sicherheitsbedürfnis anderer untergraben, ist kein Frieden zu machen, sondern setzt sich unverändert eine Spirale aus *actio* und *reactio*, präventiver Selbsthilfe und wechselseitigen Bedrohungsperzeptionen in Gang, die den natürlichen Kriegszustand zwischen Völkern und Nationen perpetuiert.

Unter den Vorzeichen internationaler Anarchie müssen die politischen Akteure demnach auch bei Kant bereit sein, zum Mittel der Gewalt zu greifen. Jedoch glaubte er, gute Argumente dafür zu besitzen, weshalb eine Veränderung der Kontextbedingungen des internationalen Gesamtsystems im Interesse aller Beteiligten liegt. Den nötigen gedanklichen Spielraum für seine optimistische Konzeption bezieht Kant dabei vor allem aus seinem Verzicht auf eine anthropologische Erklärung des Sicherheitsdilemmas, wie wir sie vorhin bei Hobbes und Rousseau beobachtet haben. Entgegen sich hartnäckig haltenden Behauptungen verlangt Kants Plan zum ewigen Frieden weder nach einer (im Grun-

---

[66] Als da wären: 1. Kein Friedensschluss unter Vorbehalt; 2. Kein Erwerb an Staaten; 3. Keine stehenden Heere; 4. Keine Kreditfinanzierung von Kriegen; 5. Keine Einmischung in innere Angelegenheiten; 6. Keine Feindseligkeiten, die „das wechselseitige Zutrauen im künftigen Frieden unmöglich machen" (Kant: Zum ewigen Frieden, 346/B 12).

de aussichtslosen) moralischen Besserung der Menschen[67] noch nach einem irrealen Superleviathan, der die Staaten zur Räson ruft. Vielmehr begnügt er sich damit, die rationalen Vorteile zu benennen, die in der Zukunft das Instrument des Krieges zur Durchsetzung eigener Interessen als entbehrlich erscheinen zu lassen. Daher zielt er einerseits darauf ab, mit seinem Entwurf jeder macht- und sicherheitspolitisch motivierten Anpassung an das vorherrschende anarchisch-kriegerische System vorzubeugen, und baut andererseits auf die Einsicht, dass eine kollektive und kooperative Interessensverfolgung sowie eine gewaltfreie Konfliktlösung mittel- und langfristig zu jedermanns Vorteil seien. Ganz im Sinne des heute zunehmend an Bedeutung gewinnenden konstruktivistischen Paradigmas in den Internationalen Beziehungen gelingt es Kant damit zu zeigen, dass die strukturelle Problematik des Sicherheitsdilemmas auf der Handlungsebene zu durchbrechen wäre, falls die Akteure de facto keinen Krieg bzw. bewaffneten Konflikt anstreben.

Es bleibt festzuhalten, dass Kants Ansatz die internationalen Entscheidungsträger zur Selbstüberprüfung verpflichtet, anstatt die Ursachen des Krieges auf der systemischen Ebene zu vermuten und ein mögliches Scheitern der Friedenspolitik den jeweiligen Kontrahenten anzulasten. Vor einer möglichen „Gewinnung" des ewigen Friedens steht insofern die „Überwindung des Krieges".[68] Ansonsten behielte die Logik der internationalen Gewaltverhältnisse nicht nur seine empirische Überzeugungskraft, sondern ebenso seine Wirkungsmacht als *self-fulfilling prophecy*. Es bedarf gewissermaßen eines archimedischen Punktes, von dem aus das System neu zu justieren ist. Die hohen Anforderungen, die an die Vernunft der politischen Entscheidungsträger gestellt werden, um die strukturellen Probleme auf diesem Weg zu durchschauen und zu meistern, wie auch die schwierige emotionale Seite, die Hypotheken der Vergangenheit hintanzustellen und zu ehemaligen Feinden kooperative Beziehungen aufzubauen, hat Kant keinesfalls unterschätzt. Indem er allerdings zumindest theoretisch konsistent zeigt, welche Schritte zur Realisierbarkeit eines Friedensprozesses ineinandergreifen müssten, gelingt ihm nicht weniger als die Aufstellung eines neuen Paradigmas, das den bis dato vorherrschenden politischen Realismus mithilfe von rechtlichen Institutionen sowie der Applikation liberaler Normen abzulösen beansprucht.[69] In dieser Hinsicht zeugt das Werk von erstaunlicher Weitsicht und mitnichten von naivem Idealismus.

---

67 Hierfür sei nur an die Aussage erinnert, dass das Friedensproblem selbst für ein „Volk von Teufeln (wenn sie nur Verstand haben)" lösbar wäre (Kant: Zum ewigen Frieden, 366/B 61).

68 Schattenmann, Marc (2006): Wohlgeordnete Welt. Immanuel Kants politische Philosophie in ihren systematischen Grundzügen. München, 199–221.

69 Zu den Besonderheiten dieses kantischen Paradigmas in den IB siehe z. B. Russett, Bruce; Oneal, John (2001): Triangulating Peace. Democracy, Interdependence, and International Organizations. New York/London, Caranti, Luigi (Hrsg.) (2006): Kant's Perpetual Peace. New Interpretative Essays. Rom und Hidalgo, Oliver (2012): Kants Friedensschrift und der Theorienstreit in den Internationalen Beziehungen. Wiesbaden.

Jedoch unterliegt selbstverständlich auch Kants Ansatz gewissen Grenzen. Wie schon Max Scheler betonte, konzentriert sich die Friedensschrift – gerade im ersten Definitiv- sowie im ersten Zusatzartikel – stark auf ökonomische Motive, die hauptsächlich für die Entstehung von Konflikten und Kriegsunternehmungen verantwortlich gemacht werden. Dabei wäre infolge der (schon damals) wachsenden Interdependenzen der Weltwirtschaft davon auszugehen, dass die Transaktionskosten von Kriegen einen möglichen Nutzen immer weniger aufwiegen und die Dividende des Friedens folglich deutlich höher anzusetzen sei.[70] Damit klammert Kant indes alternative Gründe wie z. B. Glaubens-, Rassen-, Prestige- oder Revanchekriege weitgehend aus,[71] was ihm nicht zu Unrecht den Vorwurf eingebracht hat, die menschliche Affinität zum Vernunfthandeln generell überschätzt zu haben.[72] Ob sich Kriege zudem wirklich nicht (mehr) rechnen, ist spätestens seit der Debatte um die „neuen Kriege" wieder heftig umstritten.[73] Worauf Kant seine Aufmerksamkeit gelegt hatte, war jedenfalls der klassische Staatenkrieg und nur diesen stufte er für die Zukunft als anachronistisch ein. Was hingegen sogenannte asymmetrische Konfliktlinien (zwischen waffentechnisch, organisatorisch und strategisch höchst unterschiedlich ausgerichteten Parteien), failing states, die Vermischung von militärischer Gewalt und organisierter Kriminalität durch lokale Warlords, mögliche Klimakriege[74] etc. angeht, entziehen sich all diese Phänomene von vornherein der kantischen Argumentationslogik, da in ihnen von keinem vorhandenen Kooperationsinteresse der beteiligten Akteure auszugehen ist, das zu aktivieren wäre. Jedoch nimmt die (unbezweifelbare) Erkenntnis, dass selbst der auf höchstem theoretischem Niveau agierende kantische Friedenstraktat kein Allheilmittel auf dem Feld der Friedens- und Konfliktforschung darstellt, diesem nur wenig von seinem Nimbus. Da Kant nicht beanspruchte, das Problem des Friedens in allen seinen Facetten gelöst zu haben, sondern sich mit einer Richtschnur begnügte, um wenigstens den Krieg zwischen souveränen Staaten einzudämmen, sollten wir seine Relevanz auch nur daran messen.

---

70 Diesbezüglich übte vor allem die liberale Wirtschaftstheorie von Adam Smiths *Wealth of Nations* (1776) auf Kant großen Einfluss aus.
71 Vgl. Scheler, Max (1990): Zur Idee des ewigen Friedens und des Pazifismus, in: Gesammelte Werke Bd. 13. Bern, 93.
72 Vgl. Ebeling, Hans (1996): Kants ‚Volk von Teufeln', der Mechanismus der Natur und die Zukunft des Unfriedens, in: Kodalle, Klaus-Michael (Hrsg.): Der Vernunftfrieden. Kants Entwurf im Widerstreit. Würzburg, 87–94.
73 Zur Ökonomie der *New Wars* siehe Münkler, Herfried (2002): Die neuen Kriege. Reinbek bei Hamburg.
74 Vgl. Welzer, Harald (2008): Klimakriege. Wofür im 21. Jahrhundert getötet wird. Frankfurt a. M.

Fazit – Die Theorie des demokratischen Friedens im Spannungsfeld des politischen Denkens von Rousseau und Kant

Unter Berufung auf Kant wies Michael W. Doyle darauf hin, dass sich der Ansatz *Zum ewigen Frieden* zumindest für den Frieden *zwischen* Demokratien bewahrheitet habe.[75] Wie die Statistik zeige, führten Demokratien nur äußerst selten oder auch gar keine Kriege gegeneinander, woraus Doyle schloss, dass die innere Verfassung eines Staates nachhaltig dessen Außenpolitik bestimme (Die Realisten, die alle Staaten unweigerlich in einen geopolitischen Machtkampf verstrickt sahen, hatten dies zuvor vehement bestritten). Aus diesem Befund entwickelte sich hernach die bis heute nicht widerlegte Theorie des *democratic peace*, die einen unmittelbaren Zusammenhang zwischen innerer demokratischer Verfassung und friedlichem Außenverhalten annimmt.

Ein wenig in Vergessenheit geriet dadurch, dass Kants Friedensprogramm doch deutlich komplexer ausfällt und neben der staatsrechtlichen Form von Republiken ebenso die Wirkung von internationalen Organisationen und Rechtsinstituten, des Freihandels und der ökonomischen Interdependenz sowie nicht zuletzt das Handeln der Akteure als ausschlaggebend für den Frieden einstufte. Folgerichtig vermied Kant eine äußerst prekäre, jedoch auf der Hand liegende Schlussfolgerung aus der Theorie des demokratischen Friedens, wonach das hehre Ziel eines universalen Friedens notfalls eine aggressive Regime-Change-Politik gegenüber Nicht-Demokratien legitimiere. Einer derartigen Interpretation des veranschlagten Nexus zwischen Frieden und Demokratie, wie sie insbesondere die Bush-Administration in den USA nach 2001 an den Tag legte,[76] hatte Kants Entwurf, der keine chronologische Argumentation (erst Demokratisierung nach innen, dann Frieden nach außen) verfolgte, sondern wie gesehen ein Ineinandergreifen diverser Komponenten vorsah, sogar ganz explizit widersprochen.[77] Damit wollte er einem Rückfall in das paradoxe Denken der Theorie des gerechten Krieges, mithilfe von Krieg Frieden zu erzwingen, einen Riegel vorschieben.

Erheblich größere Zweifel an Kant lassen sich vor dem Hintergrund des *democratic peace*-Theorems hingegen formulieren, was die tatsächliche Universalisierbarkeit des Friedensziels betrifft. Nicht wenige Autorinnen und Autoren haben diesbezüglich besonders gegen die „kosmopolitische Illusion" angeschrieben, die der Friedensschrift zugrunde läge.[78] Unter diesen Vorzeichen scheint

---

75 Vgl. Doyle, Michael W. (1983): Kant, Liberal Legacies, and Foreign Affairs, Part I and II, in: Philosophy and Public Affairs 12 (3), 205–335 und 12 (4), 323–353.

76 Dazu Russett, Bruce (2005): Bushwacking the Democratic Peace Theory, in: International Studies Perspectives 6 (4), 395–408.

77 „Staaten [haben] innerlich schon eine rechtliche Verfassung [und sind] also dem Zwange anderer, sie nach ihren Rechtsbegriffen unter eine erweiterte gesetzliche Verfassung zu bringen, entwachsen" (Kant: Zum ewigen Frieden, B34/355).

78 Siehe v. a. Chantal Mouffe (2007): Über das Politische. Wider die kosmopolitische Illusion. Frankfurt a. M.

zwar ein Separatfrieden zwischen Demokratien möglich, jedoch keine Dynamik zu einer friedlichen globalen Demokratisierung. Gleichzeitig kommt neuerlich die Skepsis Rousseaus ins Spiel, was die grundsätzliche Harmonie von Volkssouveränität und Frieden angeht. Das damit verbundene Problem konnte Kant nämlich nur deswegen übergehen, weil er das Prinzip der Selbstgesetzgebung durch das Volk längst nicht derart ambitioniert und wörtlich verstand wie der Autor des *Contrat social*. Mit Rousseau gerät überdies die Ambivalenz der Demokratie in Blick, deren Affinität zum Frieden bei weitem nicht so eindeutig und völlig ohne Bruchstellen ist, wie es die Theoretiker des *democratic peace* im Gefolge von Kant gerne behaupteten.[79] Eine gleichermaßen kritische wie ausgewogene Würdigung des Beitrags beider Autoren zur aktuellen Friedens- und Konfliktforschung kann insofern konstatieren, dass ihre Ansätze nicht nur aufeinander aufbauen, sondern gerade dort ihre größten Stärken entfalten, wo es beim jeweils anderen Schwächen zu identifizieren gibt. Wie so oft im Rahmen der politischen Ideengeschichte ist es daher weniger ein alleinstehender Ansatz, der für die aktuelle Theoriebildung relevant ist, als das Gespräch zwischen den Autoren, das fasziniert und die Reflexion voranbringt.

---

79 Zu den Herausforderungen der Erforschung des eher janusköpfigen Verhältnisses der Demokratie zu Frieden und Krieg siehe Geis, Anna; Wagner, Wolfgang (2006): Vom ‚demokratischen Frieden' zur demokratiezentrierten Friedens- und Gewaltforschung. Ein Literaturbericht, in: Politische Vierteljahresschrift 47 (2), 276–289.

Christoph Kampmann

Friedensnorm und Friedenspraxis in der Frühen Neuzeit.
Ein Überblick*

I. Die Neuzeit und der moderne Friedensbegriff

Der Neuzeit kommt in der Entwicklung des Friedensbegriffs entscheidende Bedeutung zu, so dass in der Forschungsliteratur in pointierter Zuspitzung von der „Erfindung des Friedens in der Neuzeit" gesprochen wird.[1] Damit ist keineswegs gemeint, dass erst in der Neuzeit differenzierte Friedensvorstellungen entstanden seien, basierte doch das neuzeitliche Friedensdenken auf den traditionellen, vornehmlich von der mittelalterlichen Theologie und Philosophie geprägten Friedenskonzepten.[2] Gemeint ist damit vielmehr, dass der moderne Friedensbegriff und das in der Moderne dominierende Begriffsverständnis von Frieden in der Neuzeit ihren endgültigen Durchbruch erlebt haben.

Der Friedensbegriff am Beginn der Neuzeit besaß drei charakteristische Wesenszüge: Zum einen galt der weltliche, politisch-soziale Friede (*pax temporalis*, „zeitlicher Friede") stets nur als Teilbereich eines umfassenden, religiös verstandenen Friedens. Auf diesen übergeordneten Frieden verwiesen alle menschlich-politischen Friedensanstrengungen, die für sich genommen nur partikular bleiben konnten.[3] Aus diesem Grunde wurden Frieden, wahre – auch religiös verstandene – Eintracht und Gerechtigkeit stets als untrennbare Einheit betrachtet. Zum anderen wurde der zeitlich-politische Frieden in enger Verbindung zum positiven Recht gesehen: Dieser Frieden galt stets als geschlossener Frieden, der in einem speziellen Bereich für die Beteiligten Rechtssicherheit schuf, und zwar unabhängig von der konkreten Form seines Zustandekommens durch Vertrag bzw. Einung oder durch obrigkeitliche Verkündung.[4] Damit hängt schließlich ein drittes Charakteristikum des Friedensbegriffs am Beginn

---

* Leicht überarbeitete Fassung des in der Enzyklopädie der Neuzeit, hg. von Friedrich Jaeger, Band 4, Stuttgart 2006, 1–21, erstmals veröffentlichten Beitrags. Mit freundlicher Genehmigung des J.B. Metzler Verlags.
1 Vgl. Michael Howard, Die Erfindung des Friedens. Über Krieg und die Ordnung der Welt, Lüneburg 2001, 9; Edgar Wolfrum, Krieg und Frieden in der Neuzeit, Darmstadt 2003, 33.
2 Vgl. Wilhelm Janssen, Friede, in: GGB 2, 541–591, hier 547–556.
3 Vgl. Wolfgang Huber, Frieden, in: TRE³ 11, 1983, 618–646, hier 620–622.
4 Vgl. Heinhard Steiger, Friede in der Rechtsgeschichte, in: Wolfgang Augustyn (Hrsg.), Pax. Beiträge zur Idee und Darstellung des Friedens, München 2003, 11–62, hier 16–18.

der Neuzeit zusammen: Der weltlich-politische Frieden war stets ein Sonderfrieden, der in irgendeiner Weise territorial, personell und sachlich begrenzt war.[5] Eine darüber hinausgehende Differenzierung zwischen innerem und äußerem Frieden war ungebräuchlich. Dies ist vor dem Hintergrund der Tatsache zu sehen, dass bis ins 15. Jahrhundert kein grundsätzlicher Unterschied zwischen den verschiedenen Formen gewaltsamen Konfliktaustrags im Inneren und Äußeren der Gemeinwesen, also zwischen der Fehde und dem Krieg, gemacht wurde. Beide wurden durch den Frieden beendet und der Rechtszustand für einen speziellen Bereich (wieder) hergestellt.[6]

Im Verlauf der Neuzeit traten hier einige tiefgreifende Veränderungen ein. Zum einen traten die Begriffe Frieden und „Gerechtigkeit" bzw. „Eintracht" auseinander: Ihre Einschließung in den Begriff des Friedens wurde im Verlauf des 16. und des 17. Jahrhunderts nicht mehr als zwingend angesehen. Zum anderen wurde im wachsenden Maße zwischen dem inneren und dem äußeren Frieden, zwischen der *pax civilis* und der *pax inter civitates*, unterschieden. Seit dem 18. Jahrhundert war eine deutliche Tendenz zu erkennen, für den inneren Frieden, die *pax civilis*, den Friedensbegriff ganz aufzugeben – eine Entwicklung, die in der politisch-sozialen Sprache der ersten Hälfte des 19. Jahrhunderts ihren Abschluss fand: Schon Ende des 18. Jahrhunderts galt der Ausdruck „Frieden" für den inneren Frieden eines Gemeinwesens als veraltet, und 1858 konnte Heffter im Staatswörterbuch feststellen, dass für den inneren Frieden in der Regel nicht mehr der Begriff „Frieden", sondern jener der „der öffentlichen Ruhe und Sicherheit" Verwendung finde.[7] Der Begriff „Frieden" blieb von nun an vor allem dem äußeren Frieden, im engeren Sinne sogar der Bezeichnung des einzelnen zwischenstaatlichen Friedensvertrags (*pactum pacis*), vorbehalten.

Dieser begriffshistorische Wandel ist nur im Zusammenhang mit der generellen Entwicklung der neuzeitlichen Friedensproblematik zu verstehen, die im Kern von dem grundlegenden Spannungsverhältnis zwischen einer allgemeingültigen Friedensnorm auf der einen und einer weithin friedlosen wie auch als friedlos erfahrenen Realität auf der anderen Seite geprägt war. Entscheidend wurde, dass dieses Spannungsverhältnis zwischen dem 15. und dem 19. Jahrhundert nur partiell aufgehoben werden konnte. Das Problem des inneren Friedens, der *pax civilis*, konnte im Verlauf der Neuzeit im Wesentlichen gelöst werden. Allerdings geschah dies in einer Weise, die mit dem traditionellen, auf den Zusammenhang von Gerechtigkeit und Frieden gerichteten Friedensdenken eigentlich unvereinbar war. Dagegen blieb das Problem des äußeren Friedens, der *pax inter civitates*, in der Neuzeit ungeklärt.

---

5 Vgl. Hans-Jürgen BECKER/Philippe CONTAMINE, Landfrieden, in: LMA 5, 1657–1659.
6 Vgl. Fritz DICKMANN, Friedensrecht und Friedenssicherung. Studien zum Friedensproblem in der Geschichte, Göttingen 1971, 98ff.
7 Vgl. August Wilhelm HEFFTER, Friede, in: Johann Caspar BLUNTSCHLI/Karl BRATER, Deutsches Staats-Wörterbuch 3, 1858, 768–777, hier 768.

II. Die Friedensnorm

1. Grundlagen und Entwicklung

Der „zeitlich friede" sei – so formulierte Martin Luther im Jahre 1530 – „das grösseste gut auff erden [...], darinn auch alle andere zeitliche güter begriffen sind".[8] Damit brachte der Reformator knapp und prägnant auf den Begriff, was bis zum 18. Jahrhundert über alle Konfessionsgrenzen hinweg allgemeine Grundüberzeugung in Europa blieb: Die Bewahrung des weltlichen Friedens, der *pax temporalis*, galt als vorrangiges Ziel des christlichen Zusammenlebens; die Sicherung des Friedens war – biblischer Weisung folgend – bindende Aufgabe für die gesamte Christenheit, zuvorderst aber der christlichen Herrschaftsträger.

Dass der Frieden in weltlichen Angelegenheiten (*pax in rebus terrenis*) ein hohes Gut sei, das gerade von den politisch Mächtigen mit Sorgfalt geschützt und gefördert werden müsse, war eine Auffassung, die unter dem maßgeblichen Einfluss des Kirchenvaters Augustinus schon im Hohen und Späten Mittelalter von der patristischen Literatur, vom kirchlichen Lehramt, aber auch von politischen Autoren (Dante) vertreten worden war. Diese traditionelle Vorstellung wurde seit dem späten 15. und frühen 16. Jahrhundert mit neuem Nachdruck propagiert, und zwar auch öffentlich. Wesentlichen Anteil daran hatte der Humanismus; für die humanistischen Autoren besaß der Gedanke einer politisch einträchtigen, friedlich zusammenlebenden Christenheit herausragende Bedeutung, wobei es freilich unter den Humanisten erhebliche Differenzen darüber gab, wie dieses Ziel tatsächlich zu verwirklichen sei.[9] Ein Teil der Humanisten hielt es für geboten, eindringlich an das moralische Verantwortungsgefühl und das christliche Selbstverständnis der Fürsten zu appellieren und sie so für ein umfassendes Friedensprogramm zu gewinnen. An erster Stelle ist hier das literarische Werk des Erasmus von Rotterdam zu nennen, insbesondere die „Klage des Friedens" (*Querela Pacis*) von 1517 und die Spruchsammlung „Süß scheint der Krieg den Unerfahrenen" (*Dulce bellum inexpertis*) von 1515 – Schriften, die enorme Verbreitung erlangten und zur Grundlage der gesamten neuzeitlichen Friedensliteratur geworden sind. Erasmus beschränkte sich nicht darauf, die Schrecken des Krieges zu geißeln und die Wohltaten des Friedens zu preisen, sondern richtete auf dieser Basis unmittelbare politische Forderungen an die Fürsten. Sie sollten einander in echter Freundschaft begegnen und freiwillig, aus christlicher Nächstenliebe und besserer Einsicht, auf alles verzichten, was künftig zu Konflikten führen könne, etwa die Unterhaltung von größeren Streitkräften oder den Abschluss dynastischer Eheverträge. Andere

---

8   Martin LUTHER, Eine Predigt, daß man Kinder zur Schule halten solle, in: Luther WA 30/2, 1909, 508–588, hier 538.
9   Hans-Joachim DIESNER, Stimmen zu Krieg und Frieden im Renaissance-Humanismus, Göttingen 1990.

humanistische Autoren sahen dagegen weniger in freiwilliger Selbstbeschränkung als in einer fundamentalen politischen Reform Europas im Sinne eines neuen *Imperium Romanum Christianum* den geeigneten Weg, zu einer dauerhaften Friedensordnung zu gelangen. Dazu gehörten Ulrich von Hutten, der vom römisch-deutschen Kaisertum eine monarchische Umgestaltung der Christenheit erhoffte, aber auch Guillaume Postel und Tommaso Campanella, die Ähnliches vom französischen Königtum bzw. spanischen Königtum erwarteten.

Unter humanistischem Einfluss erinnerten auch die frühneuzeitliche Politikwissenschaft, die Herrschaftslehre und die Völkerrechtsliteratur die politisch Verantwortlichen im dynastischen Fürstenstaat seit dem 16. Jahrhundert immer wieder eindringlich daran, dass Friedenswahrung und Friedenssicherung zu ihren vorrangigen Aufgaben gehören würden.[10] Abweichende Meinungen, die den Frieden für eine eher nachgeordnete Größe hielten und im Krieg ein normales Mittel der fürstlichen Machtausübung und der Staatsräson erblickten, blieben bis zum 18. Jahrhundert Ausnahmen, die auf fast einhellige Ablehnung stießen.

Dem hohen Ansehen des Friedens entsprach auch die große Reputation, die die Friedensstiftung in der politischen Theorie, aber auch in der politisch-diplomatischen Praxis allenthalben besaß. Als Mittel dieser Friedensstiftung durch Dritte galten in der politischen und Völkerrechtsliteratur zum einen die Arbitration, die Streitschlichtung und -entscheidung durch Schiedsrichter, deren Urteil sich die Konfliktparteien unterwarfen, und zum anderen die Mediation durch Vermittler ohne bindende Entscheidungsgewalt,[11] wobei die Diplomatie im Verlauf der Neuzeit hier zahlreiche weitere Differenzierungsformen der Friedensstiftung entwickelte.[12]

Zunächst hatte die Friedensstiftung bis zum 15. und 16. Jahrhundert vorrangig als Aufgabe des Papsttums gegolten (*ad Papam pertinet facere pacem inter principes Christianos*);[13] darüber hinaus wurde sie aber auch und in wachsendem Maße als Ehrenpflicht aller weltlichen Fürsten angesehen. Es entsprach einer im politischen Denken der Neuzeit verbreiteten Auffassung, wenn der französische Staatslehrer Jean Bodin es 1576 zur höchsten Ehre für einen Fürsten erklärte, als friedensstiftender Schiedsrichter (*arbitre de paix*) zwischen seinen

---

10 Für die Politikwissenschaft vgl. Wolfgang WEBER, Prudentia Gubernatoria. Studien zur Herrschaftslehre in der dt. politischen Wissenschaft des 17. Jahrhunderts, Tübingen 1992, 309ff.

11 Vgl. Karl-Heinz LINGENS, Internationale Schiedsgerichtsbarkeit und Ius Publicum Europaeum 1648–1794, Berlin 1988, 91–100; Heinz DUCHHARDT, Studien zur Friedensvermittlung in der Frühen Neuzeit, Wiesbaden 1979, 116f.

12 Vgl. Christoph KAMPMANN, Zur Problematik von Friedensvermittlung und Schiedsgerichtsbarkeit in frühneuzeitlichen Staatenkonflikten, in: Claudia ULBRICH et al. (Hrsg.), Gewalt in der Frühen Neuzeit, Berlin 2005, 245–259.

13 Vgl. Konrad REPGEN, Friedensvermittlung als Element europäischer Politik vom MA bis zur Gegenwart, in: Konrad REPGEN, Dreißigjähriger Krieg und Westfälischer Friede. Studien und Quellen, hrsg. von Franz BOSBACH, Paderborn ²1999, 799–816, hier 812–814.

Standesgenossen oder innerhalb von Konflikten in anderen Staatswesen wirken zu können.[14]

2. Die beschränkte Gültigkeit der Friedensnorm

Unbeschränkte Gültigkeit besaß die Friedensnorm trotz ihres hohen Ranges freilich nicht. Zum einen beruhte die gesamte frühneuzeitliche Friedensdiskussion auf der für selbstverständlich gehaltenen Voraussetzung, dass eine verbindliche Pflicht zum Frieden nur zwischen christlichen Fürsten und Gemeinwesen bestehe: Innerhalb der Christenheit wurde Frieden prinzipiell als Normalität angesehen – eine Normalität, die es gegenüber nichtchristlichen Gemeinwesen und Fürsten dagegen so nicht gab. Zwar bedeutete dies keineswegs, dass sich die christlichen Fürsten nach neuzeitlicher Vorstellung im Verkehr mit nichtchristlichen Staaten im dauernden Kriegszustand und in vollständiger Friedlosigkeit befanden. Aber ein dauerhafter, unbefristeter Friedenszustand im umfassenden Sinne konnte hier nicht bestehen, es waren in den Beziehungen zwischen christlichen Herrschern und nichtchristlichen, insbesondere islamischen Gemeinwesen lediglich zeitlich befristete Waffenstillstände möglich, weil echter Frieden nach herrschender Auffassung religiöse Einheit voraussetzte.[15] Diese grundsätzliche Haltung behielt in der Politiktheorie, der Völkerrechtslehre und in der diplomatischen Praxis bis zum 18. Jahrhundert ihre Gültigkeit, obwohl es de facto bereits seit dem 16. Jahrhundert immer wieder zum politisch-militärischen Zusammenwirken und zu bündnisähnlichen Abmachungen zwischen dem Osmanischen Reich und christlichen Staatswesen kam.[16]

Bemerkenswerterweise fand diese auf christlicher Seite vertretene Position ihre Entsprechung im islamischen Bereich. Der traditionellen islamischen Rechtsauffassung folgend wurde hier streng zwischen dem islamischen „Haus des Friedens" (*dar al-salam*) und dem „Haus des Krieges" (*dar al-harb*) unterschieden, zu dem alle christlichen Gemeinwesen gehörten und mit dem nur waffenstillstandsähnliche Vereinbarungen getroffen werden konnten. Eine wenigstens theoretisch dauerhafte, geschützte Friedensnormalität zwischen moslemischen und nichtmoslemischen Staatswesen wurde daher auch hier, vielleicht mit sogar noch größerer Entschiedenheit als im christlichen Bereich, verworfen.[17]

---

14 Vgl. Jean BODIN, Les six livres de la République, Buch 5, Paris 1986 (erstmals gedr. 1576), 185. Dazu auch: Christoph KAMPMANN, Arbiter und Friedensstiftung. Die Auseinandersetzungen um den politischen Schiedsrichter im Europa der Frühen Neuzeit, Paderborn 2001, 83–92.

15 Vgl. Martin WREDE, Das Reich und seine Feinde. Politische Feindbilder in der reichspatriotischen Publizistik zwischen Westfälischem Frieden und Siebenjährigem Krieg, Mainz 2004, 74ff.

16 Sammlung dieser sog. Kapitulationen seit 1536 in: Droit international: Le régime des capitulations. Son histoire, son application, ses modifications, Paris 1898.

17 Vgl. Hans-Joachim KISSLING, Rechtsproblematik in den christlich-muslimischen Beziehungen, vorab im Zeitalter der Türkenkriege, Graz 1974.

Die frühneuzeitliche Friedensnorm besaß auch in anderer Hinsicht nur eingeschränkte Gültigkeit, galt doch die Pflicht zum Frieden auch innerhalb der Christenheit nicht absolut und unbedingt. Pazifistische Denkströmungen, die genau dies postulierten und zu diesem Zweck die Schaffung überstaatlicher schiedsgerichtlicher Instanzen vorschlugen, gab es zwar während der gesamten Neuzeit; zu nennen wären hier die christlich-humanistischen Denkansätze des 16. Jahrhunderts (Erasmus, Juan Luis Vives und Sebastian Franck) ebenso wie die stärker politisch-institutionell ausgerichteten Friedensutopien des 17. Jahrhunderts (Emeric de Crucé, Maximilien de Sully, William Penn). Auch die aufgeklärten Friedensdenker des 18. Jahrhunderts[18] gehören in diesen Kontext. Sie blieben aber stets von untergeordneter Bedeutung und konnten kaum Einfluss auf die handelnde Politik gewinnen.[19]

Die herrschende Meinung ging dagegen in der gesamten Neuzeit davon aus, dass es Situationen geben könne, in denen ausnahmsweise die Abweichung von der Friedensnorm legitimiert und ein Krieg gestattet sei. Diese Auffassung wurzelte in der hoch- und spätmittelalterlichen Scholastik. Schon in der Friedens- und Kriegslehre der Scholastik seit Thomas von Aquin war die Theorie geläufig, dass unter speziellen Bedingungen das Friedensgebot überschritten und kriegerische Gewalt ausgeübt werden dürfe.[20] Dazu zählte die gerechte Absicht (*recta intentio*) der Kriegführenden, die nur zur Wiederherstellung eines gerechten Friedenszustandes zu den Waffen greifen durften, gerechte Kriegsgründe sowie die rechtmäßige Befugnis der Kriegführenden zum Krieg. Diese Vorstellungen wurden von der neuzeitlichen Theologie, Politik- und der auf der spanischen Spätscholastik beruhenden Völkerrechtswissenschaft Francisco de Vitoria aufgegriffen und zu einer hochdifferenzierten Lehre des „Gerechten Krieges" (*bellum iustum*) ausgeformt.[21] Zwar ist zwischen dem 16. und dem 18. Jahrhundert ein gewisser Wandel der Völkerrechtslehre zu erkennen: Der Frage nach der rechten, auf Frieden zielenden Intention der Kriegführenden verlor in der neuzeitlichen Völkerrechtslehre immer stärker an Bedeutung. Das gilt sowohl für auf Vitoria folgenden Vertreter der spanischen Spätscholastik[22] als auch für den einflussreichen niederländischen Völkerrechtslehrer Hugo Grotius. Dieser richtete in seinem Hauptwerk *De iure belli ac pacis* sein Augenmerk bei der Diskussion des gerechten Krieges weniger auf die *recta intentio* als auf formalere, juristisch besser greifbare Kriegsgründe und auf die Verhältnismäßigkeit der

---

18 Vgl. dazu Desiderius ERASMUS, Querela Pacis, in: Opera omnia Desiderii Erasmi, Bd. IV/2, hrsg. von Otto HERDING, 1977, 59–100.
19 Vgl. Markus VOGL, Friedensvision und Friedenspraxis 1500–1649, Augsburg 1996.
20 Vgl. Frederick H. RUSSELL, The Just War in the Middle Ages, Cambridge 1975.
21 Vgl. Heinz-Gerhard JUSTENHOVEN, Francisco de Vitoria zu Krieg und Frieden, Köln 1991.
22 Vgl. Norbert BRIESKORN, Luis de Molinas Weiterentwicklung der Kriegsethik und des Kriegsrechts der Scholastik, in: Norbert BRIESKOEN/Markus RIEDENAUER (Hrsg.), Suche nach Frieden. Politische Ethik in der Frühen Neuzeit I, Stuttgart 2000, 167–190.

im Krieg angewandten Mittel (*ius in bello*).[23] Gleichwohl stand auch für Grotius fest, dass der Krieg nur ein mit militärischen Mitteln durchgeführtes Verfahren sei, um den temporär und unterbrochenen gerechten Friedenszustand wiederherzustellen.[24]

Insgesamt änderte also die intensive Diskussion über eine in Ausnahmefällen vorhandene Befugnis der Herrschenden zum Krieg nichts daran, dass der Frieden innerhalb der christlichen Staatenwelt bis zum 18. Jahrhundert als verbindliche Richtschnur und als Normalzustand angesehen wurde, der nur unter besonderen Bedingungen, für kurze Zeit und zur Wiederherstellung eines gerechten Friedens unterbrochen werden dürfe.

Eine Grundproblematik der neuzeitlichen Politik bestand darin, diese Friedensnorm in die politische Praxis umzusetzen. Während dies für den Bereich des inneren Friedens im Wesentlichen gelang, blieb das Problem des äußeren Friedens in der Neuzeit ungelöst.

III. Das Problem des inneren Friedens (*pax civilis*) und seine Lösung

1. Fehdeverbot und Verdichtung staatlicher Gewalt

Auf der Basis der so verstandenen verbindlichen Friedenspflicht und wurzelnd in der sog. Gottesfriedensbewegung (*Treuga Dei*) kam es seit dem 11. Jahrhundert in den europäischen Gemeinwesen zur schrittweisen Zurückdrängung der Fehde, des legitimen gewaltsamen Konfliktaustrags im Inneren der einzelnen Gemeinwesen. Diese Entwicklung mündete schließlich im 14. und 15. Jahrhundert vielerorts in einem generellen, unbefristeten Verbot „privater" Gewaltausübung, das allerdings in den einzelnen europäischen Territorien unterschiedlich schnell und in sehr verschiedenartiger Weise verwirklicht wurde: So wurde ein solches unbefristetes Verbot in Frankreich erstmals im Jahre 1306 verkündet und fand bis zur Mitte des 15. Jahrhunderts allgemeine Akzeptanz, während es im Heiligen Römischen Reich erst 1495 im sog. Ewigen Landfrieden zum endgültigen Fehdeverbot kam, das dann im Verlauf des 16. Jahrhunderts gegen Widerstände vor allem aus den Reihen des niederen Adels durchgesetzt wurde.[25] Überall zielte diese Entwicklung darauf, die Konfliktparteien statt gewaltsamen Streitaustrags auf den Rechtsweg an Gerichten zu verweisen. Die schrittweise Herausbildung eines Fehdeverbots und die Errichtung einer inneren Friedensordnung ist untrennbar mit dem neuzeitlichen Fundamentalvorgang der Ver-

---

23 Vgl. Hugo GROTIUS, De iure belli ac pacis, Paris 1625. Siehe auch Peter HAGGENMACHER, Grotius et la doctrine de la guerre juste, Paris 1983.
24 Vgl. David LITTLE, Hugo Grotius and the Doctrine of Just War, in: Norbert BRIESKOEN/ Markus RIEDENAUER (Hrsg,), Suche nach Frieden. Politische Ethik in der Frühen Neuzeit I, Stuttgart 2000, 259–273.
25 BECKER/CONTAMINE, Landfrieden (s. Anm. 5).

dichtung staatlicher Macht und der langsamen Zurückdrängung innerstaatlicher Partikulargewalten verbunden.

2. Die Integration des Konfessionsstreits in den Landfrieden

Dieser Prozess zur Herstellung eines inneren Friedens wurde seit dem 16. Jahrhundert durch einschneidende religiöse Veränderungen, durch die Reformation und die Konfessionalisierung, nachhaltig gestört, in einigen Gemeinwesen wie im Frankreich der zweiten Hälfte des 16. Jahrhunderts und im Heiligen Römischen Reich sowie in England der ersten Hälfte des 17. Jahrhunderts sogar vollkommen in Frage gestellt. Denn die Regierenden der Fürstenstaaten hielten die religiöse Geschlossenheit und Eintracht ihrer Gemeinwesen für eine notwendige Voraussetzung jeder inneren Friedensordnung – eine Haltung, die dem traditionellen Friedensdenken vollkommen entsprach. Deshalb waren die Regierenden zunächst bestrebt, die durch die Glaubensspaltung verlorene religiöse Homogenität mit allen Mitteln, in letzter Konsequenz auch gewaltsam, wiederherzustellen. Während dies in einigen europäischen Staatswesen durchaus gelang – etwa im kath. Spanien, in den Staaten Italiens und den luth. Monarchien Nordeuropas, in Dänemark bzw. in Schweden – stieß dieser Versuch andernorts – etwa in Frankreich, im Heiligen Römischen Reich, in England und in Schottland – auf entschiedenen, bewaffneten Widerstand der gegnerischen Konfessionsparteien. Dieser Widerstand erwies sich für die fürstliche Zentralgewalt mehrfach, etwa in Frankreich und im Reich, als unüberwindbar und stellte in der Konsequenz die Friedensordnung insgesamt in Frage. Eine Lösung wurde in den betreffenden Monarchien schließlich darin gefunden, auch ohne religiöse Verständigung eine weltliche Landfriedensordnung zu schaffen. Die Obrigkeit erkannte die Existenz unterschiedlicher christlicher Konfessionen in ihren Ländern an, untersagte den Konfessionsparteien freilich die gewaltsamen Veränderungen des religiösen Besitzstandes ebenso strikt, wie alle anderen Formen von Fehden und „innerlichen" Kriegen verboten waren. Diesen Lösungsansatz verfolgten u. a. im Reich der Augsburger Religionsfrieden von 1555 und der Westfälische Friede von 1648, in Frankreich das Edikt von Nantes (1598) und der Frieden von Alès (1629). Bei diesen Friedensregelungen wurde eine neue Konzeption von Frieden wirksam, die prinzipiell von der Möglichkeit eines dauerhaften, rein säkularen Friedens ohne religiöse Eintracht ausging.[26] Diese neue säkulare Friedenskonzeption wurde wesentlich durch die Staatslehre des 16. und 17. Jahrhunderts mit ihrer Forderung nach einer starken, über den Religionsparteien stehenden fürstlichen Zentralgewalt vorbereitet, etwa in Frankreich durch die Bewegung der sog. *politiques* (Jean Bodin). In diesen Kontext gehört auch die auf eine autoritäre und dadurch

---

26 Vgl. Olivier CHRISTIN, La paix de religion. L'autonomisation de la raison politique au XVIe siècle, Paris 1997; Axel GOTTHARD, Der Augsburger Religionsfrieden, Münster 2004, 501–578.

friedensstiftende Monarchie zielende Staatstheorie des englischen Staatsdenkers Thomas Hobbes, die freilich wegen ihres radikal säkularistischen Ansatzes erheblich geringeren Einfluss auf die Zeitgenossen ausübte als jene Bodins.[27] Insgesamt trugen diese Friedensregelungen wesentlich dazu bei, dass der innerstaatliche Frieden, die *pax civilis*, seit der zweiten Hälfte des 17. Jahrhunderts zur europäischen Normalität wurde, die im 18. Jahrhundert nur noch selten in Frage gestellt wurde.

IV. Das ungelöste Problem der zwischenstaatlichen Friedenssicherung

1. Krieg als faktische Normalität Alteuropas

Dagegen blieb die Spannung zwischen der Friedensnorm und der politisch-militärischen Lebenswirklichkeit im Bereich der äußeren Staatenbeziehungen Alteuropas unvermindert bestehen, und zwar nicht nur in den Beziehungen zu nichtchristlichen Herrschern, sondern auch und gerade innerhalb der christlichen Staatenwelt. Seit dem 15. Jahrhundert war sogar eine kontinuierliche Verschärfung des Gegensatzes zwischen Friedensnorm und politisch-militärischer Praxis festzustellen. Bis zum 17. Jahrhundert kam es zu einer fortschreitenden Häufung militärischer Konflikte, die von der neueren Forschung als „Kriegsverdichtung"[28] bezeichnet worden ist. Insgesamt gab es zwischen dem 15. und dem 18. Jahrhundert nur wenige Jahre, in denen nicht zwischen europäischen Staaten Krieg geführt wurde. Zugleich veränderten sich die Dimensionen der Kriegführung, was eng mit den ständig wachsenden logistischen, personellen und technischen Möglichkeiten der kriegführenden Staaten sowie der im selben Zeitraum zunehmenden Professionalisierung des Kriegshandwerks durch bewegliche Söldnerheere zusammenhing.

Die Gründe für diese Entwicklung sind vielgestaltig und in der Historiographie umstritten. Als wichtige, eng miteinander verbundene Ursachen gelten traditionell der politische Niedergang der Universalgewalten Papsttum und Kaisertum seit dem 15. Jahrhundert und die Herausbildung unabhängiger politischer Einheiten, die jede übergeordnete Gerichtsbarkeit strikt ablehnten und denen somit nur der Krieg als Konfliktaustrag geblieben sei. Ein weiterer Grund wird darin gesehen, dass die adligen Führungsschichten im dynastischen Fürstenstaat einer aristokratischen Werteordnung verpflichtet waren, in der ausgeprägtem dynastischem Konkurrenzdenken, kriegerischem Handeln und

---

27 Vgl. Wolfgang REINHARD, Geschichte der Staatsgewalt. Eine vergleichende Verfassungsgeschichte Europas von den Anfängen bis zur Gegenwart, München 1999, 112–117.
28 Johannes BURKHARDT, Die Friedlosigkeit der Frühen Neuzeit: Grundlegung einer Theorie der Bellizität Europas, in: ZHF 24, 1997, 509–574.

Kriegsruhm stets ein besonderer Stellenwert zukam.[29] Schließlich werden die frühneuzeitlichen Kriege nach neuerer Forschungsmeinung auch als Staatsbildungskriege bezeichnet, weil gerade die Unfertigkeit des Staates und das Ringen um die Herausbildung staatlicher Strukturen als entscheidende kriegstreibende Faktoren angesehen werden.[30]

2. Politische Reaktionen auf die frühneuzeitliche Friedlosigkeit

Trotz der eklatanten Häufung militärischer Auseinandersetzungen, die den Krieg in verschiedenen Phasen der frühneuzeitlichen Geschichte – vor allem im „eisernen" 17. Jahrhundert – faktisch zur Normalität machten, hielten die Regierenden und die Regierten an der Vorstellung fest, dass zwischen christlichen Fürsten und Gemeinwesen eigentlich der Friede als Normalzustand herrschen müsse.

Dies zeigt sich einerseits daran, dass es die Fürsten bis zum 18. Jahrhundert in der Regel für notwendig hielten, die Eröffnung eines Krieges gegenüber den Kriegsgegnern, den Mitfürsten, ihren Untertanen und der gesamten europäischen Öffentlichkeit eingehend zu rechtfertigen und Gründe für ihr kriegerisches Handeln zu nennen. In diesen Kriegserklärungen wurde regelmäßig darauf hingewiesen, dass der begonnene Krieg nur dazu diene, den normalen gerechten Friedenszustand, der innerhalb der Christenheit zu herrschen habe, wiederherzustellen. Andererseits wird dies dadurch deutlich, dass der Gegensatz zwischen der verbindlichen Friedensnorm und der beständigen kriegerischen Gewalt innerhalb der christlichen Staatenwelt schon zeitgenössisch als erheblicher Missstand erkannt und beklagt wurde. Entsprechend wurden seit dem frühen 16. Jahrhundert radikale, freilich stets heftig umstrittene Lösungsvorschläge zur Überbrückung dieses Gegensatzes gemacht. Dies geschah nicht nur in der politischen Literatur, sondern auch in der politisch-militärischen Praxis: So unternahmen verschiedene Herrscher, etwa Kaiser Karl V. (1519–1556) oder König Ludwig XIV. von Frankreich (1661–1715), den Versuch, den allgemeinen Frieden innerhalb der Christenheit durch (Wieder-)Errichtung einer universalen monarchischen Obergewalt oder einer allgemeinen Schiedsrichterstellung in der Christenheit herzustellen.[31] Diese Versuche scheiterten ausnahmslos und erzeugten ihrerseits neue kriegerische Gewalt.[32] Ebenso misslangen alle Unternehmungen, mit diplomatischen und militärischen Mitteln ein die Christenheit umfassendes, den Frieden durch gegenseitige Garantien der Mächte sicherndes kollektives Sicherheitssystem zu schaffen, etwa jene des eng-

---

29 Vgl. Johannes KUNISCH, Fürst – Gesellschaft – Krieg. Studien zur bellizistischen Disposition des absoluten Fürstenstaates, Köln 1992; HOWARD, Die Erfindung des Friedens (s. Anm. 1).
30 Vgl. BURKHARDT, Die Friedlosigkeit der Frühen Neuzeit (s. Anm. 28).
31 Vgl. Franz BOSBACH, Monarchia Universalis. Ein politischer Leitbegriff der Frühen Neuzeit, Göttingen 1988.
32 Vgl. KAMPMANN, Arbiter und Friedenstiftung (s. Anm. 14).

lischen Lordkanzlers Kardinal Thomas Wolsey im Vertrag von London 1518 oder jener des französischen Kardinalpremiers Richelieu während des Dreißigjährigen Krieges.[33]

3. Möglichkeiten und Grenzen diplomatischer Friedenswahrung

Erfolgreicher bei der Einhegung der kriegerischen Konflikte war die ständige zwischenstaatliche Diplomatie, die seit dem 16. Jahrhundert entstand. Die als Emissäre und Vertreter der fürstlichen Regierungen entsandten Diplomaten, die im Verlauf der Neuzeit zu einer selbständigen, professionellen Berufsgruppe wurden, entwickelten seit dem 16. Jahrhundert ein hochdifferenziertes System der Friedensstiftung und Friedenswahrung, das sich wiederholt bei der Beendigung kriegerischer Konflikte bewährte.[34] Die Diplomaten bewiesen dabei in der politischen Praxis eine Flexibilität, die weit über die völkerrechtliche Theorie der Epoche hinausging.[35] Es ist vor allem der Kreativität der frühneuzeitlichen Diplomatie zu verdanken, dass die Epoche zwischen dem 16. und dem frühen 19. Jahrhundert die bis in die Moderne wirksamen Instrumente und Mechanismen zwischenstaatlicher Friedensstiftung, -wahrung und -sicherung hervorgebracht hat. Einen Höhepunkt erreichten die diplomatischen Anstrengungen zur Konfliktschlichtung und -begrenzung in den großen Friedenskongressen seit der Mitte des 17. Jahrhunderts, durch die weitausgreifende europäische Kriege beendet werden konnten (Westfälischer Frieden, Frieden von Nimwegen 1678/79, Friede von Rijswijk 1697, Friede von Utrecht 1713/14). Diese Leistung wurde auch öffentlich anerkannt in den im gesamten frühneuzeitlichen Europa bei Abschluss und bei Jubiläen bedeutender Friedensverträge, vor allem des Westfälischen Friedens, verbreiteten Friedensfeiern.[36]

Dies kann freilich nicht darüber hinwegtäuschen, dass auch auf diplomatischem Wege eine grundlegende Verminderung der zwischenstaatlichen kriegerischen Gewalt nicht erreicht wurde. Zum einen war die Diplomatie, die stets im Auftrag der Regierungen handelte, naturgemäß selbst nicht in der Lage, die zentralen Kriegsursachen zu beseitigen. Zum anderen war das diplomatische Handeln auf die Konfliktlösung im Einzelfall gerichtet; grundsätzliche Überlegungen zur Herstellung einer europäischen Friedensordnung, die in der friedensutopischen Literatur geäußert wurden, beeinflussten die diplomatische Praxis kaum.[37] Lediglich in der Epoche nach dem Spanischen Erbfolgekrieg

---

33 Vgl. Klaus MALETTKE, Konzeptionen kollektiver Sicherheit in Europa bei Sully und Richelieu, in: August BUCK (Hrsg.), Der Europa-Gedanke, Tübingen 1992, 83–196.
34 Vgl. Joyceline G. RUSSELL, Peacemaking in the Renaissance, Philadelphia 1986, 67–89.
35 Vgl. KAMPMANN, Zur Problematik von Friedensvermittlung (s. Anm. 12).
36 Vgl. Etienne FRANÇOIS/Claire GANTET, Vergangenheitsbewältigung im Dienst des Friedens und der konfessionellen Identität. Die Friedensfeste in Süddeutschland nach 1648, in: Johannes BURKHARDT (Hrsg.), Krieg und Frieden in der historischen Gedächtnisliteratur, München 2000, 103–123.
37 Vgl. VOGL, Friedensvision und Friedenspraxis (s. Anm. 13).

(1701–1714) und dem Nordischen Krieg (1700–1721) konnte die europäische Diplomatie im Zeichen des Gleichgewichts und eines Interessenausgleichs der Großmächte („Konvenienz") zu einer wesentlichen Verminderung der kriegerischen Gewalt beitragen.[38] Diese knapp zwei Jahrzehnte währende Phase des später sog. „Kongresseuropa" blieb aber eine Episode, die bereits in den dreißiger Jahren des 18. Jahrhunderts mit dem Polnischen Thronfolgekrieg, den Schlesischen Kriegen und vor allem dem Siebenjährigen Krieg in eine neue Phase erbitterter militärischer Auseinandersetzungen zwischen den europäischen Mächten einmündete. Diese Kriege ließen neue Dimensionen militärischer Gewalt erkennen. Denn erstmals verbanden sich nun die traditionellen innereuropäischen Konflikte unmittelbar mit den militärisch ausgetragenen Rivalitäten zwischen den europäischen Großmächten, insbesondere zwischen Frankreich und Großbritannien, um die Errichtung überseeischer Kolonialreiche.

V. Eine Antwort auf die ungelöste Friedensproblematik: Das aufgeklärte Friedensdenken

Die Tatsache, dass der Gegensatz zwischen der Friedensnorm und der kriegerischen Realität innerhalb der christlichen Staatenwelt zwischen dem 16. und dem 18. Jahrhundert unvermindert fortbestand und sich steigerte, gewann für das Friedensdenken der europäischen Aufklärung erhebliche Bedeutung. Im traditionellen vor- und frühaufklärerischen politischen Denken waren Friedenswahrung und Friedensstiftung als moralische Verpflichtungen des Fürsten dargestellt worden, die dieser in seiner Verantwortung vor Gott zum Wohle seiner Untertanen zu verwirklichen habe.[39] Dieser Denkansatz wurde vom Friedensdenken der Aufklärung aufgegriffen, aber dann in entscheidender Weise fortentwickelt – wobei hier der französischen Aufklärungsphilosophie eine wesentliche Rolle zukommt. Angesichts des offensichtlichen Unvermögens bzw. der Unwilligkeit der christlichen Fürstenstaaten, in dauerhaftem Frieden miteinander zu leben, wurde von verschiedenen Aufklärern nicht mehr das Versagen einzelner Fürsten, sondern der Fürstenstaat selbst für die verbreitete Friedlosigkeit verantwortlich gemacht. Schon in der ersten Hälfte des 18. Jahrhunderts hielten politische Denker wie Fénelon oder der Abbé von Saint-Pierre eine Beschränkung der Regierungsgewalt des Monarchen für erforderlich, um den zwischenstaatlichen Frieden zu sichern. Vor allem Saint-Pierres berühmtes

---

38 Vgl. Karl-Heinz LINGENS, Kongresse im Spektrum der friedenswahrenden Instrumente des Völkerrechts – Cambrai und Soissons als Beispiele frühneuzeitlicher Praxis, in: Heinz DUCHHARDT (Hrsg.), Zwischenstaatliche Friedenswahrung in Mittelalter und Früher Neuzeit, Köln 1991, 205–226.

39 Vgl. Claudius Rainer FISCHBACH, Krieg und Frieden in der französischen Aufklärung, Münster/New York 1990.

Friedensprojekt ist als Kritik an den Erscheinungsformen des absoluten Fürstenstaates, des *déspotisme*, und als Teil eines umfassenden Plans zur Umgestaltung zur inneren Reform der französischen Monarchie zu verstehen.⁴⁰ Seit der Mitte des 18. Jahrhunderts war eine deutliche Tendenz zur Radikalisierung dieses Denkansatzes in der Aufklärungsphilosophie zu erkennen, die nun die Forderung nach Frieden mit einer systematischen Kritik an der monarchischen Staatsform verband. Für den aufgeklärten Verfassungstheoretiker Montesquieu (1689–1755) stand fest, dass die (absolute) Monarchie generell zum Krieg tendiere, ja, dass der Krieg deren eigentlicher Geist (*esprit*) sei, so dass nur eine gemäßigte, beschränkte Monarchie überhaupt Überlebenschancen habe. Für Jean Jacques Rousseau (1712–1778) war die Bewahrung des Friedens letztlich nur zwischen Gemeinwesen möglich, in denen alle Bürger als *citoyens* an der Souveränität teilhaben und den politischen Gemeinwillen (*volonté générale*) formulieren könnten. Aus Rousseaus Sicht war ein zwischenstaatlicher Frieden in Europa ohne grundlegende innere Umgestaltung der europäischen Staatswesen undenkbar.⁴¹ Eine im Rahmen des aufgeklärten Friedensdenkens besonders pointierte Polemik gegen die dem absoluten Fürstenstaat innewohnende Friedlosigkeit trug Immanuel Kant (1724–1804) vor: Da in Gemeinwesen, in denen der „Untertan nicht Staatsbürger" und das „Oberhaupt nicht Staatsgenosse, sondern Staatseigentümer" sei, der Krieg als „unbedenklichste Sache von der Welt" betrachtet und aus „unbedeutenden Ursachen" beschlossen werde, hielt Kant die Aufrichtung bürgerlicher, auf Rechtsgleichheit und Repräsentation beruhender Staatsverfassungen für die wichtigste Voraussetzung des Friedens. Konsequenterweise erklärte Kant daher in seiner einflussreichen Schrift *Zum Ewigen Frieden*⁴² – anders als die meisten Friedenspublizisten vor ihm –, dass der Frieden nicht in erster Linie von der Schaffung überstaatlicher Sicherheitssysteme und Schiedsinstanzen abhänge. Vielmehr stelle die allgemeine Verständigung der Staaten (unabhängig davon, ob es sich um Republiken oder Monarchien handele) auf die „republikanische", auf Repräsentation beruhende Verfassungsform den entscheidenden Schritt zu einer sicheren Friedensordnung dar.⁴³

---

40 Vgl. Olaf Asbach, Die Zähmung der Leviathane. Die Idee einer Rechtsordnung zwischen Staaten bei Abbé de Saint-Pierre und Jean-Jacques Rousseau, Berlin 2002; Marcel Pekarek, Absolutismus als Kriegsursache. Die französische Aufklärung zu Krieg und Frieden, Stuttgart 1997.
41 Vgl. Pekarek, Absolutismus als Kriegsursache (s. Anm. 40), 126–130.
42 Vgl. Immanuel Kant, Zum ewigen Frieden: Ein philosophischer Entwurf (1795), in: Immanuel Kant, Kleinere Schriften zur Geschichtsphilosophie, Ethik und Politik, hrsg. von Karl Vorländer, 1913, 115–169 (Ndr. 1973).
43 Vgl. Ernst-Otto Czempiel, Friedensstrategien. Systemwandel durch Internationale Organisation, Demokratisierung und Wirtschaft, Paderborn 1986, 126–130.

VI. Revolutionskriege und Friedensvorstellungen: Die Zäsur von 1800

Als Kant seinen Essay *Zum ewigen Frieden* veröffentlichte, hatten bereits die Kriege des Zeitalters der Französischen Revolution begonnen, die wegen ihres neuartigen Charakters zu einem grundlegenden Wandel der Friedensvorstellungen führten. Neuartig war zum einen die Legitimation der Kriege. Der 1792 vom revolutionären Frankreich an Österreich erklärte Krieg wurde seit 1793 nicht mehr mit der Wiederherstellung des zuvor bestehenden gerechten Friedenszustandes begründet, sondern zielte offiziell auf die Errichtung einer neuen und dann endgültigen Friedensordnung in Europa, die nur durch die Befreiung aller von (monarchischen) „Tyrannen" geknechteten Völker möglich werde. Die in dieser Form beispiellose Ideologisierung des Krieges als „letztem Krieg" vor dem endgültigen Frieden ging einher mit einer gleichfalls vollkommen neuen militärischen Mobilisierung der französischen Nation (Levée en masse). Die französische Armee, die wie fast alle europäischen Armeen der vorrevolutionären Zeit eine Berufsarmee gewesen war, wurde durch die Wehrverpflichtung immer weiterer Bevölkerungsschichten zwischen 1792 und 1794 von 170.000 auf fast 1,2 Millionen Mann vergrößert. Mit Hilfe dieser Armee gelang es dem revolutionären bzw. napoleonischen Frankreich, territorial erheblich zu expandieren und bis 1805/07 (Friedensschlüsse von Preßburg und Tilsit) eine Vorherrschaft in Kontinentaleuropa zu errichten, ohne dass Kaiser Napoleon I. ernsthaft geplant hätte, diese militärische Hegemonie in eine politische Friedensordnung für Europa umzuformen.

Für die Friedensdiskussion wurde entscheidend, dass diese Entwicklung – vor allem in den antinapoleonischen Kriegen seit 1809/12 – wie zuvor in Frankreich auch in den übrigen europäischen Gemeinwesen zu einer neuartigen national inspirierten Ideologisierung der militärischen Auseinandersetzungen sowie zu bislang unbekannten Formen der Massenmobilisierung und des Volkskriegs führten. In mehreren europäischen Ländern wurde dieser antinapoleonische Volkskrieg von einem politischen Schrifttum begleitet, das den Krieg als nationale Erhebung feierte. Dabei wurden ältere, bereits im 18. Jahrhundert entstandene nationalistische und bellizistische Vorstellungen[44] aufgegriffen und massiv popularisiert. Dies galt nicht zuletzt für Deutschland. Dichter wie Ernst Moritz Arndt stilisierten den Krieg zu einer „heiligen Arbeit" und zum „süßen Tag der Rache", an dem „Franzosenblut" zu vergießen sei – eine Sakralisierung und Stilisierung des Krieges, die der vorrevolutionären Epoche, auch den Kriegen des konfessionellen Zeitalters, eher fremd gewesen war.[45] Die

---

44 Vgl. Wilhelm JANSSEN, Krieg und Frieden in der Geschichte des europäischen Denkens, in: Wolfgang HUBER/Johannes SCHWERDTFEGER (Hrsg.), Kirche zwischen Krieg und Frieden, Stuttgart 1976, 67–129, hier 104–107.

45 Vgl. als charakteristische Beispiele: Ernst Moritz ARNDT, Kurzer Katechismus für teutsche Soldaten, in: Wilhelm STEFFENS, Arndts Werke 10, Berlin 1900, 113–119; Ernst

Verbreitung und massenhafte Rezeption solcher Vorstellungen war geeignet, dass traditionelle Verhältnis von Frieden und Krieg auch in einer breiteren Öffentlichkeit massiv in Frage zu stellen. Der Krieg erschien hier nicht mehr als eine begrenzte, rechtlich fassbare Aktion, um einen als Norm betrachteten gerechten Friedenszustand wiederherzustellen, sondern als befreiender, geheiligter Akt, um eine höhere Stufe der Kultur und Zivilisation zu erreichen.

VII. Europäischer Frieden durch Sicherung des Status quo? Konfligierende Friedenskonzepte nach 1815

1. „Europäisches Konzert" und europäischer Friede

Der Friedensgedanke spielte bei der Neuordnung Europas nach den napoleonischen Kriegen, die im Verhältnis zur Gesamtbevölkerung mehr Opfer gefordert haben als ein Jahrhundert später der Erste Weltkrieg, eine beträchtliche Rolle. Angesichts des Gefahrenpotentials, das von der Entfesselung kriegerischer Gewalt ausging und das sich als kaum kontrollierbar erwiesen hatte, herrschte unter den Siegern über das napoleonische Frankreich 1814/15 grundsätzliches Einvernehmen, dass eine schlichte Rückkehr zu der konfliktanfälligen vorrevolutionären Staatenordnung keinesfalls in Frage komme. Trotz ihrer konservativen, auf Restauration gerichteten Grundüberzeugungen waren die Siegermächte daher entschlossen, einen Bruch mit der kriegerischen Vergangenheit des Ancien Régime zu vollziehen.[46] Ein besonderer Vorkämpfer dieses Gedankens war Zar Alexander I. (1801–1825), der auf der Basis von christlichem Idealismus, von Ideen der Völkerverständigung sowie eines monarchischen Patriarchalismus ein eigenständiges Friedenskonzept vertrat. Es zielte auf die Errichtung eines Staatensystems, das auf der gegenseitigen Garantie territorialen Besitzstandes und auf den Prinzipien kollektiver Sicherheit beruhte. Die Friedenswahrung sollte – durchaus unter Beschränkung der einzelstaatlichen Souveränität – zur gemeinsamen Aufgabe der europäischen Großmächte werden, um kriegerische Alleingänge und militärische Aggression einzelner Mächte künftig auszuschließen.[47] Eine vollständige Umsetzung seines Friedenskonzeptes, das den Anstoß zur Bildung der Heiligen Allianz gab, gelang Zar Alexander I. nicht, weil die übrigen Siegermächte Großbritannien (vertreten durch Außenminister Robert Castlereagh), Österreich (Außenminister Klemens Fürst von

---

Moritz ARNDT, Vaterlandslied, in: Heinrich MEISNER/Robert GEERDS, Ausgewählte Werke 1, Leipzig 1910, 147–149.
46 Vgl. Paul W. SCHROEDER, The Transformation of European Politics 1763–1848, Oxford 1994.
47 Vgl. Wolfram PYTA, Idee und Wirklichkeit der Heiligen Allianz, in: Frank-Lothar KROLL (Hrsg.), Neue Wege der Ideengeschichte, Paderborn 1996, 315–345.

Metternich) und Preußen jede Beschneidung ihrer politischen Aktionsfreiheit strikt ablehnten. Immerhin verständigten sich die Siegermächte zur Bildung der Quadrupelallianz bzw. des Europäischen Konzerts, um künftig auftretende Konflikte gemeinsam zu klären. In den Jahren nach dem Wiener Kongress ist es dem Europäischen Konzert, zu dem seit 1818 auch wieder Frankreich gehörte, tatsächlich gelungen, unter Anwendung der traditionellen diplomatischen Instrumente den Frieden in Europa zu sichern. Die Politik des friedlichen Interessenausgleichs und der Bewahrung des Gleichgewichts wie des territorialen Status quo blieb auch nach dem Zerfall des europäischen Konzerts in den zwanziger Jahren für die Großmächte bestimmend, so dass Europa in der ersten Hälfte des 19. Jahrhunderts die insgesamt friedlichste Phase seiner Entwicklung in der Neuzeit zwischen dem 16. und dem 20. Jahrhundert erlebte.

2. Das liberale Friedenskonzept

Die von den Großmächten errichtete Staatenordnung diente freilich nicht nur der Friedenswahrung, sondern auch der gemeinsamen, grenzübergreifenden Bekämpfung aller gegen das monarchische Prinzip gerichteten Bewegungen, insbesondere des Liberalismus. Entsprechend handelte es sich bei den wenigen größeren Militäraktionen der Zeit um bewaffnete Interventionen der Großmächte zur Niederwerfung liberaler und nationaler Freiheitsbewegungen (Neapel 1821, Spanien 1822/23).

Dies änderte nichts daran, dass liberale Denkströmungen und mit ihnen liberale Friedenskonzepte in den wachsenden bürgerlichen Mittelschichten verschiedener Länder an Einfluss gewannen. Die liberalen Friedenskonzepte unterschieden sich grundlegend von jenen der Staatsmänner des Europäischen Konzerts. In Anknüpfung an aufgeklärte Friedensvorstellungen und naturrechtlich begründetes Fortschrittsdenken des 18. Jahrhunderts sahen die Liberalen in der Herstellung politischer Freiheit die beste Garantie für die Schaffung eines friedlichen Miteinanders der Nationen. Aus Sicht der Liberalen waren Freiheit und Frieden untrennbar verbunden, galten – nach einem innerhalb des französischen Liberalismus häufig verwendeten Schlagwort – als „Schwestern". Dabei spielte – vor allem innerhalb des angelsächsischen, von der philosophischen Bewegung des Utilitarismus beeinflussten Liberalismus – die Forderung nach wirtschaftlicher Freiheit als zentraler Voraussetzung einer völkerverbindenden Friedensordnung eine wichtige Rolle. Denker wie Jeremy Bentham und Richard Cobden vertraten die Überzeugung, dass aus einer wachsenden wirtschaftlichen Verflechtung der Völker und aus stärkerem, durch keine Zollschranken behindertem internationalen Handel geradezu zwangsläufig eine allgemeine Friedensordnung erwachsen werde.[48] Anders als auf dem europäischen Kontinent erlangte das stark wirtschaftlich geprägte Friedenskonzept der Liberalen auf den

---

48 Vgl. Edmund SILBERNER, The Problem of War in Nineteenth Century Economic Thought, New York/London 1972.

Britischen Inseln schon in der ersten Hälfte des 19. Jahrhunderts erhebliche politische Bedeutung, so bei der Durchsetzung der Freihandelsgesetzgebung in den 1830er und 1840er Jahren durch die *Anti-Corn Law League*.

VIII. Das Friedensproblem der Neuzeit und die Moderne

Unter Frieden wurde in der politischen Sprache der ersten Hälfte des 19. Jahrhunderts landläufig nur noch der zwischenstaatliche und internationale Frieden verstanden. Dies war bezeichnend, denn damit bezog sich der Friedensbegriff nur noch auf jenen Aspekt der neuzeitlichen Friedensproblematik, der auch in der ersten Hälfte des 19. Jahrhunderts ungelöst geblieben war. Während der innere Frieden, die *pax civilis*, im Zeitalter gefestigter souveräner Staaten prinzipiell als gesichert gelten durfte, missglückte auch in der ersten Hälfte des 19. Jahrhunderts der Versuch, den labilen Vertragszustand des Friedens in eine gefestigte Friedensordnung zu überführen – eine Tatsache, die durch die vergleichsweise lange Friedensphase seit 1815 nur überdeckt worden war.

Mit neuer Deutlichkeit zeigte sich dies seit den 1850er Jahren, als der auf Wahrung des Status quo in Europa beruhende Konsens der Großmächte endgültig zerbrach. Nun wirkte sich folgenreich aus, dass die auf informeller Abstimmung beruhende Zusammenarbeit der europäischen Großmächte nicht auf eine festere, institutionelle Grundlage gestellt worden war. Mit der allgemeinen Kriegsbereitschaft wuchs auch die Neigung der Großmächte, sich die nationalen und liberalen Bewegungen in Europa politisch zunutze zu machen und sie militärisch für die eigenen Ziele zu gebrauchen. Die großen Kriege, die daraus erwuchsen (Krimkrieg 1853/56, italienischer Einigungskrieg 1859, Preußisch-Österreichischer Krieg 1866 und Deutsch-Französischer Krieg 1870/71) ließen für hellsichtige Beobachter bereits die Gefahren erkennbar werden, die aus den neuen technischen und personellen Möglichkeiten der Kriegführung im Industriezeitalter erwuchsen. Unübersehbar wurde das neue Zerstörungspotential dann freilich erst in den militärischen Katastrophen des 20. Jahrhunderts.

Es waren nicht zuletzt diese Katastrophen, die dazu führten, dass die Friedensproblematik in der Epoche zwischen dem 15. und dem 19. Jahrhundert in den Blickpunkt der Historiographie rückte, aus dem sie im späten 19. und in der ersten Hälfte des 20. Jahrhunderts weitgehend verschwunden war.[49] Denn mit dem nach dem Zweiten Weltkrieg schlagartig gewachsenen Interesse an der Friedensthematik gewann auch die Spannung zwischen Friedensnorm und kriegerisch geprägter Lebenswelt, die die frühneuzeitliche Politik beherrscht

---

49 Vgl. zur Literaturentwicklung Karl HOLL, Historische Friedensforschung, in: Neue Politische Literatur 12, 1977, 202–212; Wolfram WETTE, Geschichte und Frieden. Aufgaben historischer Friedensforschung, in: Reiner STEINWEG (Hrsg.), Lehren aus Geschichte? Historische Friedensforschung, Frankfurt a. M. 1990, 15–60.

hat, wieder neue Brisanz. Dieses neu erwachte Interesse der Geschichtsschreibung richtete sich sowohl auf das geistig-literarische Friedensdenken der Neuzeit, das seit den 50er Jahren des 20. Jahrhunderts intensiv erforscht wird,[50] wie auch auf die hochdifferenzierte diplomatische Praxis der neuzeitlichen Friedenspolitik. Gerade die neuzeitlichen Friedenskongresse seit dem 17. und dem 19. Jahrhundert fanden seit den 60er Jahren des 20. Jahrhunderts enorme Aufmerksamkeit in der Forschung.[51] In diesen Zusammenhang gehören auch die intensiven internationalen Bemühungen um die Erforschung der neuzeitlichen Kriegsursachen, die vor allem seit den siebziger und achtziger Jahren des 20. Jahrhunderts zu beobachten sind.[52] Auch hier wird zweifellos der „Impuls der Gegenwart" wirksam. Denn durch die sogenannten „Neuen Kriege" des ausgehenden 20. und des beginnenden 21. Jahrhunderts nach dem Ende des Ost-West-Gegensatzes gewinnen die extrem kriegerisch verlaufenden europäischen Staatsbildungsprozesse der Neuzeit und der mühsame, schließlich erfolgreiche Weg zur Errichtung der *pax civilis*, des innerstaatlichen Friedens, grundlegend neue Aktualität.[53]

---

50 Vgl. als umfassendes und bis heute grundlegendes Werk: Kurt VON RAUMER, Ewiger Friede. Friedensrufe und Friedenspläne seit der Renaissance, Freiburg 1953.
51 Vgl. Ulrich SCHEUNER, Die großen Friedensschlüsse als Grundlage der europäischen Staatenordnung zwischen 1648 und 1815, in: Konrad REPGEN/Stephan SKALWEIT (Hrsg.), Spiegel der Geschichte, Münster 1964, 220–250.
52 Vgl. Jeremy BLACK, The Origins of War in Early Modern History, Edinburgh 1987.
53 Vgl. Herfried MÜNKLER, Die neuen Kriege, Frankfurt a. M. 2002.

Gerd Althoff

Frieden herstellen und Frieden erhalten im Mittelalter

Die Zeitgebundenheit des Mittelalterbildes

Im populären Geschichtsbild der Moderne ist das Mittelalter alles andere als ein Zeitalter des Friedens.[1] Ob romantisch verklärt als Zeit der Ritter und Helden, die mit todesverachtender Tapferkeit ihr Leben zum Schutz der Armen, Schutzbedürftigen und Schwachen einsetzten, oder abgewertet als Zeitalter zügelloser Gewalt, in dem Menschen „wie Vieh" abgeschlachtet, von fanatischen Klerikern der Folter ausgesetzt, und von Feudalherren systematisch unterdrückt und ausgebeutet wurden: relativ einig war man sich in der Einschätzung, dass die Zeiten des Mittelalters gewalttätige gewesen seien, aus welcher Perspektive man sie auch beleuchtete.

Für solche Einschätzungen gibt es in der Tat viele Argumente, ihre Evidenz lässt sich mit eindringlichen Beispielen aus allen Jahrhunderten des Mittelalters belegen.

Dennoch kann man gegen sie auch den Vorwurf des Anachronismus erheben, weil sie das Verhältnis mittelalterlicher Menschen zum Frieden bzw. zur Gewalt an Hand von Kriterien und Kategorien bewerten, die diese Menschen noch nicht anwandten, zumeist noch gar nicht kannten.

Der Anachronismus der einschlägigen Bewertungen resultierte vor allem aus der erst in jüngerer Zeit hinterfragten Überzeugung, man könne die mittelalterlichen Herrschaftsverhältnisse als staatliche beschreiben und verstehen.[2] Die zahlreichen Versuche der modernen Wissenschaft, diese Herrschaftsverhältnisse in den Deutungsrahmen ‚mittelalterlicher Staat' zu pressen, bewirkten jedoch nur, dass dieser ‚Staat' in nahezu allen Belangen als defizitär charakterisiert wer-

---

1   Vgl. dazu bereits FRIED, JOHANNES (Hrsg.), Träger und Instrumentarien des Friedens im hohen und späten Mittelalter, Sigmaringen 1996; zuletzt KINTZINGER, MARTIN, REXROTH, FRANK, ROGGE, JÖRG (Hrsg.) Gewalt und Widerstand in der politischen Kultur des Mittelalters, Ostfildern 2015, beide Bände mit vielen weiteren Hinweisen.
2   Vgl. dazu AIRLIE, STUART, POHL, WALTER, REIMITZ, HELMUT (Hrsg.), Staat im frühen Mittelalter. Forschungen zur Geschichte des Mittelalters, Bd. 11, Wien 2006; POHL, WALTER, WIESER, VERONIKA (Hrsg.) Der frühmittelalterliche Staat – Europäische Perspektiven, Forschungen zur Geschichte des Mittelalters, Bd. 16, Wien 2009; der zweite Band bietet einen Überblick über die unterschiedlichen nationalen Positionen in der Frage der ‚Staatlichkeit' des Mittelalters.

den musste. Vor dieser Folie wirkten die mittelalterlichen Zustände vor allem deshalb als ungeordnet, geradezu anarchisch, weil scheinbar niemand die ungezügelte Gewalt einzudämmen in der Lage war, die vor allem im Innern dieser ‚Staaten' herrschte.

In der Tat gehörten bewaffnete Konflikte der Eliten untereinander und mit dem König, sogenannte Fehden, in allen Jahrhunderten des Mittelalters zu den regelmäßig wiederkehrenden Erscheinungen. Die menschenverachtende Grausamkeit, mit der in diesen Fehden eigentlich unbeteiligte Bauern und Leibeigene der Gegner erschlagen, Felder und Häuser verwüstet und Lebensgrundlagen zerstört wurden, hat nicht wenig zu dem martialischen Bild beigetragen, das man vom Mittelalter zeichnete.

Man hat solche Konflikte als ‚Fehden', oder auch als ‚Aufstände' und ‚Rebellionen' in der älteren Forschung durchaus zur Kenntnis genommen, aber wenig Aufmerksamkeit darauf verwendet zu verstehen, warum sie so häufig auf dem Verhandlungswege und gütlich beendet wurden. Dabei sind die Quellen voll von Aussagen über die Arbeit von Friedensvermittlern und über die Rituale, mit denen diese Konflikte öffentlich und gütlich beigelegt wurden. Diese andere Seite der Medaille blieb jedoch lange unbeachtet.

Erst seit den 80er Jahren des vergangenen Jahrhunderts hat auch die deutsche Mediävistik begonnen, ihr Augenmerk genauer darauf zu richten, was mittelalterliche Konfliktführung und Konfliktbeilegung von der Art und Weise unterscheidet, in der moderne Staaten derartige Probleme regeln.

Dies hatte zur Folge, dass die Verhältnisse in den mittelalterlichen Herrschaftsverbänden heute häufiger mit Anleihen aus der Ethnologie als archaisch und fremdartig beschrieben werden, und man sie weniger als barbarische Ursprünge und Vorläufer moderner staatlicher Verhältnisse darbietet.

Als Beispiel dieser Veränderung der Perspektive sei die Einschätzung ‚privater' Bindungen wie der Verwandtschaft, Freundschaft und Genossenschaft genannt, deren Gewicht für mittelalterliche Menschen häufig die Bedeutung ihrer Bindungen an die unterschiedlichen Herren einschließlich des Königs überstieg, was man lange übersehen hat. Während heute der Staat den ‚Primat der Verbandsbildung' einfordert, orientierten Menschen im Mittelalter häufig ihr Verhalten an den Verpflichtungen, die ihre privaten Bindungen mit sich brachten.[3] Was die Forschung früher als Aufstand oder Rebellion gegen die legitime Herrschaft ansah, wird daher heute als Hilfestellung für Verwandte, Freunde oder Genossen gegen Obrigkeiten angesehen, die eine höherrangige Verpflichtung darstellte und deshalb auch vorrangig erfüllt wurde. Für ein adäquates Verständnis der mittelalterlichen Verhältnisse ist vor allem wichtig, das Fehlen der Beanspruchung des Gewaltmonopols durch einen einzigen Herrschaftsträger wie etwa den König zu berücksichtigen. Dieses Fehlen machte die Gewalt zu einer ständigen Option für alle diejenigen, die sich ihrer mit Geschick und Er-

---

3 Vgl. dazu ALTHOFF, GERD, Verwandte, Freunde und Getreue. Zum politischen Stellenwert der Gruppenbindungen im früheren Mittelalter, Darmstadt 1990.

folg zu bedienen wussten. Dies galt vor allem für den Adel, der sich seit der Karolingerzeit durch hochwertige Rüstung und Waffen sowie durch aufwendiges Training für den Kampf zu Pferde eine große Überlegenheit und damit so etwas wie ein Waffenmonopol gesichert hatte.

Aus den hier nur angedeuteten Ursachen folgte, dass Unfrieden sozusagen der Normalzustand in allen größeren Verbänden des Mittelalters war, weil viele sich berechtigt fühlten, in bestimmten Situationen ihre Interessen und ihr Recht mit Gewalt durchzusetzen. Welche Konsequenzen dies in einer Gesellschaft hatte, in der Fragen des Ranges und der Ehre schnell zu Dissens führten, kann man sich leicht ausmalen.

Die Fehde, zu der jeder Dissens schnell führen konnte, nicht als Bruch, sondern als integralen Teil der mittelalterlichen Rechtsordnung aufzufassen, hat sich aber erst seit Otto Brunners Arbeiten in der Mediävistik langsam durchgesetzt. Damit ist in jüngerer Zeit auch eine größere Bereitschaft entstanden, die politischen Rahmenbedingungen dieser Zeit als ‚vorstaatliche' zu betrachten und ihre Eigenart nicht vorrangig nach den Vorgaben des modernen Staates zu beschreiben.[4]

Diese polyzentrische Berechtigung zur Gewaltanwendung hatte nämlich schon im Mittelalter eine ganze Reihe von Reaktionen zur Folge, die auf ihre Begrenzung und Einhegung zielten. Mit anderen Worten: Der Vielzahl der Gewaltakte, die die mittelalterliche Überlieferung notiert, stand auch eine Vielzahl an intensiven Bemühungen gegenüber, Praktiken, Regeln und Gewohnheiten zu etablieren, die friedliches Zusammenleben ermöglichten, Konflikte auf geregelte Weise zu führen und auf gütliche Weise beizulegen erlaubten.

Der älteren Forschung ist durchaus der ernste Vorwurf zu machen, dass sie diese Bemühungen weitgehend übersehen hat, weil sie nicht in ihr Raster vom mittelalterlichen Staat passten. Im Folgenden sollen diese Bemühungen um die Einrichtung und Aufrechterhaltung friedlicher Verhältnisse durch Gruppenbindungen auf der einen Seite und die Wege und Verfahren gütlicher Konfliktbeendigung auf der anderen ins Zentrum der Betrachtung gerückt werden. Beide Arten von Aktivitäten zielten darauf, die grundsätzliche Freiheit zur Anwendung von Gewalt einzuschränken. Aus dieser Perspektive springt auch die Technik der Ordnungsstiftung durch Rituale stärker ins Auge, die sowohl bei der wechselseitigen Verpflichtung zu friedlichem Verhalten durch Bündnisse als auch bei der Schaffung von Frieden durch die Beilegung von Konflikten wertvolle Dienste leistete. Frieden, so kann man thesenhaft vorwegschicken, wurde im Mittelalter ganz wesentlich durch Rituale geschaffen und durch rituelles Verhalten zu verdauern versucht, mit denen sich Menschen wechselseitigen Frieden durch symbolisches Handeln versprachen.

---

4 Vgl. dazu den Überblick über die Entwicklung der deutschen Forschung in dieser Frage bei ALTHOFF, GERD, Hochmittelalterliches Königtum. Akzente einer unabgeschlossenen Neubewertung, in: Frühmittelalterliche Studien 45 (2011), S. 77–98

Soziale Rahmenbedingungen des Friedens in vorstaatlicher Zeit

Die für alle Waffenträger geltende Berechtigung, ihre Waffen auch in Streitfällen zu benutzen, hat im Mittelalter also eine Fülle von Maßnahmen und Aktivitäten hervorgebracht, die vertrauensbildende und friedenstiftende Funktionen erfüllen und den Einsatz von Gewalt regulieren oder verhindern sollten. Nur gingen sie nicht von einem Staat aus, den es im Mittelalter eben noch gar nicht gab.

Sie verdankten sich vielmehr teils „gebotenem", d.h. befohlenem Frieden durch verschiedene Herrschaftsträger, teils „gelobten", d.h. zumeist eidlich bekräftigten Initiativen, durch die sich Menschen zu einer Gruppe oder Gemeinschaft zusammenschlossen, innerhalb derer Frieden und – was auch wichtig ist – wechselseitige Unterstützung zur Verpflichtung wurden.

„Gebotener Friede" hatte in aller Regel zeitlich, räumlich oder personell begrenzte Ziele. Seine bekanntesten Formen sind der Landfriede, der Heeresfriede, der Hoftagsfriede, der Stadtfriede, der Burgfriede und der Gottesfriede. Sie sicherten friedliches Verhalten für bestimmte Zeiten und/oder Räume, in denen sich etwa die Eliten zu Beratungen mit dem König trafen, was angesichts bestehender Feindschaften oder Animositäten konfliktträchtige Situationen darstellten. Die Befolgung solcher Friedensgebote wurde häufig mittels Eiden abgesichert, mit denen ein entsprechendes Verhalten gelobt wurde. Die Landfrieden, die räumlich und zeitlich ausgedehnt werden konnten, stellten im Laufe der Jahrhunderte bis zum „Ewigen Landfrieden" von 1495 die Vorläufer der Errichtung des staatlichen Gewaltmonopols dar.[5]

„Gelobter Friede" ist gekennzeichnet durch eine Gruppenbildung, die verwandtschaftlicher, freundschaftlicher oder genossenschaftlicher Art sein konnte und einen bestimmten Personenkreis entweder auf Dauer zusammenschloss oder auch nur temporär zur Erreichung bestimmter Ziele. Auf diese Weise waren Verwandtschafts- und Freundesgruppen, aber auch viele unterschiedliche genossenschaftlich strukturierte Vereinigungen von der politischen Schwureinung bis zur karitativen Bruderschaft Kerngruppen der mittelalterlichen Gesellschaft, in denen friedlicher Umgang miteinander und wechselseitige Unterstützung verpflichtend waren. Genossenschaftliche Zusammenschlüsse konnten auch konkrete Ziele und Aufgaben definieren, auf die sich ihre Zusammenarbeit erstreckte. Sie entfalteten ihre Wirksamkeit häufig in einer coniuratio, einer Schwureinung, die sich zur Erreichung eines Zieles zusammenfand. Das Ziel konnte auch darin bestehen, den Herrn in einer konkreten Lage mit Gewalt zur Änderung seines Verhaltens zu bewegen.

Die auf diese Weise gebildeten Gruppen und Gemeinschaften rief man in Konfliktfällen zur Hilfe auf und sie gaben diese Hilfe in aller Regel, allerdings stellten sie zuvor durchaus in Beratungen fest, ob etwa die bewaffnete Hilfe nötig und angemessen sei.

---

5   Vgl. dazu WADLE, ELMAR, Landfrieden, Strafe, Recht. Zwölf Studien zum Mittelalter (= Schriften zur europäischen Rechts- und Verfassungsgeschichte 37). Berlin 2001.

Das hatte zur Konsequenz, dass sich in Konflikten zumeist größere Gruppen gegenüberstanden, weil Verwandte, Freunde und Getreue den Mitgliedern ihrer Gruppen zu Hilfe kamen. Im 12. Jahrhundert wird etwa in der Hausgeschichte des Adelsgeschlechts der Welfen mehrfach stereotyp berichtet: „Er (einer der Welfen) stellte den ihm angetanen Schimpf seinen Verwandten, Freunden und Getreuen dar und erreichte es, dass alle bereitwilligst ihre Hilfe versprachen."[6] Diese Praxis, Hilfe und Unterstützung im Konflikt von all denen zu verlangen, mit denen man verbunden war, darf man sich sicher als weit verbreitet vorstellen. Diese gaben ihre Hilfe jedoch allem Anschein nach erst nach einer Prüfung, welches Verhalten angemessen sei.

Normative Vielfalt bei der Herstellung von Frieden

Wir haben es für das Mittelalter mit einer Gesellschaft zu tun, die nach Gewohnheiten handelte. Gewohnheiten wurden lange nicht schriftlich fixiert, sondern nur im Bedarfsfall explizit gemacht, wenn etwa in der Beratung eines Verbandes oder einer Gruppe Konsens darüber hergestellt werden musste, welcher Gewohnheit im konkreten Fall gefolgt werden sollte. Dann ‚fand' man die Gewohnheit, indem man erfahrene und ranghohe Männer fragte, was zu tun sei.[7] Ansonsten blieben die Gewohnheiten in der Regel implizit. Man wusste, wie man sich richtigerweise (per rectum) zu verhalten hatte, und lebte mit der Fiktion, dass alle die gleiche Auffassung darüber besaßen, was im Einzelfall richtigerweise zu tun sei.

Die Gewohnheiten auf dem weiten Feld des Friedens aber waren von Normen ganz unterschiedlicher Herkunft geprägt. Die Spanne reichte von den Normen einer adligen Kriegergesellschaft mit ihrer Betonung von Aspekten des Ranges und der Ehre, der Treue und der Tapferkeit bis zu den christlichen Normen des Gewaltverzichts und der Feindesliebe, wie sie das Neue Testament lehrte. Welche Konsequenzen hatte diese Ausgangssituation für die Herstellung von Frieden?

Angesichts dieser Normenvielfalt, die in sehr eklektizistischer Weise zur Anwendung kommen konnte, wäre es völlig unangemessen, die Friedensthematik allgemein für ‚das' Mittelalter abhandeln zu wollen.

---

6   Vgl. Historia Welforum, neu hrsg., übersetzt und erläutert v. ERICH KÖNIG (Schwäbische Chroniken der Stauferzeit 1), Sigmaringen ²1978, cap. 30, S. 60f., und cap. 25, S. 48f.

7   Zur schwierigen Frage nach den normativen Grundlagen mittelalterlichen Zusammenlebens, die aus mündlich tradierten ‚Gewohnheiten' bestanden, vgl. vor allem DILCHER, GERHARD (Hrsg.), Gewohnheitsrecht und Rechtsgewohnheiten im Mittelalter, Berlin 1992; WILLOWEIT, DIETMAR (Hrsg.), Die Begründung des Rechts als historisches Problem, München 2000; PILCH, MARTIN, Der Rahmen der Rechtsgewohnheiten, Wien – Köln – Weimar 2009; ANDERSON, Per, MÜNSTER – SWENDSEN, MIA (Hrsg.), Custom. The Development and use of a Legal Concept in the Middle Ages, Copenhagen 2009.

Die mittelalterlichen Gesellschaften folgten vielmehr gerade auf dem Gebiete von Konflikt und Frieden Gewohnheiten, die sich in unterschiedlichen Regionen Europas durchaus unterschiedlich ausgebildet hatten. Und, was noch wichtiger ist, sie folgten unterschiedlichen Gewohnheiten und Regeln, je nachdem, mit welchem Gegenüber die Frage von Konflikt und Frieden auszuhandeln oder auszufechten war.

Mindestens drei gravierend unterschiedliche Gewohnheitsmuster lassen sich beobachten, die bei der Herstellung von Frieden zur Anwendung kamen: Waren die Gegner Heiden oder Ungläubige, ging man in der christlichen Kriegergesellschaft in aller Regel von einer perfidia der Gegenseite aus, die zu gleichem Verhalten berechtigte. List und Heimtücke in Absprachen wie im Kampf sowie eine gesteigerte Brutalität in der Auseinandersetzung und bei der Behandlung der Gegner sind in dieser Konstellation häufig zu beobachten.[8] Die Erlaubnis zu solchem Verhalten lieferten auch biblische und patristische Belege, die von kirchlicher Seite in bestimmten Situationen den christlichen Kriegern nahegebracht wurden.[9] Kamen die Gegner aus sozial niederen Schichten, verwehrte man ihnen gleichfalls in Führung und Beilegung des Konflikts alle Vergünstigungen und Zugeständnisse, die bei Auseinandersetzungen Standesgleicher gängige Gewohnheiten waren. Im Hundertjährigen Krieg zwischen England und Frankreich hat etwa gerade die Tatsache, dass in die Kämpfe Angehörige unterschiedlicher sozialer Stände einbezogen waren, zu einer Brutalisierung der Konfliktführung beigetragen.[10]

Nur wenn man unter Seinesgleichen war, also etwa Konflikte innerhalb der christlichen Adels- und Kriegergesellschaft austrug, praktizierte man eine im Ganzen elaborierte Kultur der Konflikteindämmung und nutzte zudem die Möglichkeiten zu einem Versöhnungsfrieden.[11] Je nachdem also, welche Konstellation von Konfliktgegnern wir vor uns haben, bietet sich eine sehr unterschiedlicher Eindruck von der Friedensfähigkeit ‚des' Mittelalters.

Im Folgenden sollen daher zunächst die Wege, Verfahren und Rituale der Herstellung und Erhaltung des Friedens innerhalb der adlig-christlichen Kriegergesellschaft eines Landes im Vordergrund stehen, die allerdings nur eine Seite des Themas zeigen. Anschließend wird daher an ausgewählten Beispielen thematisiert, was in den Bereichen mittelalterlichen Zusammenlebens zu

---

8   Vgl. dazu HEHL, ERNST-DIETER, Heiliger Krieg – eine Schimäre? Überlegungen zur Kanonistik und Politik des 12. und 13. Jahrhunderts, in: Krieg und Christentum. Religiöse Gewalttheorie in der Kriegserfahrung des Westens, hrsg. v. ANDREAS HOLZEM, Paderborn (u.a.) 2009, S. 323–340.; ANGENENDT, ARNOLD, Die Kreuzzüge: Aufruf zum „gerechten" oder zum „heiligen" Krieg? in: Ebd, S. 341–367; zuletzt BUC, PHILIPPE, Heiliger Krieg. Gewalt im Namen des Christentums, Darmstadt 2015.
9   Vgl. dazu ALTHOFF, GERD, „Selig sind, die Verfolgung ausüben". Päpste und Gewalt im Hochmittelalter, Darmstadt 2013, bes. S. 75ff. und 121ff.
10 Vgl. dazu neuerdings CLAUSS, MARTIN, Ritter und Raufbolde. Vom Krieg im Mittelalter (= Geschichte erzählt 20), Darmstadt 2009.
11 S. dazu unten bei Anm. 22.

beobachten ist, die nicht von den Segnungen des „gebotenen" oder „gelobten" Friedens erfasst und geschützt waren.

Wege und Rituale zur Sicherung friedlichen Zusammenlebens

Angesichts des fehlenden Gewaltmonopols musste jeder daran interessiert sein, den Kreis der Personen zu vergrößern, mit denen er im Frieden lebte und die ihn in seinen Konflikten unterstützten. Deshalb kam verschiedenen Arten der Bündnisstiftung im Mittelalter größte Bedeutung zu. Durch Bündnisse schuf man sich erst die Voraussetzung, in einer befriedeten Umgebung leben zu können.

So hatten Eheschließungen nicht zuletzt den Charakter von Bündnisstiftung zwischen Verwandtengruppen. Manchmal wurde die in eine andere Sippe verheiratete Frau sogar als Geißel für den Frieden (obses pacis) bezeichnet, die denn auch beim Bruch des Friedens zwischen den Verwandten zu ihrer Familie zurückgeschickt wurde.[12]

Freundschaft (amicitia) ebenso wie Taufpatenschaft und die unterschiedlichsten Formen von Genossenschaft wurden gleichfalls als Bündnisse verstanden und geschlossen. Sie erreichten dann eine besondere Verbindlichkeit, wenn sie eidlich begründet wurden. Alle diese Bindungen dienten vorrangig dem Ziel, den Kreis der Personen zu verbreitern, auf deren Unterstützung man in allen Lebenslagen rechnen konnte.

Die sich zur Genossenschaft vereinigenden Bürger einer Stadt machten mit ihrem Eid das Bewusstsein deutlich, dass ihre Vereinigung dem Modell der Verwandtschaft und der Freundschaft verpflichtet war: „Alle, die zur Freundschaft des Ortes gehörten, bekräftigten durch Treue und Eid, dass einer den anderen unterstützen solle wie seinen Bruder."[13]

Das Ritual, mit dem solche Friedensbündnisse neben dem Eid vor allem begründet wurden, war das gemeinsame Mahl und Gelage, das convivium. Es ist zu verstehen als konstitutiver Akt, mit dem das Bündnis geschlossen wurde. Wie andere Rituale im Mittelalter machte das gemeinsame Mahl nicht eine bereits bestehende Wirklichkeit anschaulich, sondern mit dem Mahl schuf oder verlängerte man die persönliche Bindung.[14] Das Ritual bewirkte, was es zeigte.

Bei dem gemeinsamen Essen und Trinken unterstrich man demonstrativ seine Friedensbereitschaft, etwa durch freundschaftlich gelöste Unterhaltung und maßvolles Scherzen während des Mahls. Der Austausch von Geschenken diente überdies zur Stiftung von Vertrauen in die Gesinnung und die Absichten des Gegenübers.

---

12 Vgl. dazu ALTHOFF, GERD, Heinrich IV., Darmstadt 2006, S. 217.
13 Vgl. DERS. (wie Anm. 3) S. 119 mit weiteren Hinweisen.
14 Vgl. dazu STOLLBERG-RILINGER, BARBARA, Rituale. Vom vormodernen Europa bis zur Gegenwart, Frankfurt a.M. 2013, S. 141ff.

Vom Früh- bis zum Spätmittelalter und darüber hinaus stiftete man mit solchen Mählern Frieden, Bündnis und Gemeinschaft in ganz unterschiedlichen sozialen Beziehungen, zwischen Einzelpersonen und auch zwischen sozialen Gruppen. Wir beobachten sie sowohl in verwandtschaftlichen, freundschaftlichen und genossenschaftlichen als auch in herrschaftlichen Beziehungsfeldern. Sie konnten mehrere Tage und sogar Wochen dauern und wurden durch eine Vielzahl kultureller Darbietungen und Veranstaltungen angereichert, da es darum ging, die Bereitschaft zu friedlichem Zusammenleben möglichst vielfältig und demonstrativ zum Ausdruck zu bringen.

Diese Praxis sei an einigen konkreten Beispielen erläutert, in denen in der Überlieferung mal lakonisch, mal ausführlich über diesen Sachverhalt berichtet wird.

Schon in der Merowingerzeit hören wir bei Gregor von Tours mehrfach, dass Könige im Zuge politisch wichtiger Entscheidungen Bündnisse eingingen, die sie mit einem gemeinsamen Mahl zusammen mit ihren Kriegern schlossen. Als im Jahre 584 etwa König Guntram seinen Neffen Chlothar zu seinem Nachfolger bestimmte, besiegelte man dies folgendermaßen: „Danach speisten sie (d.h. die Könige und ihre Krieger) drei Tage lang miteinander, waren guter Dinge, ehrten sich gegenseitig durch Geschenke und schieden dann in Frieden."[15] In knappen Andeutungen werden hier typische Eigenarten des convivium angesprochen: die lange Dauer, die forcierte Geselligkeit, die Geschenke, die Stiftung des Friedens. Zeitgenossen wussten diese Informationen gewiss als Bericht über ein gelungenes bündnisstiftendes Ritual einzuordnen.

Im nächsten Beispiel wird zusätzlich erwähnt, dass man bei diesen convivia auch die Rolle des Gastgebers tauschte, um beiden Parteien die Möglichkeit zu geben, ihre friedlich-freundschaftliche Gesinnung aktiv unter Beweis zu stellen. Die gute Stimmung während des Gelages und der Austausch von Geschenken waren verpflichtende Zeichen für die Gesinnung beider Seiten, die auch für die Zukunft Gültigkeit behielten und so die Verpflichtung schufen, sich dementsprechend zu verhalten. Das Ritual entfaltete so eine vertrauensstiftende Wirkung, da im Verhalten beider Seiten Versprechungen zum Ausdruck kamen, die einen hohen Geltungsanspruch besaßen.

Nicht anders als eben geschildert ging es Jahrhunderte später zu, als sich im Norden Erzbischof Adalbert von Hamburg-Bremen mit einem Dänenkönig verbündete:

> Infolge der Vorkommnisse in Norwegen bemühte sich der Erzbischof dringend um Verständigung mit dem Dänenkönig, den er erst durch die Scheidung von seiner Verwandten gekränkt hatte ... Mittels der angenehmen Wirkung seiner Freigiebigkeit gegen jedermann kam er bald zu einer Reise nach Schleswig. Hier kam er leicht ins Gespräch, versöhnte sich mit

---

15 Gregor von Tours, Zehn Bücher Geschichten, Freiherr-vom-Stein-Gedächtnisausgabe 2, Darmstadt 1970, VIII, 33, S. 137.

dem stolzen König und suchte in Geschenken und Gelagen (muneribus et conviviis) die königlichen Reichtümer zu übertreffen. Schließlich wurde nach barbarischem Brauch zur Bekräftigung des geschlossenen Bündnisses (ad confirmandam pactum federis) ein acht Tage dauerndes üppiges Gelage abwechselnd ausgerichtet.[16]

Selbst die monastischen Konvente gestalteten ihre Beziehungen zur Außenwelt mittels Gabentausch und convivium, wie etwa aus St. Gallen eindringlich berichtet wird. Dort bot man hervorragenden Laien die Position als „eingetragener Mitbruder" (frater conscriptus) an, die diesen vor allem das Gebet der Brüder vor und nach ihrem Tode garantierte. Es sollte ihnen in gleicher Intensität zuteilwerden wie jedem der St. Galler Mönche.

Im Gegenzug zeigten sich die hochrangigen Laien durch Schenkungen und Stiftungen gegenüber dem Konvent erkenntlich. Zu diesem Zwecke feierten die neuen Brüder auf eigene Kosten mit dem Konvent aber auch ein Liebesmahl (agapae), bei dem mehrere Bestimmungen der Benediktsregel außer Kraft gesetzt wurden. Ein solches Mahl mit König Konrad I. am Anfang des 10. Jahrhunderts hat sich so fest in der Erinnerung des Konvents gehalten, dass noch 150 Jahre später der Mönch Ekkehard IV. von St. Gallen eine lebhafte Schilderung bieten konnte.

Der König hatte lächelnd den Mönchen versprochen:

„Ich will als eingetragener Mitbruder heute mit den Brüdern speisen und unsere Bohnen aus meinem Sack pfeffern." Den weiteren Bericht bringt Ekkehard in kaum adäquat übersetzbarer Reimprosa:

> Es brachten über dem selbigen Altar, die Brüder für den König rasch die Messe dar. Vorzeitig begann das Mahl, es füllte sich der Saal. Kaum brachte der Lector einen einzigen Satz vor. Die Liebe, die kein Unrecht kann begehen, sie durfte die Zucht mit Fug verschmähen ... Nie atmeten sie dort in der Klosterluft von Wild und Fleisch den gewürzten Duft. Gaukler tanzten und sprangen; Musikanten spielten und sangen ... Der König, unter dem Gesang der Lieder, schaute auf die gesetzteren Brüder und lachte über einige von ihnen; denn da ihnen alles neu war, verzogen sie ihre Mienen.[17]

Doch nicht nur zur Verbrüderung des Königs mit Mönchen eignete sich das frieden- und bündnisstiftende Mahl. Auch wenn politisch motivierte ‚Verschwö-

---

16 Vgl. Adam von Bremen, Bischofsgeschichte der Hamburger Kirche, bearb. v. WERNER TRILLMICH, Freiherr-vom-Stein-Gedächtnisausgabe 11, Darmstadt ⁵1978, S. 137–499., III, 18, S. 351.
17 Vgl. dazu Ekkehardi IV. Casus St. Galli, hrsg. v. HANS F. HAEFELE (Freiherr-vom-Stein-Gedächtnisausgabe 10) Darmstadt 1980, cap. 16, S. 45. S. dazu bereits SCHMID, KARL, Von den ‚fratres conscripti' in Ekkehards St. Galler Klostergeschichten, in: Frühmittelalterliche Studien 25 (1991), S. 109–122.

rer' gegen einen König vorgehen wollten, trafen sie sich zum Mahl und Gelage (convivium), bei dem sie sich berieten und ihre Ziele durch eine Schwureinung (coniuratio) bekräftigten. Entsprechendes wird vom Bruder und später vom Sohn Ottos des Großen erzählt, die für ihre ‚Verschwörung' sogar denselben Ort aufsuchten, wodurch Zeitgenossen schon wussten, dass sie etwas Böses im Schilde führten:

> Danach gab Heinrich (der Bruder Ottos), der vor Begierde nach dem Königtum brannte, ein großes Gelage (convivium) an einem Ort, der Saalfeld genannt wird. Und da er groß und von königlicher Hoheit und Macht war, beschenkte er sehr viele mit großen Gütern und gewann dadurch eine große Menge für sich zu Genossen seiner Verschwörung. Doch waren viele der Meinung, dass es besser sei, die Sache geheim zu halten, nur damit sie nicht als schuldig an dem Bruderzwist angesehen würden.[18]

Auch hier hören wir wieder von der Abfolge Gelage – Geschenke – Schwureinung, die in vielen anderen Berichten zu der Kurzformel verdichtet ist: „Sie trafen sich zu Gelagen und Geschenken." Damit wussten Zeitgenossen bereits, dass von einem folgenreichen Friedensbündnis die Rede war, das sich aggressiv gegen andere richten konnte.

Auch als seit dem 11. Jahrhundert die Überlieferung genossenschaftlicher Gruppenbildung in Gilden und Zünften, Stadtkommunen und Bruderschaften unterschiedlichster Art reichhaltiger wird, kann man immer wieder beobachten, dass das gemeinsame Mahl und Gelage immer noch im Mittelpunkt der Gruppenbildung und des Gruppenlebens stand.[19] Auch all diese Vereinigungen aber verlangten und pflegten den friedlichen Umgang ihrer Mitglieder miteinander und gaben sich Hilfestellung nach außen.

Damit schufen sich also mittelalterliche Menschen auf allen Ebenen der Gesellschaft Bindungen, deren Mitglieder nach innen friedliche Umgangsweisen pflegten, für gütliche Beilegung etwaiger Konflikte untereinander besondere Sorge trugen, sich aber zugleich wechselseitige Unterstützung gaben, wenn dies durch Probleme von und nach außen nötig wurde. Diese Unterstützung konnte auch in Waffenhilfe bestehen.

Damit aber sind die Reichweite und die Vielfältigkeit der Unterstützung, die sich Mitglieder verwandtschaftlicher, freundschaftlicher und genossenschaftlicher Gruppen im Mittelalter gaben, immer noch nicht annähernd im Blick. Sie bestand vielmehr zusätzlich aus einer Fülle von Aktivitäten, die in der mittel-

---

18 Vgl. Widukind v. Corvey, Sachsengeschichte, bearb. v. ALBERT BAUER/REINHOLD RAU, Freiherr-vom-Stein-Gedächtnisausgabe 8, Darmstadt 1971, II, 15, S. 101.

19 Vgl. dazu die einschlägigen Arbeiten von OEXLE, OTTO GERHARD, Die Wirklichkeit und das Wissen hrsg. v. von HÜLSEN-ESCH, Andrea, JUSSEN, BERNHARD u REXROTH, Frank, Göttingen 2011, „Soziale Gruppen in der Gesellschaft", S. 441–635; REININGHAUS, WILFRIED, Die Entstehung der Gesellengilden im Spätmittelalter, Wiesbaden 1981.

alterlichen Gesellschaft auf Grund ihrer sozialen wie politischen Struktur unverzichtbar waren, wenn man Einfluss ausüben, seine Interessen durchsetzen, Kontakte knüpfen und aufsteigen wollte. Um dies einsichtig zu machen, muss man ein wenig ausholen.

Kommunikation über im weitesten Sinne politische Probleme, so kann man für das Mittelalter allgemein formulieren, war dann ein Problem, wenn man keine intensive Bindung aneinander hatte. Dann stellten Vorstellungen von Rang und Ehre einer vertrauensvollen Aussprache hohe Hürden entgegen. Man war nämlich nicht in der Lage, wirklich offen mit einem anderen zu sprechen, da es sonst zu leicht zu Verletzungen des Ranges oder der Ehre kommen konnte, die Konflikte auslösten. Umgekehrt schufen Verwandtschaft, Freundschaft und genossenschaftliche Bündnisse die Voraussetzungen zu einem offenen Gedankenaustausch und waren daher gerade für den Prozess der politischen Willensbildung und Entscheidungsvorbereitung von größtem Gewicht.

Das Dilemma lässt sich am besten an einem Beispiel erläutern. Kein Geringerer als ein Erzbischof von Mainz bat im 11. Jahrhundert zwei andere Bischöfe darum, für ihn ein Freundschaftsbündnis mit einem Erzbischof von Köln zu vermitteln. Die angeschriebenen Bischöfe waren der Bruder und Neffe des Kölners. Aufschlussreich ist aber die Begründung, die der Mainzer für die Notwendigkeit gab, mit dem Kölner in Freundschaft verbunden zu sein:

> Sie seien zwar nicht verfeindet, aber sie verbinde auch wieder keine so zuverlässige Freundschaft, dass sie einander ihre Geheimnisse, wie sie wohl möchten, anzuvertrauen wagten. Das aber tue dem ganzen Reich not; denn wenn diese beiden, die Vornehmsten im Reich, vertrauensvoll zueinander fänden, könnten sie damit das ganze Reich festigen.[20]

Angesichts der weitgehenden Intransparenz aller Entscheidungen, der Vertraulichkeit der politischen Willensbildung und der Unmöglichkeit, Anliegen und Forderungen unvorbereitet vorzubringen und durchzusetzen, benötigte jeder, der auf welcher gesellschaftlichen Ebene auch immer erfolgreich agieren wollte, Personen, die ihm als Intervenienten, Fürsprecher, Vermittler oder Gönner zur Verfügung standen. Hierzu waren aber genau die Mitglieder eines Verwandten- oder Freundeskreises wie die Mitglieder genossenschaftlicher Vereinigungen untereinander bereit. Deshalb benötigten selbst zwei Erzbischöfe die Bindung der Freundschaft, um abgestimmt und wirkungsvoll in den politischen Feldern agieren zu können.

Und es war von unschätzbarem Vorteil, wenn sich in den eigenen Beziehungsfeldern Personen fanden, die über direkte Beziehungen bis hinauf zum König verfügten. Wenn sie nämlich in der Huld und in einem Verhältnis der familiaritas zum Adressaten einer Bitte oder eines Anliegens standen, verlieh dies ihrer Intervention und Fürsprache erst das richtige Gewicht.

---

20 Vgl. Brunos Buch vom Sachsenkrieg, übers. v. FRANZ-JOSEF SCHMALE, Freiherr-vom-Stein-Gedächtnisausgabe 12, Darmstadt ⁴2000, cap. 18, S. 215.

Diese Rahmenbedingungen markieren wohl eine weitere Facette der elementaren Wichtigkeit, die Gruppenbindungen im Mittelalter neben der Schaffung eines Friedensraumes besaßen. Man muss sich die mittelalterliche Gesellschaft auf allen Ebenen als untergliedert in Netzwerke vorstellen, deren Angehörige nicht nur friedlich miteinander umgingen, sondern sich auch für die anderen ins Zeug legten.

Wenn etwa, was besonders gut bezeugt ist, Anliegen, Forderungen oder Probleme dem König vorgetragen und eine positive Entscheidung erreicht werden sollte, war es wenig erfolgversprechend, dies allein und auf direktem Wege zu tun. Das stand nur ganz wenigen offen, die sich der besonderen Huld des Königs erfreuten.

Deshalb aktivierte man gewöhnlich alle die Personen aus den eigenen Beziehungsfeldern, die eine besondere Nähe und familiaritas zum König aufwiesen, und „sein Ohr hatten". Diese sondierten vertraulich beim König oder bei dessen Umgebung, welche Chancen man hatte, seine Zustimmung zu dem Anliegen zu bekommen. Bei dieser Sondierung warfen sie naturgemäß zugleich ihr Gewicht in die Waagschale, indem sie sich zum Fürsprecher des Anliegens machten, so dass der König im Falle einer Ablehnung nicht nur den Bittsteller, sondern auch den oder die Fürsprecher düpierte. Bei ihrer Tätigkeit aktivierten die Fürsprecher also wiederum ihre Verbindungen und „arbeiteten" ähnlich modernen Lobbyisten daran, das Klima am Königshof günstig zu gestalten. Die Königsurkunden des Mittelalters sind voll von solchen Intervenienten, die als diejenigen benannt werden, die sich für die Sache eingesetzt hatten.

Ab dem 12. Jahrhundert wird auch ganz offen darüber geredet, dass solche Lobbyarbeit ihren Preis hatte, der an den König, aber auch an die Königin und an besonders wichtige Ratgeber zu entrichten war.[21]

Das Sich-Verwenden für die Anliegen anderer war jedenfalls eine verbreitete Technik gerade in den Führungsschichten des Mittelalters, die in anderen Schichten der Gesellschaft aus Überlieferungsgründen nicht in gleicher Intensität nachweisbar, aber auch zu vermuten ist. Hiermit wurde zumindest ein gewisser Druck auf den König oder Herrn ausgeübt, der der Bewilligung des Anliegens zugutekommen sollte. Es bedurfte einer ausgeprägten Herrschaftskunst, sich gegenüber diesem von verschiedenen Seiten und Interessengruppen ausgeübten Druck so zu verhalten, dass sich auf keiner Seite ein zu starkes Gefühl der Benachteiligung ausbilden konnte.

Die Netzwerke der auf Frieden und gegenseitige Unterstützung ausgerichteten Gruppen der mittelalterlichen Gesellschaft ermöglichen so die nötige Kommunikation zur Weitergabe und zur Unterstützung von Anliegen und

---

21 Eine eindringliche Schilderung solcher Lobbyarbeit bietet Gislebert von Mons, Chronik der Grafen vom Hennegau, der selbst jahrelang praktische Erfahrung auf diesem Felde am Hofe Kaiser Friedrich Barbarossas gesammelt hatte; vgl. dazu ALTHOFF, GERD, Kontrolle der Macht. Formen und Regeln politischer Beratung im Mittelalter, Darmstadt 2016, S. 266ff. mit einschlägigen Beispielen.

Interessen. Sie schufen allerdings auch, nicht zuletzt durch ihre Nutzung exklusiver und vertraulicher Kanäle, Konfliktpotentiale, weil sie selbst die Eliten der Gesellschaft dadurch differenzierten, dass nur einer der secundus a rege oder der familiarissimus sein konnte, der über den größten Einfluss verfügte. Die Häufigkeit, mit der die Überlieferung den teils gewaltsamen Sturz eines „Günstlings" berichtet, der seine Nähe zum König missbraucht hatte, macht deutlich, wie agonal das Ringen um Einfluss gewesen sein muss. Man verfügte allerdings auch über Praktiken und Institutionen, die Konflikte zu begrenzen und zu beenden in der Lage waren, und auch über Rituale, mit denen man die Konflikte in der Tat wirkungsvoll beendete. Hiervon soll im nächsten Kapitel die Rede sein.

Vom Konflikt zum Frieden: Verhandlungen und Rituale

Die Berechtigung vieler Personen, bewaffnete Konflikte zur Durchsetzung ihrer Interessen zu führen, führte wohl auch zu verschiedenen Praktiken, diese Konflikte wirkungsvoll zu begrenzen, bevor zu viel Schaden entstehen konnte. Die Gesellschaft schützte sich damit gewissermaßen vor negativen Auswirkungen ihrer eigenen Gewohnheiten. Die wichtigste Einrichtung des Mittelalters gegen ein Überborden unfriedlicher Zustände war wohl die Institution der Vermittlung von Frieden, deren Bedeutung von der Forschung erst in jüngerer Zeit erkannt worden, die aber in der gesamten Zeit des Mittelalter zu beobachten ist.[22] Nachzuweisen ist sie vor allem bei Konflikten innerhalb der Führungsschichten, es ist aber anzunehmen, dass sie auch auf anderen Ebenen der Gesellschaft häufig zum Einsatz kam.

Die Arbeitsweise dieser Vermittler kann man am besten mit dem Terminus „Schlichtung" beschreiben, wie sie trotz aller sonstigen Veränderungen auch heute noch betrieben wird. Vermittler hatten die Aufgabe, Konflikte zu beenden, ohne hierbei Entscheidungen über Schuld am Konflikt oder Erfolg im Konflikt zu treffen. Sie trafen überhaupt keine Entscheidungen, die sie dann durchsetzten. Vielmehr überzeugten sie die Parteien davon, dass es klüger sei, den Konflikt durch Kompromisse welcher Art auch immer zu beenden, als ihn weiter zu führen.

Natürlich wirkten die Vermittler in diesem Sinne auch auf die Konfliktparteien ein, doch oktroyierten sie ihnen keine Entscheidungen, sondern ihr Erfolg hing von der Zustimmung der Parteien ab. Diese Zustimmung zu erreichen, hatte ein König als Vermittler natürlich mehr Chancen als andere, weil seine Huld oder Ungnade gewichtigere Konsequenzen hatte als die anderer Vermittler. Dabei war es für Vermittler von Vorteil, wenn sie enge Beziehungen zu den Konfliktparteien hatten, was in der vielfach versippten adligen Kriegergesell-

---

22 Vgl. hierzu vor allem KAMP, HERMANN, Friedensstifter und Vermittler im Mittelalter, Darmstadt 2001.

schaft häufig der Fall war. Neben Verwandten und Freunden spielten aber auch Bischöfe durch die Jahrhunderte als Vermittler eine wichtige Rolle.

Es sei an wenigen Beispielen die Arbeitsweise und Argumentation von Vermittlern vorgestellt, um die Eigenart dieser friedenstiftenden Institution deutlich zu machen. Im 12. Jahrhundert vermittelte Pfalzgraf Otto von Wittelsbach auf folgende Weise den Frieden in einer Fehde des bayerischen Herzogs Heinrichs des Stolzen mit dem Regensburger Bischof Heinrich, in der sich schon die kampfbereiten Heere der Kontrahenten gegenüberstanden:

> Inzwischen sieht sich Pfalzgraf Otto, ein kluger Mann, der zu beiden Seiten Zutritt hatte, den Aufmarsch beider Heere an. Er meldet jenen, dass unseres (sc. das Heer des Herzogs) stärker sei, und setzt sie dadurch in Schrecken. Darauf bedacht, wie man in Güte den Frieden herbeiführen könne, ermahnt er zunächst den mit ihm verwandten Vogt Friedrich, sich zu ergeben. Dieser fügt sich ... dem Rate des Pfalzgrafen, geht in dessen Begleitung in das Lager des Herzogs, wirft sich ihm zu Füßen und wird wieder zu Gnaden angenommen. Als der Pfalzgraf das erreicht hat, drängt er unter Vorstellungen über das den Seinen drohende Unglück auch seinen Schwiegersohn Otto, sich zu ergeben und Sühne zu leisten. Dieser folgt seinem, auch von anderen ihm erteilten Rat, zögert nicht mit der Übergabe und liefert sich selbst mit seiner Burg in aller Unterwürfigkeit dem Herzog aus.[23]

Auf diese Weise gelang es, eine bewaffnete Auseinandersetzung zu verhindern und schließlich auch zwischen Herzog und Bischof Frieden zu stiften, wobei der Herzog vom Bischof eine Grafschaft als Lehen erhält.Begünstigt durch verwandtschaftliche Bindungen zu beiden Seiten schafft es der Pfalzgraf also mit Überredungskunst, eine ohnehin offensichtlich bestehende Bereitschaft zu gütlicher Einigung zu aktivieren. Aktiv ist er an dem rituellen Akt der Unterwerfung mittels eines Fußfalls beteiligt, wobei er dadurch garantiert, dass beide Seiten die für die Versöhnung in Aussicht genommenen Schritte auch wirklich durchführen.

Kernstück der Versöhnung ist hier und in vielen anderen Fällen ein Unterwerfungsritual (deditio), mit dem die rangniedere Partei eine Genugtuungsleistung (satisfactio) erbrachte: Man kam zumeist barfuß und im Büßergewand, warf sich dem früheren Gegner zu Füßen und äußerte formelhaft seine Unterwerfung. Die Vermittler hatten zuvor aber sichergestellt, was weiter passieren würde. Dies hing von Umständen des Konflikts und vom Rang der Personen ab, verschob sich aber auch im Laufe der Zeiten zwischen den Polen Milde und Strenge.[24]

---

23 Vgl. Historia Welforum (wie Anm. 6) cap. 22, S. 40f.
24 Vgl. dazu ALTHOFF, GERD, Die Macht der Rituale. Symbolik und Herrschaft im Mittelalter, Darmstadt 2003, S. 145ff.; STOLLBERG-RILINGER, Rituale (wie Anm. 14), S. 141ff.

Hier hatten sich überdies in verschiedenen Regionen Europas durchaus unterschiedliche Gewohnheiten herausgebildet.[25]

Häufig wurde die Bereitschaft zur Unterwerfung mit Milde und Vergebung honoriert, man hob den früheren Gegner vom Boden auf und gab ihm den Friedenskuss. Hierbei wird häufiger auf das Beispiel Christi verwiesen, der seinen Schuldnern zu vergeben bereit war. Der christliche Einfluss auf die Praxis der Versöhnung wird zudem durch Anleihen an das christliche Bußverfahren wie Barfüßigkeit, Büßergewand und Proskynese des sich Unterwerfenden unmittelbar deutlich. In extremen Fällen konnte man aber auch in die Gefangenschaft abgeführt und mehrere Jahre in Haft gehalten werden. Das war interessanterweise besonders dann der Fall, wenn jemand im Konflikt sehr erfolgreich gewesen war und so die Ehre des Ranghöheren besonders schwer verletzt hatte.

Das demonstrativ Theatralische dieses Vorgangs der Unterwerfung und sein Charakter als Genugtuung sei an einem zweiten Beispiel verdeutlicht. Als Kaiser Otto III. im Jahre 1001 einen Konflikt mit der italienischen Stadt Tivoli austrug und die Stadt belagerte, fungierten Papst Silvester II. und Bischof Bernward von Hildesheim als Vermittler des Friedens, die sich zuvor im Heere des Kaisers aufgehalten hatten. Sie gingen in die Stadt und erreichten in mehrtägigen Verhandlungen die Bereitschaft der Bürger zur Unterwerfung:

> Am anderen Tag kehrten die Bischöfe zum Kaiser zurück, gefolgt von einem denkwürdigen Triumphzug. Denn alle angesehenen Bürger der Stadt folgten ihnen, nur mit einem Lendenschurz bekleidet, in der Rechten ein Schwert, in der Linken eine Rute tragend und bewegten sich so zum Palast. Dem Kaiser seien sie mit Hab und Gut verfallen, nichts ausbedungen, nicht einmal das nackte Leben. Wen er für schuldig halte, möge er mit dem Schwert hinrichten, oder wenn er Mitleid üben wolle, am Pranger mit Ruten auspeitschen lassen. Wünsche er, dass die Mauern der Stadt dem Erdboden gleichgemacht würden, so wollten sie dies bereitwillig und gern ausführen, nie in ihrem Leben würden sie sich ferner dem Befehl seiner Majestät widersetzen.[26]

Mit dieser beeindruckenden Genugtuungsleistung hatten die Bürger von Tivoli dann in der Tat genug getan. Der Kaiser verzieh ihnen ihre Vergehen vollständig und ermahnte sie nur väterlich, in Zukunft nicht mehr von ihm abzufallen. Man kann angesichts vieler Parallelfälle davon ausgehen, dass die Bürger diesen Ausgang des Geschehens kannten, der von den Vermittlern ausgehandelt worden war und von ihnen garantiert wurde.

---

25 Vgl. dazu BROEKMANN, THEO, Rigor iustitiae. Herrschaft, Recht und Terror im normannisch-staufischen Süden (1050–1250), Darmstadt 2005, S. 234ff.

26 Vgl. Thangmar, Leben des hl. Bernward, Bischofs von Hildesheim, übers. v. HATTO KALLFELZ, Freiherr-vom-Stein-Gedächtnisausgabe 22, Darmstadt 1973, S.263–362, cap. 23, S. 317ff.

Das Geschehen kann man als Inszenierung mit abgesprochenen Rollen auffassen, durch die jedoch der Frieden bewirkt und Verpflichtungen, ihn zu halten, begründet wurden. Dieses Ritual ist durch die Jahrhunderte in unzähligen Varianten durchgeführt worden, um Konflikte gütlich zu beenden. Unterwerfen musste sich immer die rangniedere Partei, unabhängig davon, ob sie sich im Konflikt behauptet oder sogar gesiegt hatte. Das Ritual stellte die alte Ordnung wieder her. Wie das Mahl und neben dem Mahl war die Unterwerfung, deren Freiwilligkeit immer betont wurde, das zweite Ritual, mit dem häufig und zuverlässig der Weg zurück zum Frieden gefunden wurde.

Um diese Leistung des Rituals zu sichern, hatte man allerdings auch Vorkehrungen gegen Missbrauch getroffen. Die Vergünstigung einer gütlichen Konfliktbeendigung durch Unterwerfung gab es nämlich nur einmal. Wer danach den Konflikt fortführte oder neu eröffnete, wurde bis zu seiner Tötung mit den Waffen bekämpft. Als sich die Stadt Mailand in der Mitte des 12. Jahrhunderts zweimal gegen Kaiser Friedrich Barbarossa erhob, obwohl man den ersten Konflikt 1158 gütlich mit einem Unterwerfungsritual der Bürger und dem Verzeihen Friedrichs beendet hatte, verweigerte Friedrich dreimal die barfüßige Unterwerfung der Bürger und schickte sie wieder zurück. Schließlich retteten die Mailänder nur ihr nacktes Leben, weil man nicht alle Bewohner einer Stadt töten konnte. Die Stadt wurde jedoch vollständig zerstört und die Bürger in der Umgebung angesiedelt. Mailand sollte aus der Erinnerung verschwinden.[27]

So abgesichert scheint die rituelle Ordnungsstiftung durch Unterwerfung lange Zeit zuverlässig funktioniert und den versprochenen Frieden garantiert zu haben. Die Fälle, in denen Einzelpersonen sich nicht an solche Abmachungen hielten, sind jedenfalls rar.[28] Beeindruckend sind vielmehr die unzähligen Varianten, in denen dieses Ritual der Konfliktbeendigung bis weit über das Mittelalter hinaus begegnet. Die vielen unterschiedlichen Ausformungen lassen den Facettenreichtum deutlich werden, mit dem die Akteure Akzente zu setzen versuchten. Sie konnten das Ritual sowohl in Richtung auf Entehrung der sich Unterwerfenden verändern als ihnen auch außergewöhnlich entgegenkommen.

So ließ etwa im Jahre 1414 Kaiser Sigismund das Unterwerfungsritual des österreichischen Herzogs Friedrich in Konstanz so arrangieren, dass er die Gesandten zum Konstanzer Konzil zum Publikum der Durchführung machte. Mit seinen Vermittlern betrat der Herzog einen Raum, in dem Sigismund die Gesandten versammelt hatte. Der Herzog näherte sich dem Kaiser immer wieder niederkniend von hinten, während dieser, scheinbar mit den Gesandten beschäftigt, ihn ignorierte. Die Gesandten wurden so Zeuge der Genugtuungs-

---

27 Vgl. dazu GÖRICH, KNUT, Friedrich Barbarossa. Eine Biographie, München 2011, S. 342ff.
28 Vgl. dazu ALTHOFF, GERD, Spielregeln der Politik im Mittelalter. Kommunikation in Frieden und Fehde, Darmstadt ²2014, S. 103ff.; DERS., Otto III., Darmstadt 1996, S. 112ff.

leistungen des in Ungnade gefallenen Gegners, deren Arrangement wohl zum Ausdruck bringen sollte, wie marginal und unwichtig er für den Kaiser war.[29]

Man konnte die Akte der Genugtuung bei einem Friedensschluss aber auch so gestalten, dass die temporäre Selbstentehrung ganz in den Hintergrund trat, während das neue und positive Verhältnis der Akteure zueinander betont wurde. Dies geschah durch die in der modernen Forschung „Ehrendienste" genannten Tätigkeiten wie die des Schwert-, Schild- oder auch Bannerträgers, die an kirchlichen Hochfesten oder anderen Gelegenheiten demonstrativ von bestimmten Magnaten ausgeführt wurden, wenn etwa der König in feierlicher Prozession zur Kirche schritt.

Interessanterweise sind sie fast ausschließlich in Fällen bezeugt, in denen der König und sein ‚Träger' zuvor Konflikte miteinander geführt oder Probleme gehabt hatten. Mit ihnen wurde also demonstrativ Dienstbereitschaft gezeigt und so eine Verpflichtung akzeptiert, die man vorher in Zweifel gezogen oder verweigert hatte. In Fällen mächtiger Magnaten oder auswärtiger Könige traten diese Leistungen an Ende von Konflikten als Genugtuung gewissermaßen an die Stelle der barfüßigen Unterwerfung, die diesen Personen nicht zugemutet oder von ihnen nicht erreicht werden konnte.[30] Auf diese Weise hat man die Wiederherstellung friedlicher Verhältnisse so diskret arrangiert, dass die Tatsache des Einlenkens einer Partei vollständig verschleiert wurde.

Friedensinseln im Meer der Gewalt

Zusammenfassend ist gewiss noch einmal zu betonen, dass die Akzente, die in diesem Essay gesetzt wurden, die Friedensfähigkeit ‚des' Mittelalters in nur einem Segment der Gesellschaft herausarbeiteten: dem Bereich der christlich-adligen Krieger, die für sich und ihresgleichen Formen und Regeln für friedliches Zusammenleben und vor allem für die Führung und Beilegung von Konflikten entwickelt hatten, die dem Ausufern von Gewalt wirkungsvolle Schranken setzten, wenn man sozusagen unter sich war. Für das Zusammenleben der unterschiedlichen Schichten der christlichen Gesellschaft wie für Kontakte mit Heiden und Ungläubigen galten diese Rahmenbedingungen nicht.

Welche Konsequenzen dies hatte oder haben konnte, sei nur noch mit wenigen Belegen angedeutet. Als Otto der Große 955 einen erfolgreichen Rachefeldzug gegen die heidnischen Elbslawen durchführte, die aber immerhin von seinem Neffen, dem Grafen Wichmann, angeführt worden waren, berichtet

---

29 Zu solchen und ähnlichen Inszenierungen vgl. ALTHOFF (wie Anm. 24), S. 181ff.; STOLLBERG-RILINGER, BARBARA, Knien vor Gott – Knien vor dem Kaiser. Zum Ritualwandel im Konfessionskonflikt, in: Zeichen – Rituale – Werte, hrsg. v. GERD ALTHOFF, Münster 2004, S. 499–531.
30 Vgl. dazu ALTHOFF, GERD – WITTHÖFT, CHRISTIANE, Les services symboliques entre dignité et contrainte , in: Annales, 58 (2003), S. 1293–1320.

der sächsische Mönch Widukind von Corvey über die Maßnahmen des Königs nach dem Schlachtensieg Folgendes:

> An demselben Tag (nach der Schlacht) wurde das Lager der Feinde genommen und viele Menschen getötet und zu Gefangenen gemacht, und das Morden währte bis tief in die Nacht. Am nächsten Morgen wurde der Kopf des Fürsten (der Slawen) auf dem Felde ausgestellt und ringsumher 700 Gefangene enthauptet; Stoinefs (des Fürsten) Ratgeber wurden die Augen ausgestochen und die Zunge herausgerissen, und so ließ man ihn mitten unter den Leichnamen hilflos liegen. Wichmann aber und Ekbert (dessen Bruder) zogen, ihrer Freveltaten bewusst, nach Gallien und entkamen durch die Flucht zum Herzog Hugo (von Franzien, einem anderen Verwandten).[31]

Es ist aus den Darlegungen des Autors nicht ganz ersichtlich, warum der Herrscher in diesem Fall mit solcher Grausamkeit reagierte. Er nahm wohl Rache für Verhalten der Slawen, das er als Vertragsbruch ansah. Doch macht das Beispiel in jedem Fall deutlich, dass in Auseinandersetzungen mit Heiden ganz andere Optionen der Gewaltanwendung zur Verfügung standen als unter Christen.

Dies bestätigt etwa auch das berüchtigte Massaker, dass die Teilnehmer des ersten Kreuzzuges im Juli 1099 verübten, als sie Jerusalem erobert hatten. Sie metzelten die muslimische und jüdische Bevölkerung der Stadt nämlich systematisch nieder und ihre Anführer meldeten dies brieflich Papst Urban II.:

> ... und wenn ihr wissen wollt, was mit den Feinden, die dort gefunden wurden, gemacht worden ist, dann sollt ihr wissen, dass im Vorhof und im Tempel Salomos die Unsrigen im Blute der Sarazenen ritten bis zu den Knien der Pferde.[32]

Zeitgenossen rechtfertigten dies Massaker mit dem Hinweis, dass hier „ein gerechter Urteilsspruch Gottes" vollstreckt worden sei, „dass die, die das Heiligtum des Herrn mit ihren heidnischen Riten entweiht und die den gläubigen Völkern Ungehöriges vergolten hatten, dies mit dem Verlust ihres eigenen Blutes sühnten und das Verbrechen mit dem Sühneopfer ihres Todes bezahlten".[33]

Damit verwiesen sie auf einen Zentralgedanken der Kreuzzugspredigten Papst Urbans II., der zur Motivation der Krieger vor allem den Rachepsalm 79 zitiert und ausgelegt hatte. In ihm wird die Besudelung der heiligen Stätten in Jerusalem durch die Riten der Ungläubigen beklagt, die Gott erzürnt habe. Ur-

---

31 Vgl. Widukind (wie Anm. 18) III, 55, 165. Die Neffen Ottos, Wichmann und Ekbert, wurden später wieder in die Huld des Herrschers aufgenommen.
32 Vgl. Epistola (Dagoberti) Pisani archiepiscopi ... in: HAGENMEYER HEINRICH (Hrsg.) Die Kreuzzugsbriefe aus den Jahren 1088–1100, Innsbruck 1901, Nr. 22, S. 171.
33 Vgl. Wilhelm von Tyrus, Chronicon, hrsg. v. ROBERT B.C. HUYGENS, Turnhout 1986, VIII, cap. 20, S. 412.

ban hatte mit diesem Psalm zur Vergeltung aufgerufen und so den ‚Blutrausch' der Kreuzfahrer zumindest mitverursacht. Das Tun der Kreuzfahrer scheint einer ‚Sühne durch Blut' verpflichtet gewesen zu sein.[34] Und dies ist nicht die einzige Zeit, in der die christliche Religion sich nicht als friedenstiftende gezeigt, sondern mit religiösen Argumenten die Schwelle zur Anwendung von Gewalt erheblich gesenkt hat.[35]

Ein letztes Beispiel stehe für viele aus dem Mittelalter mögliche, die menschenverachtende Grausamkeit gegen sozial niedere Schichten verdeutlichen. Sie kam vor allem dann zum Ausbruch, wenn, was in aller Regel der Fall war, die Leibeigenen und Bauern eines Adligen in einer Fehde zu büßen bekamen, was die Gegner ihres Herrn ihnen stellvertretend antaten.[36] So schildert Lampert von Hersfeld in den 70er Jahren des 11. Jahrhunderts die Verhaltensweisen König Heinrichs IV. und Herzog Ottos von Northeim, als sie gegeneinander eine Fehde führten:

> Der König führte sein Heer weiter, um auch die Besitzungen seiner (Herzog Ottos) Gemahlin zu verwüsten. Er äscherte viele mit Kostbarkeiten und Gebäuden herrlich ausgestattete Dörfer ein und plünderte sie aus. An Frauen und Kindern, – denn die Männer hatten sich in den Bergen und unzugänglichen Wäldern versteckt –, beging er viele abscheuliche Feindseligkeiten, und so harte und grausame Behandlung erlitten auf diesem Zuge unschuldige und nicht mit dem geringsten Verdacht irgendeines Vergehens belastete Menschen von ihrem eigenen König, dass sie nichts Härteres, nichts Grausameres von Barbaren hätten erleiden können … Da endlich packte Herzog Otto wilder Schmerz … Er machte mit 3000 auserlesenen Kriegern einen Angriff auf Thüringen, steckte die mit allen Vorräten reich ausgestatteten Königshöfe in Brand, machte reiche Beute und köderte gleich zu Anfang seine Krieger, die in der Mehrzahl nur die Hoffnung auf Beute zu dem Kampf verlockt hatte, … und sicherte sich dadurch ihre unbedingte Treue. So zog er, alles verheerend, bis über Eschwege hinaus. Hier verteilte er unter die sich um ihn scharenden Bauern seiner Güter, denen die Krieger des Königs nichts gelassen hatten außer das elende Leben, einen Teil der Beute und ermahnte sie, die Schläge der göttlichen Strafe tapferen Mutes zu ertragen.[37]

---

34 Vgl. dazu mit unterschiedlichen Akzentuierungen ANGENENDT, ARNOLD, Toleranz und Gewalt. Das Christentum zwischen Bibel und Schwert, Münster 2007, S. 424ff.; ALTHOFF (wie Anm. 9), S. 121–146.
35 Vgl. dazu zuletzt BUC (wie Anm. 8), S. 76ff.
36 Vgl. dazu allg. ALGAZI, GADI, Herrengewalt und Gewalt der Herren im späten Mittelalter, Frankfurt a.M. 1996.
37 Vgl. Lampert von Hersfeld, Annalen, neu übers. v. ADOLF SCHMIDT. Erläutert von Wolfgang Dietrich Fritz. Freiherr-vom-Stein-Gedächtnisausgabe 13, Darmstadt 2011, a. 1071, S. 128f.

Angesichts unserer obigen Hinweise, wie viel Energie die Eliten in ihren Fehden darauf verwandten, sie durch Verhandlung und Vermittlung gütlich beizulegen, darf also nicht vergessen werden, dass sie gleichzeitig ohne jede Zurückhaltung wehrlose Bauern ihrer Gegner angriffen, schädigten und auch töteten. Ebenso gaben sie Heiden, Ungläubigen und Abweichlern kein Pardon und wenig Chancen auf friedliches Zusammenleben und gütliche Lösung der Konflikte. Bei religiöser Differenz agierte man vielmehr mit geradezu alttestamentlichem Eifer für Gott (zelus Dei) und orientierte sich an biblischen Beispielen, die diesem Ideal des Zelotismus huldigten.[38] So trug die christliche Religion im Mittelalter neben ihren vielen Friedensappellen und initiativen auch dazu bei, dass in bestimmten Konflikten erhebliche Gewalt in ihrem Auftrag und Namen ausgeübt wurde. Wer die Friedensfähigkeit wie die Gewalttätigkeit ‚des' Mittelalters verstehen will, darf solche Diskrepanzen nicht ausblenden.

---

38   Beispiele hierzu zuletzt bei BUC (wie Anm. 8), S. 121 ff.

Friedenspolitik in Europa und der Welt

Regina Heller

Russland und der Frieden in Europa – normative Entwicklungspfade und aktuelle Außenpolitik

1 Einleitung

Im März 2015 baten mich die Herausgeber dieses Bandes um einen Beitrag, der sich mit der politischen Kategorie Frieden in der russischen Außenpolitik befasst. Sie baten mich darum zu einem Zeitpunkt, zu dem im Osten der Ukraine ein gewaltsam ausgetragener Konflikt herrscht, in dem Russland zwar nicht offizielle Kriegspartei ist, wohl aber unter dem Verdacht steht, die ostukrainischen Separatisten personell, finanziell und politisch zu unterstützen,[1] und somit maßgeblich dazu beiträgt, dass sich eine friedliche Beilegung des Konflikts hinauszögern oder er ohne substanzielle Lösung „einfrieren" wird. Auch die Art und Weise, wie sich Russland im März 2014 der ukrainischen Halbinsel Krim und der Stadt Sewastopol bemächtigte, nämlich unter Verletzung des ukrainischen Staats- und Verfassungsrechts sowie des Völkerrechts,[2] hat insbesondere in Westeuropa die Frage aufgeworfen, ob Russland sich noch den europäischen und internationalen Regeln und Normen von Frieden und Sicherheit verpflichtet fühlt.

Zwar ist der Gewaltkonflikt in der Ostukraine zunächst Ausdruck und Folge einer tiefen politischen, wirtschaftlichen und gesellschaftlichen Staatskrise der Ukraine selbst, die mit den Protesten der *Euromaidan*-Bewegung in Kiew im Winter 2013/1014 sichtbar und akut wurde.[3] Doch gerade der Blick auf den Umgang der Europäischen Union (EU) und Russlands mit diesem Konflikt zeigt sehr deutlich, dass das Verständnis darüber, was Frieden in Europa (und in der Welt) ausmacht und wie er zu erreichen ist, auf beiden Seiten sehr unterschiedlich ist.[4] Die EU vertritt im Wesentlichen ein liberales Friedenskonzept.

---

1 Vgl. etwa Mitrokhin, Nikolay (2015): Bandenkrieg und Staatsbildung. Zur Zukunft des Donbass, in: Osteuropa 65 (1–2), 5–19; oder auch den Bericht des im Februar 2015 ermordeten russischen Oppositionellen Boris Nemtsow: „Putin. Der Krieg", Mai 2015 [posthum veröffentlicht], unabhängiger Expertenbericht, Moskau.
2 Hierzu ausführlich und überzeugend Luchterhandt, Otto (2014): Die Krim-Krise von 2014: Staats- und völkerrechtliche Aspekte, in: Osteuropa 64 (5–6), 61–86.
3 Vgl. Stykow, Petra (2014): Innenpolitische Gründe der Ukraine-Krise. Gleichzeitige Demokratisierung und Staatsbildung als Überforderung, in: Osteuropa 64 (5–6), 41–60.
4 Wobei die im August/September 2015 einsetzende Flüchtlingskrise auch gezeigt hat, dass selbst innerhalb der EU die Vorstellungen über den Geltungsbereich und die Geltungskraft normativer Grundwerte Europas sehr unterschiedlich ausgeprägt sind.

Was heißt das? Erstens beinhaltet dies die Vorstellung, dass eine demokratische Grundordnung im Inneren von Staaten eine dauerhafte Orientierung der Politik an der Norm des Friedens auch nach außen begünstigt.[5] Dieser liberalen Idee folgend tritt die EU ein für Demokratie, Rechtsstaatlichkeit und die Verwirklichung der Menschenrechte und fördert Demokratisierungsprozesse in Europa und weltweit. Ein zweiter Pfeiler des liberalen Friedens ist die Annahme, dass ökonomische Interdependenz und Verflechtung eine wichtige Voraussetzung für den zwischenstaatlichen Frieden darstellen. Die europäische Integration nach 1945, also die Intensivierung der Verflechtung zwischen gleichberechtigten Staaten, gilt als Grundpfeiler des europäischen „Friedensprojekts". Der europäische Einigungs- und Integrationsprozess sollte nicht nur eine Wohlfahrts- und Prosperitätsgemeinschaft, sondern auch eine Zivilisations- und Wertegemeinschaft beinhalten, die die Herausbildung einer Stabilitätszone und Friedensgemeinschaft fördert. In dieser Logik erscheinen für die EU Erweiterung bzw. Assoziierung im Rahmen der Nachbarschaftspolitik ein probates Mittel, um die „Friedenszone" in Europa mit Hilfe einer „Europäisierung" der Nachbarschaft weiter auszudehnen.

Diese liberale Vorstellung von Frieden und einer Friedensordnung wird von Russland nicht geteilt. Zwar hat sich das postsowjetische Russland nach dem Ende des Ost-West-Konflikts, dem Zusammenbruch der sozialistischen Ordnung in Osteuropa und der Auflösung der Sowjetunion zum westlich-liberal geprägten normativen Bezugsrahmen, insbesondere zur Demokratie und zur internationalen Kooperation im Rahmen gemeinsamer Organisationen bekannt. Diese Normen haben über die Jahre hinweg jedoch immer mehr an Anziehungskraft auf die politischen Eliten in Russland verloren; und sie sind auch in der russischen Gesellschaft heute unpopulärer denn je. Der liberale Ansatz, der im „Friedensprojekt" Europa steckt, ruft Impulse der Abwehr hervor, weil er wesentliche Grundprinzipien von Herrschaft, Ordnung und Frieden, auf denen die russische Staatlichkeit aufgebaut ist, in Frage stellen. Abwehrreaktionen bilden sich vor allem entlang folgender Reflexions- und Argumentationslinien ab, die im politischen Diskurs derzeit prominent auftreten:

- Eine substanzielle Demokratisierung der Ukraine und im restlichen postsowjetischen Raum wird sich negativ auf die Stabilität und damit Sicherheit Russlands auswirken.
- Die EU dringt mit ihrer Nachbarschaftspolitik in eine „exklusive" russische Einflusszone vor. Russland und die EU werden auf diese Weise im postsowjetischen Raum in einen konflikthaften Wettbewerb um Einfluss und Integration gedrängt.
- Der Westen missachtet mit seiner Politik der Exklusion und des Interventionismus nationale Interessen Russlands sowie seine angestammte Rolle

---

5   Kahl, Martin; Rinke, Bernhard (2011): Frieden in den Theorien der Internationalen Beziehungen, in: Gießmann, Hans J.; Rinke, Bernhard (Hrsg.): Handbuch Frieden. Wiesbaden, 70–85; hier 77.

als gleichberechtigter Akteur und destabilisiert so die Sicherheit in Europa und in den internationalen Beziehungen.

Was genau löst diese antiliberalen Impulse hervor? Welche Vorstellungen von Frieden werden stattdessen in Russland akzeptiert? Gibt es einen „europäischen" Kern an Vorstellungen über Frieden, den auch Russland teilt? Oder spielt die Norm Frieden überhaupt keine Rolle im heutigen Russland? Bevor ich zur Diskussion und Beantwortung dieser Fragen komme, möchte ich zunächst aus der Perspektive der Friedensforschung einige allgemeine Vorbemerkung zum Konzept Frieden als politische Norm machen.

2 Was ist Frieden?

Von dem deutschen Politikwissenschaftler Dolf Sternberger stammt der Satz: „Der Gegenstand und das Ziel der Politik ist der Friede."[6] Was aber ist damit gemeint? Sternbergers Diktum verweist zunächst auf verschiedene Dimensionen von Frieden. Erstens: Frieden hat eine politische Funktion. Wenn Frieden ein kollektives Gut ist – und davon kann allgemein ausgegangen werden –, dann wird seine Bereitstellung zwangsläufig zu einer staatlichen (politischen) Aufgabe. Ausgehend von dieser politischen Funktion, die Frieden zum Gegenstandsbereich von Politik macht, erhält die Kategorie Frieden eine normative Funktion für die Politik: Sie wird zum Regulativ für innen- wie außenpolitisches Handeln. Frieden wird also zu einer zentralen politischen Gestaltungsaufgabe.[7] So richtig diese Schlussfolgerung sein mag, so undeutlich bleibt dabei doch, was die Qualität von Frieden eigentlich ausmacht. Ist Frieden lediglich die Negation von Krieg, die Abwesenheit von physischer Gewalt oder doch viel umfassender eine die Gesellschaft durchdringende Struktur? Gilt die Gestaltungsaufgabe nur für Staaten oder auch für einzelne gesellschaftliche Gruppen oder gar für Individuen? Die Friedensforschung bietet hier unterschiedliche Antworten an.

Ähnlich schwierig zu beantworten scheint die Frage nach der Art und Weise der Produktion von Frieden. Ist Frieden letztlich nichts anderes als die Herstellung und Aufrechterhaltung von Sicherheit, wenn doch beide auf den Schutz physischer Unversehrtheit abzielen? Doch die Friedensforschung ist hier deutlicher: Sicherheit ist ein wichtiger Baustein hin zum Frieden, aber der Frieden ist stets „mehr" als die bloße Abwesenheit von physischer Gewalt. Frieden muss „gestiftet" werden. Frieden ist ein aktiver, transformativer Prozess, in dem die Akteure gemeinsam versuchen, den Hobbes'schen Naturzustand – ein zutiefst feindschaftlich strukturierter Zustand, dessen wesentliches Funktionsprinzip die Anarchie ist und in dem Misstrauen, ewige Feindschaft und Konkurrenz in-

---

6   Sternberger, Dolf (1986): Begriff des Politischen. Heidelberger Antrittsvorlesung vom 23. November 1960, in: ders.: Die Politik und der Friede. Frankfurt/M., 76
7   Schwerdtfeger, Johannes (2001): Begriffsbildung und Theoriestatus in der Friedensforschung. Opladen, 28.

nerhalb von Gesellschaften und zwischen den Völkern die dominanten Strukturmerkmale darstellen – zu überwinden. Daraus folgt für das Verhältnis von Sicherheit zu Frieden: Die alleinige Orientierung auf die Sicherheit läuft Gefahr, gedanklich im anarchischen System gefangen zu bleiben. Die Orientierung auf den Frieden hingegen kann den Naturzustand überwinden, kann Misstrauen in Vertrauen umwandeln und so den in der Anarchie stets „prekären", weil instabilen in einen dauerhaften Frieden verwandeln. Insofern stehen Frieden und Sicherheit in einem dynamischen Wechselverhältnis zueinander, sofern die Produktion von Sicherheit kooperativ erfolgt, etwa über gemeinsame Sicherheitsarrangements und umfassendere Sicherheitsordnungen, die allgemeinverbindliche Regeln für Wege aus der Gewalt aufzeigen.[8] Sicherheitsproduktion ist friedensstiftend, wenn sie stets auch auf die Veränderung der Grundstrukturen des internationalen Systems angelegt ist.

In der Ideengeschichte Westeuropas, ausgehend von Erasmus von Rotterdam, war der europäische Friedensgedanke sowie die Idee, Frieden politisch zu stiften und auf diese Weise den „Naturzustand" zu überwinden, stets präsent.[9] Im Zeitalter der Aufklärung wird sie mit liberalen Ideen untermauert und erreicht ihren ersten Höhepunkt. „Die Rede vom Ewigen Frieden wird im 18. Jahrhundert eines der beliebtesten Themen der europäischen Geistesgeschichte", wie auch von Raumer feststellt,[10] denn mit der Idee eines europäischen „Friedensbunds" ist die Hoffnung verbunden, die zwischenstaatliche Ordnung in Europa auf festeren Boden zu stellen und Krieg und Gewalt, die bis dahin Europa immer wieder erfassten, dauerhaft zu binden.[11] Unter den in dieser Epoche entstehenden Ideen für einen solchen „Ewigen Frieden" in Europa ist sicherlich Immanuel Kants Vision von einem europäischen Friedensbund, die er in seinem Traktat „Vom Ewigen Frieden" (1795) ausformuliert,[12] die bekannteste. Hier nennt er die aus seiner Sicht wesentlichen Voraussetzungen für

---

8   Die Einrichtung der Vereinten Nationen (VN) nach 1945 oder die Bemühungen um Rüstungskontrolle während des Kalten Krieges können in diesem Sinne zwar zunächst als Maßnahmen der überstaatlichen, kooperativen Sicherheitspolitik gesehen werden, bilden aber darüber hinaus auch kollektive Anstrengungen im Sinne des weltweiten Friedens und der Etablierung einer Friedensordnung ab, da sie darauf ausgerichtet sind, die internationalen Strukturen im Sinne der Friedensbildung dauerhaft zu verändern. Zum Spannungsverhältnis von Frieden und Sicherheit vgl. auch Mutz, Reinhard (2011): Europäische Friedensordnung, in: Gießmann/Rinke (2011): Handbuch Frieden, a.a.O [FN 5], 225–235, hier 225f.
9   Eine Übersicht zu den wichtigsten Denkern zum „Ewigen Frieden": Kurt von Raumer (1953): Ewiger Friede: Friedensrufe und Friedenspläne seit der Renaissance. Freiburg/München.
10 Von Raumer (1953): Ewiger Friede, a.a.O. [FN 9], 127.
11 Vierhaus, Rudolf (1961): Überstaat und Staatenbund, in: Archiv für Kulturgeschichte 43 (3), 329–354, hier 332.
12 Kant, Immanuel (1971) [1795]: Zum ewigen Frieden: Ein philosophischer Entwurf. Stuttgart.

einen dauerhaften Frieden: eine konstitutionelle Ordnung im Rahmen einer „*res publika*",[13] Vertragsbeziehungen unter gleichberechtigten Staaten und die Verflechtung durch Wirtschaft und Handel. Damit formuliert er jene grundlegenden Bedingungen, die auch heute noch liberale Friedenskonzepte ausmachen.

Auch die liberale Friedensordnung basiert auf einem Verständnis von Frieden als Abwesenheit organisierter militärischer Gewalt, wird aber substanziell erweitert durch die Vorstellung, dass die „inneren institutionellen Ordnungen bzw. Regierungsformen [...] und die bestehenden innenpolitischen Machtverhältnisse" die Außenpolitik bestimmen.[14] Klassische liberale Theorien und der moderne Liberalismus besagen: „Je demokratischer die Beziehungen zwischen dem politischen System und seinem gesellschaftlichen Umfeld geordnet werden, umso stärker setzt sich der Friede als außenpolitische Norm durch."[15] Eine weitere Friedensbedingung wird in einer Ordnung gesehen, die ökonomische Verflechtung und Interdependenz begünstigt.[16] Insofern ist der liberale Frieden immer auch langfristig angelegt und dabei stets als Prozess zu verstehen, in dessen Fortgang „immer weniger Gewalt und immer mehr Verteilungsgerechtigkeit" produziert wird.[17] Liberale Friedenskonzepte bilden auf dem gedachten Kontinuum zwischen einfachen Sicherheitsarrangements einerseits und umfassenderen Friedensordnungen andererseits eine Vorstellung von Frieden ab, die in ihrem Anspruch, das internationale System strukturell zu verändern, sehr weit geht.[18] Das europäische Friedensprojekt steht mit seiner Ausrichtung auf Demokratie, Verflechtung und Integration in dieser liberalen Denktradition.

3 Die politische Norm Frieden im postsowjetischen Russland

Ein Blick in die Geschichte des russischen Gesellschaftsdenkens zeigt zunächst, dass die Kategorie Frieden kaum im Kontext politischer Ideen diskutiert wurde. Insgesamt hat die russische Ideengeschichte nur sehr wenig zur politischen Theorie hervorgebracht und keine politische Friedensidee. Politische Theorien wurden häufiger in literarischen Texten entwickelt und verarbeitet als in politisch-theoretischen oder philosophischen Traktaten. Damit hebt sie sich sehr

---

13 „Res Publika": die Republik, verstanden als ein Verfassungsstaat mit formalen demokratischen Institutionen und Parlamenten – in unserem heutigen Verständnis: eine Demokratie.
14 Kahl/Rinke (2011): Frieden in den IB, a.a.O. [FN 5], 77.
15 Czempiel, Ernst-Otto (1998): Friedensstrategien: Eine systematische Darstellung außenpolitischer Theorien von Machiavelli bis Madariaga, 2. aktualisierte und überarbeitete Auflage. Wiesbaden, hier 16–17.
16 Kahl/Rinke (2011): Frieden in den IB, a.a.O. [FN 5], 77.
17 Czempiel (1998): Friedensstrategien, a.a.O. [FN 15], hier 20.
18 Ähnlich weit in seinen politisch-gesellschaftlichen Veränderungsvorstellungen geht auch der Marxismus. Hier ist es die Herrschaft der Arbeiterklasse, die schließlich zum Frieden führen soll.

deutlich von der Ideengeschichte Westeuropas ab. Zwar existiert auch in Russland eine lange Tradition des Pazifismus und der Friedensethik, die meisten Gedanken dazu haben ihren Ursprung in der russisch-orthodoxen Kirchenlehre. Doch sind diese Ideen und Strömungen mit wenigen Ausnahmen, etwa die emanzipatorische Friedensethik des Sozialismus mit ihrem Fokus auf Fragen der sozialen Gerechtigkeit durch die Überwindung der Klassengesellschaft,[19] überwiegend apolitisch, d.h., sie sind kaum an politische Konzepte rückgekoppelt.[20] Doch auch die marxistische bzw. sozialistische Friedensideologie, wie sie die Sowjetunion prägte, spielt im heutigen, postsowjetischen Russland keine Rolle mehr.

Die eingangs ausgeführten „antiliberalen" Argumentationslinien, die sich im Kontext des Ukraine-Konflikts im russischen Diskurs ausfindig machen lassen, knüpfen eher an Vorstellungen und Ideen von Herrschaft, Ordnung, Sicherheit und letztlich auch Frieden an, die sich bereits vor 1917 in Russland etabliert haben. Diese sind im Kern folgende:

- Nur ein „starker" Staat kann Frieden und Stabilität im Inneren und nach außen realisieren.
- Russland ist Garant für Frieden, Sicherheit und Stabilität im postsowjetischen Raum.
- Frieden und Sicherheit in Europa und der Welt sind das Ergebnis von Mächtegleichgewichten und Großmachtmultilateralismus und können nur gemeinsam mit Russland umgesetzt werden.

Stabilität und Frieden durch einen „starken" Staat

In Russland hat die liberale Denktradition mit ihrer Verknüpfung von Freiheit und Frieden zu einem zentralen gesellschaftlichen Ordnungsprinzip nach innen und nach außen keine historische Verankerung. Die ersten umfangreichen gesellschaftspolitischen Veränderungen in Russland unter Zar Peter dem Großen hatten durchaus moderne westliche Ideen nach Russland gebracht. So hatte Peter das Land auf der Grundlage westeuropäischer Vorstellungen von Staat und Staatlichkeit modernisiert und es nach Westen geöffnet.[21] Peter selbst folgte in seinem Denken und in seiner Politik dem „aufgeklärten Absolutismus" – einer Staatsform also, in der der Monarch sich am Naturrechtsprinzip orientiert, Freiheiten gewährt und per Gesellschaftsvertrag zum obersten Diener seines Staates avanciert, wobei seine Macht stets uneingeschränkt erhalten bleibt.[22]

---

19 Vgl. Cortright, David (2008): Peace: A History of Movements and Ideas. Cambridge, 260ff.
20 Vgl. Павлова, Т.А. (1997): Долгий путь российского пацифизма, Москва. Berühmtester Vertreter dieser apolitischen Positionen ist der russische Schriftsteller Lew Tolstoj.
21 Utechin, S. V. (1963): Geschichte der politischen Ideen in Rußland. Stuttgart u.a., 40.
22 Utechin (1963): Geschichte der politischen Ideen in Rußland, a.a.O. [FN 21], 43.

Doch während im Zuge der bürgerlichen Revolutionen im Westeuropa des 18. Jahrhunderts die autokratischen Herrschaftssysteme massiv unter Druck gerieten und schließlich von konstitutionellen Monarchien oder Republiken abgelöst wurden, blieb das Zarentum und damit die auf Autokratie basierende politische Ordnung in Russland gesellschaftlich weitgehend unhinterfragt. Dies war nur dadurch möglich, dass die „Selbstherrschaft" *(самодержаво/samoderžavo)* der Zaren nie – auch von zeitgenössischen Denkern in Russland wie Nikolai Karamsin oder Michail Lomonossow nicht – als Despotismus verstanden, sondern stets positiv im Sinne einer verantwortungsvollen Machtausübung von oben gedeutet wurde. Karamsin etwa erkannte zwar den positiven Wert der Freiheit an, insbesondere angesichts der katastrophalen sozialen Zustände und der Ausbeutung der Leibeigenen, doch hielt er die Regierungsform, unter der sich diese Freiheit entfalten kann, grundsätzlich für zweitrangig. Für Russland verneinte er sogar die Sinnhaftigkeit einer konstitutionellen Ordnung: Der Freiheit, so Karamsin, „könne man sich nicht erfreuen, ohne daß eine bürgerliche Ordnung bestünde, die ihrerseits nur durch eine starke Staatsmacht aufrechterhalten werden könne".[23] Die Monarchie betrachtete er als die für Russland geeignetste Herrschaftsform. Nur sie sei legitim und vereinbar mit der durch die östlichen Kulturen beeinflussten russischen Tradition.

Diese Denktradition blieb auch im 19. Jahrhundert weitgehend erhalten und ging mit einer zunehmenden Tendenz der Abgrenzung vom politisch-kulturellen Modell Westeuropas einher.[24] Die bürgerlichen Revolutionen und die sich hieraus entwickelnden Demokratien wurden nun primär als Phänomene des „Westens" angesehen. Die offizielle Staatsideologie ab dem 18. Jahrhundert setzte sich aus den drei Elementen Orthodoxie (Hingabe an die Lehre und den Ritus der orthodoxen Kirche), Selbstherrschaft (uneingeschränkte Autorität des Zaren) und kultureller Nationalismus (spezielle Mission des russischen Volkes) zusammen.[25] Bis ins späte 19. Jahrhundert verstärkten sich die antiliberalen Strömungen noch weiter. Die Slawophilen-Bewegung etwa gilt als Motor für einen sich verschärfenden Abgrenzungsdiskurs gegenüber dem Westen in dieser Zeit. Ihre Kritik am westlichen Gesellschaftssystem war noch grundlegender als jene der Denker des 18. Jahrhunderts. Vertreter der Slawophilen lehnten Individualismus, Konstitutionalismus, Parlamentarismus, Rechtsstaat römischen Ursprungs und letztlich die Demokratie ab, da dies für Russland unbrauchbare Prinzipien seien.[26] So blieb es in Russland – mit breiter gesellschaftlicher Unterstützung – bei der Vorstellung eines „starken Staates", einem „Zurückstehen des Individuums zugunsten des Volkes" und einer „Disziplin gegenüber

---

23 Ebd., 44.
24 Ebd., 72–73.
25 Vgl. Saunders, David (2010): The political and social order, in: Leatherbarrow, William; Offord, Derek (Hrsg): History of Russian Thought Cambridge, 17 43, hier 28ff.
26 Tolz, Vera (2010): The West, in: Leatherbarrow/Offord: History of Russian Thought, a.a.O. [FN 25], 197–216, hier 204.

einer als gerecht aufgefassten Ordnung",[27] die einer Öffnung des politischen Denkens hin zu einem auf liberalen Prinzipien fußenden inneren und äußeren Frieden entgegenstanden.

Antiliberale Systemstabilisierung im postsowjetischen Russland

Diese traditionell gewachsenen Staatlichkeitsvorstellungen einer „starken" Exekutivmacht als Voraussetzung für Stabilität und Sicherheit bilden den historisch-kulturellen Hintergrund, auf den die Einführung der Demokratie und die wirtschaftliche Liberalisierung im postsowjetischen Russland trafen. Die wenig positiven Erfahrungen in den 1990er Jahren mit Demokratie und liberaler Marktwirtschaft veranlassten die politische Führung ab 2000 zu einer beinahe reflexartigen „antiliberalen" Wende. Sie hat die in den letzten Jahren noch einmal deutlich an Intensität zugenommen. Im Zuge der Ukraine-Krise hat sich außerdem der Eindruck verstärkt, dass Krieg und ein auf Ressentiments basierender Nationalismus zu einer wichtigen, wenn nicht *der* ausschlaggebenden Legitimationsgrundlage für Herrschaft in Russland geworden sind.

Nach dem Zerfall der Sowjetunion hatte sich die Führung Russlands unter Präsident Boris Jelzin das ambitionierte Ziel gesetzt, das Land wirtschaftlich und politisch in die Gemeinschaft westlich-liberaler, also demokratischer und marktwirtschaftlicher Staaten zu integrieren. Dies gelang zwar formal, doch war der Umbau des russischen Regierungssystems hin zu einem liberalen Modell von gravierenden Demokratiedefekten begleitet: In der Verfassung von 1993 wurde bereits ein „Superpräsidentialismus" angelegt, der es erlaubt, die präsidentielle Exekutivmacht stark zu überdehnen und parlamentarische Kontrollbefugnisse auszuhebeln. Die Einführung der Verfassung von 1993 war entsprechend überschattet von zähen Auseinandersetzungen zwischen Exekutive und Legislative, an deren Ende die von Präsident Jelzin befohlene gewaltsame Auflösung des Volksdeputiertenkongresses durch die russische Armee stand. Zu einem ideologisch hochgradig fragmentierten und zerstrittenen Spektrum politischer Akteure gesellte sich eine zunehmende Penetration des politischen Entscheidungsprozesses durch wirtschaftliche Interessengruppen und Wirtschaftsoligopole, die von der raschen und chaotischen Privatisierung und Liberalisierung der Wirtschaft profitierten. Die Verengung des politischen Entscheidungsprozesses auf kleinste Gruppen ohne formale Rechenschaftspflicht gegenüber der Bevölkerung ermöglichte letztlich auch die Entscheidung für den ersten Tschetschenienkrieg 1994. Die letzten Jahre der Präsidentschaft Jelzins wurden in Russland insgesamt als „Anarcho-Liberalismus" erlebt,[28] in dessen Zuge es zu einer massiven Desorganisation des innen- und außenpolitischen Entscheidungsprozesses kam.

---

27 Goldstein, Björn (2015): Emanzipation und „höheres Christentum". Was ist kritisch an der kritischen Normenforschung in den internationalen Beziehungen?, in: Zeitschrift für Politikwissenschaft 62 (2), 140–158, hier 150.
28 Sakwa, Richard (2004): Russia's Choice. London, Routledge, 2.

Mit der Übertragung der politischen Macht von Präsident Jelzin zu Wladimir Putin im Jahr 2000 begann eine Phase der „Rezentralisierung", d.h. der Wiederherstellung der zentralen Entscheidungs- und Gestaltungsmacht des Staates als Mittel der Systemstabilisierung und als Voraussetzung für die weitere Modernisierung des Landes. Hierbei wurde zum einen unter Rückgriff auf das Justizsystem der Einfluss der Oligarchen massiv zurückgedrängt, zum anderen die Eigenständigkeit der Regionen stark beschnitten. Es kam zu einer Reihe von Entliberalisierungen in der Gesetzgebung, die sich einschränkend auf die Handlungsmöglichkeiten sowohl politischer Parteien als auch zivilgesellschaftlicher Organisationen auswirkte. Eine weitere Abkopplung der exekutiven Macht vom politischen System erfolgte durch die orchestrierte Gründung regierungsfreundlicher Parteien, die die Macht des Präsidenten in der Staatsduma stützen sollten. Die Schwächung der Zivilgesellschaft gepaart mit einem imitierten Parlamentarismus führte zu einer Autoritarisierung des politischen Systems, die von den herrschenden Eliten als notwendige Maßnahme zum Zwecke der Modernisierung gerechtfertigt wurde. Die sogenannte „gelenkte Demokratie" ist bis heute Ausdruck des Versuchs einer antiliberalen Systemstabilisierung von oben, die alle Sphären des politischen Lebens in Russland erfasst.

Folglich reagiert das Machtzentrum ausgesprochen empfindlich auf Demokratisierungs- bzw. Liberalisierungsimpulse „von unten" und zunehmend auch auf solche „von außen". Dies zeigte sich erstmals 2004 im Kontext der Orangen Revolution in der Ukraine sowie anderer Farbrevolutionen im postsowjetischen Raum. Diese entstanden zunächst als Reaktionen auf Forderungen nach mehr Demokratie und guter Regierungsführung, die aus den jeweiligen Zivilgesellschaften heraus formuliert wurden. Später übernahmen die neu gewählten Präsidenten Georgiens und der Ukraine eine reformorientierte, zumeist prowestliche Politik und strebten für ihre Länder weitreichende demokratische Reformen an bis hin zur Anlehnung an bzw. Integration in die Strukturen der EU und der NATO. In Moskau schürten diese Reformdynamiken die Angst vor einem Überschwappen auf Russland. Dies wurde besonders deutlich im Vorfeld der Duma- und Präsidentschaftswahlen 2007/2008, die vor allem Regimekontinuität produzieren und den politischen Status quo sicherstellen sollten. Um unerwünschte Einflüsse aus dem Ausland zu unterbinden, wurden einerseits gezielt antiliberale Stimmungen in der Zivilgesellschaft erzeugt, zum Beispiel durch die Gründung und finanzielle Unterstützung regierungsnaher Jugendorganisationen wie „Naschi".[29] Zum anderen können seit 2012 durch eine Gesetzesänderung alle NGOs, die politisch tätig sind und finanzielle Mittel aus dem Ausland erhalten, als „westliche Agenten" mit Betätigungseinschränkungen oder -verboten belegt werden.[30]

---

29 Vgl. Heller, Regina (2008): Die russische Jugendbewegung „Naschi". Aufstieg und Fall eines polittechnologischen Projekts in der Ära Putin, in: Russlandanalysen Nr. 168, 2–4.
30 Vgl. Bowring, Bill (2012): Gesetze und NGOs in Russland, in: Russlandanalysen Nr. 252, 2–5.

Seit 2008 haben Versuche der russischen Regierung deutlich zugenommen, sich durch antiliberale und antiwestliche Agitation der Unterstützung der russischen Bevölkerung zu versichern. Seitdem lassen sich zwei parallele Entwicklungen beobachten: erstens eine zunehmende Unzufriedenheit innerhalb der russischen Bevölkerung gegenüber dem politischen System, die sich 2012 in Massenprotesten in Moskau und anderen Orten in Russland manifestierten. Umfragen des WZIOM, einem anerkannten russischen Meinungsforschungsinstitut, zeigten, dass das Vertrauen in das Regime in diesen Jahren stetig abnahm. Die Unzufriedenheit entstand insbesondere durch als unfair wahrgenommene Wahlen, die politische Instrumentalisierung der Justiz und vor allem den wirtschaftlichen Stillstand.[31] Parallel hierzu vollzog sich in der politischen Elite Russlands eine „konservative Wende", d.h., die politische Orientierung der Führungselite bewegte sich vom politischen Pragmatismus der 2000er Jahre hin zu radikal-nationalistischen und revisionistischen Positionen. Die Vorstellung von einer Sonderrolle Russlands, einer neuen „nationalen Idee", gespeist aus der russisch-orthodoxen Kirchenlehre und einem Bild Russlands, welches dessen historische Größe beschwört, wird gepaart mit geopolitisch inspirierten neoeurasischen Konzepten und verbindet sich zu einem (alten) neuen Weltbild, demzufolge insbesondere der Westen versucht, „Russland fremde Werte aufzuzwingen, um die Weltherrschaft zu erringen".[32]

Diese Ausrichtung *gegen* die „äußeren Feinde Russlands" und für Einheit und starke Führung bildet auch den Interpretationsrahmen für die national-demokratische *Maidan*-Bewegung in der Ukraine.[33] Die öffentliche Meinung in Russland hat sich seit dem Ausbruch der Ukraine-Krise deutlich radikalisiert: Umfragen aus dem Jahr 2015 zeigen, dass der Anteil derjenigen in der russischen Gesellschaft, die sich vor einer Intervention von außen fürchten, gegenüber 2007/08 deutlich gestiegen ist. 59 Prozent der Befragten sehen in den USA eine Bedrohung und in der Ukraine einen „Satelliten" der USA.[34] Insbesondere nach der Annexion der Krim im März 2014 schnellten die Zufriedenheitswerte gegenüber der Regierung bzw. die Unterstützung der Bevölkerung Russlands für die Politik Präsident Putins nach oben.[35] Doch Experten warnen, dass diese

---

31 Nur der Georgienkrieg 2008 führte zu einem zwischenzeitlichen Anstieg der Zufriedenheitswerte, vgl. Umfrage des Allrussischen Zentrums zur Erforschung der öffentlichen Meinung (WZIOM) bzw. des Meinungsforschungsinstituts Lewada-Zentrum zum Thema „Zu welchem Politiker haben Sie Vertrauen?", abgedruckt in: Russlandanalysen (2014), Nr. 281, 10.
32 Vogel, Heinrich (2014): Putin, der Putinismus und Europa, Vortrag beim Internationalen Club La Redoute, Bonn e.V., Dienstag 16. September 2014. SWP-Papier, Januar, Berlin, 13.
33 Vgl. Gudkow, Lew (2015): Rückfall in den Totalitarismus. Das System Putin instrumentalisiert die Außenpolitik zum eigenen Erhalt, in: Internationale Politik Januar/Februar, 22–39, hier 22.
34 Kolesnikov, Andrei (2015): Russian ideology after Crimea. Carnegie Moscow Center, September 2015, 11.
35 Vgl. Umfrage WZIOM/Lewada-Zentrum 2014, in Russlandanalysen (2014), a.a.O. [FN 31].

Unterstützung ohne eine substantielle wirtschaftliche Erholung fragil bleiben wird.

Russland als Garant für Frieden und Stabilität im postsowjetischen Raum

Die zweite Determinante, die die Bedeutung und Relevanz der politischen Norm Frieden in der aktuellen Außenpolitik des postsowjetischen Russland bestimmt, ist die Reaktivierung imperial anmutender Herrschaftstechniken im postsowjetischen Raum. Vor allem in den letzten Jahren hat Russland eine Macht- und Einflusspolitik gegenüber den Ländern in seiner westlichen und südlichen Peripherie betrieben, in der sich zumindest Elemente imperialer Herrschaft und Ordnung wiederfinden. Dies ist für die Erörterung der Frage nach Friedensvorstellungen und Friedenskonzepten in Russland insofern relevant, da Imperien in sich immer auch den Anspruch erheben, Friedensleistungen zu erbringen. Diese Friedensleistung basiert nicht wie in kleinräumigen Ordnungen primär auf Vertragsbeziehungen zwischen gleichberechtigten Akteuren, sondern impliziert stets eine asymmetrische Zentrum-Peripherie-Machtbeziehung, in der das Zentrum unter Anwendung unterschiedlicher Machtmittel – von verschiedenen Anreizen über Zwang bis hin zum Rückgriff auf Gewalt gegenüber den Peripherien – den Frieden im Imperium sicherstellt.[36] Offenbar hat sich in Russland trotz des Zerfalls der Sowjetunion 1991 die imperiale Identität der Vergangenheit bis heute erhalten:[37]

> There was also a question of Russia's status in the international system. Russia had inherited the Soviet Union's international treaty obligations, its seats on the United Nations Security Council (UNSC) and its diplomatic institutions and nuclear capabilities. In many respects, therefore, Russia inherited its international status. But it had few of the traditional attributes of power: its economy was close to collapse, it did not have an extensive sphere of influence, and although still vast, it was far smaller than [!] the USSR. Russia was clearly not a superpower; indeed it was questionable whether it was a great power. Yet to ordinary people as well as politicians, it was unthinkable that Russia could be anything else than this. The insistence that Russia should be regarded as great power became an important theme in foreign policy statements and discussions and it remains an important driver of foreign policy.

---

36 Vgl. zur Funktionslogik von Imperien Münkler, Herfried (2007): Imperien. Die Logik der Weltherrschaft – vom antiken Rom bis zu den Vereinigten Staaten. München.
37 Light, Margot (2014): Foreign Policy, in: White, Stephan; Sakwa, Richard; Hale, Henry (Hrsg.): Developments in Russian Politics. London, 211–230, hier 215; vgl. hierzu auch Heller, Regina (2012): Wenn Status zur fixen Idee wird. Russland – zur Großmacht verdammt?, in: Osteuropa 63 (8), 45–58.

Diese ungebrochene Einstellung zu Russland als Zentrum des postsowjetischen Raums spiegelt sich auch heute noch in den Wahrnehmungen der politischen Elite des Landes wider. Sie betrachtet den postsowjetischen Raum als „Nahes Ausland" und reklamiert ihn als „Zone privilegierten Interesses".[38] Zwangsläufig wird so die Nachbarschafts- und Assoziierungspolitik der EU im östlichen Europa als geopolitische Konkurrenz zu Russlands Interessen gedeutet.

Von der regionalen Desintegration zur Integrationskonkurrenz

Russlands formale Dominanz über seine Peripherien endete mit dem Zerfall der Sowjetunion 1991 und der Etablierung einer Vielzahl unabhängiger und durch völkerrechtliche Verträge anerkannter souveräner Nationalstaaten. Trotzdem blieb der Einfluss Russlands in einigen Bereichen aufgrund enger politischer, ökonomischer und kultureller Verflechtungen erhalten. Dies manifestierte sich etwa im militärischen Bereich. Russland blieb in vielen Staaten der GUS mit Militärkontingenten präsent und stellte Friedenstruppen in den Konfliktgebieten der Region. In wirtschaftlicher Hinsicht blieb Russland wichtigster Energieversorger für seine Nachbarn und wickelte auch seinen Außenhandel zum großen Teil mit den postsowjetischen Staaten ab. Zudem wurden nach dem Ende der Sowjetunion viele ethnische Russen nunmehr zu Minderheiten in den neuen unabhängigen Staaten. Russisch blieb, trotz vielfach neuer national(istisch)er Politiken im gesamten postsowjetischen Raum die *Lingua franca*.

Allerdings wurde diese vorteilhafte Position in den frühen Jahren der Unabhängigkeit von Moskau nicht politisch (aus)genutzt, um z.B. die neuen unabhängigen Staaten stärker an Russland zu binden. Wie Dmitri Trenin zutreffend schreibt, hatte Russland in dieser Zeit „kaum die Mittel zur Verfügung und auch gar nicht den Willen, die Region zu kontrollieren".[39] Stärkere Impulse, sich ordnungspolitisch in der Region zu engagieren, kamen in den 2000er Jahren mit der „Ökonomisierung" und „Pragmatisierung" der russischen Außenpolitik auf. Moskau betrachtete die Nachbarschaft nun als Raum, in dem Russland aufgrund bestehender Verflechtungen besondere wirtschaftliche Interessen hat und durch eine entsprechende Außenpolitik die eigene Modernisierung sowie den Wiederaufstieg des Landes zur Großmacht vorantreiben konnte.[40] Gleichzeitig war in den außenpolitischen Leitlinien von 2000 von der Region als einer „unsicheren Zone" die Rede, in der die Herstellung von Sicherheit und

---

38 Auch wenn die Bezeichnung „Nahes Ausland" heute keine offizielle Verwendung mehr findet, so wird doch die Region heute noch als Raum gesehen, in der Russland ein „besonderes" bzw. „privilegiertes" Interesse besitzt. So z.B. der ehemalige russische Präsident Dmitri Medwedew in einem Interview aus dem Jahr 2008: http://archive.kremlin.ru/appears/2008/08/205991.shtml.
39 Trenin, Dmitri (2011): What Russian Empire?, in: The New York Times, 23.08.2011.
40 Президент России: Послание Федеральному Собранию Российской Федерации 16 мая 2003 года. Москва, Кремль, Мраморный зал: http://archive.kremlin.ru/appears/2003/05/16/1259_type63372type63374type 82634_44623.shtml.

Stabilität oberste Priorität habe, um die eigenen ökonomisch-politischen Ziele durchzusetzen.⁴¹ Frühere Animositäten sollten von nun an in Russlands Außenpolitik keine Rolle mehr spielen. Moskau setzte auf neue Instrumente und versuchte etwa, die regionale Wirtschafts- und Handelsbeziehungen sowie die sicherheitspolitische Kooperation zu beleben. Angesichts eines zunehmenden Bedeutungsverlustes der GUS setzte Moskau auf neue Organisationen wie die Eurasische Wirtschaftsgemeinschaft und die Zollunion, um die wirtschaftlichen Desintegrationstendenzen in der Region zu stoppen. Die Zollunion errichtete eine Freihandelszone, die den freien Verkehr von Waren, Kapital, Dienstleistungen und Arbeit erleichtern sollte. Russland versuchte so, sich als Garant von Frieden, Sicherheit und Ordnung in der Region zu positionieren. In sicherheitspolitischer Hinsicht sollte die Organisation des Vertrags über kollektive Verteidigung (OVKS) die Fliehkräfte binden.

Beinahe zeitgleich begannen aber auch NATO und EU sich stärker in der Region zu engagieren. Mit ihren Osterweiterungen rückten sie näher an die Region heran. Die EU bot den westlichen GUS-Staaten zunächst mit der Europäischen Nachbarschaftspolitik, ab 2009 mit der Östlichen Partnerschaft eine engere Kooperation an und stellte diesen Ländern eine Vertiefung der Beziehungen in Form einer Assoziierung in Aussicht. Die Assoziierung schließt einen späteren Beitritt nicht aus, garantiert ihn aber auch nicht.⁴² In jedem Fall ist jedoch davon auszugehen, dass die umfangreichen strukturellen Anpassungen, die eine Assoziierung nach sich zieht, die östlichen Nachbarn politisch und wirtschaftlich näher an die EU rücken wird. In wirtschaftlicher Hinsicht sind die Freihandelsabkommen mit der EU Kernelemente, in politischer Hinsicht erwartet die EU für die Vertiefung der wirtschaftlichen Beziehungen eine weitgehende Demokratisierung nach dem Vorbild der EU. Dies bedeutet, dass diese Staaten langfristig an die Normen und Werte der Union gebunden werden.

Tatsächlich entfaltete die ENP, die zunächst als Alternative zur Erweiterungspolitik gedacht war, in Staaten wie Georgien und der Ukraine einen starken Sog hin zu Europa.⁴³ Die implizite Deutung der Region als „Nahes Ausland" durch die politischen Eliten in Russland und die damit einhergehende Haltung, Russland habe in diesem Raum ein „exklusives" Einflussrecht, führte schließlich dazu, dass Russland die Aktivitäten der EU geopolitisch deutete. Nun war es aus Sicht Moskaus geboten, das „Machtvakuum" zu füllen, den eigenen Führungsanspruch gegenüber den umworbenen Staaten sowie gegenüber der EU zu untermauern und eine weitere Ausbreitung der EU nach Osten

---

41 Концепция внешней политики Российской Федерации 2000, abgedruckt in: Дипломатический Вестник (8), 1.8.2000, 3–11.
42 Lippert, Barbara (2014): Die Ukraine-Krise und kritische Fragen an die EU-Erweiterungspolitik. SWP-Aktuell, Berlin, 2.
43 Sowohl die Ukraine als auch Georgien selbst äußerten bereits 2002 den Wunsch, in die NATO aufgenommen zu werden. 2005 schlugen die USA vor, Georgien und der Ukraine eine NATO-Perspektive zu eröffnen.

zu verhindern. In dieser Logik kann es zwischen der EU und Russland in der gemeinsamen Nachbarschaft keine beiderseitigen Gewinne geben: „the gain of one side is the loss of the other."[44]

Russlands neoimperiale Strategien im postsowjetischen Raum

In der Folge bemühte sich Russland sehr viel intensiver und nachdrücklicher um die Reintegration seiner Nachbarschaft, wobei in den letzten Jahren neben den positiven Kooperationsanreizen vermehrt auch Druck- und Zwangsmittel hinzugetreten sind. Moskaus Integrationsbemühungen basieren im Wesentlichen auf einer Zuckerbrot-und-Peitsche-Politik, die die Nachbarn mit politischem, ökonomischem bzw. finanziellem oder militärischem Druck einerseits und politischer, finanzieller und weiterer Unterstützung andererseits stärker an Russland binden will. In wirtschaftspolitischer Hinsicht wird versucht, die Zollunion und die Eurasische Wirtschaftsgemeinschaft zu dynamisieren und wichtige Partner zur Kooperation zu bewegen. Die Ziele sind ambitioniert: Die Eurasische Wirtschaftsgemeinschaft soll perspektivisch in die Eurasische Union, eine der EU ähnliche umfassende Wirtschafts-, Handels- und Währungsunion münden.

Die Ergebnisse sind bislang bestenfalls durchwachsen. Der 2010 gegründeten Zollunion sind bislang neben Russland Weißrussland, Kasachstan und Armenien beigetreten. Eine Beteiligung der Ukraine ist auf absehbare Zeit nicht in Sicht. 2014 trat die Eurasische Wirtschaftsunion in Kraft, die aus den Mitgliedern der Zollunion besteht. Unklar ist, auf Basis welcher Kalküle die Mitgliedstaaten an der Eurasischen Union teilnehmen. Konkrete materielle Vorteile lassen sich lediglich für das wirtschaftlich am Boden liegende Belarus sowie für Kasachstan erkennen. Für Russland selbst rechnet sich materiell derzeit weder die Zollunion noch perspektivisch die Eurasische Wirtschaftsunion.[45] Dem eher geringen wirtschaftlichen und finanziellen Vorteil, den Russland aus dem gemeinsamen Binnenmarkt derzeit zieht, steht aber ein sehr viel stärkerer politischer Vorteil gegenüber. So besitzt Russland in der zwischenstaatlich organisierten Eurasischen Wirtschaftskommission, die die Umsetzung der Vereinbarungen der Zollunion und ihre Funktionsfähigkeit überwachen soll, mit 57 Prozent des Stimmenanteils ein faktisches Vetorecht bei allen Entscheidungen.[46]

---

44 Adomeit, Hannes (2011): Russia and its Near Neighbourhood: Competition and Conflict with the EU, Natolin Research papers 04. Natolin, College of Europe, 7.
45 Vgl. Kuzmina, Elena (2014): Eurasische Wirtschaftsintegration: Möglichkeiten und Probleme, in: Russland-Analysen Nr. 283 vom 10.10.2014, 2–3. „Der »Zusatzbeitrag Russlands zur Integration« betrug 47 Milliarden Rubel", (S. 3). „Russland wickelt nur einen geringen Teil seines Außenhandels mit Belarus und Kasachstan ab (vier bzw. drei Prozent im Jahr 2012)"; Spahn, Susanne (2014): Wiedervereinigt wider Willen. Mit Druck und Finanzhilfen integriert Russland die ehemaligen Sowjetrepubliken, in: Russlandanalysen Nr. 283, 6.
46 Vgl. Polownikow, Alexandra (2012): Die Zollunion zwischen Belarus, Kasachstan und Russland – Motive, Entwicklungen und Perspektiven, SWP-Papier Arbeitspapier FG 5, 2012/ Nr. 01, Juli 2012, Berlin, 5.

Für ihre Bereitschaft, wirtschaftspolitisch mit Russland zusammenzuarbeiten, werden zumindest die energieabhängigen Kooperationspartner mit günstigen Gaspreisen belohnt. Gazprom senkte im Jahr 2012 für Belarus die Preise von vormals 244 Dollar pro 1000 Kubikmeter geliefertem Erdgases auf gerade einmal 164 Dollar. Armenien zahlte im Jahr 2014 189 Dollar. Der Preis für Westeuropa lag im Vergleich bei 415 Dollar. Die Ukraine, die bis Herbst 2013 noch beinahe Westpreise an Russland zahlen musste (400 Dollar pro Kubikmeter), wurde mit einer Preissenkung auf 268 Dollar belohnt, nachdem Präsident Viktor Janukowytsch Ende 2013 die Unterzeichnung des Assoziierungsabkommens mit der EU platzen ließ. Noch im Jahr zuvor hatte Moskau den politischen und wirtschaftlichen Druck auf die Ukraine stark erhöht, um das Land mit Nachdruck zu einem Beitritt in die Zollunion zu bewegen.[47] Ein weiteres Element der neoimperialen Politik Russlands ist seine militärische Präsenz in den Nachbarländern.[48] Während die Präsenz russischer Friedenstruppen in den Statuskonflikten des postsowjetischen Raums in den frühen 1990er Jahren noch weitgehend erwünscht und Moskaus Rolle als „Friedensgarant" von den damals überwiegend russlandfreundlichen Regierungen anerkannt war, wird die militärische Präsenz heute oft gegen den Willen der nationalstaatlichen Regierungen aufrechterhalten. Moskau hat immer wieder, etwa im Falle der Ukraine und des Schwarzmeerflotten-Stützpunkts auf der Krim, die wirtschaftliche Schwäche seiner Nachbarn genutzt und den Verbleib seiner Truppen durch finanzielle Konzessionen sichergestellt. In anderen Kontexten, z.B. in den abtrünnigen Gebieten Georgiens, wurden ethnopolitische Argumente und der Schutz russischer Minderheiten für die russische Truppenpräsenz ins Feld geführt.

Schließlich lässt sich die Tendenz erkennen, dass Moskau die Lage in einigen EU-orientierten Nachbarländern zu destabilisieren bzw. weiter instabil zu halten versucht. Hierzu unterstützt Russland aktiv die Separatistengebiete und ihre selbsternannten Regierungen, sei es finanziell oder durch Waffenlieferungen. Ohne eine aktive finanzielle Subventionierung Transnistriens oder Abchasiens etwa wären diese Gebilde längst von der politischen Landkarte verschwunden, denn sie sind selbst nicht überlebensfähig. Abchasien erhält zwei Drittel seines Haushaltes aus Russland, Südossetien hat bislang rund 100 Millionen Dollar Subventionen erhalten. Das Gleiche gilt für die annektierte Krim: Sie erhält derzeit ca. 75 Prozent ihres Budgets aus Moskau.[49] Der Georgienkrieg 2008 sowie die Annexion der Krim 2014 haben zudem veranschaulicht, dass in Moskau die Bereitschaft deutlich gestiegen ist, das vorhandene militärische Potenzial zur Wahrung der eigenen Interessen – sprich der Wahrung eines exklusiven Einflussrechts in der Nachbarschaft – einzusetzen.

---

47 Adomeit, Hannes (2015): Russlands imperialer Irrweg, in: Osteuropa 65 (3), 67–93, hier 81–82.
48 Militärbasen existieren in der Ukraine, in Moldau, Armenien, Georgien, Tadschikistan, Aserbaidschan und Kasachstan.
49 Vgl. Adomeit (2015): Russlands imperialer Irrweg, a.a.O. [FN 47], 82.

Großmachtmultilateralismus und „gemeinsame Sicherheit" als Friedensstrategien

Die scheinbar ungebrochene Identität Russlands als regionale Großmacht mit einem „natürlichen" Recht auf privilegierten Einfluss im postsowjetischen Raum korrespondiert mit einem ebenfalls ungebrochenen Verständnis als gleichberechtigte Großmacht, die bei der Bearbeitung und Regulierung europäischer und internationaler Fragen von Frieden und Sicherheit ein „natürliches" Recht besitzt, konsultiert zu werden und mitzuentscheiden. Aus dieser Sicht hat Russland den Kalten Krieg nicht verloren, sondern vielmehr einen entscheidenden Impuls dafür gegeben, dass die Bipolarität friedlich überwunden werden konnte. Insofern fühlte man sich zwar als „demokratischer Newcomer", doch in der Außenpolitik nie verpflichtet, in Fragen der internationalen Sicherheit „den Vereinigten Staaten und seinen Verbündeten den Vortritt zu lassen".[50] Vielmehr herrschte bereits in den frühen 1990er Jahren Konsens in der ansonsten sehr heterogenen außenpolitischen Elite, dass Russland als gleichwertiges Mitglied in der Gruppe der einflussreichsten Mächte der Welt behandelt werden müsse, zumal es unverändert Ständiges Mitglied im Sicherheitsrat der Vereinten Nationen blieb und weiterhin über ein beträchtliches Atomwaffenarsenal verfügte.

Dieses Verständnis ist eingebettet in eine eher „klassische" Vorstellung über die normativen Handlungsgrundlagen und Funktionsprinzipien internationaler Ordnung, Frieden und Sicherheit, wie sie die internationalen Beziehungen seit der frühen Neuzeit herausgebildet haben. Die Definition der Rolle Russlands basiert auf verschiedenen, miteinander interagierenden Säulen dieser Weltordnungsvorstellung, die sowohl für die Produktion von Frieden und Sicherheit für Russland in der Vergangenheit eine zentrale Rolle gespielt haben als auch Russlands Status als Groß- bzw. Weltmacht stützten: das Prinzip gleichberechtigter Staaten, die daraus abzuleitenden Prinzipien der staatlichen Souveränität und der Nichteinmischung in innere Angelegenheiten sowie, im Umkehrschluss, die Respektierung der Interessen Russlands und schließlich die Idee eines Mächtesystems, in denen Großmächte durch multilaterale Aushandlung von Interessen als Garanten für Frieden und Ordnung auftreten.

Russlands Verortung in der „klassischen" europäischen Friedensordnung

Im Kern ist die von Russland präferierte Vorstellung von den internationalen Beziehungen, Weltordnung und Frieden, zutiefst europäisch. Denn erstens hat diese Vorstellung ihren Ursprung in Europa selbst, und zweitens war sie über einige Jahrhunderte hinweg handlungsanleitend für die Herstellung von Frieden auf dem europäischen Kontinent. Ihren Ursprung hat sie in der Frühen Neuzeit, konkret in den Friedensverträgen von 1648, die das Ende des Dreißigjäh-

---

50 Sakwa, Richard (2011): Russia's identity: Between the „Domestic" and the „International", in: Europe-Asia Studies 63 (6), 957–975, hier 963.

rigen Krieges einleiteten. Aus der Erfahrung dieses religiösen und politischen Großkonflikts, in den quasi alle westeuropäischen Mächte verwickelt waren, entstand die Vorstellung, dass nur die Herausbildung staatlicher Souveränität der Reichsstände, die als prinzipiell rechtsgleiche, d.h. gleichberechtigte und unabhängige Territorialstaaten ihre eigenen inneren und äußeren Belange selbst bestimmen, weitere kriegerische Auseinandersetzungen verhindern konnte. Diesem System haftete allerdings eine inhärente Instabilität an, denn es sah gleichzeitig vor, dass der europäische Frieden durch ein Gleichgewicht der Mächte gewahrt wurde. Der andauernde Wettbewerb unter den europäischen Mächten und die daraus resultierenden Ungleichgewichte provozierten erneute Kriege. So konnte das „Westfälische System" den Frieden in Europa nie wirklich dauerhaft sicherstellen, doch die angeführten Prinzipien blieben handlungsanleitend, insbesondere auch, weil sie über das bis dato dominante Ordnungsprinzip der christlichen Hierarchie und der daraus abgeleiteten religiös-politischen Friedensordnungen hinausgingen und auf vertraglich ausgehandelten und später völkerrechtlich verbrieften Normen für einen europäischen Frieden beruhten.

Russland spielte bei der Gestaltung der europäischen Friedensordnung im 17. Jahrhundert (noch) keine Rolle. Das Land hatte zu diesem Zeitpunkt noch mit ausgeprägten inneren Verwerfungen zu kämpfen *(*смута/*smuta)*; später konzentrierte sich Zar Alexei I. auf die imperiale Expansion gen Osten. Russlands Eintritt in die europäische Staatenwelt begann mit Peter dem Großen (1689), der dem rückständigen Land umfangreiche Modernisierungsmaßnahmen verordnete, eine geopolitische Öffnung nach Westen einleitete und so den Grundstein für Russlands Position als europäische Großmacht legte. Bedeutend wurde Russland spätestens in den Koalitionskriegen gegen das revolutionäre Frankreich und schließlich bei den Versuchen, im Zuge der Napoleonischen Kriege im Konzert mit den europäischen Großmächten eine tragfähige und dauerhafte politische Lösung für Europa herzustellen. Im Zuge des Wiener Kongresses und im Rahmen der „Heiligen Allianz" war Russland dann, angeleitet von den Prinzipien Großmachtmultilateralismus, gegenseitiger Respekt der nationalen Interessen und Mächtegleichgewicht, maßgeblich an der friedenspolitischen Neugestaltung Europas beteiligt.

Die Gründung der Sowjetunion, die beiden Weltkriege des 20. Jahrhunderts und die Nachkriegsordnung ab 1945 änderten an dieser grundsätzlichen Orientierung nichts. Die Sowjetunion wurde als Siegermacht des Zweiten Weltkriegs zum privilegierten Mitglied der internationalen Staatengemeinschaft und erhielt einen Ständigen Sitz im Sicherheitsrat der Vereinten Nationen. Gegenüber dem Westen entwickelte die Sowjetunion nach einer sich abzeichnenden ersten Lockerung der Konfrontation nach dem Tode Stalins in den frühen 1950er Jahren das Prinzip der „friedlichen Koexistenz", welches auf der Idee eines friedlichen Wettbewerbs der Systeme und der Respektierung exklusiver Einflusszonen beruhte.[51] Trotz aller systemischen Gegensätze wuchs offenbar ab den 1970er Jah-

---

51 In dieser exklusiven Einflusszone, d.h. im Herrschaftsgebiet der Sowjetunion, wur-

ren auf beiden Seiten des Eisernen Vorhangs das Bedürfnis, sich friedens- und sicherheitspolitisch intensiver zu verständigen. Insbesondere die Konferenz für Sicherheit und Zusammenarbeit in Europa (KSZE) bildete hier den Nukleus für eine Vielzahl von gegenseitigen, auf dem Ausgleich von Interessen basierenden Vereinbarungen, sowie in den 1980er Jahren verstärkt auch für die interessenbasierte Aushandlung von Rüstungskontrollverträgen. Mit seinem Fokus auf die überstaatliche, aushandlungsorientierte und interessenbasierte Sicherheitskooperation zwischen den beiden Systemantagonisten blieb der KSZE-Prozess normativ stets den klassischen westfälischen Ordnungsprinzipien verhaftet.

Russlands Großmachtanspruch unter neuen Rahmenbedingungen

Erst mit dem Ende des Ost-West-Konflikts und der geopolitischen Neuordnung Europas und der Welt lassen sich in den internationalen Beziehungen Tendenzen erkennen, die darauf hindeuten, dass sich die klassische „westfälische" Ordnung auflöst bzw. neue, „postmoderne" Ordnungsprinzipien im Entstehen begriffen sind, die die alten Orientierungen in Frage stellen. Hierzu zählen zwar Machtverschiebungen, aber auch eine durch die Globalisierung angestoßene neue räumliche Organisation sozialer Beziehungen sowie der damit einhergehende Wandel handlungsanleitender Weltbilder und Leitideen, wobei hier vor allem der Bedeutungsverlust des Prinzips staatlicher Souveränität zu nennen ist. Hierdurch veränderte sich letztlich auch das Potenzial der im Wesentlichen noch an klassischen Ordnungsprinzipien ausgerichteten russischen Außenpolitik, in den internationalen Beziehungen gestaltend aufzutreten. Dass insbesondere westliche Staaten oder westlich dominierte Organisationen nach 1991 die Etablierung dieser postmodernen Ordnungsmuster vorangetrieben beziehungsweise sich ihnen unterworfen haben, brachte Russland zunehmend in Konflikt mit dem Westen.

Die Machtverschiebung nach 1990 betraf vor allem das postsowjetische Russland, das aufgrund der ökonomischen und politischen Schwäche im ersten Jahrzehnt nach dem Zerfall der Sowjetunion trotz Beibehaltung einiger Weltmachtinsignien (nukleares Potenzial, Ständiger Sitz im Sicherheitsrat) weltpolitisch beinahe in der Bedeutungslosigkeit verschwand, während die USA selbstbewusst als einzige Weltmacht auftraten. Dies führte auch dazu, dass westliche Staaten und von ihnen dominierte internationale Organisationen an Einfluss und Relevanz gewannen, während gleichzeitig jene, in denen Russland tradi-

de allerdings das Prinzip der staatlichen Souveränität einschließlich des Selbstbestimmungsrechts durchbrochen. 1953 schlug die sowjetische Armee den Aufstand in der DDR nieder, 1956 den Volksaufstand in Ungarn und 1968 den Prager Frühling. Mit der sogenannten „Breschnew-Doktrin" von 1968 wurde die begrenzte Souveränität der Ostblockländer zur Doktrin erhoben, von der erst im Zuge der Reformen unter Gorbatschow in den 1980er Jahren und den dadurch ausgelösten Revolutionen 1989/90 in Osteuropa Abstand gehalten wurde.

tionell gleichberechtigt war, unwichtiger wurden. So verlor die KSZE, später OSZE, an Bedeutung, insbesondere im Bereich der militärischen Sicherheit. Russland hingegen hätte diesen Bereich gerne als zentrale Aufgabe der OSZE erhalten gesehen. Insgesamt strebte Russland nach 1991 eine gesamteuropäische Sicherheitsarchitektur an, die im Wesentlichen auf den Prinzipien und Kooperationsforen der KSZE aufgebaut sein sollte. Dies stand nicht in grundsätzlichem Widerspruch zu Vorstellungen auch im Westen zu einer unteilbaren Sicherheit in und Stabilität für ganz Europa.[52] Mit der Auflösung des Warschauer Paktes, so die Ausgangsbasis dieser Überlegungen, hatte auch die Nato ihre Existenzgrundlage verloren. Als die NATO sich wider Erwarten nicht auflöste, hoffte Moskau auf ihre substantielle Transformation in eine inklusive, gesamteuropäische Sicherheitsinstitution, in der auch Russland seinen Platz haben könnte. Stattdessen reklamierten die Staaten Mittelosteuropas mit Verweis auf die Geschichte ihren Anspruch auf Garantie ihrer Freiheit und Unabhängigkeit von Russland durch die NATO.

Durch die Osterweiterung der NATO sowie die Ausweitung ihrer Aufgaben auf militärische Krisenintervention und Friedenssicherung außerhalb des Bündnisgebietes wurde Russlands Rolle bei der Bearbeitung von Sicherheitsfragen deutlich beschnitten. War der *Out-of-Area*-Einsatz in Bosnien noch mit einem Mandat der Vereinten Nationen autorisiert worden – und damit auch mit Zustimmung Russlands –, so erfolgten die Luftschläge der NATO gegen Serbien im Kosovo 1999 ohne die Zustimmung der VN und gegen den erklärten Willen Russlands. Während die NATO von einer „humanitären Intervention" sprach, sah man in Russland eine klare Verletzung des im Völkerrecht verankerten Gewaltverbots. Der Vorwurf, der Westen ignoriere Russlands Interessen, marginalisiere das Land in Fragen europäischer Sicherheit und in den internationalen Beziehungen, ist seither eine durchgehende Argumentationsfigur im russischen außenpolitischen Diskurs.[53] In jüngster Zeit verblasst diese Empörungsrhetorik zugunsten einer sehr viel bestimmteren Betonung des Rechts Russlands auf eine eigenständige Position und Politik, wie etwa in der Ukraine oder in Syrien.

Fazit

Sowohl die innerukrainischen Proteste auf dem *Maidan* als auch der übergeordnete Konflikt zwischen Russland und der EU bzw. zwischen Russland und dem „Westen" haben sich letztlich an einer (friedens)ordnungspolitischen Frage entzündet: nämlich, ob die Ukraine im traditionellen Herrschafts- und Einflussbe-

---

52 So etwa die Charta von Paris von 1990 (www.osce.org/mc/39516?download=true) sowie die Europäische Sicherheitscharta von Istanbul von 1999 (www.osce.org/de/mc/39571?download=true).
53 Besonders deutlich in Putins „Wutrede" von 2007 auf der Münchener Sicherheitstagung: http://archive.kremlin.ru/text/appears/2007/02/118097.htmls.

reich Russlands verbleiben oder sich über ein Assoziierungsabkommen stärker ins Gravitationsfeld der Europäischen Union (EU) und des Westens begeben sollte. Im Konflikt um die Ukraine zeigen sich exemplarisch die zentralen Unterschiede zwischen der EU und Russland hinsichtlich ihrer handlungsanleitenden Vorstellungen von Herrschaft, Ordnung, Sicherheit und Frieden.

Während die EU im Wesentlichen einem liberalen Weltbild verhaftet ist, lehnt Russland eine liberale Friedensordnung ab, da sie den im Land historisch-kulturell gewachsenen Vorstellungen, aber auch den aktuellen Interessenlagen der politischen Elite in Moskau widerspricht. Die in Russland historisch gewachsene Vorstellung von Frieden hat keine liberale Unterfütterung und bleibt dadurch stark rückgekoppelt an die Produktion von Sicherheit. Indem die politischen Eliten an diesen antiliberalen Vorstellungen festhalten und sie durch gegen den Westen gerichtete Agitation noch verschärfen, legitimieren und konsolidieren sie ihre zunehmend instabile Herrschaft nach innen und ihren regionalen Führungsanspruch nach außen. Die Kategorie Sicherheit bleibt dabei friedensnormativ ambivalent: Bei der gegenwärtigen Außenpolitik Russlands im postsowjetischen Raum scheint sie eher einer Vorstellung zu folgen, die dem Hobbes'schen Naturzustand von Feindschaft und Konkurrenz verhaftet bleibt. Geht es um gesamteuropäische oder auch globale Sicherheitsfragen, ist Russland stets auch offen für kooperative Sicherheitsarrangements gewesen. Diese sind allerdings bis heute dem klassischen „westfälischen" Ordnungssystem verhaftet geblieben.

Damit ist das im heutigen Russland vorherrschende Bild von Frieden in Europa zwar nicht liberal, es ist aber in Teilen durchaus friedensnormativ. Und es ist stark europäisch geprägt. Denn viele der Leitideen, die dieses Bild konstituieren, haben zutiefst europäische Wurzeln. Allerdings entfernt sich Russland mit seiner Beharrung auf westfälische Ordnungsprinzipien normativ weiter vom Westen, von der EU und deren postmodernem, liberal unterfüttertem Ansatz. Insofern liegt in diesem Zustand der Inkompatibilität vielleicht kein absoluter, sondern eher ein temporärer Unterschied.[54] Denn die postmodernen, liberalen Vorstellungen der EU/des „Westens" über eine europäische Friedensordnung müssen sich ihrerseits selbst erst unter Beweis stellen. Wenn, wie im Fall der Ukraine, die liberale Friedensordnung nicht Frieden, sondern Konflikte und Instabilität in Europa produziert, dann ist ein Nachdenken über alternative, zumindest in Westeuropa überkommen geglaubte Wege zum Frieden ratsam. Im Sinne gesamteuropäischer Friedensstiftung wäre es wichtig, auf die Vielfalt und vor allem auch auf die Verflochtenheit unterschiedlicher normativer Entwicklungspfade zum Frieden einzugehen und diese nicht als zu gegensätzlich oder gar unüberbrückbar zu verwerfen.

---

54 Wobei die Charakterisierung als „Rückständig" hierbei vermieden werden sollte, vgl. auch: Schenk, Friedjof Benjamin (2013): Russland, Europa und das Theorem der Rückständigkeit, in: Osteuropa 63 (8), 35–44.

Dagmar Richter
Frieden durch Recht

"Frieden" bezeichnet nicht nur einen Zustand der Wirklichkeit, sondern auch einen Rechtsbegriff, der angibt, was sein soll. Sein und Sollen klaffen aber gerade hier in der dramatischsten Form auseinander. Die Diskrepanz zwischen faktischem Unfrieden und der Rechtspflicht zur Wahrung des Friedens fordert das Recht existentiell heraus. Sie untergräbt die Fundamente der Rechtsordnung und stellt die Sinnhaftigkeit von Recht schlechterdings infrage. Frieden bezieht sich dabei nicht nur auf die internationalen Beziehungen, sondern stellt auch nach innen die *Conditio sine qua non* jedes geordneten Staatswesens da. Ohne inneren Frieden gleitet jeder Staat in den Zustand eines "gescheiterten Staates" ab, von dem in aller Regel größte Bedrohungen für die betroffene Gesellschaft, die jeweilige Region und die internationale Staatengemeinschaft ausgehen. Deshalb stellt der "failed state", in dem die Staatsgewalt zerfallen ist und Gewalt von jedermann ausgeübt werden kann, heute eine gesonderte Kategorie des Völkerrechtssubjekts dar, für das Sonderregeln gelten.[1] Zustände, wie sie heute in Staaten wie Irak, Syrien oder Afghanistan herrschen, hat allerdings auch Europa bis in die frühe Neuzeit erlebt.

Vom "ewigen Landfrieden" zum Gewaltmonopol des Staates

Im Heiligen Römischen Reich brachte erst die Institution des "Landfriedens" Besserung. Der König als Hüter von "Frieden und Recht" gewährleistete den Landfrieden, indem er den Friedensbrechern die "Reichsacht" in Aussicht stellte. Schon der Mainzer Reichslandfrieden von 1235,[2] das erste Gesetz in (mittelhoch)deutscher Sprache, lässt die Wechselbezüglichkeit des Verzichts auf Gewalt im Austausch gegen die Gewährleistung desRechts erkennen: Die Reichsstände, insbesondere Ritter, verzichten auf die Fehde unter der Voraussetzung, dass der König das Recht verteidigt und zu diesem Zwecke Gerichte

---

1 Statt vieler Herdegen, Matthias; Thürer, Daniel; Hohloch, Gerhard (Hrsg) (1995): *Der Wegfall effektiver Staatsgewalt im Völkerrecht: "The Failed State"*. Heidelberg. Geiß, Robin (2005): *"Failed States": Die normative Erfassung gescheiterter Staaten*, Berlin.
2 Mainzer Reichslandfrieden v. 15.8.1235. Abdruck in Willoweit, Dietmar; Seif, Ulrike (2003): Europäische Verfassungsgeschichte. München, 49 ff.

etabliert, damit „[n]iemand Rächer seines eigenen Unrechts sei; denn wo die Autorität des Rechts weicht, herrschen Willkür und Grausamkeit"[3].

Da Ziffer 5 ausdrücklich Fälle der Notwehr vorbehält, ähnelt der mittelalterliche Landfrieden in seiner äußeren Struktur dem heutigen internationalen Recht, das die Hauptverantwortung für die Wahrung des Friedens dem Sicherheitsrat zuweist (Art. 24 UN-Charta), während es den Staaten die kriegerische Austragung von Streitigkeiten untersagt (Art. 2 Ziffer 4 UN-Charta), ihnen aber dennoch das Selbstverteidigungsrecht belässt (Art. 51 UN-Charta).[4] Der Erfolg solcher Regelungen hängt entscheidend davon ab, dass diejenige Instanz, die Rechtsschutz gewährleisten soll, diesen auch effektiv gewährleisten kann. Erst unter Kaiser Maximilian I. ist es mit dem „Ewigen Landfrieden" von 1495[5] gelungen, die Fehde zu überwinden und den inneren Frieden leidlich zu sichern.[6] Denn mit der Errichtung des Reichskammergerichts,[7] das nicht mehr Hofgericht des Königs, sondern ständisch besetzt war, wurden die Mitverursacher des Unfriedens institutionell in die Verantwortung für den Frieden eingebunden. Reichskammergericht und „Reichsexekution" legten dabei die Fundamente für das spätere „Gewaltmonopol" des Staates.

Im heutigen Staat ist vom „Landfrieden" nur noch der „*Landfriedensbruch*" geblieben, der diejenige Person mit Strafe bedroht, die sich aus einer Menschenmenge in einer die öffentliche Sicherheit gefährdenden Weise an Gewalttätigkeiten gegen Menschen oder Sachen bzw. der Bedrohung mit Gewalt beteiligt oder eine Menschenmenge zu solchem Tun aufwiegelt (vgl. §§ 125, 125 a Strafgesetzbuch). Der ursprüngliche Landfrieden verwandelte sich aber erst in der frühen Neuzeit, d.h. mit der Errichtung effektiv arbeitender Verwaltungs- und Vollzugsstrukturen, in das *Gewaltmonopol des Staates*[8]. Kraft dieses Monopols ist Privatleuten die individuelle oder kollektive Anwendung von Gewalt nur noch im Falle der Selbsthilfe (§§ 229 ff. Bürgerliches Gesetzbuch), der Notwehr und Nothilfe (§ 32 StGB, § 227 BGB) des Notstands (§§ 34 f. StGB, § 228 BGB) sowie unter den exzeptionellen Voraussetzungen des Widerstandsrechts (Art. 20 Abs. 4 Grundgesetz) erlaubt. Im heutigen Verfassungsstaat wird das Gewaltmonopol durch immer weiter ausgreifende Schutzpflichten des Staates zugunsten privater Rechtsgüter ergänzt, d.h., der Staat muss Einzelne und insbesondere die Angehörigen von Minderheiten gegen gewalttätige Übergriffe

---

3   Ziffer 5 Mainzer Landfrieden. Eigenübersetzung der lateinischen Fassung.
4   Siehe noch unten.
5   Ewiger Landfrieden vom 7.8.1495. Abdruck in Willoweit; Seif (2003): Europäische Verfassungsgeschichte, 197 ff.
6   Eingehend Fischer, Mattias G. (2007): Reichsreform und „Ewiger Landfrieden". Über die Entwicklung des Fehderechts im 15. Jahrhundert bis zum absoluten Fehdeverbot von 1495. Aalen.
7   Willoweit; Seif (2003): Europäische Verfassungsgeschichte, 200 ff.
8   Wohl erstmals explizit Weber, Max (1919): Politik als Beruf. München und Leipzig: „Staat ist diejenige menschliche Gemeinschaft, welche innerhalb eines bestimmten Gebietes ... das *Monopol legitimer physischer Gewaltsamkeit* für sich (mit Erfolg) beansprucht."

anderer Privater schützen.⁹ So dienen grundrechtsbasierte Schutzpflichten der Bewahrung des inneren Friedens.

Vom *ius ad bellum* zum Gewaltverbot in den internationalen Beziehungen

Lange Zeit ging die Welt davon aus, dass dem Souverän grundsätzlich ein Recht zum Kriege (*ius ad bellum*) zustünde. Doch schon seit römischer Zeit werden Einschränkungen erwogen. So beinhaltet das auf Cicero zurückgehende Konzept vom „gerechten Kriege" (*bellum iustum*) sowohl inhaltliche Anforderungen (Vorliegen einer *causa belli*, d.h. Unrecht des Feindes oder Unterstützung von bedrohten Bündnispartnern, und Beseitigung des Unrechts als einzig legitimes Kriegsziel) als auch verfahrensmäßige Anforderungen (Waffengang erst nach gescheiterten Verhandlungen, Androhung und förmliche Erklärung des Krieges) sowie Anforderungen an die Zuständigkeit (Mandatierung durch die zuständige weltlich-politische Institution und sakrale Absicherung).¹⁰ Da diese Bedingungen den gerechten Krieg im Grunde zu einer Strafaktion gegen den Gegner machten, kann hier von einem „diskriminierenden Feindbegriff"¹¹ die Rede sein.

In der Folgezeit machte die Idee der „Gleichberechtigung des Feindes" Fortschritte. Wie der gerechte Krieg beschaffen sein musste, wer das Mandat zum Krieg erteilen musste, welche Kriegsziele legitim und wie die Feinde zu behandeln waren, zunehmend aber auch die Verhältnismäßigkeit des Krieges, wurden seit der Anerkennung des Christentums als Staatsreligion des Römischen Reiches (392 n. Chr.) zum Gegenstand der Diskussion¹². Während der gerechte Krieg im Mittelalter noch eine deutlich christliche Komponente hat, erstarkt seit dem 16. Jahrhundert die Idee eines Rechts zur Kriegsführung (*ius ad bellum*), was auf eine zunehmende Säkularisierung schließen lässt. *Gentili* gesteht Ende des 16. Jahrhunderts dem Souverän ein weites Ermessen hinsichtlich des Rechts zum Kriege mit dem Argument zu, dass ohnehin immer beide Seiten beanspruchten, einen „gerechten Krieg" zu führen (*bellum iustum ex utraque parte*)¹³. *Grotius* unterschied dabei den gerechtfertigten „öffentlichen" Krieg

---

9   Siehe statt vieler Europäischer Gerichtshof für Menschenrechte, Urt. v. 14.6.2002, Nr. 46477/99 – *Paul and Audrey Edwards*: „The Court reiterates that the first sentence of Article 2 § 1 [right to life] enjoins the State not only to refrain from the intentional and unlawful taking of life, but also to take appropriate steps to safeguard the lives of those within its jurisdiction." (ständige Rechtsprechung; m.w.N.).
10 Cicero, De officiis (I 11, 34 ff.) und De re publica (III 34 f.).
11 Huber, Wolfgang; Reuter, Hans-Richard (1990): Friedensethik. Stuttgart, 51.
12 Siehe statt vieler Kreis, Georg (Hrsg) (2006): Der „gerechte Krieg". Zur Geschichte einer aktuellen Denkfigur. Basel. Ferner Werkner, Ines-Jacqueline: in diesem Band.
13 Gentili, Alberico (1599): De Iure Belli Libri Tres. Zwei Bände. Engl. Übersetzung Rolfe, John (1933). Oxford, Bd. I, 32–33.

der Obrigkeit von den illegitimen Privatkriegen bewaffneter Banden und baute für den öffentlichen Krieg die Anforderungen an die Kriegsführung zugunsten beider Kriegsparteien aus.[14] Mit solchen Überlegungen zur Begrenzung der Art und Weise der Kriegsführung (*ius in bello*) wurden die Fundamente für das humanitäre Kriegsvölkerrecht gelegt.

In der Praxis schlugen sich diese Erkenntnisse erst später reduziert nieder. Im Westfälischen Frieden von 1648 wurde die volle Souveränität der Reichsstände über Krieg und Frieden auf der Reichsebene sowie das Recht der Stände auf eigene Verteidigungsbündnisse anerkannt,[15] den Reichsständen aber zugleich untersagt, die Feinde eines anderen Reichsstandes zu unterstützen.[16] Dies begünstigte die Entstehung internationaler Bündnissysteme zur Sicherung des Friedens und des Gleichgewichts zwischen den Staaten. Auf der Basis dieses sogenannten *„westfälischen Systems"* entstand in der Folgezeit völkerrechtliches Gewohnheitsrecht,[17] wie etwa die Regel, dass Krieg förmlich zu erklären war oder dass er auf einem guten bzw. gerechten Grund beruhen musste. Die kriegführenden Parteien sahen sich zunehmend genötigt, einen Grund für ihren Waffengang zu nennen, der über das Beuteinteresse hinausreichte. Wie schon die vorgeschobenen Gründe für die Feldzüge Friedrich II. von Preußen zeigen, stellte sich eine Kultur der Rechtfertigung ein, die anzeigt, dass das freie Recht des Souveräns zum Kriege keine Anerkennung mehr in den aufgeklärten Staaten fand.

Bis zum Verbot der Anwendung bewaffneter Gewalt als nächster Entwicklungsetappe vergingen jedoch über hundert Jahre. Einen ersten Durchbruch erzielte die Erste Haager Friedenskonferenz von 1899, als sich die Vertragsparteien darauf einigen, sich um eine friedliche Streitbeilegung zu bemühen.[18] Diese bloße Bemühenspflicht wurde im Rahmen der Zweiten Haager Friedenskonferenz von 1907 bekräftigt.[19] Darüber hinaus vereinbarten die Staaten aber erstmals auch einen begrenzten Gewaltverzicht: Die sogenannte „Drago-Porter-Konvention" etablierte ein Verbot der Gewaltanwendung zum Zwecke der Eintreibung von Schulden durch den Gläubigerstaat, machte dies aber von der Bereitschaft des Schuldnerstaates zur schiedsgerichtlichen Lösung ab-

---

14 Z.B. Grotius, Hugo (1625): De jure belli ac pacis libri tres. Deutsche Ausgabe: Schätzel, Werner (Hrsg) (1950), Tübingen, 83–90.
15 Art. VIII § 2 Friedensvertrag von Osnabrück zwischen dem Kaiser und Schweden v. 14./24.10.1648. Abdruck bei Willoweit; Seif (2003): Europäische Verfassungsgeschichte. 176 ff.
16 § 3 Friedensvertrag von Münster zwischen dem Kaiser und Frankreich v. 14./24.10.1648. Abdruck bei Willoweit; Seif: ebenda.
17 Siehe auch Art. 38 Abs. 1 lit. b Statut des Internationalen Gerichtshofs. Art. 38 IGH-Statut benennt die Rechtsquellen des Völkerrechts.
18 Art. I des Abkommens zur friedlichen Erledigung internationaler Streitfälle v. 29.07.1899 (Erste Haager Konvention). Verkündung Nr. 2807 im Reichs-Gesetzblatt Nr. 44 v. 09.11.1901, 393 ff.
19 Art. I des Abkommens zur friedlichen Erledigung internationaler Streitfälle v. 18.10.1907. Verkündung Nr. 3702 des Reichs-Gesetzblatts Nr. 2 v. 25.01.1910, 5 ff.

hängig.[20] Der zudem beschlossene Ständige Schiedshof sollte allerdings kaum praktische Bedeutung erlangen.

Damit hatte die Welt zu Beginn des 20. Jahrhunderts den Zusammenhang zwischen der Pflicht zum Versuch der friedlichen Streitbeilegung und dem Unterbleiben jeder Gewaltanwendung während dieser Streitbeilegung hergestellt. Er blieb aber zunächst selektiv und wurde erst nach dem Ersten Weltkrieg zur generellen Regel. Art. XII und XIII der *Völkerbundsatzung*, die Bestandteil des Versailler Vertrags vom 28. Juni 1919 war, schützten einen Staat (theoretisch) vor Angriffen während der Dauer eines Schiedsverfahrens, noch drei Monate danach sowie dauerhaft bei Befolgung des Schiedsspruchs.[21] Damit war der Krieg allerdings noch nicht per se als illegitimes Mittel geächtet, sondern nur zum subsidiären Instrument degradiert: Zum Kriege zu schreiten blieb nach der Völkerbundsatzung für den Fall erlaubt, dass das primäre Schiedsverfahren fehlschlug. In der Praxis scheiterte die Regelung schon daran, dass aggressionsbereite Staaten von vornherein kein Schiedsverfahren abwarteten, sondern gleich zur Tat schritten. Verhängte der Völkerbund dann Sanktionen, traten sie aus dem Völkerbund aus. So handhabten es z.B. Japan 1933 nach der Besetzung der Mandschurei oder Italien 1937 nach dem Einmarsch in Abessinien. Immerhin etablierte sich unter dem Völkerbundsystem das Prinzip, wonach jede Bedrohung des Friedens eine Gefahr für die Internationale Gemeinschaft als Ganzes begründet.[22] Erst der *Kellogg-Briand-Pakt* (Pariser Pakt) vom 27. August 1928 etablierte als erster völkerrechtlicher Vertrag ein verbindliches Gewaltverbot, das aber nur im Verhältnis zu den zunächst fünfzehn, später über sechzig Vertragspartnern galt. Art. I bestimmte:

> Die Hohen Vertragschließenden Parteien erklären feierlich im Namen ihrer Völker, daß sie den Krieg als Mittel für die Lösung internationaler Streitfälle verurteilen und auf ihn als Werkzeug nationaler Politik in ihren gegenseitigen Beziehungen verzichten.[23]

Damit war der Krieg als Mittel (offensiver) Politik geächtet, nicht jedoch das Selbstverteidigungsrecht der Staaten gegen die Angriffe anderer Staaten infrage gestellt.[24] Wie sich in der Folgezeit zeigte, führte die Regelung nicht dazu,

---

20 Art. I des Abkommens betreffend die Beschränkung der Anwendung von Gewalt bei der Eintreibung von Vertragsschulden v. 18.10.1907. Verkündung Nr. 3703 im Reichs-Gesetzblatt Nr. 2 v. 25.01.1910, 59 ff.

21 Gesetz über den Friedensschluß zwischen Deutschland und den alliierten und assoziierten Mächten, Reichsgesetzblatt 1919, 689 ff.

22 Kuhn, Arther K. (1941): Editorial Comment: Secretary Hull on the Kellogg-Briand Pact, in: American Journal of International Law (AJIL), Bd. 35, 114, 116.

23 Treaty between the United States and other Powers providing for the renunciation of war as an instrument of national policy. United States Statutes at Large, Bd. 46, Teil 2, 2343. Deutsche Quelle: Reichsgesetzblatt 1929, Teil II, S. 97.

24 Dies ergibt sich aus einer vertragsbegleitenden Erklärung des US-amerikanischen Außenministers Hull. Siehe Department of State Bulletin, Aug. 31, 1940, Bd. III, Nr. 62,

Angriffe zu unterlassen, sondern nur dazu, die Gewaltanwendung als Selbstverteidigungsmaßnahme auszugeben. Dem entsprechend kam die klassische Kriegserklärung außer Gebrauch und entstand große Verwirrung über die Frage, ob „Krieg" und „Frieden" tatsächlich noch Gegensätze seien oder es nun auch „De-facto-Kriege" gebe.[25] Angesichts der mangelnden Erfolge kam bald die Forderung auf, dem Kellogg-Briand-Pakt „Zähne einzusetzen". Einen wichtigen Versuch unternahmen die USA mit der Verkündung der später so genannten „Stimson-Doktrin", die China und Japan mit gleichlautenden Noten vom 7. Januar 1932 notifiziert wurde. Mit ihr legten sich die USA nach dem japanischen Überfall auf die Mandschurei auf die generelle Politik fest, „keine Situation, keinen Vertrag und keine Vereinbarung" anzuerkennen, die „entgegen den Vertragsbestimmungen und den Verpflichtungen aus dem Pakt von Paris vom 27. August 1928 zustande gebracht sein mögen".[26] Diese Politik wurde nicht nur im selben Jahr vom Völkerbund übernommen,[27] sondern entwickelte sich auch zu einer völkergewohnheitsrechtlich geltenden *Pflicht zur Nicht-Anerkennung von Aggressionsakten*.[28] Von Anfang an war dabei erwogen worden, wirtschaftliche und militärische *Sanktionen* folgen zu lassen.[29] Diese Idee der Sanktionen gegen Friedensbrecher ging in das spätere System der Vereinten Nationen ein. Es wurde spätestens mit dem Zweiten Weltkrieg deutlich, dass es der Weltordnung an einer *Institutionalisierung* fehlte, mithilfe derer die Pflicht zur Friedlichkeit nötigenfalls durchgesetzt werden kann.[30]

S. 175. Hier zitiert nach Editorial Comment: Secretary Hull on the Kellogg-Briand Pact (1941), in: AJIL, Bd. 35, 117.

25 Borchard, Edwin M. (1933): „War" and „Peace", in: AJIL, Bd. 27, 114, 115 f.

26 Telegram from the Secretary of State to the Ambassador in Japan (1932), 1 Foreign Relations U.S., Japan: 1931–1941, S. 76: Non-recognition of „any situation, treaty, or agreement which may be brought about by means contrary to the covenants and obligations of the Pact of Paris of August 27, 1928."

27 Entschließung der Völkerbundversammlung v. 11. März 1932.

28 Indiz für die entsprechende Staatenpraxis ist Art. 5 Ziff. 3 der Anlage zur Resolution 3314 (XXIX) der UN-Generalversammlung v. 14.12.1974 (Definition of Aggression), U.N. Document A/RES/29/3314: „No territorial acquisition or special advantage resulting from aggression is or shall be recognized as lawful."

29 Von Stimson, nicht von Hoover. Deshalb wird zum Teil zwischen der „Hoover-Doktrin" (Nichtanerkennung) und der „Stimson-Doktrin" (Nichtanerkennung und Sanktionen) unterschieden. Siehe Current, Richard N. (1953/54): The Stimson Doctrine and the Hoover Doctrine, in: The American Historical Review, Bd. 59, 513–341.

30 Dulles, John Foster (1956): The Institutionalizing of Peace, in: Proceedings of the American Society of International Law, Bd. 50: Evolution of International Law in the 20th Century, 11–25.

Frieden und Gewaltverbot im Recht der Vereinten Nationen

"Frieden" ist heute ein zentraler Begriff im Recht der Vereinten Nationen.[31] Artikel 1 Ziffer 1 UN-Charta benennt schon an erster Stelle die Wahrung des Weltfriedens und der internationalen Sicherheit als Ziel der Vereinten Nationen,[32] ohne dass eine klare Abgrenzung zwischen den Begriffen "Frieden" und "Sicherheit" möglich ist.[33] Der Friedensbegriff der Art. 1 und 2 UN-Charta ist im Unterschied zu den operativen Teilen der Charta denkbar weit;[34] denn die Besonderheit der UN-Charta liegt gerade darin, dass sie Voraussetzungen des Friedens auf allen Feldern einbezieht ("positiver Friedensbegriff").[35] Welche *Maßnahmen* die Organe der UNO dabei im Einzelnen treffen dürfen, ist in zahlreichen Einzelbestimmungen der Charta ausgeführt, namentlich in den Bestimmungen über die Befugnisse der Generalversammlung und des Sicherheitsrats zur Friedenswahrung (Art. 11, 24 f. UN-Charta), im VI. Kapitel über die friedliche Beilegung von Streitigkeiten (Art. 33–38 UN-Charta) und im VII. Kapitel über Maßnahmen bei Bedrohung oder Bruch des Friedens und bei Angriffshandlungen (Art. 39–51 UN-Charta).

Die Vereinten Nationen kennen eine Fülle von Instrumenten, mit denen Frieden in den verschiedenen Stadien eines Konflikts implementiert werden kann. Am Anfang stehen Maßnahmen der präventiven Diplomatie und folgend des "Peacemaking", d.h. vor allem Maßnahmen nach dem VI. Kapitel der UN-Charta, mit denen die feindlichen Parteien zur friedlichen Streitbeilegung veranlasst werden. Parallel hierzu finden gegebenenfalls Maßnahmen des "Peacekeeping" statt. So setzt die UNO z.B. mithilfe von Mitgliedstaaten *Friedenstruppen* ein, um die kämpfenden Parteien auseinanderzuhalten.[36] Da die UN-Charta insoweit keine Aussagen enthält, werden Friedenstruppen auf der Basis einer Kombination von Normen über den Sicherheitsrat, die Generalversammlung und den Generalsekretär nur mit Zustimmung des betroffenen Landes entsandt. "Peacebuilding" umfasst schließlich jene Maßnahmen, mit denen nach

---

31 Randelzhofer, Albrecht (1979): Der normative Gehalt des Friedensbegriffs im Völkerrecht der Gegenwart, in: Delbrück, Jost (Hrsg): Völkerrecht und Kriegsverhütung – Zur Entwicklung des Völkerrechts als Recht friedenssichernden Wandels. Berlin, 13–39.
32 Siehe White, Nigel D. (1997): Keeping the Peace. The United Nations and the Maintenance of International Peace and Security. 2. Aufl. Manchester.
33 McDonald, Avril/Brollowski, Hanna (2011): "Security", §§ 1–3, in: Max Planck Encyclopedia of Public International Law. Abrufbar unter: http://opil.ouplaw.com/home/EPIL.
34 Zum "positiven" und "negativen" Friedensbegriff noch unten.
35 Vgl. Wolfrum, Rüdiger (2013): Friedenssysteme, in: Kube, Hanno et al. (Hrsg.): Leitgedanken des Rechts. Paul Kirchhof zum 70. Geburtstag. Bd. I, Heidelberg, 447–455 (RN 9, 11 f.).
36 Siehe hierzu U.N. Department of Peacekeeping Operations (18.1.2008): U.N. Peacekeeping Operations – Principles and Guidelines. New York. Abrufbar unter: http://effectivepeacekeeping.org/sites/effectivepeacekeeping.org/files/04/DPKO-DFS_Capstone%20Document.pdf.

Beendigung des Konflikts verhindert werden soll, dass dieser wieder auflebt.[37] Grundlegend hierfür war die „Agenda for Peace" des Generalsekretärs Boutros-Ghali.[38] Seither wird versucht, in den kriegs- und bürgerkriegszerrütteten Staaten Schritt für Schritt *rechtsstaatliche und demokratische Strukturen als Fundament eines nachhaltigen Friedens* zu etablieren und zugleich schwerste Menschenrechtsverletzungen aufzuarbeiten, wie sie typisch für friedlose Zeiten sind („Transitional Justice").[39] Ein Beispiel hierfür ist die United Nations Interim Administration Mission in Kosovo (UNMIK).[40] Darüber hinaus erkennt die UN-Charta (Art. 14) wie schon die Völkerbundsatzung (Art. 19) an, dass der Frieden in manchen Situationen nur gewahrt werden kann, wenn berechtigte Forderungen nach einer Veränderung des Status quo erfüllt werden („Peaceful Change").[41]

Auf der anderen Seite sind die Mitgliedstaaten – und wohl auch private Akteure[42] – zur friedlichen Streitbeilegung verpflichtet (Art. 33 UN-Charta). Sie müssen ihre Streitigkeiten ausschließlich „durch friedliche Mittel" so beilegen, dass „der Weltfriede, die internationale Sicherheit und die Gerechtigkeit" nicht gefährdet werden (Art. 2 Ziffer 3 UN-Charta) und jede mit der Charta unvereinbare Androhung oder Anwendung von Gewalt unterbleibt (Art. 2 Ziffer 4 UN-Charta). Mit Artikel 2 Ziffern 3 und insbesondere 4 statuiert die UN-Charta ein universelles *Gewaltverbot*, das zugleich zum Bestand des ungeschriebenen (aber ebenfalls verbindlichen[43]) Völkergewohnheitsrechts[44] und sogar zu jenen wenigen Regeln des zwingenden Völkerrechts (ius cogens)[45] zählt, von denen nicht abgewichen werden darf.[46] Zwar leidet die UNO immer noch daran, dass sie keine eigenen Vollstreckungsmittel gegen Friedensbrecher besitzt. Der Si-

---

37 Eingehend Marauhn, Thilo/Simon, Sven (2011): „Peacebuilding", in: Max Planck Encyclopedia of Public International Law. Abrufbar unter: http://opil.ouplaw.com/home/EPIL.
38 U.N. General Assembly (17.6.1992): An Agenda for Peace – Preventive Diplomacy, Peacemaking and Peace-Keeping, Report of the Secretary-General. U.N. Doc. A/47/277-S/2411. New York; sowie U.N. Gen. Ass. (25.1.1995): Supplement to an Agenda for Peace, Position Paper of the Secretary-General, U.N. Doc. A/50/60-S/1995/1.
39 Stahn, Carsten; Kleffner, Jann K. (Hrsg) (2008): Jus Post Bellum. Towards a Law of Transition from Conflict to Peace. Cambridge.
40 Security Council Res. 1244 (1999) v. 10.6.1999.
41 Siehe Owada, Hisashi (2007): „Peaceful Change", in: Max Planck Encyclopedia of Public International Law. Abrufbar unter: http://opil.ouplaw.com/home/EPIL.
42 So dezidiert Pellet, Alain (2013): „Peaceful Settlement of International Disputes", §§ 25 f., in: Max Planck Encyclopedia, ebenda.
43 Siehe Art. 38 Abs. 1 lit. b IGH-Statut: „… das internationale Gewohnheitsrecht als Ausdruck einer allgemeinen, als Recht anerkannten Übung".
44 Internationaler Gerichtshof, Urt. v. 27.6.1986 – Case Concerning Military and Paramilitary Activities in and Against Nicaragua, in: ICJ Reports 1986, 14 ff. (§§ 188 ff.).
45 Internationaler Gerichtshof (Nicaragua 1986), § 190, unter Hinweis auf die International Law Commission.
46 Vgl. Art. 53 Satz 2 Wiener Konvention über das Recht der Verträge v. 23.5.1969, in: United Nations Treaty Series (UNTS), Bd. 1155, S. 331.

cherheitsrat kann aber mithilfe der Staaten „robust" reagieren. Außerdem ist es gelungen, das *Verbrechen der „Aggression"*[47] der internationalen Strafgerichtsbarkeit zu unterstellen, so dass Führungspersönlichkeiten (nicht einfache Soldaten) im Rahmen des Römischen Statuts durch den Internationalen Strafgerichtshof abgeurteilt werden können.[48]

Bedeutung und Reichweite des Gewaltverbots wurden in der Erklärung der UN-Generalversammlung über die freundschaftlichen Beziehungen zwischen den Staaten (*Friendly Relations Declaration*) von 1970 präzisiert.[49] Unter „Gewalt" i.S.v. Artikel 2 Ziffer 4 UN-Charta ist danach jeder Einsatz militärischer Gewalt zu verstehen, selbst wenn sich die Intensität weit unterhalb des Angriffskrieges bzw. „bewaffneten Angriffs" im Sinne des VII. Kapitels der UN-Charta bewegt. Es genügen z.b. die gewaltsame Grenzverletzung oder auch die Unterstützung bewaffneter Aktivitäten von irregulären Streitkräften oder terroristischer Akte auf fremdem Territorium.[50] Damit ist es nicht nur verboten, „Krieg" zu führen, sondern viel weiter, Gewalt in der beschriebenen Form gegen andere Staaten zu gebrauchen oder solche anzudrohen.

Selbstverteidigung als Ausnahme vom Gewaltverbot

Nach wie vor kann die Gewaltanwendung durch Staaten gegen andere Staaten durch das Selbstverteidigungsrecht (Art. 51 UN-Charta), aber auch durch eine Ermächtigung des Sicherheitsrates zu Zwangsmaßnahmen (Art. 42 UN-Charta) gerechtfertigt sein. Hoch umstritten sind dagegen weitere mögliche Rechtfertigungsgründe wie die „präventive Selbstverteidigung", gewaltsame Notstandsakte zum Schutz eigener bedeutender Rechtsgüter (z.B. Befreiungsaktionen zugunsten eigener Staatsangehöriger) oder die „humanitäre Intervention" in einen anderen Staat zur Rettung fremder Staatsangehöriger bei drohendem Völkermord. Je mehr Rechtfertigungsgründe anerkannt werden, umso durchlässiger wird das Gewaltverbot als zentraler Bestandteil der Friedensordnung der Vereinten Nationen.

Dem entsprechend eng sind die Voraussetzungen des Artikels 51 UN-Charta: Erforderlich ist ein noch andauernder oder unmittelbar bevorstehender „bewaffneter Angriff", der sich gegen den Staat, der sich verteidigt (individuelle

---

47 Siehe Anm. 29.
48 Siehe zu den Ergebnissen der Review Conference von Kampala Kress, Claus; Holtzendorff, Leonie von (2010): Durchbruch in Kampala – Die Einigung über das Verbrechen der Aggression, in: Vereinte Nationen, 260–265 (m.N.).
49 Resolution 2625 (XXV) der UN-Generalversammlung v. 24.10.1970 (*Declaration on Principles of International Law concerning Friendly Relations and Cooperation among States in accordance with the Charter of the United Nations*), U.N. Document A/RES/2625(XXV).
50 Siehe Friendly Relations Resolution (ebenda) sowie IGH, Nicaragua-Urteil 1986 (Anm. 44), § 228. Erforderlich ist danach eine militärische Unterstützung bzw. Ausbildung, während die bloß finanzielle Unterstützung lediglich das Interventionsverbot verletzt.

Selbstverteidigung), oder gegen dessen Bündnispartner (kollektive Selbstverteidigung) richten kann. Der bewaffnete Angriff verlangt eine massive militärische Gewaltanwendung, die gegen die Souveränität oder Unabhängigkeit eines anderen Staates gerichtet ist. Der Gewaltbegriff ist hier enger als an allen anderen Stellen der UN-Charta, enger als beim Gewaltverbot (Art. 2 Ziff. 4 UN-Charta) und enger als bei der Angriffshandlung (Aggression), die zu Maßnahmen nach dem VII. Kapitel der UN-Charta führen kann.[51] Andererseits zeichnen sich auch Weiterungen ab. So wurde im Zusammenhang mit den *terroristischen Anschlägen* in den USA von 2001 anerkannt, dass nicht nur Staaten, sondern auch private Akteure unter Umständen einen „bewaffneten Angriff" i.S.v. Artikel 51 UN-Charta durchführen können, wobei dieser Fall jedoch mit dem Staat Afghanistan verbunden war, das den Terroristen einen sicheren Hafen geboten hatte und deshalb zum eigentlichen Ziel der Selbstverteidigungsmaßnahmen wurde.[52] Die Anwendung von Gewalt zur Selbstverteidigung setzt immer voraus, dass die Gegenmaßnahmen verhältnismäßig sind und nur solange andauern, bis der Sicherheitsrat die erforderlichen Maßnahmen gegen den Aggressor getroffen hat (Art. 51 UN-Charta).

Wie weit das Selbstverteidigungsrecht ausgedehnt werden kann, ohne einzelstaatlicher Machtpolitik Tür und Tor zu öffnen, ist die entscheidende Frage. Darf ein Staat z.B. zur *präventiven Selbstverteidigung* greifen, um einem vermutlich drohenden Angriff zuvorzukommen, für den aber noch keine konkreten Indizien sprechen? Einerseits kann eine solche Weiterung als Vorwand für Angriffshandlungen missbraucht werden; andererseits kann der zu erwartende Schaden wie etwa im Falle des Atombombenabwurfs so groß sein, dass weder der Angriff noch sein unmittelbares Bevorstehen abgewartet werden können. Fragen dieser Art stellten sich z.B. im Zusammenhang mit der vorbeugenden Bombardierung von zwei im Bau befindlichen irakischen Kernreaktoren namens „Osirak" zwischen 1980 und 1991 durch Iran und Israel, aber auch im Zusammenhang mit der nach den Terroranschlägen vom 11. September 2001 in den USA verfolgten Politik des „preemptive strike"[53]. Für diese Fälle hält das

---

51 Dazu im folgenden Abschnitt.
52 Erklärungen des Nordatlantikrates v. 12.9.2001 und des Generalsekretärs Robertson v. 4.10.2001 betreffend Art. 5 Washingtoner Vertrag. Abrufbar unter: www.nato.int/docu/pr/2001/. Der UN-Sicherheitsrat erkannte ausdrücklich „das inhärente Recht auf individuelle oder kollektive Selbstverteidigung in Übereinstimmung mit der Charta" an. Siehe U.N. Security Council Resolution 1368 (2001) v. 12.9.2001 und UNSC Res. 1373 (2001) v. 28.9.2001, abrufbar unter: www.un.org/en/sc/documents/resolutions/).
53 Nationale Sicherheitsstrategie der USA v. 17. September 2002 (bestätigt 2006): „We must adapt the concept of imminent threat to the capabilities and objectives of today's adversaries. Rogue states and terrorists do not seek to attack us using conventional means. … To forestall or prevent such hostile acts by our adversaries, the United States will, if necessary, act preemptively." Abrufbar unter: http://georgewbush-whitehouse.archives.gov/nsc/nss/2002/index.html (sub V.). Kritisch Doyle, Michael W. (2008): Striking First: Preemption and Prevention in International Conflict. Princeton.

klassische Völkerrecht die sogenannte „Caroline-Formel" bereit, wonach die Selbstverteidigung ausnahmsweise vorgelagert werden kann, wenn eine unabweisliche und alternativlose Notwendigkeit besteht, sofort zu handeln.[54] Die Argumentation des Sicherheitsrats im Fall „Osirak"[55] zeigt aber, dass selbst im ultimativen Fall einer angenommenen Bedrohung durch Kernwaffen auf zivile Kontrollmechanismen (hier nach dem Vertrag über die Nichtverbreitung von Kernwaffen) als zumutbare Alternative zur militärischen Selbsthilfe verwiesen wird.

Ein weiteres Beispiel ist die sogenannte „humanitäre Intervention"[56], bei der ein Staat Gewalt gegen einen anderen Staat anwendet, um dessen (!) Bevölkerung gegen schwerste Menschenrechtsverletzungen oder Völkermord zu schützen. Auch hier besteht die Gefahr der Umgehung des Gewaltverbots. Andererseits kann gefragt werden, warum der zwingende Völkerrechtsgrundsatz des Verbots des Völkermords weniger schwer als das Gewaltverbot wiegen soll. Eine gewisse Lösung könnte darin liegen, dass sich in den Vereinten Nationen das neue Konzept der „Responsibility to Protect" zur Ablösung der humanitären Intervention eingebürgert hat. Danach obliegt der Schutz der Bevölkerung in erster Linie dem jeweiligen Staat, in zweiter Linie aber auch der internationalen Gemeinschaft, welche durch die UN-Organe, vor allem durch den Sicherheitsrat handelt, der andere Staaten nötigenfalls zum Eingreifen ermächtigt und dabei auch einschränkende Bedingungen formulieren kann.[57]

Ein spezielles Problem entsteht, wenn ein Staat unter Verletzung des Gewaltverbots (Art. 2 Ziffer 4 UN-Charta) Gewalt anwendet, es sich dabei nach Art und Intensität der Maßnahme aber nicht um einen „bewaffneten Angriff" (Art. 51 UN-Charta) handelt. Dann scheiden Selbstverteidigungsmaßnahmen aus. Dies entspricht auch dem Anliegen der Norm, die gewaltsame Selbstver-

---

54 Die Formel rekurriert auf die Äußerung des U.S.-amerikanischen Repräsentanten Webster im Rechtsstreit mit England wegen der Zerstörung des amerikanischen Schiffes Caroline 1837: „It will be for … [Her Majesty's] Government to show a necessity of self-defence, instant, overwhelming, leaving no choice of means, and no moment for deliberation". British and Foreign State Papers, Bd. 26 (1840–41), S. 1126 ff.; Bd. 30 (1841–42), 193 ff.

55 Der UN-Sicherheitsrat bezeichnete den israelischen Angriff von 1981 als „klare Verletzung der UN-Charta und internationaler Verhaltensregeln". Siehe U.N. Security Council Resolution 487 (1981) v. 19.6.1981.

56 Statt vieler Lillich, Richard B. (Hrsg) (1973): Humanitarian Intervention and the United Nations. Charlottesville (VA). Goodman, Ryan: Humanitarian Intervention and Pretexts for War (2006), in: AJIL, Bd. 100, S. 107 ff.; Hilpold, Peter: Humanitarian Intervention: Is There a Need for a Legal Reappraisal? (2001), in: EJIL, Bd. 12, S. 437 ff.

57 Siehe z.B. U.N. Security Council Resolution 1973 (2011) v. 17.3.2011, sub 4.: „… Authorizes Member States that have notified the Secretary-General, acting nationally or through regional organizations or arrangements, and acting in cooperation with the Secretary-General, to take all necessary measures, …, to protect civilians and civilian populated areas under threat of attack in the Libyan Arab Jamahiriya, including Benghazi, while excluding a foreign occupation force of any form on any part of Libyan territory, …"

teidigung möglichst eng auf Fälle des „bewaffneten Angriffs" zu begrenzen. Effektive Alternativen, sich gegen solche Formen der *niederschwelligen Gewalt* zu wehren, bestehen dann aber kaum. Es entsteht vielmehr eine „Lücke" zwischen Gewaltverbot und Selbstverteidigungsrecht.[58] Der verletzte Staat kann den Verletzerstaat nicht einmal ohne Weiteres beim Internationalen Gerichtshof verklagen, weil dies dessen „Unterwerfung" unter die Gerichtsbarkeit voraussetzt, die aber in aller Regel nicht generell, sondern nur ad hoc erklärt wird (Art. 36 IGH-Statut) – wenn es genehm ist. Auch auf ein Eingreifen des Sicherheitsrates als hauptverantwortliches Organ ist nicht unbedingt zu hoffen.[59] Was dann nur bleibt, sind gewaltfreie Gegenmaßnahmen (Repressalien), die aber nur der stärkere Staat erfolgreich anwenden kann. Da diese Rechtslage angesichts der hohen Bedeutung des Gewaltverbots völlig unbefriedigend ist, wurde vorgeschlagen, dem verletzten Staat auch außerhalb der Reichweite des Artikels 51 UN-Charta militärische Defensivmaßnahmen als Gegenmaßnahmen zu erlauben, sofern diese sich strikt im Rahmen des Verhältnismäßigen halten.[60] Uneingeschränkte Zustimmung findet diese Form des „naturgegebenen" Rechts zur Selbstverteidigung[61] aber nicht[62].

Bruch oder Bedrohung des Friedens als Voraussetzung von Zwangsmaßnahmen

Das institutionalisierte System zur Wahrung bzw. Wiederherstellung des Friedens basiert wesentlich auf den Befugnissen des Sicherheitsrates. Ihm ist die „Hauptverantwortung für die Wahrung des Weltfriedens und der internationalen Sicherheit" anvertraut (Art. 24 Abs. 1 UN-Charta). Er kümmert sich neben der Generalversammlung und anderen Organen und Institutionen der UNO nicht nur um die friedliche Streitbeilegung (Kapitel VI UN-Charta), sondern trifft als einziges Organ Maßnahmen bei Bedrohung oder Bruch des Friedens (Kapitel VII UN-Charta), wobei seine Entscheidungen – anders als die nur empfehlenden Beschlüsse der Generalversammlung – für die Mitgliedstaaten verbindlich sind (Art. 25 UN-Charta). Handelt der Sicherheitsrat aufgrund von Kapitel VII, kann er entweder unmilitärische (Art. 41 UN-Charta) oder militärische Sanktionsmaßnahmen (Art. 42 UN-Charta) gegen Aggressorstaaten

---

58 Oellers-Frahm, Karin (2007): Der IGH und die „Lücke" zwischen Gewaltverbot und Selbstverteidigungsrecht – Neues im Fall „Kongo gegen Uganda"?, in: ZeuS, Bd. 10, S. 71 ff.
59 Siehe noch unten.
60 Siehe die abweichende Meinung des Richters Simma zu ICJ, Urt. v. 6.11.2003 (Oil Platforms), abrufbar unter: www.icj-cij.org/, S. 324 (331–334).
61 Art. 51 UN-Charta selbst erwähnt ein solches Recht und weist damit über seinen eigentlichen Anwendungsbereich hinaus.
62 Randelzhofer, Albrecht; Nolte, Georg (2012): Art. 51 MN 13–15, in: Simma, Bruno; et al. (Hrsg): The Charter of the United Nations. A Commentary. 3. Aufl. Oxford.

beschließen. Da er allerdings keine eigenen Vollstreckungsmittel besitzt,[63] ist er darauf angewiesen, dass die Mitgliedstaaten ihm die erforderlichen Mittel (insbesondere Truppen) zur Verfügung stellen. Diese handeln dann zwar aufgrund Ermächtigung durch eine Sicherheitsratsresolution, die Truppen bleiben aber unter ihrem Kommando.

Voraussetzung für jedes Handeln nach dem VII. Kapitel ist, dass der Sicherheitsrat einen Bruch des Friedens, eine Angriffshandlung (Aggression) oder eine Bedrohung des Friedens feststellt (Art. 39 UN-Charta). Während die „Angriffshandlung" in Form der Aggressionsdefinition eine gewisse Ausformung durch die Generalversammlung erfahren hat,[64] fehlt es den anderen beiden Optionen an Trennschärfe und Präzision. Das liegt vor allem daran, dass der Sicherheitsrat ein äußerst breites, faktisch ungebundenes Ermessen hinsichtlich der Frage besitzt, ob ein Bruch oder eine Bedrohung des Friedens überhaupt vorliegt.[65] So soll er seine politische Aufgabe, den Frieden zu sichern, möglichst effektiv erfüllen können. Deshalb hebt Artikel 39 UN-Charta auch auf einen Akt der Feststellung durch den Sicherheitsrat ab. Infolgedessen gehen Rechtsprechung und herrschende Lehre davon aus, dass Artikel 39 UN-Charta grundsätzlich nicht justiziabel ist,[66] also nicht der IGH anstelle des Sicherheitsrats beurteilen darf, ob ein Bruch oder eine Bedrohung des Friedens tatsächlich vorliegt.

Entsprechend vage bleibt auch der Begriff des „Friedens" in Artikel 39 UN-Charta. Die wohl vorherrschende Meinung nimmt an, dass „Frieden" im Rahmen des VII. Kapitels die Abwesenheit organisierten Waffengebrauchs meint (*negativer Friedensbegriff*), während „Frieden" bzw. „Weltfrieden"[67] i.S.v. Artikel 1 und 2 UN-Charta einen viel weiteren Umfang haben und die sozialen und wirtschaftlichen Voraussetzungen für den Frieden mit umfassen (*positiver Friedensbegriff*).[68] Gerade der Sicherheitsrat ist sich bewusst, dass auch ökonomische, soziale, humanitäre und ökologische Quellen der Instabilität zur Bedrohung des Friedens werden können.[69] Er respektiert aber dort, wo diese positive Komponente des Friedensbegriffes betroffen ist, oft explizit die Zuständigkeiten anderer UN-Organe. Umgekehrt ist z.B. die UN-Generalversammlung keineswegs von der Behandlung kriegerischer Ereignisse i.S.d.

---

63 Der vorgesehene Mechanismus, wonach Staaten dem Sicherheitsrat ihre Truppen anvertrauen (Art. 43 UN-Charta), ist gescheitert.
64 U.N. General Assembly Res. 3314 (XXIX) v. 14.12.1974. Dazu noch unten.
65 Enger Krisch, Nico (2012): Article 39 MN 4–6, in: Simma et al. (Anm. 62). Der Sicherheitsrat sei nicht völlig frei, weil die Begriffe einen substantiellen Gehalt behalten müssten.
66 Dazu De Wet, Erika (2009): „Peace, Threat to", §§ 16–20, in: Max Planck Encyclopedia of Public International Law. Abrufbar unter: http://opil.ouplaw.com/home/EPIL.
67 Zur Offenheit des Begriffes „Weltfrieden" Krisch, Nico (2001): Selbstverteidigung und kollektive Sicherheit. Dordrecht, 146 ff.
68 Vgl. Krisch (2012), Article 39 MN 7 ff., in: Simma et al. (Anm. 62).
69 Siehe U.N. Security Council, Presidential Note, U.N. Doc. S/23500, S. 3, v. 31.1.1992.

negativen Friedensbegriffs ausgeschlossen (Art. 11 UN-Charta); sie muss nur den Vorrang des Sicherheitsrats respektieren und eigene Beschlüsse unterlassen, wenn und solange sich dieser mit Fragen des Weltfriedens befasst (Art. 12 UN-Charta). In jüngster Zeit hat sich dennoch die Praxis eingebürgert, dass die Generalversammlung auch „parallel" zum Sicherheitsrat handeln kann.[70]

Wichtig für das Verständnis des Mechanismus zur Durchsetzung des Friedens („Peace Enforcement") nach dem VII. Kapitel ist, dass es hier – anders als im Völkerbundsystem – nicht um Recht oder Unrecht geht: „Peace Enforcement" ist kein „Law Enforcement".[71] Es muss nicht ermittelt werden, wer der Friedensbrecher als Adressat von Maßnahmen ist, sondern es können alle Maßnahmen getroffen werden, welche die Situation erfordert.

Ein „Bruch des Friedens" wird in der Praxis eher selten festgestellt, so geschehen etwa im Falle der Invasion des Irak in Kuwait 1990.[72] Es handelt sich typischerweise um Feindseligkeiten zwischen bewaffneten Einheiten zweier Staaten, es können aber auch sogenannte De-facto-Regime beteiligt sein wie z.B. beim Angriff Nordkoreas auf Südkorea von 1950.[73] Eine „Angriffshandlung" (act of aggression) beinhaltet immer auch einen Bruch des Friedens,[74] ist aber spezifischer. Gemäß der *Aggressionsdefinition der UN-Generalversammlung* fallen unter die „Angriffshandlung" insbesondere die Invasion oder der Angriff von Streitkräften auf fremdes Territorium, die militärische Besetzung, Annexion, Beschießung und Bombardierung, die Blockade von Häfen und Küsten, aber auch der Angriff auf einzelne militärische (nicht zivile) Objekte und die Entsendung von bewaffneten Banden als Fall der indirekten Gewalt.[75] Der Katalog ist nicht abschließend. Auch andere Angriffsarten sind denkbar, wenn sie einen vergleichbaren Charakter haben. Einzelne militärische Einsätze wie z.B. ein Luftangriff auf ein bestimmtes Objekt können eine Aggressionshandlung begründen,[76] ohne aber die Schwelle zum „bewaffneten Angriff" (Art. 51 UN-Charta) zu überschreiten. Obwohl die Aggressionsdefinitionsresolution der Generalversammlung die Rechtsauffassung der Staatengemeinschaft widerspiegelt, ist der Sicherheitsrat nicht an sie gebunden.

In aller Regel stellt der Sicherheitsrat keinen Friedensbruch, sondern nur eine „Bedrohung des Friedens" fest, also eine Situation, die demnächst bzw. unmittelbar zum Friedensbruch führen kann. Wie weit dies zeitlich und gegen-

---

70 IGH, Advisory Opinion (Gutachten) v. 9.7.2004, § 27 – Legal Consequences of the Construction of a Wall in the Occupied Palestinian Territory. Abrufbar unter: www.icj-cij.org/docket/index.php?p1=3&p2=4&case=131&p3=4.
71 Krisch (2012), Article 39 MN 10 f., in: Simma et al. (Anm. 62).
72 U.N. Security Council Resolution 660 (1990) v. 2.8.1990.
73 Krisch (2012), Article 39 MN 41, in: Simma et al. (Anm. 62).
74 Krisch (2012), Article 39 MN 42, in: Simma et al. (Anm. 62).
75 Zum Gesamten Art. 1, 3 Definition of Aggression, U.N. General Assembly Res. 3314 (XXIX) v. 14.12.1974. Siehe auch Scheid, Don E. (2011): „Aggression", in: Chatterjee, Deen K. (Hrsg): Encyclopedia of Global Justice. Dordrecht et al., 20 ff.
76 Siehe z.B. U.N. Security Council Resolution 573 (1985) v. 4.10.1985.

ständlich reicht, obliegt der politischen Einschätzung durch den Sicherheitsrat. Dieser hat den Eingriffsgrund der Friedensbedrohung zunehmend ausgeweitet, sodass er sich nun auch und vor allem auf *interne Sachverhalte* bezieht. Unter Berufung auf das VII. Kapitel behandelte der Sicherheitsrat z.B. die Weiterverbreitung von Massenvernichtungswaffen,[77] Situationen nach Beendigung eines Konflikts (z.B. Ost-Timor),[78] schwere Menschenrechtsverletzungen in Bürgerkriegen (z.B. Ex-Jugoslawien),[79] die Bedrohung durch terroristische Gruppierungen (z.B. ISIL und ANF in Syrien),[80] die Weigerung, bei der Verfolgung von Terroristen zu kooperieren (z.b. Verhalten Libyens nach dem Flugzeugabsturz über Lockerbie),[81] den Sturz einer demokratisch gewählten Regierung (z.b. Haiti)[82], die Gefährdung demokratischer Wahlen (z.b. Guinea-Bissau)[83] und sogar die Bedrohung der Handelsschifffahrt durch Piraten (Somalia, Horn von Afrika).[84] Nachdem die allgemeinen Bezugnahmen des Sicherheitsrats auf das VII. Kapitel zu einigen allzu robusten Einsätzen, etwa der USA im Irak, geführt hatten, stellt er in neueren Resolutionen klar, ob die Mitgliedstaaten nur zu nichtmilitärischen (Art. 41 UN-Charta) oder auch zu militärischen Maßnahmen (Art. 42 UN-Charta) ermächtigt sein sollen.

Aber auch außerhalb des VII. Kapitels weitet der Sicherheitsrat den Begriff der Friedensbedrohung kontinuierlich aus, indem er z.b. den illegalen Handel mit Kleinwaffen[85] oder den Ebola-Ausbruch von 2014[86] als Friedensbedrohung qualifiziert hat. Selbst im Falle des lebensgefährlichen Schleusens von Flüchtlingen über das Mittelmeer handelte er explizit im Bewusstsein seiner Hauptverantwortung für den Weltfrieden.[87] Auch der Klimawandel dürfte ein möglicher Kandidat für Friedensgefährdungen der Zukunft sein. All dies verändert die Bedeutung und Reichweite des Friedensbegriffes. Neben die bewaffneten Auseinandersetzungen treten zunehmend schwerwiegende Gefährdungen der Sicherheit von Menschen, welche die Stabilität ganzer Regionen gefährden und

---

77 U.N. Security Council Resolution 1718 (2006) v. 14.10.2006.
78 Siehe zur Situation in Ost-Timor 1272 (1999) v. 25.10.1999.
79 U.N. Security Council Res. 713 (1991) v. 25.9.1991 und Res. 724 (1991) v. 15.12.1991. Eingehend zu dieser mit dem Jugoslawien-Konflikt einsetzenden Entwicklung Krisch (2012), Article 39 MN 19 f., in: Simma et al. (Anm. 62), m.w.N.
80 Siehe z.B. U.N. Security Council Resolution 2170 (2014) v. 15.8.2014.
81 U.N. Security Council Resolution 748 (1992) v. 31.3.1992.
82 U.N. Security Council Resolution 841 (1993) v. 16.6.1993.
83 U.N. Security Council Resolution 2048 (2012) 18.5.2012. Hier handelte der SR aufgrund Art. 41 UN-Charta.
84 U.N. Security Council Resolution 1816 (2008) v. 2.6.2008.
85 U.N. Security Council Res. 1467 (2003) v. 18.3.2003.
86 U.N. Security Council Res. 2177 (2014) v. 18.9.2014: „… Determining that the unprecedented extent of the Ebola outbreak in Africa constitutes a threat to international peace and security …" Zurückhaltender hingegen noch U.N. Security Council Res. 1308 (2000) v. 17.7.2000: „… Stressing that the HIV/AIDS pandemic, if unchecked, may pose a risk to stability and security …"
87 U.N. Security Council Res. 2240 (2015) v. 9.10.2015.

Flüchtlingsströme auslösen können. Weil auch die *Friedensgefährdung durch Privatpersonen* bzw. private Gruppierungen immer bedeutsamer wird, geht der Sicherheitsrat seit einiger Zeit gezielt gegen sie mit sogenannten individualisierten Sanktionen („smart sanctions") vor.[88] So wird die vormalige Mediatisierung der Individuen durch Staaten – mit allen problematischen Folgen für den Rechtsschutz[89] – aufgehoben.

Ein besonderes Problem stellt der *Ausfall des Sicherheitsrats* als hauptverantwortliches Organ für den Weltfrieden dar. Die Wurzel des Übels liegt in einem nahezu willkürlich handhabbarem Vetorecht der fünf ständigen Mitglieder in allen Sachfragen (Art. 27 Abs. 3 UN-Charta). Obwohl diese Privilegierung der fünf Hauptsiegermächte des Zweiten Weltkriegs heute nicht mehr mit dem Prinzip der Gleichheit der Staaten in Einklang steht und die Legitimität der Sicherheitsratsresolutionen zunehmend erschüttert,[90] ist man sich lediglich über die Notwendigkeit einer Reform des Sicherheitsrats einig.[91] Jeder konkrete Änderungsvorschlag scheiterte bislang aber daran, dass die ständigen Mitglieder ihrer eigenen Entmachtung zustimmen müssen (Art. 108 UN-Charta).

Eine gewisse Hoffnung ruht auf der UN-Generalversammlung, die sich schon 1950 der Blockierung des Sicherheitsrates durch Vetomächte entgegengestellt hatte, indem sie mit der überwältigenden Mehrheit ihrer Mitgliedstaaten die Resolution „Uniting for Peace"[92] verabschiedete. Mit dieser Resolution verkündete die Generalversammlung ihre Entschlossenheit, nötigenfalls kollektive Selbstverteidigungsmaßnahmen gegen Friedensbrecher zu organisieren

88 Siehe beispielhaft die Resolution zur Absicherung der Wahlen in Guinea-Bissau (Anm. 83).
89 Siehe Richter, Dagmar (2012): Judicial Review of Security Council Decisions – A Modern Vision of the Administration of Justice? In: Polish Yearbook of International Law, Bd. 32, 271 ff., m.w.N.
90 Siehe statt vieler Blum, Yehuda Z. (2005): Proposals for UN Security Council Reform, in: AJIL, Bd. 99, S. 632 ff.; Caron, David D. (1993): The Legitimacy of the Collective Authority of the Security Council, in: AJIL, Bd. 87, S. 552 ff.; Fassbender, Bardo (1998): UN Security Council Reform and the Right of Veto. A Constitutional Perspective. The Hague, London, Boston; Hofstötter, Bernhard (2006): Einige Anmerkungen zur Reform des Sicherheitsrates der Vereinten Nationen, in: ZaöRV, 143 ff.
91 Siehe z.B. Präsident der UNGA v. 31.7.2015 über künftige Verhandlungen hinsichtlich einer „equitable representation" der Mitgliedstaaten im UNSC. Abrufbar beim Center for UN Reform Education unter: http://centerforunreform.org/?q=node/668.
92 UN General Assembly Res. 377 A (V) v. 3.11.1950: „*The General Assembly* [1.] *Resolves* that if the Security Council, because of lack of unanimity of the permanent members, fails to exercise its primary responsibility for the maintenance of international peace and security in any case where there appears to be a threat to the peace, breach of the peace, or act of aggression, the General Assembly shall consider the matter immediately with a view to making appropriate recommendations to Members for collective measures, including in the case of a breach of the peace or act of aggression the use of armed force when necessary, to maintain or restore international peace and security. …". Siehe auch UN General Assembly Res. 498 (V) v. 1.2.1951 zur Anwendung der Uniting-for-Peace-Grundsätze auf die Situation in Korea.

und so den Sicherheitsrat zu ersetzen. Dazu ist es in der Praxis außerhalb der Korea-Krise von 1950/51 aber kaum je gekommen. Mit Blick auf heutige Situationen wie in der Ukraine und Syrien, denen der Sicherheitsrat wiederum aufgrund des Verhaltens einzelner Vetomächte hilflos gegenübersteht,[93] stellt sich die Frage allerdings erneut.[94] Dabei kann „Uniting for Peace" immer nur zu punktuellen Lösungen für einzelne Konflikte führen; eine Änderung der Charta ohne Mitwirkung des Sicherheitsrates, d.h. unter Missachtung von Art. 108 UN-Charta, würde einer Revolution der Weltordnung gleichkommen.

Die Europäische Friedensordnung

Die Europäische Friedensordnung bzw. Sicherheitsstruktur stellt ein Netzwerk aus EU, OSZE, NATO und anderen Einrichtungen dar. Die *NATO* ist unter rechtlichen Aspekten insofern erwähnenswert, als sie die Mitgliedstaaten im Falle eines bewaffneten Angriffs verpflichtet, Beistand zu leisten, aber nur durch solche Maßnahmen, die jede Partei „für erforderlich erachtet, um die Sicherheit des nordatlantischen Gebiets wiederherzustellen und zu erhalten" (Art. 5 NATO-Vertrag [Bündnisklausel])[95]. Daraus folgt erkennbar nur die Pflicht zur kollektiven Reaktion, jedoch keine Pflicht zur Beteiligung an militärischen Aktionen im Sinne eines Automatismus.[96] Inzwischen hat die NATO ihr Verständnis vom Bündnisfall deutlich erweitert, so dass auch Akte des Terrorismus,[97] der Sabotage, des organisierten Verbrechens oder der Unterbrechung der Zufuhr lebenswichtiger Ressourcen relevant werden können.[98] Sie ist aber kraft ihrer vertraglichen Grundlagen an die Grundsätze der UN-Charta, insbesondere den Grundsatz der friedlichen Streitbeilegung, gebunden (Art. 5 NATO-Vertrag).[99]

Die *Organisation für Sicherheit und Zusammenarbeit in Europa* (OSZE) betreibt mit ihren Fachinstitutionen und Feldoperationen Frühwarnung, Konfliktverhütung, Krisenmanagement und Konfliktfolgenbeseitigung. Sie verfolgt ihre Ziele aber nicht aufgrund normativer Steuerung, d.h. nicht auf der Basis spezifischer

---

93   Siehe z.B. Entwurf der Resolution S/2014/189 v. 15.3.2015 betreffend das Referendum über die Krim, dessen Annahme am russischen Veto scheiterte. Abrufbar unter: www.un.org/en/sc/inc/pages/pdf/highlights/2014.pdf (sub VI.).
94   Skeptisch Johnson, Larry D. (15.7.2014): „Uniting for Peace" – Does It Still Serve Any Useful Purpose? In: AJIL Unbound, abrufbar unter www.asil.org/blogs/.
95   Dazu etwa Verlage, Christopher (2008): Liegt der NATO-Bündnisfall noch vor? In: Verwaltungsrundschau, 6–11.
96   Siehe etwa Sauer, Heiko (2002): Die NATO und das Verfassungsrecht – neues Konzept, alte Fragen, in: ZaöRV 317, 318.
97   Dazu Anm. 52
98   Ziffer 24 des Strategischen Konzepts v. 24.4.1999, abrufbar unter: www.nato.int/docu/pr/1999/p99-065d.htm.
99   Dazu BVerfGE 104, 151, 213 f. – *NATO-Strategie* (2001).

Aufgaben- und Befugnisnormen. Während die meisten OSZE-Dokumente bloße politische Erklärungen darstellen, sind wenige auch rechtlich bedeutsam geworden. Das gilt vor allem für die Charta von Paris für ein Neues Europa vom 21. November 1990,[100] wonach *Sicherheit und Frieden auch eine „menschliche Dimension"* haben und die Achtung der Menschenrechte und den Minderheitenschutz mit umfassen. Dieser Ansatz ist später in den Vertrag über die Europäische Union (EUV) eingegangen, der die Ziele der Charta von Paris zum rechtsverbindlichen Ziel der Außen- und Sicherheitspolitik auch der Europäischen Union erklärt (Art. 21 Abs. 2 lit. c EUV).

Das Projekt der europäischen Einigung diente von Anfang der Bewahrung eines dauerhaften Friedens in Europa.[101] Im heutigen Vertrag über die *Europäische Union* verpflichtet sich die Union, nach Maßgabe der Ziele und Grundsätze der UN-Charta zu handeln und in diesem Sinne „den Frieden zu erhalten, Konflikte zu verhüten und die internationale Sicherheit zu stärken" (Art. 21 Abs. 2 lit. c EUV). Ihre gemeinsame Sicherheits- und Verteidigungspolitik verpflichtet die Mitgliedstaaten nicht nur, sich im Falle von Angriffen gegenseitig Beistand, d.h. „alle in ihrer Macht stehende Hilfe und Unterstützung" zu leisten (Bündnisklausel des Art. 42 Abs. 7 EUV),[102] sondern eröffnet auch die Optionen, innerhalb der EU friedenssichernd zu handeln (Art. 28 EUV) sowie Missionen außerhalb der EU „zur Friedenssicherung, Konfliktverhütung und Stärkung der internationalen Sicherheit in Übereinstimmung mit den Grundsätzen der Charta der Vereinten Nationen" durchzuführen (Art. 42 Abs. 1 Satz 3, Art. 43 f. EUV). Die dazu erforderlichen Beschlüsse müssen vom Rat der EU grundsätzlich einstimmig gefasst werden (Art. 28 Abs. 1, Art. 31 Abs. 1 EUV). Ausnahmslos gilt dies für alle Beschlüsse mit militärischen oder verteidigungspolitischen Bezügen (Art. 31 Abs. 4, Art. 42 Abs. 4 EUV), so dass jeder einzelne Mitgliedstaat ein *Vetorecht* besitzt. Eine gerichtliche Prüfung solcher Beschlüsse ist explizit ausgeschlossen (Art. 24 Abs. 1 UAbs. 2 Satz 6 EUV; Art. 275 Vertrag über die Arbeitsweise der EU [AEUV]) und selbst die parlamentarische Kontrolle ist stark geschwächt (Art. 36 EUV). All dies zeigt, dass die Regelungen über die Verteidigungs- und Sicherheitspolitik nicht zum integrierten bzw. supranationalen Bereich der EU zählen,[103] auch wenn der Weg in eine „gemeinsame Verteidigung" schon vorgezeichnet ist (Art. 42 Abs. 2 EUV).

---

100 Deutsche Fassung abrufbar unter www.osce.org/de/mc/39518?download=true.
101 Siehe insbesondere die Schuman-Erklärung v. 9.5.1950, welche die Schaffung einer Europäischen Gemeinschaft für Kohle und Stahl (EGKS) als ersten Baustein einer künftigen europäischen Friedensordnung vorschlug. Abrufbar unter: http://europa.eu/about-eu/basic-information/symbols/europe-day/schuman-declaration/index_de.htm.
102 Zum ersten Bündnisfall auf Antrag Frankreichs v. 17.11.2015: EU Council, Outcome of the Council Meeting 16–17 November 2015 (Press Release), Nr. 14120/15, S. 6.
103 Die Notwendigkeit, militärische Ressourcen zu „poolen", wird als eine Art Vergemeinschaftung durch die Hintertüre bezeichnet. Vgl. Oeter, Stefan (2013): Äußere Sicherheit, 467–473 (RN 11), in: Kube, Hanno et al. (Anm. 35).

Streitigkeiten untereinander müssen die EU-Staaten nach den Regeln der europäischen Verträge beilegen (Art. 344 AEUV).[104]

Schon bald nach dem politischen Umbruch in Europa begannen die Staaten, sich an der Bewältigung internationaler militärischer Aufgaben auch im Rahmen der europäischen Bündnisstrukturen zu beteiligen. Ein Schlüsseldokument ist insoweit die Petersberg-Erklärung der Westeuropäischen Union vom 19. Juni 1992.[105] Darin bekräftigten die Mitgliedstaaten der WEU ihren Willen, eine „neue Friedensordnung in Europa" (*a new order of peace in Europe*) errichten zu wollen (Teil I, Ziffer 8). Dazu gehörte auch, in enger Anbindung an KSZE (heute OSZE), EU und NATO die militärischen Aktivitäten auszuweiten, d.h. sie außerhalb der Bündnispflichten auch auf humanitäre Einsätze, friedenswahrende Aufgaben („Peacekeeping") sowie militärisches Krisenmanagement einschließlich friedensschaffender Maßnahmen („Peacemaking") – die sogenannten „Petersberger Aufgaben" – zu erstrecken (Teil II, Ziffer 4). Inzwischen ist die WEU, die sich 2011 aufgelöst hat, mitsamt ihren erweiterten Aufgaben in den europäischen Verträgen aufgegangen, so dass gemeinsame militärische Aktionen heute im Rahmen der Gemeinsamen Außen- und Sicherheitspolitik nach dem EU-Vertrag stattfinden.

Will die EU im Bereich der Friedenssicherung operativ handeln, muss der Rat einstimmig eine sogenannte *„Aktion"* beschließen (Art. 25 lit. b, Art. 28 EUV). Geht es dabei um die Durchführung von zivilen oder militärischen Einsätzen zur Krisenbewältigung *außerhalb* der Union, beschließt der Rat einstimmig eine sogenannte „Mission" (Art. 42 Abs. 4, Art. 43 Abs. 2 EUV). Missionen bilden also eine spezielle Form des operativen Vorgehens i.S.v. Art. 28 EUV.[106] Dabei kann es sich um Abrüstungsmaßnahmen, humanitäre und Rettungseinsätze, Militärberatung und militärische Hilfe, Konfliktverhütung und Friedenserhaltung, Terrorismusbekämpfung in jeder Form, aber auch um *Kampfeinsätze* „im Rahmen der Krisenbewältigung einschließlich Frieden schaffender Maßnahmen und Operationen zur Stabilisierung der Lage nach Konflikten" handeln (Art. 43 Abs. 1 EUV). Da die EU nur in Übereinstimmung mit der UN-Charta handeln darf (Art. 42 Abs. 1 EUV), kommen als Kampfeinsätze nur Aktionen auf Einladung der betreffenden Regierung, kollektive Selbstverteidigungsmaßnahmen (Art. 51 UN-Charta) oder Aktionen zur Ausführung von Zwangsmaßnahmen des Sicherheitsrates nach dem VII. Kapitel (Art. 42 UN-Charta) in Betracht.

Für die konkrete Durchführung von friedenswahrenden- oder schaffenden Maßnahmen muss die Union allerdings auf jene zivilen und militärischen Mittel zurückgreifen, die ihr die Mitgliedstaaten zur Verfügung stellen (Art. 42 Abs. 1

---

104 Grundlegend EuGH (Gr. Kammer), Urt. v. 30.5.2006, Rs. C-459/03 – *Kommission gegen Irland (Mox Plant)*.
105 Abrufbar bei der EEAS (EU External Action) unter: www.weu.int/documents/920619 peten.pdf.
106 Siehe Cremer, Hans-Joachim (2011): Artikel 42 EUV Rn. 6, in: Calliess, Christian; Ruffert, Matthias (Hrsg), EUV – AEUV. Kommentar. 4. Aufl. München.

Sätze 2–4 und Abs. 3 EUV). Es gilt insoweit – d.h. außerhalb der Reichweite der Bündnisklausel – das *Freiwilligkeitsprinzip*. Zumeist beteiligen sich nur einige der Mitgliedstaaten an der Durchführung einer Mission (Art. 44 EUV), wobei die operative Leitung der Einsätze i.d.R. dem Politischen und Sicherheitspolitischen Komitee der EU unter der Verantwortung des Rates und der Hohen Vertreterin übertragen wird (Art. 38 EUV).

Inzwischen führt die EU zahlreiche zivile und militärische Missionen durch. Seit der Bekanntgabe der Europäischen Sicherheitsstrategie von 2003[107] beteiligte sich die EU als „regionale Abmachung" i.S.v. Art. 52 f. UN-Charta an Paecekeeping-Missionen.[108] Beispielhaft zu nennen sind unter den bewaffneten Einsätzen die EU-Missionen EUFOR in Bosnien-Herzegowina (seit 2004), „Atalanta" betreffend die Piraterie vor Somalia (seit 2008) oder die seit 2015 laufende Mittelmeermission EUNAVFOR MED („Sophia") zur Rettung von Flüchtlingen und Bekämpfung von Schleppern sowie unter den zivilen Missionen die „EU Rule of Law Mission" (EULEX) im Kosovo (seit 2008), die „EU Police Mission in Afghanistan" (EUPOL Afghanistan, seit 2007) oder die „EU Advisory Mission for Civilian Security Sector Reform Ukraine" (EUAM Ukraine, seit Mitte 2014).[109]

Die Mechanismen von UNO und EU zur Friedenssicherung greifen dabei zumeist eng ineinander. So unterstützte die EU z.B. 2006 die UN-Mission in der Demokratischen Republik Kongo (MONUC), um die Durchführung von Wahlen militärisch abzusichern.[110] Grundlage hierfür war eine Sicherheitsratsresolution aufgrund des VII. Kapitels der UN-Charta, welche die EU speziell zur Durchführung der Operation „EUFOR RD Congo" ermächtigte.[111]

Einen besonderen Fall begründen *individualisierte Sanktionen* („smart sanctions"), die der UN-Sicherheitsrat zur Beseitigung von Bedrohungen des Friedens und der Stabilität in einer Region gegen bestimmte Personen oder Gruppierungen verhängt. Soweit die EU solche Sanktionen umsetzt, genügen GASP-Beschlüsse („Gemeinsame Außen- und Sicherheitspolitik") nicht, da sie nicht justiziabel sind (Art. 24 Abs. 1 UAbs. 2 Satz 6 EUV) und folglich die rechtsstaatlichen Mindestanforderungen verfehlen.[112] So erklärt es sich, dass z.B.

---

107 Rat der EU, Ein sicheres Europa in einer sicheren Welt, Europäische Sicherheitsstrategie, Brüssel 12.12.2003, abrufbar unter: www.consilium.europa.eu/uedocs/cmsUpload/031208ESSIIDE.pdf.
108 Kielmansegg, Sebastian Graf von (2005): Die Verteidigungspolitik der Europäischen Union. Stuttgart et al. S. 218 ff.; Walter, Christian (2012), Article 52 MN 63–64, in: Simma et al. (Anm. 62).
109 Einen aktuellen Überblick über alle laufenden und abgeschlossenen Missionen bietet EU External Action unter http://eeas.europa.eu/csdp/missions-and-operations/index_en.htm.
110 Beschluss 2006/412/GASP des Rates v. 12.6.2006, in: Amtsblatt EU L 163/16.
111 UN Security Council Res. 1671 (2006) v. 25.4.2006.
112 Siehe EuGH, Urt. v. 3.9.2008, verbundene Rechtssachen C402/05 P und C415/05 P (Kadi und Al Barakaat), abrufbar unter: http://curia.europa.eu/.

die Verordnung (EU) von 2012 über restriktive Maßnahmen gegen bestimmte den Frieden, die Sicherheit und die Stabilität in der Republik Guinea-Bissau gefährdende Personen, Organisationen und Einrichtungen[113] als europäische Verordnung aufgrund von Art. 215 AEUV erlassen wurde, der ausdrücklich die Aufnahme von Bestimmungen über den Rechtsschutz zugunsten Betroffener in den betreffenden Rechtsakt verlangt.

Obwohl die europäischen Verträge Begriffe wie die „Friedenssicherung" (Art. 42 Abs. 1 EUV) oder die „Erhaltung des Friedens" (Art. 43 Abs. 1 EUV) durchaus kennen, bleibt weitgehend offen, welchen Begriff des „Friedens" die EU vertritt. Denn anders als der UN-Sicherheitsrat ist sie nicht gezwungen, vor der Ergreifung robuster Maßnahmen eine Bedrohung oder einen Bruch des Friedens (Art. 39 UN-Charta) festzustellen. Durch die Anbindung der europäischen Sicherheitspolitik an das UN-System kommt es aber auch auf Seiten der EU automatisch zu einer ähnlichen Ausweitung des Friedensbegriffes, wie sie bei der UNO zu beobachten ist. Dabei ist die EU rechtlich nicht gezwungen, ausschließlich im Zusammenwirken mit der UNO zu agieren; sie darf nur nicht entgegen der UN-Charta und dem Völkerrecht handeln. Eine gewisse indirekte Einflussnahme der EU auf den Sicherheitsrat findet wiederum dadurch statt, dass alle EU-Staaten, die ständig (Frankreich, Großbritannien) oder temporär im Sicherheitsrat sitzen, verpflichtet sind, sich abzustimmen, die EU und ihre Mitglieder vollumfänglich zu unterrichten, sich „für die Standpunkte und Interessen der Union" einzusetzen und mitunter die Anhörung der Hohen Vertreterin durch den Sicherheitsrat zu betreiben (Art. 34 Abs. 2 UAbs. 2, 3 EUV). Abstimmungspflichten gibt es darüber hinaus auch für den „Kriegsfall" und sonstige schwere Störungen (Art. 347 AEUV).

Eine Besonderheit des europäischen Friedenssystems wird gerade auch im Unterschied zur NATO darin gesehen, dass die EU rechtlich die Möglichkeit zur *Verknüpfung ziviler und militärischer Krisenmanagementfähigkeiten* besitzt und dies zum „Markenzeichen" ihrer Gemeinsamen Sicherheits- und Verteidigungspolitik erhoben hat.[114] Ob man sie deswegen als „Zivilmacht" oder „Friedensmacht" bezeichnen muss,[115] mag dahinstehen. Denn entscheidend für die zunehmenden zivilen Missionen in Situationen, die der UN-Sicherheitsrat als friedensbedrohlich eingestuft hat, ist ein grundlegend veränderter Friedens- und Sicherheitsbegriff: Während im „kalten Krieg" die Gefahr einer militärischen Invasion im Mittelpunkt stand, geht es heute um *neue Bedrohungen von Frieden und Sicherheit* – Proliferationsrisiken, organisierte Kriminalität, Terrorismus

---

113 Verordnung (EU) Nr. 377/2012 v. 3.5.2012, in: Amtsblatt (EU) L 119/1. Siehe dazu aber auch Beschl. 2012/285/GASP des Rates v. 31.5.2012, in: Amtsblatt (EU) L 142/36, und UN Security Council Res. 2048 (2012) v. 18.5.2012.
114 Gaedtke, Jens-Christian; Marquardt, Stephan (2015): Art. 42 EUV Rn. 12, in: Von der Groeben, Hans von der; Schwarze, Jürgen; Hatje, Armin (Hrsg): Europäisches Unionsrecht, 7. Aufl. Baden-Baden.
115 Gaedtke; Marquardt (2015), ebenda.

und kollabierende Staaten („failed states"), die einen dynamischen Charakter besitzen. Da sie nicht rein militärischer Natur sind, können sie nur mithilfe einer Kombination von Instrumenten bewältigt werden. Deshalb hat sich die EU spätestens mit ihrer *Sicherheitsstrategie von 2003* auf den Standpunkt gestellt, dass „die erste Verteidigungslinie oftmals im Ausland liegen" solle, und eine Notwendigkeit bestehe, möglichst noch „vor Ausbruch einer Krise zu handeln".[116]

Wie sich zuletzt wieder im Konflikt in der Ukraine (2014) zeigte, scheitert Europa als „Friedensmacht" zumeist daran, dass die Vertragsbestimmungen zur Sicherheits- und Verteidigungspolitik dem Einstimmigkeitsprinzip unterliegen.[117] Es ist aber gerade die daraus folgende Vetomacht jedes einzelnen der 28 Mitgliedstaaten, die gewährleistet, dass die EU ausgewogene Lösungen finden muss und keine Ambitionen auf die Erlangung der Stellung einer militärischen Weltmacht hegen kann.

Frieden im staatlichen Recht

Der *innere Frieden* konnte im Laufe der Jahrhunderte in vielen Staaten nachhaltig etabliert werden. Allerdings zeigt der wachsende Anteil der Bürgerkriege an den bewaffneten Konflikten der Welt auch, dass die Unterdrückung zwischenstaatlicher Gewalt zur Verlagerung in innerstaatliche Konflikte bzw. Stellvertreterkriege geführt hat. Wo innerer Frieden herrscht, garantieren rechtsstaatliche Strukturen die friedliche Streitbeilegung innerhalb der Bevölkerung und vor allem Minderheitenschutz. Dafür stehen historisch gewachsene Verfassungsprinzipien wie der „Religionsfrieden"[118], der „Sprachfrieden"[119], aber auch der allgemeine „gesellschaftliche Frieden" und der „Rechtsfrieden" als Rechtsgüter mit Verfassungsrang, zugunsten derer die Rechtsausübung insbesondere durch Angehörige der jeweiligen Mehrheit beschränkt werden kann. Sie finden sich zumeist nicht explizit in der Verfassung, sondern werden durch die Verfassungsrechtsprechung entwickelt und stellen spezielle Ausformungen der „öffentlichen Sicherheit und Ordnung" dar, die der Staat mithilfe der Polizei, grundsätzlich nicht durch Militär (Trennungsprinzip), verteidigen darf. „Rechtsfrieden" wird dabei zum Teil mit dem gesellschaftlichen Frieden gleichgesetzt, teilweise auch enger als Ausdruck der Rechtssicherheit verstanden, die es verbietet, richterliche Entscheidungen später wieder infrage zu stellen. Soweit es um die *Heranziehung des gesellschaftlichen Friedens oder Rechtsfriedens als Schranke der Meinungsfreiheit* geht, wie z.B. im Falle einer Strafbestimmung gegen die Ver-

---

116 Vgl. Europäische Sicherheitsstrategie 2003 (Anm. 107), 7.
117 Siehe oben.
118 Siehe BVerfGE 93, 1, 16/17 – *Kruzifix* (1995).
119 Dazu Richter, Dagmar (2005): Sprachenordnung und Minderheitenschutz im schweizerischen Bundesstaat – Relativität des Sprachenrechts und Sicherung des Sprachfriedens. Berlin, 191 ff.

herrlichung nationalsozialistischer Herrschaft,[120] ist im Interesse der Freiheit Vorsicht vor einem allzu weiten Friedensbegriff geboten: Der Schutz vor einer Beeinträchtigung des „allgemeinen Friedensgefühls" oder die „Vergiftung des geistigen Klimas" genügen insoweit nicht. Erforderlich ist vielmehr, dass eine Meinungsäußerung auf Aggression oder Rechtsbruch abzielt, Hemmschwellen herabsetzen oder Dritte einschüchtern will. Es geht beim Schutz des öffentlichen Friedens also im engsten und eigentlichen Sinne um die Gewährleistung von Friedlichkeit.[121]

Soweit es den äußeren Frieden betrifft, soll hier nur beispielhaft anhand des deutschen Grundgesetzes (GG) gezeigt werden, wie ein Staat die eigene Friedfertigkeit innerhalb der Völkergemeinschaft absichern kann. Deutschland ist ein geeignetes Beispiel, weil es sich nach dem von ihm ausgelösten Zweiten Weltkrieg in besonderer Weise mit der Frage auseinandersetzen musste. Schon in der (rechtsverbindlichen) Präambel des Grundgesetzes bekundete das deutsche Volk von Anfang an seinen Willen, „in einem Vereinten Europa dem Frieden der Welt zu dienen"[122]. Art. 9 GG verbietet Vereinigungen, die sich „gegen den Gedanken der Völkerverständigung richten". Art. 26 GG etabliert ein Verbot des Angriffskrieges und all jener Handlungen, die „das friedliche Zusammenleben der Völker zu stören" geeignet sind. Von zentraler praktischer Bedeutung sind allerdings die Vorschriften über den Status und Einsatz der Streitkräfte, die Deutschlands seit 1955 „zur Verteidigung" aufstellt (Art. 87a Abs. 1 Satz 1 GG). Sie dürfen „außer zur Verteidigung ... nur eingesetzt werden, soweit dieses Grundgesetz es ausdrücklich zuläßt" (Art. 87a Abs. 2 GG). Infrage kommen insoweit nur unbewaffnete Einsätze im Rahmen der Katastrophenbekämpfung (Art. 35 Abs. 2, 3 GG)[123] sowie bewaffnete Einsätze zur Bekämpfung bewaffneter Aufständischer im inneren Notstand (Art. 87a Abs. 4, Art. 91 Abs. 2 GG) oder zur weltweiten Erfüllung von Aufgaben im Rahmen eines „Systems der kollektiven Sicherheit"[124]. Einem solchen System kann der Bund sich gemäß Art. 24 Abs. 2 GG „zur Wahrung des Friedens" anschließen und dabei in eine Beschränkung seiner Hoheitsrechte einwilligen, „die eine friedliche und dauerhafte Ordnung in Europa und zwischen den Völkern der Welt herbeiführen und sichern". Aus der Gesamtschau der genannten Bestimmungen wird ein verfassungsrechtliches „Friedensgebot" abgeleitet.[125]

---

120 Siehe § 130 Abs. 4 deutsches Strafgesetzbuch.
121 BVerfGE 124, 300, 334 ff. – *Rudolf-Hess-Gedenkfeier* (2009).
122 Grundgesetz für die Bundesrepublik Deutschland v. 23.5.1949, Bundesgesetzblatt (BGBl.), 1.
123 Siehe dazu BVerfGE 115, 118 ff. – *LuftsicherheitsG* (2006).
124 Ein „System der kollektiven Sicherheit" ist ein System wie die UNO, in dem sich alle Mitglieder zur friedlichen Streitbeilegung und zum gegenseitigen Nichtangriff verpflichten. Nach weitem Verständnis fallen darunter auch Verteidigungsbündnisse, soweit sie der Friedenswahrung dienen. Siehe Streinz, Rudolf (2014), Art. 24 Rdn. 62 f., in: Sachs, Michael (Hrsg): Grundgesetz. Kommentar, 7. Aufl. München.
125 Markant Deiseroth, Dieter (2014): Das Friedensgebot des Grundgesetzes und der

Zugleich wird deutlich, dass der staatliche Auftrag, den Frieden zu sichern, mehrere Teilaufgaben umfasst: die Abwehr äußerer Angriffe, die Bündnissolidarität, die Sicherung des inneren Friedens und die Mitwirkung an der internationalen Friedenssicherung.[126]

Viele staatliche Verfassungen kennen eine grundlegende Unterscheidung zwischen dem Friedens- und dem Kriegszustand. Im Grundgesetz regeln die Artikel 115a ff. den Übergang von der Normal- zur Notstandsverfassung unter dem Begriff des „Verteidigungsfalls". Eine Vorstufe zum Verteidigungsfall ist der „Spannungsfall", der z.B. die Mobilisierung der Streitkräfte erlaubt (Art. 80a GG). Der Verteidigungsfall lehnt sich inhaltlich, auch wenn oft auf die Aggressionsdefinition der UN-Generalversammlung verwiesen wird, an den „bewaffneten Angriff" i.S.v. Art. 51 UN-Charta (Selbstverteidigungsrecht) an, ist aber auf Angriffe bzw. unmittelbar drohende Angriffe auf deutsches Gebiet beschränkt, erfasst also nicht den Bündnisfall, und verlangt unbestrittenermaßen mehr als irgendeine Form der Aggression,[127] nämlich eine Aggression mit kriegsartigem Zerstörungspotential oder der Eignung zur existenzgefährdenden *Destabilisierung des Staatswesens*.[128] *Auf dieser Basis könnte aber auch der verheerende „Cyber-Angriff" auf die Infrastruktur einen Verteidigungsfall begründen.*[129] *Dieser muss jedenfalls von Bundestag und Bundesrat förmlich festgestellt werden und führt im Ergebnis dazu, dass* Sonderregeln in Art. 115a ff., Art. 53a GG die staatliche Ordnung an die Situation des bewaffneten Angriffs bzw. äußeren Notstands anpassen. Gemäß Art. 115a Abs. 5 GG kann der Bundespräsident nach der Verkündung des Verteidigungsfalls mit Zustimmung des Parlaments „völkerrechtliche Erklärungen" abgeben. Gemeint ist damit vor allem die sogenannte „Kriegserklärung", die zwar bei Angreifern außer Gebrauch gekommen ist, die Deutschland als Vertragspartei des III. Haager Abkommens von 1907[130] aber wohl noch immer im Verhältnis zu den anderen Vertragsparteien abzugeben verpflichtet ist, wobei es nur als angegriffener Staat den Krieg erklären darf (Art. 26 GG).[131]

Internationale Einsätze der Bundeswehr zur Friedenswahrung bzw. -schaffung werden auf den erwähnten Art. 24 Abs. 2 GG (Anschluss an ein System

---

UN-Charta – ... und die Bundeswehr? In: Schleswig-Holsteinische Anzeigen (Justizministerialblatt). Schleswig, Heft 11, 423 ff.

126 Vgl. Kirchhof, Paul (2011): Frieden und Friedensvoraussetzungen, in: Hestermeyer, Holger et al. (Hrsg): Coexistence, Cooperation and Solidarity. Liber Amicorum Rüdiger Wolfrum. Bd. II, Leiden, 1203, 1213 ff.

127 Siehe im Einzelnen Schmidt-Radefeldt, Roman (2015): Art. 115a GG Rn. 1–16, in: Epping, Volker; Hillgruber, Christian (Hrsg): Beck'scher Online-Kommentar GG, München.

128 Vgl. Epping, Volker (2012): Art. 115a Rn. 44, in: Maunz, Theodor; Dürig, Günter (Hrsg) (Loseblatt 2015): GG-Kommentar. München.

129 Epping (2012): Art. 115a Rn. 44, ebenda.

130 Anm. 149.

131 Epping (2012), Rn. 117, ebenda.

der kollektiven Sicherheit) gestützt, soweit es z.b. um einen Einsatz im Rahmen der NATO geht, sei es isoliert oder im Zusammenwirken mit der UNO, etwa bei der Durchführung von Zwangsmaßnahmen nach dem VII. Kapitel der UN-Charta.[132] Ein Problem liegt allerdings darin, dass sich der Anschluss an ein System der kollektiven Sicherheit im Moment des Beitritts erschöpft, während sich solche Systeme über große Zeiträume weiterentwickeln. In Deutschland entstand daher die Frage, ob die Regierung auf unabsehbare Zeit ermächtigt sein sollte, die Streitkräfte im Rahmen der vorhandenen Bündnis- und Sicherheitsstrukturen einzusetzen. Das galt vor allem, nachdem die WEU ihre Aufgaben ausgeweitet hatte (Petersberger Aufgaben)[133] und die NATO außerhalb des Bündnisgebietes („out of area") aktiv geworden war. Das Bundesverfassungsgericht hat dazu – mit kaum tragfähiger Begründung – ein kluges Urteil gefällt, indem es aus dem Grundgesetz („aus dem Gesamtzusammenhang wehrverfassungsrechtlicher Vorschriften und vor dem Hintergrund der deutschen Verfassungstradition seit 1918") einen *Parlamentsvorbehalt* ableitete: Jeder Einsatz der Bundeswehr außerhalb des Bündnisgebiets (außerhalb des Verteidigungsauftrages), der diese in bewaffnete Auseinandersetzungen verwickeln könnte,[134] also nicht rein humanitärer Art ist, ungeachtet ob „Zwangsmaßnahme" i.S.d. UN-Charta oder nicht, unterliegt über die Voraussetzungen des Art. 24 Abs. 2 GG hinaus dem Erfordernis einer „konstitutiven", grundsätzlich vorherigen Zustimmung des Bundestages.[135]

Damit erklärte das Bundesverfassungsgericht die Bundeswehr zum „*Parlamentsheer*", mit der Folge, dass über die relevanten Einsätze der Bundestag in öffentlicher Debatte entscheiden muss und der Kabinettsbeschluss hinter verschlossenen Türen nicht genügt. Die Maßstäbe dieser Form der verschärften Kontrolle und Legitimierung hat das Bundesverfassungsgericht inzwischen in etlichen Folgeentscheidungen präzisiert, da immer wieder streitig wurde, ob ein konkreter Einsatz dem Parlamentsvorbehalt unterfiel.[136] Sehr klar zeigt es dabei auf, wie schnell die Bewaffnung als solche in die Anwendung von Waffengewalt und die Verwicklung in kriegerische Konflikte münden kann, auch wenn die Beteiligung an Kämpfen nicht vorgesehen ist.[137] Je konkreter die Indizien für

---

132 Näheres bei Streinz, Rudolf (2014): Art. 24 Rdn. 70 ff., in: Sachs, Michael (Hrsg), Grundgesetz. Kommentar, 7. Aufl. München.
133 Siehe oben Anm. 105.
134 Ein *Kampfeinsatz* liegt vor, wenn Anhaltspunkte für die drohende Einbeziehung deutscher Soldaten in bewaffnete Auseinandersetzungen bestehen und diese deshalb Waffen mit sich führen. Erforderlich ist eine „qualifizierte Erwartung", nicht die bloße Möglichkeit. Siehe BVerfGE 121, 135, 165 f.
135 BVerfGE 90, 286 (351 ff.) – *Auslandseinsätze: Adria/AWACS, Somalia/UNOSOM II* (1994). Die Einzelheiten sind heute im Parlamentsbeteiligungsgesetz v. 18.3.2005 (BGBl. 2005, Teil I, S. 775) geregelt.
136 Siehe etwa BVerfGE 108, 34 ff.; 121, 135 ff. – *AWACS-Einsatz Türkei* (2003); 124, 267 ff. – *AWACS-Einsatz Türkei* (2008).
137 BVerfGE 121, 135, 161.

eine Verwicklung in Kämpfe nämlich sein müssen, umso weniger Einfluss kann das Parlament ausüben – und umgekehrt. Es geht also auch um die *Balance zwischen den beteiligten Staatsgewalten.* Schließlich ging das Gericht sogar so weit, den Parlamentsvorbehalt für „integrationsfest", d.h. eine künftige Supranationalisierung (Art. 42 Abs. 2 EUV) mit Anwendungsvorrang des Europarechts im Hinblick auf den konkreten Einsatz deutscher Streitkräfte schon vorab für unzulässig zu erklären.[138] Dies wird vage mit dem „Friedens- und Demokratieprinzip" begründet, das der Integrationsermächtigung des Grundgesetzes (Art. 23 GG) vorgehe. Weil sich das Bundesverfassungsgericht so die eigene Letztentscheidung vorbehält, hat Deutschland heute weniger ein Parlamentsheer als vielmehr ein „Gerichtsheer".

Die Grenzen des Konzepts der parlamentarischen Verantwortung für Kampfeinsätze zeigt der Einsatz der Bundeswehr vom Februar 2011 auf, als kurzfristig 132 Personen, darunter 22 Deutsche, aus Libyen evakuiert werden mussten *(Operation „Pegasus").*[139] Wegen der Eilbedürftigkeit und des „humanitären" Charakters dieses Rettungseinsatzes war die Befassung des Parlaments unterblieben. Dennoch verneinte das Bundesverfassungsgericht im Urteil vom 23. September 2015[140] eine Verletzung des Parlamentsvorbehalts. Zwar gäbe es keine Erheblichkeitsschwelle für einen Kampfeinsatz. Wenn aber wie hier die Aktion völlig abgeschlossen sei, müsse das Parlament auch nicht mehr nachträglich befasst werden, da jedes eventuelle Verlangen nach Truppenabzug sich inzwischen erledigt habe. Damit verschafft das Gericht der Bundesregierung in bestimmten Fällen die Möglichkeit, durch besondere Schnelligkeit die Beteiligung des Parlaments auszuhebeln. Noch interessanter erscheint jedoch die Aussage, es komme nicht darauf an, ob der Streitkräfteeinsatz innerhalb eines Systems gegenseitiger kollektiver Sicherheit liege oder es sich um einen „national verantworteten bewaffneten Außeneinsatz" handele. Denn maßgeblich für die Parlamentsbeteiligung sei allein, ob ein „Einsatz bewaffneter Streitkräfte" vorliege. Ob ein bewaffneter Einsatz, der wie hier außerhalb eines Systems gegenseitiger kollektiver Sicherheit und auch außerhalb jeder „Verteidigung" stattfindet, überhaupt erlaubt ist, ließ das Gericht letztlich offen. Sollte sich die Frage stellen, wird es für die gezielte Rettung akut bedrohter Menschenleben mittels Kampfeinsätze wahrscheinlich eine Rechtsgrundlage finden, womöglich unter Rückgriff auf die staatliche Pflicht zum Schutz des Lebens (Art. 2 Abs. 2 GG, Art. 2 EMRK). Auch dürften sich Bedenken hinsichtlich des grundgesetzlichen „Trennungsgebots" – Streitkräfte dürfen grundsätzlich keine polizeilichen Aufgaben wahrnehmen – überwinden lassen.[141] Würde dieses Tor zum „national

---

138 BVerfGE 123, 267, 361 – *Lissabon* (2009).
139 Zur *Operation „Pegasus"* v. 26.2.2011 in Libyen BT-Drs. 17/6564.
140 BVerfG, Urt. v. 23.9.2015, Az. 2 BvE 6/11, insbes. Rz. 66 ff. Abrufbar unter: www.bundesverfassungsgericht.de.
141 Siehe etwa Wiefelspütz, Dieter (2012): Die Bundeswehr in Libyen – Operation Pegasus aus Sicht des Völker- und Staatsrechts, in: Humanitäres Völkerrecht, 56, 61 f.

verantworteten" bewaffneten Streitkräfteeinsatz aber generell weit geöffnet, wäre die bisher konsequente Systemeinbindung der Bundeswehr gesprengt.

Noch kritischer sind Militäreinsätze im Ausland „auf Einladung" einer fremden Regierung oder gar von De-facto-Regimen im Bürgerkrieg zu beurteilen,[142] weil sie sich nicht wie der Rettungseinsatz in einer punktuellen Aktion zum Schutz akut bedrohter Rechtsgüter erschöpfen. In diese Kategorie fällt die Ende 2014 beschlossene soldatische *Ausbildungsunterstützung für die kurdischen „Peschmerga"*, um den Vormarsch islamistischer Kampfgruppen („ISIS") im Nordirak zu stoppen.[143] Da die Bundesregierung offenbar von der Möglichkeit ausging, dass die Ausbilder in Kämpfe verwickelt werden könnten, bat sie den Bundestag um eine „konstitutive Zustimmung"[144]. Obwohl der Sicherheitsrat eine Resolution aufgrund des VII. Kapitels der UN-Charta verabschiedet hatte, in der er die Staaten zur Bekämpfung des Terrorismus mit Bezug auf Irak und Syrien aufforderte,[145] gab es keine gemeinsame Mission von UNO, NATO oder EU. Deshalb erscheint bei solchen Aktionen fraglich, ob sie noch „im Rahmen eines Systems gegenseitiger kollektiver Sicherheit im Sinne des Art. 24 Abs. 2 GG" liegen.[146] Das Bundesverfassungsgericht wird letztlich über die Notwendigkeit der auch konkreten Einbettung in ein System der kollektiven Sicherheit – klarer als bislang – entscheiden müssen. Im Raum steht daher die Frage, ob die Verfassung nicht mehr verlangt, als dass der Kampfeinsatz außerhalb des Bündnisgebietes von zwei Verfassungsorganen (Regierung und Parlament) getragen wird und im Einklang mit dem Völkerrecht steht.[147] Ihre Beantwortung entscheidet darüber, ob und wieweit sich für Deutschland eine Option eröffnet, auch *eigenständig* eine stärkere Rolle in der Welt *als Militärmacht* wahrzunehmen.

Die zeitliche Bemessung von „Krieg" und „Frieden"

Die Frage, wann und wie lange eigentlich Frieden herrscht, kann das Recht nur unscharf beantworten. Zwar kennt das staatliche Recht zum Teil noch förmliche Feststellungen wie z.B. die Erklärung des sogenannten „Verteidi-

---

142 Dazu aus völkerrechtlicher Sicht Nolte, Georg (1999): Intervention auf Einladung. Dordrecht et al.
143 Siehe Antrag der Bundesregierung v. 17.12.2014, BT-Drs. 18/3561; sowie Beschlussempfehlung und Bericht des Auswärtigen Ausschusses v. 28.1.2015, BT-Drs. 18/3857.
144 Antrag der BReg, ebenda.
145 Security Council Res. 2170 (2014) v. 15.8.2014.
146 So aber Beschlussempfehlung und Bericht des Auswärtigen Ausschusses v. 28.1.2015, BT-Drs. 18/3857, S. 2. A.A. Talmon, Stefan (8.1.2015): Eine Koalition der Willigen reicht nicht, in: FAZ.
147 In diese Richtung wohl Frowein, Jochen A. (30.1.2015): Irak Einsatz verfassungsgemäß (Leserbrief), in: FAZ, der Art. 87a Abs. 2 GG entsprechend restriktiv (inlandsorientiert) interpretieren will.

gungsfalls"[148]. Auch gilt noch immer Art. 1 des *III. Haager Abkommens über den Beginn der Feindseligkeiten* vom 18.10.1907,[149] der den Vertragsparteien auferlegt, „dass die Feindseligkeiten unter ihnen nicht beginnen dürfen ohne eine vorausgehende unzweideutige Benachrichtigung, die entweder die Form einer mit Grund versehenen Kriegserklärung oder die eines Ultimatums mit bedingter Kriegserklärung haben muß". Zuerst macht davon aber niemand mehr Gebrauch,[150] so dass die vormals klare Trennung zwischen „Krieg" und „Frieden" verschwimmt. Entsprechend unklar wird auch der Zeitpunkt des Einsetzens der klassischen Folgen des erklärten Kriegszustands, namentlich die Anwendbarkeit des Kriegsrechts, die Suspendierung der Vertragsbeziehungen zwischen den kriegführenden Parteien und die Geltung des Neutralitätsrechts im Verhältnis zu Drittstaaten.

Im Recht der UNO, aber auch im humanitären Völkerrecht geht es dem entsprechend nicht mehr um „Krieg" und „Frieden", sondern um den „bewaffneten Angriff" bzw. „bewaffneten Konflikt". Gründe hierfür liegen in der heute universellen Geltung des Gewaltverbots, im Aufkommen „atypischer Kriege", in der zunehmenden Bedeutung innerstaatlicher bewaffneter Konflikte und in der Notwendigkeit, das Recht flexibel an jede Art der organisierten bewaffneten Auseinandersetzung anzupassen.[151]

Besonders wichtig bleibt die zeitliche Bemessung aber für das *humanitäre* Völkerrecht. Dieses umfasst vor allem die Haager Abkommen aus den Haager Konferenzen von 1899 und 1907 sowie die heute maßgeblichen vier Genfer Konventionen mit ihren drei Zusatzkonventionen von 1949,[152] in denen die Regeln über die Art und Weise internationaler und teilweise auch nichtinternationaler bewaffneter Konflikte niedergelegt sind, also insbesondere Regeln über die Art und Weise der Kampfführung und der Behandlung von Kriegsgefangenen und Zivilisten. Nach dem allen vier Genfer Konventionen „gemeinsamen Artikel 2" sind die Genfer Regeln „in allen Fällen eines erklärten Krieges oder jedes anderen bewaffneten Konflikts anzuwenden, der zwischen zwei oder mehreren der Hohen Vertragsparteien entsteht, und zwar auch dann, wenn der Kriegszustand von einer dieser Parteien nicht anerkannt wird", sowie in Fällen der militärischen Besetzung, ob dabei Gegenwehr geleistet wurde oder nicht. Einige wenige Regeln erstrecken sich sogar auf Friedenszeiten. Grundsätzlich kommt es jedoch auf das Vorhandensein eines „bewaffneten Konflikts" an. Ein

---

148 Siehe zuvor.
149 Reichs-Gesetzblatt Nr. 2 v. 25.01.1910, 82 ff.
150 Siehe Wolff, Hans-Jürgen (1990): Kriegserklärung und Kriegszustand nach Klassischem Völkerrecht. Berlin.
151 Siehe Stahn, Carsten (2007): ‚Jus ad bellum', ‚jus in bello', …‚jus post bellum'? – Rethinking the Conception of the Law of Armed Force, in: EJIL, Bd. 17, 921, 923 f.
152 Siehe zu den Haager und Genfer Abkommen die Seite des IKRK (englisch): www.icrc.org/applic/ihl/ihl.nsf. Zum Genfer Recht Eidgenössisches Department für Auswärtige Angelegenheiten (deutsch): www.eda.admin.ch/eda/de/home/aussenpolitik/voelkerrecht/humanitaeres-voelkerrecht/genfer-konvention.html.

solcher Konflikt liegt vor, sobald und solange zwei oder mehr Staaten (beim internationalen Konflikt) ihre Meinungsverschiedenheit mithilfe des Einsatzes von Mitgliedern der bewaffneten Truppen austragen.[153] Bei nichtinternationalen Konflikten muss zumindest eine bürgerkriegsähnliche Dimension erreicht sein, weshalb „Fälle innerer Unruhen und Spannungen wie Tumulte, vereinzelt auftretende Gewalttaten und andere ähnliche Handlungen" keine „bewaffneten Konflikte" i.S.d. Genfer Rechts darstellen.[154] Die Rechtsprechung internationaler Strafgerichtshöfe hat später präzisiert, dass „langwierige bewaffnete Gewalt zwischen Regierungsbehörden und organisierten bewaffneten Gruppen" erforderlich ist.[155] Anhand dieses Maßstabs ist im Einzelfall zu beurteilen, ob bestimmte Formen der atypischen bzw. asymmetrischen Konflikte (z.b. „Krieg gegen den Terror") „bewaffnete Konflikte" sind.[156] In jedem Falle wird der Beginn von Feindseligkeiten – als Ende des Friedenszustands – anhand der jeweiligen faktischen Situation nach den Merkmalen des „bewaffneten Konflikts" beurteilt, um das humanitäre Völkerrecht auf alle Situationen zu erstrecken, die in ihren Folgen für die Menschen einem Krieg vergleichbar sind.

Der bewaffnete Konflikt endet, wenn die Feindseligkeiten beendet sind, etwa infolge eines Waffenstillstandsübereinkommens (Art. 36–38 Haager Landkriegsordnung)[157] oder einer Kapitulation. Damit ist aber nicht einmal der Kriegszustand im förmlichen Sinne beendet. Dies bewirkten z.b. für Deutschland erst sukzessive Erklärungen der früheren Kriegsgegner im Verlauf der fünfziger Jahre.[158] Und weder das Ende der Feindseligkeiten noch die Beendigung des Kriegszustands führen zwangsläufig den Frieden herbei. Dies geschieht vielmehr durch einen förmlichen Friedensvertrag, aber auch durch einseitige Erklärungen, aufeinander folgende Teilregelungen oder die bloß faktische Wiederaufnahme normaler friedlicher Beziehungen,[159] ohne dass jedoch

---

153 Siehe für das IKRK Pictet, Jean (1952): Commentary on the Geneva Conventions of 12 August 1949, Bd. I, Geneva/Genf, 32.

154 Art. 2 Abs. 2 II. Zusatzprotokoll zu den Genfer Abkommen v. 12.8.1949 über den Schutz der Opfer nicht internationaler bewaffneter Konflikte v. 8.6.1977. Siehe Anm. 152.

155 ICTY (International Criminal Tribunal for the Former Yugoslavia) Appeals Chamber (2.10.1995) – *Duško Tadić*, § 70. Vgl. nun auch Art. 8 Abs. 2 lit. f Römisches Statut für einen internationalen Strafgerichtshof v. 17.7.1998, UNTS, Bd. 2187, 3.

156 Statt vieler Vitzthum, Wolfgang Graf (2008): Das Völkerrecht angesichts der „Neuen Kriege", in: Richter, Ingo (Hrsg): Transnationale Menschenrechte: Schritte zu einer weltweiten Verwirklichung der Menschenrechte, Opladen et al., 223–240; Heinsch, Robert (2010): Der Wandel des Kriegsbegriffs – Brauchen wir eine Revision des humanitären Völkerrechts? In: Humanitäres Völkerrecht. Berlin. 112, 138–140.

157 Haager Übereinkunft betreffend die Gesetze und Gebräuche des Landkrieges v. 18.10.1907. Siehe Anm. 152

158 Siehe Münch, Ingo von (Hrsg) (1968): Dokumente des geteilten Deutschland, Bd. 1, Stuttgart, 57–62.

159 Vgl. Goetze, Clemens von (1990): Die Rechte der Alliierten auf Mitwirkung bei der deutschen Einigung, in: NJW, 2161, 2167 f.

besondere „Siegerrechte" übrig bleiben. Für Deutschland wurde mit dem sogenannten Zwei-plus-Vier-Vertrag vom 12. September 1990[160] der Sache nach zwar eine endgültige, friedensvertragsartige Regelung getroffen, die Bezeichnung als „Friedensvertrag" jedoch – mit Blick auf mögliche Implikationen für Reparationsleistungen? – vermieden.

Frieden durch Recht? – Schlussbemerkungen

Die entscheidende Frage lautet, ob und wieweit „Frieden durch Recht"[161] ermöglicht wird. Unbestrittenermaßen ist es zur lange geforderten „Institutionalisierung des Friedens" auf den verschiedenen Ebenen gekommen. Trotz bleibender Vollzugsdefizite reichen die Maßnahmenbefugnisse der UNO auf dem Gebiet der Wahrung bzw. Wiederherstellung des Friedens über alles zuvor Gewesene hinaus. Der Zusammenhang zwischen „Frieden" und „Gerechtigkeit", basierend auf dem Recht und einer Justiz, die ihre Entscheidungen auch durchsetzen kann, ist spätestens nach den Ereignissen des Zweiten Weltkriegs ins öffentliche Bewusstsein gerückt.[162] Frieden wird äußerstenfalls gar mit Rechtsordnung gleichgesetzt[163] und kann mit Blick auf den inneren wie den äußeren Frieden als Zustand gelten, in dem niemand die Rechte anderer ungestraft verletzt. Recht stellt dabei nicht nur inhaltliche Maßstäbe zur Verfügung, anhand derer Friedensbrüche und -bedrohungen überhaupt beurteilt werden können, sondern auch Verfahren, in denen es zur Streitbeilegung und Sanktionierung kommen kann. Andererseits hat es Grenzen.[164] In diesem Sinne gilt: „Recht kann Frieden nicht bewirken, aber es ist für Frieden unverzichtbar."[165]

Recht wird aber auch als Problem erachtet. Die Doktrin des sogenannten „Lawfare"[166] besagt, dass das Recht selbst zum Kriegsmittel werden könne, weil sich Terroristen des Rechts bedienten, z.B. menschliche Schutzschilde nähmen,

---

160   Vertrag über die abschließende Regelung in Bezug auf Deutschland, BGBl. 1990, Teil II, 1317.
161   Kelsen, Hans (1944): Peace trough Law. Chapel Hill (USA). Aus heutiger Sicht Becker, Peter; Braun, Reiner; Deiseroth, Dieter (Hrsg) (2010): Frieden durch Recht? Berlin.
162   Hierzu markant der Ankläger in den Nürnberger Prozessen, Ferencz, Benjamin B.: „There can be no peace without justice, no justice without law and no meaningful law without a Court to decide what is just and lawful under any given circumstance." Hier zitiert nach dem Internationalen Strafgerichtshof (ICC), abrufbar unter: http://legal.un.org/icc/general/overview.htm.
163   Delbrück, Jost (1996): Die Konstitution des Friedens als Rechtsordnung (Einzelbeiträge). Berlin.
164   Siehe etwa Bothe, Michael (2010): An den Grenzen der Steuerungsfähigkeit des Rechts – Kann und soll es militärischer Gewalt Schranken setzen? In: Deiseroth (Anm. 161), 63 ff.
165   Becker, Peter; Braun, Reiner; Deiseroth, Dieter (2010): Einleitung, in: Dieselben (Hrsg): Frieden durch Recht? Berlin, 9.
166   Ziolkowski, Katharina (2010): „Lawfare" – die Theorie von der Fortsetzung des Krieges mit „rechtlichen Mitteln", in: Humanitäres Völkerrecht. Berlin, 133–141.

um kraft der Regeln des humanitären Völkerrechts nicht zum militärischen Ziel zu werden. Hierin äußert sich aber nur das altbekannte Problem, dass die Beachtung des Rechts lästig und aufwändig werden kann. Erfolge sind ohne rechtliche Bindungen oft schneller zu erreichen; mittel- und langfristig schlägt der Rechtsbruch jedoch auf diejenige Ordnung zurück, die sich seiner bedient. Er unterminiert die Unverbrüchlichkeit des Rechts und damit die Bereitschaft in der Bevölkerung, das Recht als Garant der friedlichen Streitbeilegung zu befolgen.

Im Zusammenhang mit Maßnahmen des „Peacebuilding" und der „Transitional Justice" wird auch diskutiert, ob es einen „illegalen Frieden" gibt. Dabei geht es um die Problematik der Machtteilung mit sogenannten „Warlords" bzw. der Amnestie, die in manchen Situationen als probates Mittel zur Erreichung einer Befriedigung erscheinen.[167] Hier muss in der Tat nach der Legalität des Friedens gefragt werden, die letztlich anhand einer Güterabwägung beantwortet werden muss, wobei die abzuwägenden Rechtsgüter gleichrangig sein müssen und keine Regeln des „zwingenden Rechts" (ius cogens) verletzt werden dürfen. Während z.B. das Verbot des Genozids klar zum zwingenden Völkerrecht zählt,[168] ist das für die ebenfalls bestehende Verpflichtung, Völkermord zu bestrafen (Art. III-VII Völkermord-Konvention), nicht ganz so klar.

Gibt es ein „Recht auf Frieden"? Es wird im Sinne eines Rechts der Völker bzw. Menschenrechts gefordert,[169] erscheint vereinzelt in internationalen Dokumenten und wurde schon von der UN-Generalversammlung proklamiert,[170] hat aber nie klare Konturen gewinnen können. Weder Völker noch einzelne Menschen können ein solches Recht bislang einklagen. Aber auch als *Lex imperfecta* erinnert es daran, dass Frieden ein Rechtsgut ist, das letzten Endes dem Schutz und der Entfaltung menschlicher Individuen dient.

---

167 Klar ablehnend Levitt, Jeremy (2007): Illegal Peace? Power Sharing with Warlords in Africa, in: AJIL Proceedings of the Annual Meeting, 152–156. Siehe auch die Beiträge bei AJIL (2006): Peace v. Justice: Contradictory or Complementary, in: Proceedings (ebenda), 361–373.
168 Siehe z.B. Europäischer Gerichtshof für Menschenrechte, Urt. v. 12.7.2007, Nr. 74613/01, § 68 – Jorgić; Urt. v. 11.6.2013, Nr. 65542/12, § 157 – Srebrenica.
169 Eingehend Tehindrazanarivelo, Djacoba Liva; Kolb, Robert (2006): „Peace, Right to, International Protection", in: Max Planck Encyclopedia of Public International Law. Abrufbar unter: http://opil.ouplaw.com/home/EPIL.
170 UN General Assembly Res. 39/11 v. 12.11.1984 mit der „Declaration on the Right of Peoples to Peace" im Annex.

Bernhard Rinke

Zerplatzt Kants Traum?
Über den „Ewigen Frieden" in der Europäischen Union

1. Der Frieden als Meistererzählung der Europäischen Union

Wer sich in diesen Zeiten mit der Europäischen Union (EU) bzw. dem europäischen Integrationsprozess beschäftigt, sieht sich meist zuallererst mit einem endzeitlichen Krisendiskurs von drohendem Zerfall und Desintegration konfrontiert. Jedenfalls scheint die EU in einem ihre Existenz bedrohenden Krisenstrudel einer Vielzahl bereits für sich komplexer Einzelkrisen unterzugehen, die teils seit Jahren die europapolitische Agenda und die einschlägigen Debatten bestimmen. Die geläufigen Schlagworte lauten: Flüchtlingskrise, Wirtschafts- und Finanzkrise, Eurokrise, Bankenkrise, Schuldenkrise, Griechenlandkrise, Krise der Demokratie, Legitimitätskrise usw.. Und auch wenn wir in Rechnung stellen, dass „der Begriff ‚Krise' (...) seinen Sinn (verliert), wenn man ihn unablässig im Munde führt" (Sandschneider 2011, 137) scheint das geeinte Europa aktuell vor allem Grund zur Klage über seine Defizite und Unzulänglichkeiten zu bieten.

Um so größer war die Überraschung, als das Norwegische Nobelkomitee der EU den Friedensnobelpreis 2012 zuerkannte. In der Begründung für diese in der Öffentlichkeit wenigstens umstrittene Ehrung würdigte das Nobelkommittee gerade vor dem Hintergrund des einmal mehr in die Krise geratenen Staatenverbundes nachdrücklich die friedenspolitische Leistungsbilanz der EU:

> Die Union und ihre Vorgänger haben über sechs Jahrzehnte zur Förderung von Frieden und Versöhnung beigetragen. Seit 1945 ist diese Versöhnung Wirklichkeit geworden. (...) Heute ist Krieg zwischen Deutschland und Frankreich undenkbar. (...) Das Norwegische Nobelkomitee wünscht den Blick auf das zu lenken, was es als die wichtigste Errungenschaft der EU sieht: (...); die stabilisierende Rolle der EU bei der Verwandlung Europas von einem Kontinent der Kriege zu einem des Friedens.[1]

Tatsächlich war und ist der Frieden das politische Urziel der europäischen Einigungsbewegung; auch gehört er zu den im EU-Vertrag genannten Zielen des Staatenverbundes.[2] Damit ist der Frieden dem „Friedensprojekt Europa" (sic!)

---

1   www.tagesschau.de/ausland/friedensnobelpreis-eu100.html (abgerufen. 15.1.2014).
2   Art. 3 Abs. 1 des EUV lautet: „Ziel der Union ist es, den Frieden, ihre Werte und das Wohlergehen ihrer Völker zu fördern." Vertrag über die Europäische Union, in: Vertrag

(Senghaas 1992), zumal in der Selbstwahrnehmung der EU und ihrer offiziellen Rhetorik, in Form eines grundlegenden Mythos (vgl. Judt 2011, 20f.; Manners 2010) bzw. einer wertschätzenden „Meistererzählung" (Wirsching 2012, 72) über die Verwandlung Europas von einem „Kontinent der Gewalt" (Sheehan 2008) in einen Kontinent des Friedens, gewissermaßen bereits eingeschrieben. Der Frieden bildet gleichsam das Genom des Integrationsprozesses.

Mithin prägen drei Topoi die Meistererzählung über die EU:

Erstens gelten der Frieden und das integrierte Europa als „zwei Seiten derselben Medaille" (Schulz 2014, 5): Der „größte Erfolg des europäischen Zusammenschlusses" ist „der Friede in Europa" (Böttcher 2014, 753). Die EU habe den zwischenstaatlichen Krieg aus dem Binnenraum der Integration gebannt und ihn zu einer „kriegsfreie(n) Gemeinschaft" (Sheehan 2008, 268) bzw. einer „Friedensgemeinschaft" auf- und ausgebaut, in der sich die Völker des Kontinents „untereinander durch gegenseitige Aussöhnung und Konfliktabbau ihre Sicherheit garantieren" (Meyers 2000, 459). Richtig ist auf alle Fälle, dass es zu keinem Zeitpunkt in der europäischen Geschichte, in welcher der zwischenstaatliche Krieg über Jahrhunderte hinweg ein normales Mittel des Konfliktaustrags und insofern eine blutige Konstante war[3], „einen solch dauerhaften Frieden zwischen den europäischen Völkern" gab (Böttcher 2014, 753).

Zweitens handelt die Erzählung von einem Europa, das sich aus den Schatten der eigenen Vergangenheit gelöst hat, „von einem Europa, das sich aufgrund nationaler Zerrissenheit und nationalistischer Hybris in zwei Kriegen an den Rand der Selbstzerstörung gebracht hatte. Vor dem Hintergrund dieser bitteren historischen Erfahrung gab es nur einen Weg Europa zu retten und ihm die Möglichkeit zu geben, wiederaufzusteigen und die Freiheit seiner Bürger zu sichern: nämlich die Feindschaften zu überwinden, die Gräben aufzuschütten und sich zur Lösung der Probleme dauerhaft zusammenzuschließen" (Wirsching 2012, 2). Die kriegerische und kriegsgeneigte europäische Geschichte, „aus deren Asche phönixgleich ein friedfertiges Europa" (Judt 2011, 20) erstand, dient also als „Negativfolie" (Wirsching 2015, 225), vor deren Hintergrund die EU als temporäres „other" konstruiert wird (Diez 2004, 325).

Drittens schließlich ist für die europäische Meistererzählung die „Teleologie eines europäischen Fortschrittsnarrativ(s)" (Wirsching 2012, 15) charakteristisch, in welchem nicht nur in der deklaratorischen Rhetorik der EU von der linearen Hinarbeit auf den Frieden als Urziel des europäischen Einigungsprojekts berichtet wird. Auch im politiktheoretischen Diskurs – zumal in der Tradition liberalen Denkens seit dem Beginn der Aufklärung als europäischem Projekt (Geier 2012) und im Anschluss an Immanuel Kant – korrespondierte

---

über die Europäische Union. Vertrag über die Arbeitsweise der Europäischen Union. Hrsg. von Daniel-Erasmus Khan. 6. aktualisierte und erweiterte Auflage. Stand: Mai 2008. München 2008, S. 33–62, hier: S. 35.

3 Von 1400 bis zum Ende des Zweiten Weltkrieges fingen die europäischen Staaten im Durchschnitt pro Jahr zwei neue bewaffnete Konflikte an (vgl. Pinker 2013, 378).

mit dem Befund der Pazifierung der zwischenstaatlichen Beziehungen im integrierten Europa bislang häufig die Vorstellung einer vermeintlich an ihr Ende gekommenen europäischen Geschichte. Galt bzw. gilt doch die EU, in welcher „der Krieg selbst als Perspektive verschwunden" (Czempiel 1998. 56) scheint, als realhistorische Manifestation von Immanuel Kants „süße(m) Traum" vom „Ewigen Frieden" (Kant [1795] 1984, 4): „Der Traum vom ewigen Frieden, der in der Aufklärung geboren wurde und einige der düstersten Jahrzehnte der europäischen Geschichte überstand, scheint endlich verwirklicht zu werden" (Sheehan 2008, 272).

Der vorliegende Beitrag hat es sich vor diesem Hintergrund zum Ziel gesetzt, diese Meistererzählung insofern einer kritischen Würdigung zu unterziehen, als betrachtet wird, warum und inwiefern die Pazifierung der zwischenstaatlichen Beziehungen im Integrationsraum als realhistorische Manifestation von Kants Traum angesehen werden kann und mit welchen Problemen und Herausforderungen sich die EU beim Bemühen um den „Ewigen Frieden" derzeit konfrontiert sieht. Der Beitrag schließt mit aus diesen Betrachtungen resultierenden Überlegungen zum Friedensbegriff und zu den Perspektiven des Friedens in der Europäischen Union.

2. Der Frieden in der Europäischen Union

In der Lehre von den Internationalen Beziehungen hat die Pazifierung der zwischenstaatlichen Beziehungen im integrierten Europa ihren Niederschlag in einer Reihe einschlägiger Termini gefunden. Die EU gilt als Friedenszone (Senghaas 2000) oder wird als Zone „stabilen Friedens" interpretiert, „in which the probability of war is so small, that it does not really enter into the calculations of any of the people involved" (Boulding 1978, 13). Und als wirksames „Mittel zur Bewahrung des Friedens" ist sie schließlich auch als „Sicherheitsgemeinschaft" gedeutet werden (Deutsch u.a. 1971, 275ff.).

Doch welche Faktoren, Prozesse und Bedingungen haben zur Entstehung und Stabilität dieser Friedenszone geführt und beigetragen? Die knappe Antwort lautet: In der Europäischen Union herrscht ein „erweiterte(r) Kantianischer Frieden" (Hegemann 2015, 4), in dem sich der Frieden durch Demokratie, der Frieden durch Institutionen und der Frieden durch Freihandel im Sinne eines „magischen Dreiecks" oder „Engelskreises" wechselseitig bedingen und verstärken (Russet/Oneal 2001; Geis/Wagner 2006; vgl. nachfolgend auch die Diskussion der Ursachen stabilen zwischenstaatlichen Friedens in Rinke 2014).

2.1 Der Frieden durch Demokratie

Dieses Argument hebt darauf ab, dass die demokratische Verfasstheit der EU-Mitgliedstaaten friedenswirksam ist,[4] da (konsolidierte) Demokratien gegeneinander keine Kriege führen (Brown et al. 1996) bzw. da interdemokratische Konflikte „nach bisheriger Erfahrung ohne den Rückgriff auf kriegerische Mittel ausgetragen werden" (Brock 2011, 281; vgl. auch Kahl/Rinke 2011, 77ff.; Pinker 2013, 416ff.)[5]: „Frieden bezieht sich in diesem Verständnis auf einen Gewaltverzicht und Friedenspolitik auf die fortschreitende Stabilisierung entsprechender Erwartungen" (Brock 2011, 281). Doch wie kommt es zu Gewaltverzicht und der fortschreitenden Stabilisierung entsprechender Erwartungen?

Kurz gesagt ist der demokratische Frieden auf das von Immanuel Kant in seinem philosophischen Entwurf „Zum Ewigen Frieden" entfaltete Argument zurückzuführen, wonach es zum Frieden der republikanischen Verfasstheit eines Staatswesens bedarf, da der privat wirtschaftende und vernunftbegabte Besitzbürger, der frei über seine politischen Geschicke bestimmen könne, kein Interesse am Krieg habe:

> Wenn (wie es in dieser Verfassung nicht anders sein kann) die Bestimmung der Staatsbürger dazu erfordert wird, um zu beschließen, ob Krieg sein solle, oder nicht, so ist nichts natürlicher, als daß, da sie alle Drangsale des Krieges über sich selbst beschließen müßten, (…) sie sich sehr bedenken werden, ein so schlimmes Spiel anzufangen (…). (Kant [1795] 1984, 12f.)

Modern formuliert tritt uns der demokratische Frieden als Konsequenz des „institutionelle(n) Gefüge(s) demokratischer Staaten" und der „Beschränkun-

---

4 So heißt es in Artikel 2 EU-Vertrag: „Die Werte, auf die sich die Union gründet, sind die Achtung der Menschenwürde, Freiheit, Demokratie, Gleichheit, Rechtsstaatlichkeit und die Wahrung der Menschenrechte einschließlich der Rechte der Personen, die Minderheiten angehören. Diese Werte sind allen Mitgliedstaaten in einer Gesellschaft gemeinsam, die sich durch Pluralismus, Nichtdiskriminierung, Toleranz, Gerechtigkeit, Solidarität und die Gleichheit von Frauen und Männern auszeichnet." Und in Artikel 49 heißt es im Hinblick auf mögliche Beitrittskandidaten entsprechend: „Jeder europäische Staat, der die in Artikel 2 genannten Werte achtet und sich für ihre Förderung einsetzt, kann beantragen, Mitglied der Union zu werden."
Hier ist nachdrücklich darauf hinzuweisen, dass der Fokus der Betrachtung in unserem Kontext auf der Frage nach der demokratischen Verfasstheit der EU-Mitgliedstaaten und nicht der EU selbst liegt. Vgl. zur Frage nach der Bedeutung fehlender demokratischer Legitimität für die EU als Akteur im internationalen System Rinke 2014 a.

5 Ob Demokratien generell – also ihrem Wesen nach – in ihrem Außenverhalten friedlicher als autoritär verfasste Staaten sind, ist freilich umstritten. Jedenfalls können von Demokratien durchaus auch Friedensgefährdungen ausgehen. Auf die in jüngerer Zeit sehr intensiv geführte Diskussion der „Schattenseiten des Demokratischen Friedens" kann im Rahmen dieses Beitrags jedoch nicht genauer eingegangen werden (vgl. exemplarisch Geis/Müller/Wagner 2007; Müller 2004).

gen (...), die demokratische Institutionen und Verfahren den politischen Entscheidungsträgern auferlegen" (Schimmelfennig 2015, 220), entgegen. Denn demokratisch bestimmte und insofern ihren Bürgerinnen und Bürgern gegenüber rechenschaftspflichtige Regierungen – wie die Regierungen der EU-Mitgliedstaaten – werden zögern, sich auf das Wagnis eines Krieges einzulassen.[6]

Ein weiterer Faktor tritt hinzu: Im Gegensatz zu „monadischen", d.h. aus der einzelstaatlichen Perspektive argumentierenden Ansätzen, weisen „dyadische" Ansätze – solche, die die Beziehungen zwischen demokratisch verfassten Staaten in den Blick nehmen – zusätzlich auf kulturell-normative Faktoren hin. Demnach gehört „Demokratie" zu einem „Geflecht von zivilisierten Einstellungen", „zu dem vor allem auch der Verzicht auf politische Gewalt gehört" (Pinker 2013, 425). Im Sinne der Externalisierungsthese tragen demokratische Staaten „diese Ethik" nun auch „in den Umgang mit anderen Staaten nach außen" (ebd., 417). Die „Routine der friedlichen Konfliktbearbeitung" im Inneren von Demokratien beeinflusst also auch „die Präferenzbildung für den Umgang mit äußeren Konflikten: Die innergesellschaftlichen Standards angemessenen Verhaltens werden auf das Außenverhalten übertragen" (Brock 2011, 285). Allerdings kommt die im Inneren eingeübte Kultur einer gewaltvermeidenden Konfliktlösung „nur gegenüber anderen Demokratien" (also etwa den Mitgliedstaaten der EU) zum Tragen, „die ebenfalls durch die Norm gewaltloser und regelgeleiteter Konfliktbearbeitung geprägt sind und von denen sie deshalb auch kein aggressives Verhalten erwarten" (Schimmelfennig 2015, 220).

Ein wichtige Bedingung der Friedenswirksamkeit von Demokratie darf derweil nicht aus dem Blick geraten: Der Befund gilt letztlich nur für gefestigte, konsolidierte Demokratien. Für unsere Überlegungen ist dies insofern von Bedeutung, als die Demokratie der bzw. in den EU-Mitgliedstaaten vor dem Hintergrund bzw. im Kontext zunehmender (ökonomischer) Globalisierung in die Krise geraten ist (Crouch 2013; Teusch/Kahl 2001; Wirsching 2015, 111ff.). In vielen EU-Mitgliedstaaten hat der Rechtspopulismus wachsenden Zulauf (Wirsching 2015, 126ff.). Mit ihrer Anti-EU-Programmatik dienen rechtsnationalistische Parteien wie etwa der französische Front National, die Dänische Volkspartei (Dansk Folkeparti), die britische UKIP (United Independent Party), die Freiheitliche Partei Österreichs (FPÖ), oder jüngst auch die Alternative für Deutschland (AfD) als Sammelbecken EU-kritischer Bürgerinnen und Bürger, die nicht nur eine weitere Vertiefung und Erweiterung der EU verhindern wollen, sondern vielfach die EU „in ihren gewachsenen Strukturen und Entscheidungsmustern" (Naßmacher 2013, 99) insgesamt ablehnen. In Ungarn

---

6 „(R)echenschaftspflichtige Regierungen (werden sich) erst dann auf ein solches Wagnis einlassen, wenn sie über sehr gute Gründe verfügen, mit denen sie Kampfeinsätze nationaler Truppen in internationalen Konflikten vor der Bevölkerung rechtfertigen können. In der Regel wird dies der Verweis darauf sein, dass das Land und seine vitalen Interessen von einem äußeren Feind bedroht sind" (Hasenclever 2006: 218).

unter Viktor Orbán ist gar ein „offenkundige(r) politisch-konstitutionelle(r) Rückschritt(.)" zu verzeichnen, gekennzeichnet durch den „Abbau von Rechtsstaat und Demokratie" (Winkler 2015, 425). Und auch in Polen hat die nationalkonservative Partei Recht und Gerechtigkeit (PiS) nach ihrem mit absoluter Mehrheit erreichten Wahlsieg vom November 2015 eine Vielzahl von Gesetzen beschlossen, die u.a. die Unabhängigkeit des polnischen Verfassungsgerichts und der Medien bedrohen bzw. einschränken. Insgesamt steht damit die Frage im Raum, ob diese Entwicklungen „möglicherweise auf eine allgemeinere Regression der europäischen Demokratien" hinweisen bzw. gar „Rückfälle in autoritäre Regierungsformen zu befürchten" seien (Wirsching 2012, 11).

Zwar lässt sich die These stark machen, dass „die dreißig Jahre Geschichte der europäischen Parteiensysteme seit 1980 die Möglichkeit des strukturellen und auch krisenhaften politischen Wandels bei fortbestehender Stabilität, Vitalität und Erneuerungsfähigkeit" lehren (Wirsching 2015, 139). Doch auch wer das Szenario einer allgemeinen Regression und substanziellen Gefährdung der europäischen Demokratien in diesem Sinne für alarmistische Schwarzmalerei halten mag, wird wenigstens eines zugestehen müssen: Sollten die genannten Fragen einmal eindeutig mit einem entschiedenen Ja beantwortet werden müssen, hätte dies nicht nur für die Demokratie, sondern auch für den Frieden in Europa ernste negative Folgen. Ohne demokratische Verfasstheit der EU-Mitgliedstaaten würde dem Engelskreis des Friedens jedenfalls sein treibendes Element fehlen. Denn Demokratien entwickeln untereinander „intensive Handelsbeziehungen" und sie beteiligen sich „intensiv an internationalen Organisationen" (Krell 2009, 196). Genau dies ist mit und in der EU der Fall.

2.2 Der Frieden durch Freihandel

Dieses Argument hebt darauf ab, dass der mit dem Binnenmarkt in der EU Wirklichkeit gewordene freie Handel zwischen den EU-Mitgliedstaaten friedenswirksam ist, da offene Märkte friedensstiftende Auswirkungen besitzen (Überblicke bei Czempiel 1998, 197ff.; Pinker 2013, 426ff.). Denn die Präferenzen der privat wirtschaftenden gesellschaftlichen Akteure, so Kant in seiner Schrift „Zum ewigen Frieden", liegen nicht in der Führung von Kriegen, durch die sie um ihre Habe und ihr Leben bangen müssen, sondern in der Steigerung der eigenen Wohlfahrt und ergo – nach außen – im Handel mit anderen Nationen: „Es ist der Handelsgeist, der mit dem Krieg nicht zusammen bestehen kann, und der früher oder später sich jedes Volkes bemächtigt" (Kant [1795] 1984, 33).

Modern gesprochen trägt der Freihandel also zum Frieden bei, indem „durch zunehmenden Austausch und Verflechtung Kriege immer weniger wahrscheinlich (werden), weil dabei nicht nur sicherheitspolitisch sondern vor allem wirtschaftlich zu viel auf dem Spiel steht" (Krell 2009, 126). Freier Waren-, Dienstleistungs- und Kapitalverkehr wie im EU-Binnenmarkt hat über die dadurch induzierten Interdependenz, also die Verdichtung der zwischenstaatlichen Beziehungen und vielfältige ökonomische Verflechtungen, zudem

Auswirkungen auf die Binnenstruktur von Staaten. Nicht nur generiert der Handel allseitige ökonomische Vorteile, die durch Krieg gefährdet würden, er schafft überdies Wohlstand und mindert hierdurch die Wahrscheinlichkeit des Auftretens von Konflikten innerhalb von Staaten. Auch leistet er einen Beitrag dazu, dass solche Eliten die Macht behaupten können, die die Schaffung oder Aufrechterhaltung friedlicher Bedingungen für die Intensivierung des internationalen Handels befürworten (Kahl/Rinke 2011, 77).

Gleichwohl darf die friedensstiftende Wirkung des Freihandels nicht auf die pointierte Formel „Make money, not war" (Niels Petter Gleditsch, hier zitiert nach: Pinker 2013, 431) reduziert werden. Die alleinige Aussicht ökonomischer Gewinnmaximierung stiftet keinen Frieden, wie bereits in der Rückschau auf das Zeitalter des Kolonialismus und Imperialismus deutlich wird, in dem sich eine Reihe von Beispielen für Friedensgefährdungen durch Handel finden lassen (vgl. Pinker 2013, 427f.). Um als tragfähige Basis einer friedlichen und sicheren Entwicklung gelten zu können, hat der Handel wenigstens minimalen Gerechtigkeitsanforderungen zu genügen. Denn wenn der Gewinn in Handelsbeziehungen „äußerst ungerecht verteilt wird", können diese „auch Gewalt stimulieren" (Czempiel 1998, 199).[7] Der wirtschaftliche Austausch muss also einer „Doktrin des sanften Handelns" folgen: „Dabei ist Handel eine Form des gegenseitigen Altruismus, die beiden Seiten den Nutzen eines Positivsummenspiels zugute kommen lässt und jedem ein egoistisches Interesse am Wohlergehen des anderen verschafft" (Pinker 2013, 426).

Vor allem jedoch ist der freie Handel nicht per se friedenswirksam. Zwar mag er den Frieden begünstigen, „ohne spezifische Randbedingungen oder intervenierende Variable(n)" (Müller 2003, 228) bietet er „für sich genommen" jedoch noch „keine Garantie für Frieden" (Krell 2009, 179). So fand etwa der Erste Weltkrieg statt, obwohl „sich in den Vorkriegsjahren beispiellos starke finanzielle Verflechtungen entwickelt hatten, zu denen auch ein umfangreicher Handel zwischen England und Deutschland gehörte" (Pinker 2013, 428). Um als friedensstiftende Kraft wirken zu können, bedarf es demnach internationaler Institutionen, die verhindern, „dass ein Staat plötzlich in Richtung des Protektionismus tendiert und seinen Handelspartnern die Luft abschnürt" (Pinker 2013, 428). Zudem können sich die friedenswirkenden Impulse des Freihandels insbesondere im Rahmen „interdemokratischer Beziehungen" ganz besonders gut entfalten (im Einzelnen Müller 2003, 228). Mit anderen Worten: Der Frieden durch Freihandel bedarf der Einbettung in den Frieden durch Demokratie sowie in den Frieden durch internationale Institutionalisierung (s.u.). Im Gegensatz zur Welt des Jahres 1914 ist dies mit und in der heutigen EU der Fall.

---

7   Insofern mag die hier nicht zur Diskussion stehende internationale Handelspolitik der EU gerade im Blick auf das Nord-Süd-Verhältnis mit seiner Verteilungsungerechtigkeit als friedensgefährdend angesehen werden. Jedenfalls, wenn man der Ansicht ist, dass die EU mit ihrer Außenhandelspolitik die Entwicklung insbesondere in Subsahara-Afrika be- oder verhindere.

2.3 Der Frieden durch internationale Institutionalisierung bzw. Integration

Dieses Argument schließlich hebt darauf ab, dass der Integrationsprozess als spezifische Form eines Prozesses internationaler Institutionalisierung einen Friedensprozess an sich darstellt. Im Kern lässt sich auch dieses Argument auf Kant zurückführen, der die Idee vertrat, dass der Frieden des „Föderalismus freier Staaten" bedürfe und es einen „Völkerbund, der aber gleichwohl kein Völkerstaat sein müßte" (Kant [1795] 1984, 16), geben soll.

Modern formuliert tritt uns der Frieden durch Institutionalisierung als das Resultat der Einwirkung internationaler Institutionen (Regime und Organisationen; in unserem Kontext die Europäische Union) auf die zwischenstaatliche Interaktion entgegen (Czempiel 1998, 83ff.).

Dabei gründet die „Annahme, dass internationale Institutionen friedensfördernd sein können" (Brühl 2011, 227) auf der These, dass sie „einen kooperativen Konfliktaustrag ermöglichen, (…) indem sie Einfluss auf das Konfliktumfeld und damit die Konfliktaustragungsformen nehmen können" (ebd., 229). Institutionen (sollen) helfen, die (prinzipiell auch den Einsatz von Gewaltmitteln umfassenden) Verhaltensoptionen staatlicher Akteure einzuschränken, indem sie Normen und Regeln, Verfahren, Mechanismen und (Verhandlungs-) Foren zur „Kleinarbeitung" von bzw. zum friedlichen Umgang mit Konflikten zur Verfügung stellen. Dabei ist die friedensfördernde Wirkung internationaler Institutionen gerade dann besonders stark, wenn sie einen „hohe(n) Institutionalisierungsgrad und substantielle Eingriffsmittel (…) sowie einen hohe(n) Anteil demokratischer Staaten unter der Mitgliedschaft" aufweisen (Hegemann 2015, 14). Damit jedoch ist gerade der Auf- und Ausbau einer supranationalen Organisationen wie der EU besonders friedenswirksam. Nach innen hin erfüllt sie die friedenspolitische Funktion, die Beziehungen zwischen ihren Mitgliedstaaten „zu intensivieren" und ihre „Interaktion zu vermehren" sowie „Dependenzen und Interdependenzen zu schaffen" (Czempiel 1998, 137), um auf diesem Wege den Krieg als gewaltsamen Modus des Konfliktaustrags „durch andere Austragungsmodi, durch Mehrheitsbeschluss, durch Rechtsprechung usw." (Czempiel 1998, 116) bzw. durch beständige Ordnung – den „ewigen Frieden" – zu ersetzen.

Damit lässt sich ein positiver Zusammenhang von postnationaler Organisation und Frieden konstatieren (vgl. Kahl/Rinke 2011, 76f.), indem die anarchische und insofern gewaltaffine Natur des internationalen Systems durch Integration als äußersten Grad internationaler Kooperation und Verflechtung vollständig überwunden werden kann: Die „friedenspolitischen Defizite des Nationalstaates" sind „durch den Prozess der Integration in ein supranationales Staatsgebilde zu beheben" (Brühl 2011, 236), da unter der Voraussetzung bzw. im Falle gelingender zwischenstaatlicher Integration die Wahrscheinlichkeit gewaltsam ausgetragener zwischenstaatlicher Konflikte immer weiter abnimmt. Das „Phänomen der Integration" wird daher auch „als Endpunkt einer Entwicklung" gefasst, „die bei der Zivilisierung von Konflikten im Sinne einer immer weiteren Zurückdrängung gewaltsamer Konfliktaustragungsmodi beginnt und sich über die Stadien einer immer enger und gehaltvoller werdenden Kooperation zwischen gesellschaftlichen und/oder nationalen Akteuren bis zu deren Verschmelzung vorarbeitet" (Meyers 1994, 58). Namentlich der Friedensforscher Ernst-Otto Czempiel hat die Ansicht vertreten, dass in der EU der politische Sachbereich Sicherheit neutralisiert worden und die Anwendung militärischer Gewalt nicht mehr denkbar sei. Dies bedeute zwar nicht die Abwesenheit von Konflikten, jedoch trete nun ein Prozessmuster auf, dass eben nicht mehr durch Antagonismus und die Anwendung oder Androhung militärischer Gewalt charakterisiert werde, sondern durch Zusammenarbeit mit einem Partner (Czempiel 1999, 56).

Damit ist der „Integration" die „Desintegration" in ihrer spezifischen Erscheinungsvariante des Krieges als gewalttätiger Form politischen Konfliktverhaltens gegenüber zu stellen, worauf (wenigstens in der Vergangenheit) zugleich ihre charakteristische Wertschätzung und normative Konnotation gründet(e) (Bellers 1993, 216). Bekanntlich charakterisieren gerade diese Wertschätzung und diese normative Konnotation die Meistererzählung vom europäischen Integrationsprozess als Friedensprojekt (s.o.).

Über den Argumentationszusammenhang des hier bislang ausschließlich betrachteten Engelskreis des Friedens hinaus müssen wir uns jedoch zusätzlich vergegenwärtigen, dass dieser Frieden in einem spezifischen historischen Kontext wuchs und gedieh – dem Ost-West-Konflikt als strukturbestimmendem Ordnungselement des internationalen Systems nach 1945. Ohne die „von den Supermächten durchgesetzte(.) internationale(.) Ordnung" (Sheehan 2008, 201) mit dem darin herrschenden nuklearen Ordnungsfrieden bzw. ohne amerikanischen Schutz und ohne amerikanische Unterstützung scheint die Integration der (west)europäischen Staaten kaum denkbar. Insofern war der lange Frieden zwischen den damaligen Supermächten tatsächlich die „Voraussetzung für das neue Europa" (Sheehan 2008, 201; zur Diskussion des langen Friedens nach 1945 vgl. exemplarisch Schimmelfennig 2015, 210ff.). Zugespitzt formuliert mag also wenigstens für diese historische Etappe der Weltpolitik gelten:

> Westeuropa (…) hat die Prämien eingeheimst, die den Tauben winken, solange es einen Weltpolizisten gibt, der die Falken bestraft. (…) Die Europäische Union hat den Friedensnobelpreis 2012 mehr als verdient, doch als das Nobelpreis-Komitee den von 2009 an Präsident Obama vergab, hätte es besser daran getan, ihn sämtlichen amerikanischen Präsidenten seit 1945 zuzuerkennen. Sie alle zusammen haben Europas Experiment möglich gemacht. (Morris 2013, 418)[8]

---

8   Im Rahmen dieses Beitrags kann nicht im einzelnen erörtert werden, ob und inwiefern sämtliche Präsidenten seit 1945 tatsächlich den Friedensnobelpreis verdient hätten; Zweifel scheinen angebracht. Da sich der Beitrag zudem auf die Betrachtung des Friedens in der EU konzentriert, kann hier zudem auch die tatsächlich überaus strittige

3. Das unvollendete Projekt: Der „Ewige Frieden" in der Europäischen Union

Bedeutet unsere Feststellung, dass der Integrationsprozess in die Krise geraten ist, mit Blick auf den Frieden in der EU nun das Ende von Kants Traum? Für Schwarzmalerei besteht erst einmal kein Anlass. Der Frieden in der EU ist noch immer von erstaunlicher Stabilität. Europa ist im weltweiten Maßstab auch weiterhin die friedlichste Region (Insitute for Economics & Peace 2015, 10). In friedenspolitischer Hinsicht scheint die EU also tatsächlich „ein Hort des Friedens, der Stabilität und der Sicherheit, eine Insel der Glückseligen in einem Meer der Krisenregionen" zu sein (Sandschneider 2011, 140).

Dieser Befund sollte jedoch nicht zu dem Fehlschluss verleiten, dass dieser Frieden „unter allen Bedingungen erschütterungsfest" (Senghaas 2012, 240) ist und bleiben wird. Das goldene Zeitalter der Integration (so es dieses in der Vergangenheit überhaupt je gegeben hat) ist offenkundig schon lange vorbei. Mehr und mehr erodiert die Überzeugungskraft der Formel „EU-Integration = Frieden". Mehr und mehr verliert das Narrativ von der Friedensgemeinschaft Europa und die damit verbundene Vorstellung, dass die europäische Geschichte mit der teleologischen Realisierung von Kants Traum gleichsam an ihr Ende gekommen sei (s.o.), an Überzeugungskraft. Der Frieden in der EU scheint wie selbstverständlich gegeben; jüngere Generationen kennen nur das friedlich vereinte Europa). Zudem gilt das integrierte Europa immer mehr Bürgerinnen und Bürgern nicht mehr als „schönes Zukunftsprojekt" (Schlögel 2013, 7), sondern als Synonym für einen ungezügelten Kapitalismus und Sozialabbau im Zuge der langen neoliberalen Transformation des Nachkriegskapitalismus (Streeck 2013). Und die Skepsis gegenüber der These, dass die „Bürgerinnen und Bürger der Europäischen Union" zu ihrem „Glück vereint" seien (Berliner Erklärung 2007)[9], wächst weiter. Mehr und mehr verbreitet sich die Auffassung, die EU sei nicht (mehr) Teil der rettenden Antworten auf die Krisen der

---

Frage, ob die EU auch als internationaler Akteur noch immer (nur) eine Taube ist, nicht im Einzelnen erörtert werden (vgl. zum Überblick exemplarisch Ehrhart 2011 und Rinke 2007; jüngere Betrachtungen zur Rolle der EU internationalem Akteur im Lichte der Überlegungen Kants finden sich zudem in Bressand 2011 sowie Rinke 2014 a).

9   Erklärung anlässlich des 50. Jahrestages der Unterzeichnung der Römischen Verträge, https://web.archive.org/web/20070927204801/http://eu2007.de/de/News/download_docs/Maerz/0324-RAA/German.pdf (zuletzt abgerufen: 08.03.2015). Die von der damaligen deutschen Ratspräsidentschaft formulierte sog. „Berliner Erklärung" wurde am 25. März 2007 auf einem informellen Gipfel des Europäischen Rates im Rahmen einer feierlichen Zeremonie von Bundeskanzlerin Angela Merkel, dem damaligen Präsidenten des Europäischen Parlaments, Hans-Gert Pöttering sowie dem damaligen Präsidenten der Europäischen Kommission, José Manuel Barroso, im Beisein der EU-Staats- und Regierungschefs unterzeichnet. Das rechtlich nicht bindende Dokument enthält Aussagen zu den Zielen, Werten und bisherigen Erfolgen der EU sowie zu den Herausforderungen vor denen sich die Union sieht.

Gegenwart, sondern vielmehr Teil der Probleme, wenn nicht sogar deren eigentliche Ursache. Mehr und mehr entziehen die Bürgerinnen und Bürger dem (vermeintlich) bürokratischen „Monster Brüssel" (Enzensberger 2011) ihr Vertrauen. In Großbritannien unter Premierminister David Cameron ist die Idee einer Rückverlagerung von Kompetenzen von der Gemeinschaft auf ihre Mitgliedstaaten inzwischen gar offizielle Regierungspolitik. Kurzum: Eine „immer engere Union der Völker" wird es auf absehbare Zeit nicht geben.

Gewiss: Der „Prozess der Vergemeinschaftung" war in der Vergangenheit „immer wieder von Krisen gekennzeichnet" (Böttcher 2014, 749), die zudem immer wieder gelöst bzw. überwunden wurden. Die EU erfreute sich des Images einer erfolgreichen Krisengemeinschaft (Woyke 1998) und der Integrationsprozess ließ sich als „eine Geschichte von Krisen, vom Umgang mit Krisen (also von Krisenmanagement) und von der Überwindung von Krisen" erzählen (Kirt 2001, 11). Ob die Geschichte in diesem Sinne auch zukünftig auf Seiten der EU stehen wird, ist jedoch keineswegs ausgemacht: Der Frieden in Europa gilt nicht mehr als „endgültig erworben": „Denke nicht, dass sich die Geschichte nicht wiederholen kann" (Cohn-Bendit/Verhofstadt 2012, 36f.).

Doch ganz gleich, ob wir an der fortschrittsoptimistischen Position einer prinzipiellen Perfektibilität der (europäischen) Welt festhalten wollen, oder ob wir demgegenüber die prinzipielle Offenheit der europäischen Geschichte betonen und ein „chronologisch-lineares Konzept, in dem (…) dem politisch-institutionellen Entwurf Europas seine Krise folgt, die dann wieder überwunden werden kann" (Wirsching 2012, 403), für einen Irrweg halten: Es gibt keinen geschichtsnotwendigen Determinismus hin zum „Ewigen Frieden" in der Europäischen Union. Als unvollendetes Projekt der europäischen Moderne bleibt der Frieden in der EU auf der Agenda, bleibt die kantianische Agenda fordernder Anspruch: Der Frieden in der EU bleibt der EU aufgegeben.

Gegenüber einem eher statischen Verständnis des Friedens, der in der Friedensgemeinschaft EU als realisiert gilt, tritt im Angesicht der derzeitigen Krisen und Turbulenzen wieder das dynamische Friedensverständnis in den Vordergrund, demzufolge der Frieden weniger als ewiger Zustand, sondern auch weiterhin als historischer Prozess und als Projekt konzeptionalisiert wird, als ein „immer erneut zu sicherndes Unternehmen mit brüchigen Stellen (Senghaas 1995, 205), als „eine nicht endende Herausforderung – eine unabweisbare politische Aufgabe" (Senghaas 2012, 240).

Zweifellos gestaltet sich das Umfeld zur weiterhin erfolgreichen Bewältigung dieser Aufgabe momentan schwierig. Die zunehmende „Distanz zwischen ‚Europa' und seinen Bürgern" (Weidenfeld 2013, 225) und der immer weiter um sich greifende „Euroskeptizismus" (Naßmacher 2013, 98ff.) einerseits sowie das offenkundige Fehlen einer stabilen internationalen Ordnung, in der die EU ihr Integrationsprojekt im ruhigen Schatten der Geschichte vorantreiben könnte, stellen zweifellos eine Gefahr für den Integrationsprozess dar. Dies gilt umso mehr, als Zweifel an der Krisenbewältigungs- und Problemlösungskompetenz der europäischen Politik und der europäischen politischen Eliten durchaus angezeigt erscheinen mögen. Eine „Garantie für die ungebrochene Fortsetzung" der europäischen „Erfolgsgeschichte" (Sandschneider 2011, 182) gibt es daher sicherlich nicht.

Die Erzählung vom europäischen Friedensprojekt erinnert damit in gewisser Hinsicht an den Mythos des Sisyphos, den die Götter dazu verurteilt hatten, unablässig und ohne jede Chance auf Vollendung dieser Arbeit, einen Felsblock einen Berg hinaufzuwälzen. Aber müssen wir uns Sisyphos nicht „als einen glücklichen Menschen vorstellen" (Camus 1959, 101)?

Literatur

Bellers, Jürgen (1993): Integration, in: Nohlen, Dieter (Hrsg.): Lexikon der Politik. Band 6. München, S. 216–217.
Böttcher, Winfried (2014): Europa – quo vadis?, in: Böttcher, Winfried [Hrsg.]: Klassiker des europäischen Denkens. Friedens- und Europavorstellungen aus 700 Jahren europäischer Kulturgeschichte. Baden-Baden, S. 743–759.
Boulding, Kenneth N. (1978): Stable Peace. Austin.
Bressand, Albert (2011): Between Kant and Machiavelli: EU foreign policy priorities in the 2010s, in: International Affairs, 87:1, S. 59–85.
Brock, Lothar (2011): Frieden und Demokratie, in: Gießmann, Hans J./Rinke, Bernhard (Hrsg.): Handbuch Frieden. Wiesbaden, S. 281–293.
Brown, Michael E., Lynn-Jones, Sean M./Miller, Steven E. (Hrsg.) (1996): Debating the Democratic Peace. Cambridge/Mass.
Brühl, Tanja (2011): Internationale Organisationen, Regime und Verrechtlichung, in: Schlotter, Peter/Wisotzki, Simone (Hrsg.): Friedens- und Konfliktforschung. Baden-Baden, S. 225–251.
Camus, Albert (1959): Der Mythos von Sisyphos. Ein Versuch über das Absurde. Hamburg 1959.
Cohn-Bendit, Daniel/Verhofstadt, Guy (2012): Für Europa. Ein Manifest.
Czempiel, Ernst-Otto (1998): Friedensstrategien. Eine systematische Darstellung außenpolitischer Theorien von Machiavelli bis Madariaga. 2., aktualisierte und überarbeitete Auflage. Opladen/Wiesbaden.
Czempiel, Ernst-Otto (1999): Kluge Macht. Außenpolitik für das 21. Jahrhundert. München.
Deutsch, Karl W. u.a. (1971): Analyse internationaler Beziehungen. Konzeptionen und Probleme der Friedensforschung. Frankfurt am Main.
Diez, Thomas (2004): Europe's Other and the Return of Geopolitics, in: Cambridge Review of International Affairs, Volume 17, Number 2, S. 319–335.
Ehrhart, Hans-Georg (2011): Friedensmacht, in: Gießmann, Hans J./Rinke, Bernhard (Hrsg.): Handbuch Frieden. Wiesbaden, S. 219–224.
Enzensberger, Hans Magnus (2011): Sanftes Monster Brüssel oder die Entmündigung Europas. Frankfurt am Main.
Geier, Manfred (2012): Aufklärung. Das europäische Projekt.
Geis, Anna/Wagner, Wolfgang (2006): Vom „demokratischen Frieden zur demokratiezentrierten Friedens- und Gewaltforschung, in: Politische Vierteljahresschrift, 47:2, S. 276–309.
Geis, Anna/Müller, Harald/Wagner, Wolfgang (Hrsg.) (2007): Schattenseiten des demokratischen Friedens. Zur Kritik einer Theorie liberaler Außen- und Sicherheitspolitik. Frankfurt/New York.
Hasenclever, Andreas (2006): Liberale Ansätze zum „demokratischen Frieden", in. Schieder,

Siegfried/Spindler, Manuela (Hrsg.): Theorien der Internationalen Beziehungen. 2., überarb. Aufl. Opladen/Farmington Hills, S. 213–241.

Hegemann, Hendrik (2015): Eine alte Idee in neuen Zeiten: Spielarten liberaler Friedensstrategien und die Bruchstellen der Globalisierung. Zentrum für Europäische Friedens- und Sicherheitsstudien (ZEUS) am Institut für Friedensforschung und Sicherheitspolitik an der Universität Hamburg (IFSH). Working Paper 9.

Höntzsch, Frauke (2007): Europa auf dem Weg „Zum Ewigen Frieden"? Kants Friedensschrift und die Wirklichkeit der Europäischen Union. München.

Insitute for Economics & Peace (2015): Global Peace Index 2015. www.visionofhumanity.org/sites/default/files/Global%20Peace%20Index%20Report%202015_0.pdf (zuletzt abgerufen: 25.09.2015).

Judt, Tony (2011): Geschichte Europas. Von 1945 bis zur Gegenwart. 3. Auflage. Frankfurt am Main.

Kahl, Martin/Rinke, Bernhard (2011): Frieden in den Theorien der Internationalen Beziehungen, in: Gießmann, Hans J./Rinke, Bernhard: Handbuch Frieden. Wiesbaden, S. 70–85.

Kant, Immanuel [1795] (1984): Zum ewigen Frieden. Ein philosophischer Entwurf. Stuttgart.

Kirt, Romain (2001): Einführung, in: Kirt, Romain (Hrsg.): Die Europäische und ihre Krisen. Baden-Baden, S. 11–14.

Krell, Gert (2009): Weltbilder und Weltordnung. Einführung in die Theorie der internationalen Beziehungen. 4. überarbeitete und aktualisierte Auflage. Baden-Baden.

Manners, Ian (2010): Global Europa: Mythology of the European Union in World Politics, in: Journal of Common Markt Studies, Vol. 48, Number 1, S. 67–87.

Meyers, Reinhard (2000): Theorien internationaler Kooperation und Verflechtung, in: Woyke, Wichard (Hrsg.): Handwörterbuch Internationale Politik. 8. Auflage. Opladen, S. 448–489.

Morris, Ian (2013): Krieg. Wozu er gut ist. Frankfurt/New York.

Müller, Harald (2004): The Antinomy of Democratic Peace, in: International Politics, 41:4, S. 494–520.

Pinker, Steven (2013): Gewalt. Eine neue Geschichte der Menschheit. Frankfurt am Main.

Rinke, Bernhard (2007): Von der Zivilmacht zur Weltmacht? Die Europäische Union als Akteur im internationalen System, in: Ehrhart, Hans-Georg u.a. (Hrsg.): Die Europäische Union im 21. Jahrhundert. Theorie und Praxis europäischer Außen-, Sicherheits- und Verteidigungspolitik. Wiesbaden, S. 108–122.

Rinke, Bernhard (2014): Warum herrscht Frieden? Ursachen stabilen zwischenstaatlichen Friedens, in: Varwick, Johannes (Hrsg.): Krieg und Frieden. Schwalbach, Ts., S. 73–98.

Rinke, Bernhard (2014 a): Die militärischen Interventionen der Europäischen Union: Militarisierung des Friedensprojekts Europa aufgrund fehlender demokratischer Legitimität?, in: Ders. u. a.. (Hrsg.): Interventionen Revisited. Friedensethik und Humanitäre Interventionen. Wiesbaden, S. 257–273.

Russett, Bruce R./Oneal, John M. (2001): Triangulating Peace. Democracy, Interdependence and International Organizations. New York/London.

Sandschneider, Eberhard (2011): Der erfolgreiche Abstieg Europas. Heute Macht abgeben, um morgen zu gewinnen. Bonn.

Schimmelfennig, Frank (2015): Internationale Politik. 4., aktualisierte Auflage. Paderborn.

Schlögel, Karl (2013): Grenzland Europa. Unterwegs auf einem neuen Kontinent. München.

Schmidt, Hajo (2007): Die EU im Licht der Kant'schen Friedenstheorie, in: Ehrhart, Hans-Georg et al. (Hrsg.): Die Europäische Union im 21. Jahrhundert. Theorie und Praxis europäischer Außenpolitik. Wiesbaden, S. 55–63.

Schulz, Martin (2014): Geleitwort, in: Böttcher, Winfried [Hrsg.]: Klassiker des europäischen Denkens. Friedens- und Europavorstellungen aus 700 Jahren europäischer Kulturgeschichte. Baden-Baden, S. 5–6.

Senghaas, Dieter (1992): Friedensprojekt Europa. Frankfurt am Main.

Senghaas, Dieter (1995): Frieden als Zivilisierungsprojekt, in: Ders. (Hrsg.): Den Frieden denken. Frankfurt am Main, S. 196–223.
Senghaas, Dieter (2000): Friedenszonen, in: Kaiser, Karl und Schwarz, Hans-Peter (Hrsg.): Weltpolitik im neuen Jahrhundert. Bonn, S. 404–413.
Sheehan, James J. (2008): Kontinent der Gewalt. Europas langer Weg zum Frieden. Bonn.
Streeck, Wolfgang (2013): Gekaufte Zeit. Die vertagte Krise des Kapitalismus. Berlin.
Winkler, Heinrich August (2015): Geschichte des Westens. Die Zeit der Gegenwart. München.
Wirsching, Andreas (2012): Der Preis der Freiheit. Geschichte Europas in unserer Zeit. München.
Wirsching, Andreas (2015): Demokratie und Globalisierung. Europa seit 1989. München.
Woyke, Wichard (1998): Die Europäische Union. Eine erfolgreiche Krisengemeinschaft. München/Wien.

Frieden und Religion

Rüdiger Lohlker

Friede: Islamische Perspektiven

Es soll hier nicht versucht werden, normativ festzulegen, in welcher Form der Islam als eine Religion des Friedens verstanden werden kann. Der Anspruch dieser Überlegungen ist bescheidener. Anhand eines Textes eines zu seiner Zeit sehr einflussreichen islamischen Gelehrten und einiger ergänzender Beispiele wird ein Gedankenexperiment durchgeführt, das eine Frage beantworten soll. Ist es anhand eines Korankommentars und anderer Quellen begründbar, dass Muslime und Musliminnen mit vollem Recht und systematisch begründet sagen können, dass aus islamischen Quellen eine friedliche Grundüberzeugung abzuleiten ist?

Dieses Experiment richtet sich gegen zwei Fehlschlüsse. Der erste Fehlschluss kann literalistisch genannt werden. Eine bloß oberflächliche, sich an den Wortsinn klammernde Lektüre grundlegender islamischer Texte, z. B. eben des Korans, führt bei muslimischen wie nicht muslimischen Lesern zur Überzeugung, anderen Lesarten nachzuweisen, dass das dem ursprünglichen Wortsinn nicht entspreche. Dass eine solche literalistische Lektüre methodisch meist nicht ausgewiesen ist, stört die Vertreter und Vertreterinnen einer solchen Lektüre nicht sonderlich. Der zweite Fehlschluss kann assoziativ-dissoziativ genannt werden. Muslime und Musliminnen, die mit einer arabisch geprägten Begrifflichkeit aufgewachsen sind, finden die Assoziation der Begriffe *islām* und *salām* und deren Gleichsetzung im Begriff „Religion des Friedens" vom Klangbild her unmittelbar überzeugend; Nichtmuslime, die nicht über die entsprechende kulturelle Einbettung verfügen und nicht über die entsprechende terminologische Musikalität verfügen, konstruieren dagegen eine Dissonanz der Art, dass

1.) von der grammatischen Form her diese Gleichsetzung nicht möglich sei und
2.) vielerlei Beispiele aus als islamisch qualifizierten Ländern das Gegenteil bewiesen.

Diese Dissoziation macht einen doppelten Denkfehler:
a) Bei der Assoziation geht es gerade nicht um die Morphologie der arabischen Sprache. Es wird versucht, ein grundlegendes Gefühl terminologisch zu verankern.
b) Die Dissoziation macht Muslime und Musliminnen für die – zumeist – Herrschaftspraxis von Regierungen in einer Weise verantwortlich, die für keine andere religiöse Gruppe in Anwendung gebracht wird.

Solch unsauberes Denken ist schwer zu ändern. Das vorgeschlagene Experiment vermag aber, andere Perspektiven zu eröffnen. In gewisser Weise drehen wir die zuvor genannte Argumentation um, die üblicherweise benutzt wird, um zu belegen, dem Koran sei inhärent ein Aufruf zur Gewalt, was zumeist im Kontext der Diskussion des Begriffes *jihād*[1] geschieht. Wir betrachten eine Koranauslegung, die in eine andere Richtung weist, in der Begriffe wie *jihād* oder *qitāl* in anderer Form als der häufig angenommenen gedeutet werden. Schauen wir aber zuerst auf den militärischen Begriff des *jihād* an Beispielen aus historischen Chroniken, um unsere Annahme einer möglichen anderen Lesart historisch zu kontextualisieren.

Historischer Exkurs

Die Betonung des militärischen Aspektes des *jihād* hat sich ungefähr im neunten Jahrhundert in der juridischen und administrativen Literatur durchgesetzt.[2] Zieht man aber andere Quellen heran, kann man eine andere Perspektive einnehmen. Natürlich wurde immer wieder über militärischen Dschihad geschrieben. Dies zu ignorieren, wäre unseriös. In den Vordergrund tritt dieser Aspekt aber nur in bestimmten historischen Momenten.

So ist inzwischen belegt, dass zur Zeit des ersten Kreuzzuges eine explizite Predigt des militärischen Dschihad – und eine entsprechende Produktion von Schriften – im unmittelbar mit dem Kreuzzug konfrontierten Damaskus nicht festzustellen war.[3] Erst unter Nūr ad-dīn Zengī (reg. 1146–1174), der in Syrien herrschte, entwickelte sich eine rege Propaganda für einen militärischen Dschihad, die wesentlich getragen wurde von Personen, die im Zuge dieses Kreuzzuges aus ihren Heimatorten vertrieben wurden. So verfasste der Damaszener Historiker Ibn 'Asākir (gest. 1176)[4] eine für die Erneuerung des militärischen Dschihaddenkens bedeutsame Hadithsammlung.[5] Die Notwendigkeit einer Erneuerung solcher Propaganda lässt sich ohne Zweifel als Hinweis auf die mangelnde Präsenz einer Orientierung am militärischen *jihād* selbst in Krisensituationen deuten.

---

1 Es wird eine vereinfachte, am Gebrauch im englischsprachigen Raum orientierte Umschrift benutzt, die lediglich Vokallängen bezeichnet.
2 Afsaruddin, Asma (2007): Views of Jihad throughout History, in: Religion Compass 1, 165–169, hier S. 167; vgl. Bonner, Michael (2006): Jihad in Islamic History: Doctrines and Practice. Princeton/Oxford.
3 Mourad, Suleiman A./Lindsay, James E. (2013): The Intensification and Reorientation of Sunni Jihad Ideology in the Crusader Period. Leiden/Boston, S. 33ff.
4 Zu seiner Methode als Historiker s. Antrim, Zayde (2006): Ibn Asakir's Representations of Syria and Damascus in the Introduction to the Tarikh Madinat Dimashq, in: International Journal of Middle East Studies 38, 109–129.
5 Mourad/Lindsay: The Intensification.

Aber auch in Kriegszeiten kann es eine entspannte Sicht des Dschihad geben. So wird von einem sufischen Einsiedler aus dem Anfang des 12. Jahrhunderts berichtet, er habe begierig den Tod im Kampf gesucht. Eines Tages ritt er mit dem Erzähler in der Nähe des Krak des Chevaliers. In der Morgendämmerung schien es so, als würden sich christliche Ritter (*ispitār*) nähern. „Er rief aus: ‚Gott ist groß! Dies ist ein gesegneter Tag für dich! Heute werde ich zu meinem Freund [Gott] kommen!' Er trieb [seinen Esel] gegen sie mit gezogenem Schwert. Ich sagte zu mir: Ein alter Mann auf einem Esel, in seiner Hand das Schwert gezogen und reitet gegen die Franken! Nach einer Stunde waren sie plötzlich vor uns. Es waren hundert Wildesel!"[6]

Diese erquickliche, eines Don Quixote würdige Geschichte, zeigt weniger die Weltfremdheit eines Einsiedlers als die Möglichkeit, auch in angespannter Lage über den militärischen Dschihad noch humoristisch zu reden. Fügen wir hinzu, dass auch engagierte Prediger, die zum Kampf gegen die christlichen Kreuzfahrer aufriefen, nach Ende der unmittelbaren Gefahr schlicht damit beschieden werden konnten, dies sei Sache der regulären Armee,[7] wird es zweifelhaft, dass der militärische Dschihad den Kern der Vorstellung vom *jihād* ausgemacht hat. Für manche gelehrte Diskurse war es sicher so, aber diese wenig frommen historischen Berichte zeigen, dass es durchaus andere Sichtweisen gab.

Kehren wir aber jetzt zur Begriffsgeschichte und damit zu durchaus gelehrten Diskurs zurück, die ebenfalls andere Perspektiven aufreißen können!

Koranische Referenzen

In der Auswahl der zu behandelnden Koranstellen folgen wir dem Vorschlag von Asma Afsaruddin zum Begriff des *jihād* und damit verbundenen Konzepten.[8] Sie orientiert sich an mehreren arabischen Begriffen aus den Wortfeldern *j-h-d* (3:142, 4:95, 16:110, 22:78, 25:52, 29:69)[9], *q-t-l* (2:154, 2:190–194, 2:216, 3:157–158, 3:169, 4:74, 9:5, 9:12–13, 9:29, 22:39–40, 22:58) und einige andere mehr.[10] Wir können hier nur auf einen Teil dieser Koranstellen eingehen, werden aber bei einigen Stellen noch andere Verse einbeziehen. Wer hat nun den schon angesprochenen Korankommentar verfasst? Warum ist es sinnvoll, sich auf ihn zu beziehen?

---

6   S. z. B. Abū Shāma al-Maqdisī ad-Dimashqī, Shihābaddīn Muhammad b. 'Abdarrahmān b. Ismā'īl (2002): Tarājim rijāl al-qarnayn as-sādis wa's-sābi', Dhayl 'ala 'r-Raudatayn. Ed. Shams al-dīn, Ibrāhīm. Beirut, S. 191.

7   S. dafür Talmon-Heller, Daniella (2002): Muslim Martyrdom and Quest for Martyrdom in the Crusading Period, in: Al-Masaq: Journal of the Medieval Mediterranean 14, 131–139, hier S. 135.

8   Afsaruddin, Asma (2013): Striving in the Path of God: Jihād and Martyrdom in Islamic Thought. Oxford u. a.

9   Die Buchstaben bezeichnen die Bestandteile der arabischen Wurzel für dieses Wortfeld, die erste Zahl nennt die Sure, die zweite Zahl nach dem Doppelpunkt den Vers in dieser Sure.

10 Afsaruddin, Striving, S. 11.

Zum Autor des Korankommentars

Der Verfasser des hier in das Zentrum der Betrachtung gestellten Korankommentars ist Nizām al-dīn al-Hasan b. Muhammad b. al-Husayn al-Nīsābūrī (gest. ca. 1330).[11] Er lebte zur Zeit der Herrschaft der mongolischen Il-Khane im Iran (13. bis 14. Jahrhundert). Er war ein produktiver Autor, der eine Vielzahl von Werken zu Bereichen der Naturphilosophie (insbesondere der Astronomie, der Theologie, aber auch der Koranauslegung; im Hintergrund finden sich Gedanken und Konzepte aus dem Bereich der islamischen Mystik, des Sufismus, denen wir weiter unten in den Vorstellungen von der Kontrolle der Triebseele und der Selbstvervollkommnung begegnen werden.[12] Seine Bedeutung zeigt sich auch darin, dass etliche seiner Schriften in Medresen über die Jahrhunderte studiert wurden.[13]

Al-Nīsābūrīs Korankommentar wird als enzyklopädisch bezeichnet, da er nicht nur den Text des Korans erklärt. Er fügt jegliche Information ein, die er für hilfreich für das Textverständnis hält. Häufig sind auch Hinweise auf Debatten in der islamischen spekulativen Theologie, dem *kalām*, zu finden. Es finden sich aber auch Abschnitte zu naturphilosophischen Themen (z. B. eben der Astronomie) und eben zu Themen der islamischen Mystik des Sufismus.[14]

Zuerst werden die von al-Nīsābūrī kommentierten Koranstellen dargestellt, um das vorhandene Material darstellen. Dies erscheint angesichts der eingangs dargelegten Interpretationsformen notwendig. Darauf werden die theoretischen Schlussfolgerungen, die sich aus dem Material ergeben, ausgeführt, um sie dann im Ergebnis unseres Gedankenexperimentes zusammenzuführen.

Die koranischen Stellen

Betrachten wir zuerst die Wurzel j-h-d. Zu Sure 3, Vers 142 („Oder meint ihr, ihr würdet (dereinst) ins Paradies eingehen, ohne daß Gott vorher diejenigen von euch, die (um seinetwillen) gekämpft haben, (als solche) erkannt? Und er wollte (auf diese Weise) diejenigen erkennen, die geduldig sind."[15]) schreibt al-Nīsābūrī, dies sei als Notwendigkeit zu verstehen, der Pflicht zum *jihād* zu genügen. Das wichtigste Kriterium sei nun für die Geduldigen, die man nicht ge-

---

11 Die beste Studie über ihn – mit Schwerpunkt auf seinem naturphilosophischen Denken – ist Morrison, Robert G. (2007): Islam and Science: The Intellectual Career of Nizām al-Dīn al-Nīsābūrī. London/New York. Die hier angestellten Überlegungen und Textteile sind allerdings dort nicht beachtet.
12 Vgl. Morrison: Islam and Science, S. 131ff.
13 Morrison: Islam and Science, S. 17ff.
14 Morrison: Islam and Science, S. 2.
15 Wir benutzen hier eine adaptierte Version der Koranübersetzung von Rudi Paret, da sich mit ihr die hier behandelte Auslegung des Korans leichter erkennen lässt. Paret zeigt eine sehr reduzierte Auffassung der Begrifflichkeit.

gen diejenigen, die den *jihād* üben, ausspielen solle, das Ertragen der negativen Regungen der Triebseele (*nafs*). Interessant ist dann die direkte Weiterführung des Gedankens: „Die Liebe wird ja auch nicht weniger, wenn man sich von ihr abwendet, noch wird sie mehr, wenn sie erfüllt wird."[16] Es wird hier der aktive Kampf/*jihād* gegen die Triebseele mit dem Ertragen der negativ beurteilten Regungen dieser Triebseele in Verbindung gebracht. Wenn nun gesagt wird, dass Ertragen sei nicht so viel wert wie der aktive Kampf, hält der Kommentator entgegen, dass es – wie im Falle der Liebe – ja um die grundsätzliche Einstellung gehe.[17] Diese bleibt unbelastet von der aktiven oder passiven Haltung der erwarteten Handlung gegenüber. Ja, noch mehr!

Gehen wir zu Vers 143, lesen wir vom Wunsch nach dem Tode. Dies scheint eindeutig interpretiert werden zu können. Al-Nīsābūrī verweist aber auf eine andere Deutung. Die Sucher nach der wahren Erkenntnis (*muḥaqqiqūn*) verstünden dies nun so, dass dieses Streben nach dem Tode, um die Freude des Paradieses zu erreichen, bedeute, die Polytheisten – gemeint sind die Mekkaner – zu bekämpfen, deren zentrale Eigenschaft ja ihr Unglaube/ihre Undankbarkeit (*kufr*) sei. Nun zu wünschen, sie zu bekämpfen, bedeute ja, die Existenz dieses Unglaubens/dieser Undankbarkeit zu wünschen, da sonst ein Kampf nicht möglich sei. Dies bedeute, dass ein Gläubiger den Unglauben wünsche, was nicht erlaubt sei. Es gehe eigentlich darum, dass die, die diesen Wunsch hegen, den Wunsch haben, den Rang eines Glaubenszeugen mit all den göttlichen Belohnungen, die ihm zukommen, zu erreichen[18] – ohne den physischen Kampf zu meinen. Also wird der Wunsch zum Tode metaphorisiert und in ein Sinnbild für das spirituelle Streben nach Gott gedeutet.

Kommen wir zu Sure 4, Vers 95 („Diejenigen Gläubigen, die daheim bleiben – abgesehen von denen, die eine (körperliche) Schädigung (als Entschuldigungsgrund vorzuweisen) haben –, sind nicht denen gleich, die mit ihrem Vermögen und mit ihrer eigenen Person um Gottes willen den *jihād* üben. Gott hat diejenigen, die mit ihrem Vermögen und mit ihrer eigenen Person kämpfen, gegenüber denjenigen, die daheim bleiben, um eine Stufe höher bewertet. Aber einem jeden (Gläubigen, ob er daheim bleibt oder Krieg führt) hat Gott das Allerbeste versprochen. Doch hat Gott die den *jihād* Ausübenden gegenüber denen, die daheim bleiben, mit gewaltigem Lohn ausgezeichnet"). Hier wird von al-Nīsābūrī angeführt, dass im ersten Falle, diejenigen mit dem Begriff *mujāhidūn* gemeint seien, die den „kleineren *jihād*" ausüben, also die physisch Kämpfenden. Im zweiten Falle seien aber diejenigen mit dem Begriff *mujāhidūn* gemeint, die den „größeren *jihād*" ausüben, also die, die durch das Trainieren und Kontrollieren der Triebsseele (*riyāḍa*) und gute Taten wirken.[19] Auch wenn

---

16 Al-Nīsābūrī, Niẓām al-Dīn al-Ḥasan b. Muḥammad (1996): Tafsīr gharāʾib al-Qurʾān wa-riʿāyat al-furqān. Bd. 2. Ed. ʿUmayrāt, Zakariyyā. Beirut, S. 269.
17 Nīsābūrī: Tafsīr, Bd. 2, S. 269.
18 Nīsābūrī: Tafsīr, Bd. 2, S. 269.
19 Nīsābūrī: Tafsīr, Bd. 2, S. 479.

hier der militärische Kampf breiter behandelt wird, wird der innere Kampf nicht vergessen.

Bei Sure 4, Vers 92–101 zeigt sich al-Nīsābūrīs Position im Streit zwischen denen, die den kleinen *jihād* an die zweite Stelle setzen, und denen, die ihn an die erste Stelle setzen, deutlich: „was aber die Vorreihung einer Kategorie von *muğāhidūn* gegenüber der anderen betrifft, so sage dieser Vers: „nein"[20], keine Kategorie sei besser als die andere. Dies eröffnet die Möglichkeit, den inneren Kampf dem äußeren gleichzustellen und letztlich dem inneren einen höheren Rang zuzuweisen.

Fahren wir mit Sure 16, Vers 110 („Denen gegenüber, die ausgewandert sind, nachdem ihnen Gewalt angetan worden war, und die hierauf (um Gottes willen) den *jihād* geübt haben und geduldig waren (ihnen gegenüber), ist dein Herr schließlich, nachdem das (alles) geschehen ist, barmherzig und bereit zu vergeben.") fort. Etwas vor dem Kommentar zu diesem Vers zitiert al-Nīsābūrī Sure 2, Vers 190, in dem es heißt „Und kämpft um Gottes willen gegen diejenigen, die gegen euch kämpfen!" als Hinweis darauf, dass es Muslimen nicht zustehe, einen Kampf zu beginnen, und es ihnen nur erlaubt sei, adäquat und ohne Exzess zu reagieren.[21] Al-Nīsābūrī erkennt also die Notwendigkeit eines Kampfes, wenn er erzwungen wird, an. Der Kommentator fährt dann etwas später mit Bezug auf Vers 110 von Sure 16 fort, *Denen gegenüber, die ausgewandert sind* beziehe sich auf die Abwendung von „ihren Triebseelen und ihrer Begierde", *nachdem ihnen Gewalt angetan worden war* darauf, dass sie entgegen den Geboten und Verboten Gottes behandelt worden sind, *und die hierauf (um Gottes willen) den jihād geübt haben* darauf, dass sie ihre „Triebseelen mit den Schwertern der frommen Übungen" bezähmten, *und geduldig waren* darauf, dass „sie sie reinigen und schmücken, wobei sie sich an den Saum des Willens des Scheichs[22] anhalten".[23] In der Kommentierung der folgenden Verse wird der sufische Bezug noch deutlicher.

Sure 22, Vers 78 („Und eifert[24] um Gottes willen, wie dafür geeifert werden soll! Er hat euch erwählt. Und er hat euch in der Religion nichts auferlegt, was (euch) bedrückt. Die Religion (*milla*) eures Vaters Abraham! Er hat euch Muslime genannt (schon) früher und (nunmehr) in diesem (Koran), damit der Gesandte Zeuge über euch sei, und ihr über die (anderen) Menschen Zeugen seiet. Verrichtet nun das Gebet, gebt die Reinigungsabgabe und haltet an Gott fest! Er ist euer Schutzherr. Welch trefflicher Schutzherr und Helfer!") liefert weiteres Material. Dazu kommentiert al-Nīsābūrī: „Dann befahl er der Triebseele und der Begierde in jeder Beziehung entgegenzuhandeln. Dies ist der ‚größere *jihād*'."[25] Die Wen-

---

20 Nīsābūrī: Tafsīr, Bd. 2, S. 479.
21 Nīsābūrī: Tafsīr, Bd. 4, S. 316.
22 Es geht um den Scheich, den geistigen Führer eines sufischen Sinnsuchenden.
23 Alle Zitate Nīsābūrī: Tafsīr, Bd. 4, S. 319.
24 Interessanterweise weicht Paret hier von seiner üblichen Übersetzung des Wortfeldes j-h-d ab.
25 Nīsābūrī: Tafsīr, Bd. 5, S. 102.

dung *um Gottes willen* beziehe sich auf das Eifern um Gottes selber willen für ihn. Im restlichen Kommentar zu diesem Teilvers betrachtet al-Nīsābūrī kritisch u. a. Auslegungen, die eher auf kriegerische Aktivitäten hin auslegen. Die Kommentierung des Restes des Verses im direkten Anschluss an diese Stelle ist für unser Thema nicht von Bedeutung.

Al-Nīsābūrī führt seine Auslegung aber weiter unten fort:

> *Und eifert um* Gottes *willen, wie dafür geeifert werden soll!* [bedeutet], der Dschihad gegen die Triebseele (*nafs*) durch die Reinigung mit dem Werkzeug [der Befolgung] der Ansprüche [Gottes] und des Verlassens des Vertrauens auf glückliche Umstände, der Dschihad des Herzens (*qalb*) durch dessen Reinigung und das Lostrennen seines Anhaftens an die beiden Seinsphären (*kaunayn*)[26], der Dschihad des Geistes (*rūh*) durch dessen Kostenlassen der Süße [Gottes] (*tahliyya*) mittels des Vergehenlassens seines Daseins in seinem Sein[27].[28]

Hier sehen wir ebenfalls eine deutliche Hinwendung zum *jihād* im spirituellen Sinne, wie wir sie bereits festgestellt haben.

In Sure 25, Vers 52 („Gehorche nun nicht den Ungläubigen, sondern setze ihnen damit heftig zu") heißt es in Auslegung von *sondern setze ihnen damit heftig zu*, dass es darum gehe, mit dem Koran den Ungläubigen zu begegnen oder „den Gehorsam ihnen gegenüber zu unterlassen" bzw. als Mahner (*nadhīr*) sich anzustrengen, eine Anstrengung, die dann im Propheten Muhammad als Sammelpunkt aller Anstrengungen (*mujāhadāt*) ihre Vollendung finde.[29] Auch hier entfällt der militärische Kampf als Option des *jihād*.

Gehen wir zur Sure 29, Vers 69: „Die aber für uns kämpfen, werden wir wahrlich unsere Wege führen." Hier fasst sich al-Nīsābūrī ebenfalls kurz:

> Gemeint ist, dass derjenige, der kämpft (*man jāhada*) gegen die Triebseele (*nafs*) oder gegen den Satan (*shaytān*), sei er dschinnenhaft oder menschlich, *für uns*, d. h. mit reinem Herzen um unseretwillen und um unseres Wohlgefallens willen, *werden wir wahrlich unsere Wege führen* [heißt] den Weg zum Paradies (*janna*) oder zum Guten (*khayr*) durch das Beschenken mit einem Übermaß an Güte und von Gott verliehenem Erfolg.[30]

Mit diesem *jihād* gegen die Triebseele, sei der erste Durchgang durch das Material, das sich auf die Wurzel j-h-d bezieht, abgeschlossen.

Für den zweiten Durchgang bewegen wir uns entlang der Stellen, die sich auf die Wurzel q-t-l beziehen. Sure 2, Vers 154 („Und sagt nicht von denen, die um der Sache Gottes willen getötet werden, (sie seien) tot. (Sie sind) vielmehr

---

26 Also Diesseits und Jenseits.
27 Also der Auflösung des geschöpflichen Seins im Sein des Schöpfers.
28 Nīsābūrī: Tafsīr, Bd. 5, S. 104.
29 Nīsābūrī: Tafsīr, Bd. 5, S. 250.
30 Nīsābūrī: Tafsīr, Bd. 5, S. 397.

lebendig. Aber ihr merkt es nicht.") trägt zu unserem Thema nicht viel bei. Die Kommentierung behandelt eher die Frage, in welcher Weise das Weiterleben bzw. der Tod zu verstehen seien. Sure 2, Vers 190–194[31] bietet dagegen sehr viel mehr Material zu unserem Thema und macht deutlich, dass die Annahme, bei al-Nīsābūrī sei lediglich eine einzige Interpretation der uns hier interessierenden Begrifflichkeit vorhanden, in die Irre führt:

> Und kämpft um Gottes willen gegen diejenigen, die gegen euch kämpfen! Aber begeht keine Übertretung (indem ihr den Kampf auf unrechtmäßige Weise führt)! Gott liebt die nicht, die Übertretungen begehen. Und tötet sie, wo (immer) ihr sie zu fassen bekommt, und vertreibt sie, von wo sie euch vertrieben haben! Der Versuch (Gläubige zum Abfall vom Islam) zu verführen ist schlimmer als Töten. Jedoch kämpft nicht bei der heiligen Kultstätte (von Mekka) gegen sie, solange sie nicht (ihrerseits) dort gegen euch kämpfen! Aber wenn sie (dort) gegen euch kämpfen dann tötet sie! Derart ist der Lohn der Ungläubigen. Wenn sie jedoch (mit ihrem gottlosen Treiben) aufhören (und sich bekehren), so ist Gott barmherzig und bereit zu vergeben. Und kämpft gegen sie, bis niemand (mehr) versucht, (Gläubige zum Abfall vom Islam) zu verführen, und bis nur noch Gott verehrt wird! Wenn sie jedoch (mit ihrem gottlosen Treiben) aufhören (und sich bekehren), darf es keine Übertretung geben, es sei denn gegen die Frevler. Der heilige Monat (diene zur Vergeltung) für den heiligen Monat! Auch die sacra fallen unter (das Gesetz der) Wiedervergeltung. Wenn nun einer gegen euch Übergriffe begeht (indem er den Landfrieden bricht), dann zahlt ihm mit gleicher Münze heim! Und fürchtet Gott! Ihr müßt wissen, daß er mit denen ist, die (ihn) fürchten.

Al-Nīsābūrīs Kommentierung bezieht sich neben sprachlichen Erwägungen hauptsächlich auf die historische Situation der frühen islamischen Gemeinde.[32]

Sure 2, Vers 216 („Euch ist vorgeschrieben, (gegen die Ungläubigen) zu kämpfen, obwohl es euch zuwider ist. Aber vielleicht ist euch etwas zuwider, während es gut für euch ist, und vielleicht liebt ihr etwas, während es schlecht für euch ist. Gott weiß Bescheid, ihr aber nicht.") wird in den Zusammenhang der Auswanderung nach Medina gestellt. Zuerst sei es erlaubt worden, gegen diejenigen Polytheisten (*mushrikīn*) zu kämpfen, die selber die Muslime bekämpfen. Dann sei es erlaubt worden, gegen die Polytheisten überhaupt zu kämpfen. Dann sei der *jihād* als Pflicht – individuell oder kollektiv – auferlegt worden. Aber wem? Al-Nīsābūrī versteht dies als Verpflichtung für die Anwesenden (*mawjūdūn*) und historisiert damit diese Verpflichtung. Beziehen wir seine vorher referierte Sichtweise des Wortfeldes j-h-d, können wir folgern, dass er eine Entwicklung hin zum inneren Kampf um Selbstvervollkommnung sieht, bei der der physische Kampf an die Situation zur Zeit des Propheten gebunden bleibt.

---

31 Vers 190 wurde bereits zuvor zitiert.
32 Nīsābūrī: Tafsīr, Bd. 1, S. 528ff.

Für Sure 3, Vers 157–158 („Und wenn ihr um Gottes willen getötet werdet oder sterbet, so ist (jedenfalls) Vergebung und Barmherzigkeit von Gott (wie sie dereinst den Gläubigen gewährt wird) besser als (all) das, was man (im Diesseits an Geld und Gut) zusammenbringt. Und wenn ihr sterbet oder getötet werdet, so werdet ihr (jedenfalls dereinst) zu Gott versammelt werden.") führt al-Nīsābūrī an, es gehe um die Frage der Abwendung von der Verfallenheit an weltliche Genüsse. Letztlich gehe es darum, auf die höchste Stufe, „den Rang des Bei-Seins" (*'indiyya*) zu erreichen. Al-Nīsābūrī scheint hier eher auf einen Zustand zu zielen, der sonst als „Mit-Sein" (*ma'iyya*) bezeichnet, das Mit-Sein mit Gott, der mit allen Dingen ist, nachdem sie in Existenz getreten sind.[33] Es handelt sich um ein deutlich sufisches Konzept. Wir können aus diesem Bezug folgern, dass al-Nīsābūrī hier nicht den physischen Kampf im Sinne hatte.

Sure 3, Vers 167–169 („Und er wollte, (auf diese Weise) diejenigen erkennen, die heucheln (naafaquu). Man sagte zu ihnen: ‚Kommt her und kämpft um Gottes willen oder wehrt (wenigstens die Feinde) ab!' Sie sagten: ‚Wenn wir wüßten, daß es zu (einem regelrechten) Kampf kommen wird, würden wir euch folgen.' An jenem Tag waren sie dem Unglauben näher als dem Glauben. Ihre Äußerungen widersprechen (eben) dem, was sie im Herzen haben. Aber Gott weiß sehr wohl, was sie (in sich) verborgen halten. (Das sind) diejenigen, die hinsichtlich ihrer Brüder sagen, während sie (selber) daheim geblieben sind: ‚Wenn sie uns gehorcht hätten (und daheim geblieben wären), wären sie nicht getötet worden.' Sag: ‚Wehrt doch den Tod von euch selber ab, wenn (anders) ihr die Wahrheit sagt!' Und du darfst ja nicht meinen, daß diejenigen, die um Allahs willen getötet worden sind, (wirklich) tot sind. Nein, (sie sind) lebendig (im Jenseits), und ihnen wird bei ihrem Herrn (himmlische Speise) beschert.") scheint wiederum dem Wortsinne nach eindeutig, wird aber in der Kommentierung wiederum rein auf Ereignisse in der Frühzeit der islamischen Gemeinde bezogen.[34]

Zu Sure 4, Vers 74 („Diejenigen aber, die das diesseitige Leben um den Preis des Jenseits verkaufen, sollen um Allahs willen kämpfen. Und wenn einer um Gottes willen kämpft, und er wird getötet – oder er siegt –, werden wir ihm (im Jenseits) gewaltigen Lohn geben.") erläutert al-Nīsābūrī, es gehe um das jenseitige Heil, für das gekämpft werden soll. Hier wird q-t-l mit dem Wortfeld j-h-d verbunden, so dass hier das oben referierte Verständnis von jihād bei al-Nīsābūrī zugrunde gelegt werden kann.

Sure 9, Vers 5 dürfte wohl die Hauptstelle für diejenigen sein, die den Nachweis der inhärenten Gewalttätigkeit des Korans führen wollen – wenn man ihn literalistisch liest:

> Und wenn nun die heiligen Monate abgelaufen sind, dann tötet die Polytheisten, wo (immer) ihr sie findet, greift sie, umzingelt sie und lauert

---

33 S. dazu Chittick, William C. (1998): The Self-Disclosure of God. Principles of Ibn al-'Arabī's Cosmology. Albany, NY, S. 35.
34 Nīsābūrī: Tafsīr, Bd. 2, S. 305ff.

ihnen überall auf! Wenn sie sich aber bekehren, das Gebet verrichten und die Reinigungsabgabe geben, dann laßt sie ihres Weges ziehen! Gott ist barmherzig und bereit zu vergeben.

Al-Nīsābūrī führt in seinem Kommentar zuerst ausführlich den Offenbarungsanlass an.[35] Im dritten Jahr islamischer Zeitrechnung hätte wieder die Pilgersaison in Mekka stattgefunden. „Es versammelten sich in jenem Jahr an den Orten und Stationen der Pilgerfahrt Muslime und Polytheisten."[36] Es wird von ihm also eine spezifische historische Situation ausführlich dargelegt. Zugleich weist er auf die schafiitische Rechtsmeinung hin – und er selber ist Schafiit –, dass der Grundsatz in dieser Frage sei, dass es erlaubt sei, die Polytheisten zu töten.[37] Es wird also die historisch spezifische Aussage als Auffassung einer Rechtsschule verallgemeinert.

Sure 9, Vers 12–13 („Wenn sie aber, nachdem sie eine Verpflichtung eingegangen haben, ihre Eide brechen und hinsichtlich eurer Religion ausfällig werden, dann kämpft (gegen sie), die Anführer des Unglaubens! Für sie gibt es keine Eide. Vielleicht hören sie (wenn ihr den Kampf gegen sie eröffnet, mit ihrem gottlosen Treiben) auf. Wollt ihr nicht gegen Leute kämpfen, die ihre Eide gebrochen und den Gesandten am liebsten vertrieben hätten, wobei sie (ihrerseits) zuerst mit euch (Feindseligkeiten) anfingen? Fürchtet ihr sie denn? Ihr solltet eher Gott fürchten, wenn (anders) ihr gläubig seid.") wird von al-Nīsābūrī in den Zusammenhang mit den Auseinandersetzungen mit den Polytheisten gestellt und nicht weiter verallgemeinert.[38]

Zu Sure 9, Vers 29 („Kämpft gegen diejenigen, die nicht an Gott und den jüngsten Tag glauben und nicht verbieten, was Gott und sein Gesandter verboten haben, und nicht der wahren Religion angehören – von denen, die die Schrift erhalten haben – (kämpft gegen sie), bis sie kleinlaut aus der Hand Tribut entrichten!") setzt al-Nīsābūrī den konventionellen Diskurs zum Wortfeld q-t-l fort. Er schreibt: „bezüglich der Polytheisten (*mushrikīn*) ist der Kampf (*qitāl*) bis sie den Islam annehmen Pflicht, bezüglich der Leute des Buches (*ahl al-kitāb*)[39] bis zur Annahme des Islams oder der Zahlung der Kopfsteuer (*jizya*).[40] Wisse, das

---

35 Die Offenbarungsanlässe (*asbāb al-nuzūl*) beschreiben die Umstände, unter denen die Offenbarung von Koranversen erfolgte. Es gibt eine umfangreiche Literatur zu diesem Thema.
36 Nīsābūrī: Tafsīr, Bd. 3, S. 429.
37 Nīsābūrī: Tafsīr, Bd. 3, S. 432f.
38 Nīsābūrī: Tafsīr, Bd. 3, S. 436ff.
39 Al-Nīsābūrī spricht hier nur von Juden und Christen.
40 S. zu dieser Abgabe z. B. Bravmann, Meir (1966/67): The ancient Arab background of the Qurʾanic concept „al-gizyatu ʾan yadin", in: Arabica 13, 307–314 und 14, 90–91 und 326–327, Duri, ʾAbdal ʾAziz (1974): Notes on Taxation in Early Islam, in: Journal of the Economic and Social History of the Orient 17, 136–144, Selçuk, Havva (2010): The Application of Jizya Tax into the Sanjak of Kayseri and Jizya Beratı Dated to the Year 1699, in: History Studies 2, 87–101.

Er, Er ist erhaben, vier Eigenschaften erwähnte und den Kampf (*qitāl*) gegen diejenigen, die diese Eigenschaften aufweisen, befahl."[41]

Einer atomistischen Lesart folgend, die den Zusammenhang der Auslegung al-Nīsābūrīs und den die Charakteristika seiner Auslegungsweise ignoriert, erscheint dies als deutliche Kampfansage an Nichtmuslime jeglicher Art.

Es finden sich zu Sure 22, Vers 39ff. folgende Zeilen:[42]

Er hat die Erlaubnis erteilt: der Handelnde ist entweder Gott, Er sei gepriesen, oder er wurde nicht genannt; das Erlaubte ist der Kampf (*qitāl*)[43] gemäß dem Hinweis (*dalīl*) Seines Wortes: denjenigen, *die bekämpft werden/ kämpfen* (*yuqātalūna/yuqātilūna*)[44] [...]. Die offenkundige Bedeutung ist, dass die Polytheisten die Gläubigen bekämpfen und diesen die Geduld (*sabr*) anbefohlen wird. Wenn es aktivisch gelesen wird [(also *yuqātilūna*)], ist seine Bedeutung: Es wurde denjenigen, die danach streben, in Zukunft die Polytheisten zu bekämpfen, erlaubt, sich ihrem Begehren hinzugeben anstelle des Kampfes (*qitāl*) selber.

Al-Nīsābūrī erwähnt dann auch die Überlieferung, dass dies der erste Vers sei, in dem den Muslimen das Kämpfen erlaubt worden sei – nachdem es in mehreren Versen verboten worden war –, da die „Polytheisten aus Mekka" den Muslimen den Weg versperrten. Deshalb sei diesen der Kampf gegen die Mekkaner erlaubt worden.[45] Diese Überlieferung wird vom Autor ergänzend angeführt und zeigt den Ausnahmecharakter der Erlaubnis an. Für an-Nīsābūrī ist dagegen die oben gegebene Argumentation primär. Er löst die Auslegung vom konkreten historischen Ereignis,

Wenn wir die Auslegung weiter verfolgen, wird es klarer, worum es al-Nīsābūrī geht, wenn davon die Rede ist, dass gekämpft wird, dass getötet und gestorben wird. Wir lesen (zu Vers 58 der Sure)[46]:

und denjenigen, die ausgewandert sind von der Verwurzelung in der [menschlichen] Natur (*tabī'a*) hin zu der Suche nach der [höheren] Wahrheit (*haqīqa*), ‚*dann getötet werden*' durch das Schwert der Aufrichtigkeit (*sidq*) und der [frommen] Übung (*riyāda*), so dass sie ihre (Trieb-)Seelen reinigen *oder sterben* hinweg von den Eigenschaften des [bloßen] Menschseins, *wird Gott sicherlich einen schönen Lohn gewähren*, [also] wird er die Herzen die Süße der höheren Erkenntnis (‚*irfān*) gewähren [...].

---

41 Nīsābūrī: Tafsīr, Bd. 3, S. 452.
42 Nīsābūrī: Tafsīr, Bd. 5, S. 83.
43 Hier eben auch als Erleiden des Kampfes zu verstehen (s. u.).
44 Es geht um die passivische oder aktivische Lesart, wobei für den Autor die passivische primär ist. Die diesbezüglichen Passagen werden abgekürzt übersetzt.
45 Nīsābūrī: Tafsīr, Bd. 5, S. 83.
46 Nīsābūrī: Tafsīr, Bd. 5, S. 97.

Es wird deutlich, dass für al-Nīsābūrī der Kampf, arabisch hier *qitāl,* ebenfalls eng verbunden ist mit der Geduld, dem Ertragen des Geschicks, das den Menschen bestimmt ist, und zugleich das Dahinsterben der menschlichen Begierden auf dem Weg zu höherer Erkenntnis. Das Begehren nach einer Handlung (hier: nach dem Kampfe) ist möglich, wenn es nicht in die Tat umgesetzt wird. Wir sehen hier eine entscheidende Verschiebung des Wortfeldes q-t-l zum inneren Kampfe, der für al-Nīsābūrī sonst mit dem Wortfeld j-h-d verbunden ist.

Zusammenführung

Nehmen wir nun nicht an, dass al-Nīsābūrī ein schlampiger Denker war, der einmal die eine Interpretation gibt, dann eine andere und beim dritten Mal beide zusammenwirft, was gerade angesichts der Präzision seiner naturphilosophischen Arbeiten inakzeptabel erscheint, muss es für die Spannung zwischen den Bezügen auf militärischen und inneren Kampf eine Erklärung geben. Die Erwartung, al-Nīsābūrī könnte so etwas wie eine grundsätzliche Ablehnung von Gewalt zeigen, geht sicherlich in die Irre. Die Referenzen auf das Kämpfen (q-t-l) zeigen keine grundsätzliche Ablehnung des physischen Kampfes. Wir finden aber zwei Denkbewegungen, die über diese Feststellung hinausweisen. Häufig wird von al-Nīsābūrī der historische Kontext der frühen islamischen Gemeinde dokumentiert, eine Enthistorisierung findet sich lediglich in einem Bezug auf die schafi'itische Rechtsschule. Neben der Befolgung der Konventionen des literarischen Feldes der Koranauslegung und des islamischen Gelehrtenrechts, des *fiqh,* können wir in der Historisierung eine Einhegung der Vorstellung des militärischen Kampfes sehen, der nicht völlig verneint wird, in Notlagen reaktiviert werden kann.[47]

Außerdem wird q-t-l an mehreren Stellen in Zusammenhang mit dem Wortfeld j-h-d gebracht, das für al-Nīsābūrī eindeutig den Kampf mit der Triebseele und damit die Selbstvervollkommnung bezeichnet. In Sure 22, Vers 58 wird diese Beziehung deutlich, wenn der Tod die Überschreitung des alltäglichen Menschseins bezeichnet und nicht das Ergebnis des physischen Sterbens.

Beziehen wir noch ein, dass das Wortfeld j-h-d für al-Nīsābūrī deutlich den Prozess der Selbstverkommnung bezeichnet, scheint die Folgerung möglich, dass der individuelle Kampf um die Selbstvervollkommnung bei diesem Kommentator im Vordergrund steht. Kombinieren wir dies mit der dominanten Historisierung des Kämpfens, wird es denkbar, den Kampf zwischen Kollektiven aufzugeben und die friedliche Entfaltung der Möglichkeiten der Individuen – durchaus in Differenz und Konkurrenz – in dieser Weise aus dem Koran zu begründen.

Al-Nīsābūrī hat damit die Möglichkeit der Formulierung einer Friedensethik aus dem Koran heraus eröffnet. Dies wird allerdings nur möglich, wenn der

---

47 S. o. den historischen Exkurs.

(und auch die) einzelne Gläubige und sein inneres Streben in das Zentrum der religiösen Reflexion gestellt wird.

Wenn wir methodisch eines aus dieser Lektüre des Korankommentars von al-Nīsābūrī lernen können, ist es die Unmöglichkeit aus der literalistischen Lektüre des Korans auf *die* islamische Auffassung zu einer Koranstelle zu schließen. Und dies lernen wir von einem angesehenen, in bedeutenden gelehrten sunnitischen Traditionen stehenden Autor, der noch dazu schiitische Sichtweisen einbezieht.

Fügen wir deshalb noch eine weitere Perspektive hinzu! Gewöhnlich wenig beachtet wird in Europa ein Denken wie das eines schiitischen Schiraser Philosophen und Sufis des sechzehnten/siebzehnten Jahrhunderts. Sein Korankommentar zeigt uns, dass das Koranverständnis des bis jetzt von uns behandelten Autors nicht singulär ist.

Mullā Sadrā

Sadr ad-Dīn Muhammad b. Ibrāhīm b. Yahyā Qawāmī Šīrāzī (1571/72 bis ca. 1635/36), bekannt als Mullā Sadrā, war einer der bedeutendsten islamischen Philosophen nach Avicenna.[48] Er hat auch einen Korankommentar[49] verfasst, der jetzt in mehreren Bänden gedruckt ist. Verweise auf den Dschihad finden sich an wenigen Stellen seines Korankommentars, sind aber in unserem Zusammenhang von Bedeutung.

In seinem Kommentar zur Sure 1, *al-fātiha*, finden wir über die Rechtleitung (*hudā*) die Aussage, dass es davon drei Stufen gebe: 1) die der Erkenntnis des Guten und Schlechten, 2) das, was Gott dem Gottesknecht gewährt, d. h. die Frucht der Anstrengung (*mujāhada*)[50] und 3) „das Licht, das leuchtet in der Welt der Gottesnähe (*wilāya*) nach der Vollendung der Anstrengung".[51]

In den ergänzenden Bemerkungen lesen wir: „die Frucht der Anstrengung – der Gottesknecht, der durch diese zweite Rechtleitung geführt wird, ja, er ist der Reisende (*musāfir*) von der Schöpfung (*khalq*) zu Gott – Er ist erhaben – auf dem Wege der Anstrengung (*mujāhada*)."[52] Wenn wir dann noch lesen, dass die rein körperliche Erfahrung der genannten gegenüber unzulänglich sei,[53]

---

48   Zum Denken Avicennas s. Gutas, Dimitri (2014²): Avicenna and the Aristotelian Tradition. Introduction to Reading Avicenna's Philosophical Works. Leiden/Boston.
49   Zu seiner Methode der Kommentierung des Korans s. Sadrā Shīrāzī, Mullā (2004): On the Hermeneutics of the Light Verse of the Qur'an (Tafsīr Āyat al-Nūr), übers. und komm. v. Peerwani, Latimah-Parveen. London.
50   Es geht hier wieder um die arabische Wurzel j-h-d, von der ein Wortfeld bezeichnet wird, zu dem auch der Begriff Dschihad gehört.
51   Sadr ad-Dīn al-Shīrāzī, Muhammad b. Ibrāhīm (s.d.): Tafsīr al-Qur'ān al-karīm. Bd. 1. Qom, S. 131.
52   Sadr ad-Dīn, Tafsīr, Bd. 1, S. 486.
53   Sadr ad-Dīn, Tafsīr, Bd. 1, S. 486.

erkennen wir, dass es hier um spirituelle Erfahrung geht, der gegenüber ein physischer Kampf sekundär wird·

Auch wenn Mullā Sadrā – wir wollen ihn ebenfalls nicht idealisieren – die weltliche Seite nicht unbeachtet lässt,[54] ist doch an der zweiten Stelle, die wir betrachten wollen, wiederum die spirituelle Seite des Kampfes dominant. Es geht hier wiederum um die Auseinandersetzung mit dem Satan, mit der Triebseele und den menschlichen Begierden. Hier spricht Mullā Sadrā in anderer Weise von der Anstrengung, denn sagt: „Wenn er sich für die menschlichen Begierden anstrengt (*jāhada al-shahwat*) und seine Triebseele nicht beherrscht"[55], eine klare Aussage, dass in diesem Falle der Mensch auf der falschen Seite kämpft, was Mullā Sadrā dann auch mit einem lebhaften Vergleich mit dem Kampf der Engel und der Teufel verdeutlicht.[56]

Hier wird also der Dschihad zu einem eindeutig spirituellen Kampf des Menschen auf seiner Reise zu Gott. Er ist also nicht in erster Linie als physischer Kampf gedacht. Eine Orientierung an diesem Verständnis ermöglicht es, den zentralen Begriff des Dschihad als Kampf um die Selbstvervollkommnung zu denken, der das Individuum betrifft. Wird dieser Weg beschritten, ist die Beziehung zwischen Individuen – und zwischen und innerhalb von Staaten, Gesellschaften oder Kulturen – als gegenseitige Förderung auf dem Weg der Selbstvervollkommnung verstehbar und damit als Beitrag zu einer differenzierten Friedenskultur.[57]

Jawdat Saʿīd

Ein Blick auf einen zeitgenössischen Theoretiker zeigt uns, dass unsere Erwägungen nicht nur von historischem Interesse sind.[58] Es handelt sich um den Syrer Jawdat Saʿīd.[59] Er propagiert seit 40 Jahren einen gewaltlosen Islam und wird viel gelesen und diskutiert.[60] Auch in den syrischen Aufständen nach 2011 ist er noch beachtet worden bis die Militarisierung des Aufstandes durchgesetzt wurde. Eine seiner einflussreichsten Schriften ist das 1966 erschienene Buch „Die Schule von Adams erstem Sohn: Das Problem der Gewalt in der islami-

---

54 Sadr ad-Dīn, Tafsīr, Bd. 6, S. 186.
55 Sadr ad-Dīn, Tafsīr, Bd. 6, S. 190.
56 Sadr ad-Dīn, Tafsīr, Bd. 6, S. 190.
57 Wir sind uns natürlich dessen bewusst, dass Mullā Sadrā heute in anderen Zusammenhängen gelesen wird. Aber für unsere experimentale Anordnung ist dies nicht von Belang.
58 Für einen ersten Ansatz, dieses Denken zu reflektieren s. Lohlker, Rüdiger (2013): Krieg und Frieden im Islam, in Bader, Erwin (Hg.): Krieg oder Frieden: Interdisziplinäre Zugänge. Wien et al., 161–178.
59 Ich habe Wolfgang Palaver zu danken, dass er mich wieder an diesen Autor erinnert hat.
60 Über ihn und zu ihm s. die Aufsätze in al-Marzūqī, Abū Yaʿrib u.a. (2006): *Jawdat Saʿīd: Buḥūth wa-maqālāt muhdāt ilayhi*. Damaskus.

schen Welt", das bis heute mehrere Auflagen erlebt hat und auch online über die mit Texten, Videos u. a. ausgestattete ihm gewidmete Internetpräsenz erhältlich ist.[61]

Jawdat Saʿīd wurde 1931 in Syrien geboren.[62] Er ging in seiner frühen Jugend nach Ägypten, um an der al-Azhar-Universität ein Studium der arabischen Sprache zu absolvieren. Nach seiner Graduierung 1957 kehrte er nach Syrien zurück und unterrichtete an unterschiedlichen Institutionen. Wegen seiner Propagierung gewaltfreier Ideen wurde er immer wieder versetzt und schließlich inhaftiert und überwacht. Mehr und mehr wurde er an weniger angesehene Institutionen versetzt. Seit 1968 wurde er schließlich wegen seiner intensiven Propagierung gewaltfreier Ideen entlassen und längere Zeit inhaftiert und überwacht; einige Zeit ging er angesichts bewaffneter Auseinandersetzungen zwischen den syrischen Muslimbrüdern und dem Regime in ein inneres Exil in seinem Heimatort. Seit den 1990er wurde er in Syrien, im arabischen Raum und auch international wieder zunehmend aktiv.[63] Saʿīds widmet sich neben dem Thema der Gewaltfreiheit auch persönlichen und gesellschaftlichen Problemen; dies aber immer im Kontext der Gewaltfreiheit. In seinem frühen zentralen Werk „Die Schule von Adams erstem Sohn" definiert Saʿīd seine Aufgabe als die Entwicklung einer neuen Methode, die er sowohl von der traditionellen Vorgehensweise als auch von der der Islamisten (*islāmiyyūn*) abgrenzt.[64]

In der Einleitung dieses Buches stellt sich Jawdat Saʿīd in die Tradition islamischer Reformisten des 20. Jahrhunderts. Das gemeinsame Merkmal dieser Denker ist die Betonung auf Reformen innerhalb der islamischen Gesellschaften. Sie sehen die Probleme ihrer Gesellschaften eher als Folge einer internen Fehlentwicklung und weniger als Resultat der kolonialistischen Intervention.

„Die Schule von Adams erstem Sohn" hat Saʿīd zufolge eine Vielzahl von Zielen, zu denen gehört, dass der Aufruf zum Kampf und zum Töten nicht Teil dieser Denkschule sein kann. Ein Mensch solle einem anderen Menschen nicht seine Meinung mit Gewalt aufzwingen; ein Mensch solle auch nicht seine Meinung aus Furcht vor Gewalt aufgeben.[65] Ausgangspunkt seiner Überlegungen ist in diesem Werk Sure 5, Vers 27–31:

> Und verlies ihnen der Wahrheit entsprechend die Geschichte von den beiden Söhen Adams! (Damals) als sie (jeder für sich) ein Opfer darbrachten. Vom einen von ihnen wurde es (bei Gott) angenommen, vom anderen nicht. Der sagte: „Totschlagen werde ich dich." Er sagte: „Gott nimmt nur von den Gottesfürchtigen (etwas) an. (Deshalb hat er mein Opfer ange-

---

61 www.jawdatsaid.net (letzter Zugriff 29.09.2015).
62 Crow, Karim Douglas (2000): Nurturing Islamic Peace Discourse, in: American Journal of Islamic Social Sciences, 54-69, S. 64.
63 Crow: Nurturing Islamic, S. 64ff.
64 Saʿid, Jawdat (1993): Madhhab ibn Ādam al-awwal (über www.jawdatsaid.net) (letzter Zugriff 01.09.2010)
65 Ibid.

nommen, deines nicht.)" Wenn du deine Hand nach mir ausstreckst, um mich zu töten, so werde ich meine Hand nicht nach dir ausstrecken, um dich zu töten. Ich (meinerseits) fürchte Gott, den Herrn der Menschen in aller Welt. „Ich möchte, daß du meine und deine Sünde auf dich lädst und so einer von den Insassen des Höllenfeuers sein wirst. Das ist der Lohn der Frevler." Da legte ihm seine Seele nahe, seinen Bruder zu töten. Und so tötete er ihn. Und er wurde (infolge dieser Untat) einer von denen, die den Schaden haben. Gott schickte nun einen Raben, der in der Erde scharrte, um ihm zu zeigen, wie er die Leiche seines Bruders verbergen könne. Er sagte: „Wehe! War ich (denn von mir aus) nicht imstande, (so klug) zu sein wie dieser Rabe und die Leiche meines Bruders zu verbergen?" Und er empfand nun Bedauern (und Ärger über das, was geschehen und nicht mehr zu ändern war).

Diese koranische Geschichte wird von Saʿīd als Ausgangspunkt genommen, da hier Abel es vermeidet, gegen seinen Bruder Kain zu kämpfen, der ihn am Ende tötet. Auch das Lukasevangelium ist für ihn eine Quelle, die ihn zum Verständnis friedensorientierter Aussagen im Koran führt. Die Herausforderung für den Menschen ist, so zu reagieren wie „Adams erster Sohn" und sich nicht gewaltsam gegen den Angriff selbst seines Bruders zu verteidigen. Hierin liegt für Saʿīd eine für die ganze Menschheit akzeptable Position, die eine grundlegend friedvolle Haltung ermöglicht.

Zudem führt Saʿīd die Geschichten der verschiedenen Propheten im Koran an und zeigt, dass der einzige Vorwurf, mit dem sie sich konfrontiert sahen, ihr Glaube an den einen Schöpfer war. Keiner von ihnen hatte jedoch versucht, seine Ideen gewaltsam zu verbreiten. Darin sieht Saʿīd ein deutliches Indiz dafür, dass die Gewaltausübung nicht mit dem Kern des koranischen Glaubens vereinbar ist. Doch wie erklärt Saʿīd die anderen schon oben erwähnten koranischen Verse, die zum Kampf aufrufen, seien sie nun historisiert wie bei al-Nīsābūrī, ignoriert oder affirmiert wie bei zeitgenössischen Dschihadisten? Saʿīd zufolge stellt der Koran zwei Bedingungen für einen legitimen Krieg. Erstens darf Krieg nur ausgerufen werden, wenn der Gegner den koranischen Grundsatz „Kein Zwang in der Religion", das heißt „die Meinungsfreiheit" missachtet. Zweitens muss der Staat, der den Krieg ausruft, diesen Grundsatz selbst achten. In einem weiteren Buch entwickelt Saʿīd einen dynamischen Ansatz des Koranverständnisses, der es ihm ermöglicht, sein Konzept für einen gewaltlosen Islam zu formulieren. Er hat als grundlegende Annahme, dass nicht von einer abgeschlossenen Schöpfung ausgegangen werden kann, vielmehr die Schöpfung und die Geschöpfe sich durch verschiedene Entwicklungsstufen weiterentwickeln.[66]

---

66 Saʿīd, Jawdat (1998): Iqraʿ wa-rabbuka al-akram (über www.jawdatsaid.net) (letzter Zugriff 01.09.2010).

Sa'īd hebt in diesem Buch hervor, dass die verschiedenen Interpretationen des koranischen Textes schon für die frühen Nachfolger des Propheten Mohammad eine Herausforderung darstellten. Er zitiert eine Aussage des vierten Kalifen, 'Alī b. Abī Tālib (gest. 661), der im Streit mit seinen Gegnern forderte, die Texte des Koran außer Acht zu lassen, da jede Gruppe ihre eigene Sichtweise habe. Um zu einem Ergebnis zu kommen, sollten vielmehr praktische Aspekte diskutiert werden. Für Sa'īd ist demgemäß nur ein Verständnis des Korans möglich, dass statt des Textes die menschliche Erfahrung in den Vordergrund stellt. Gedanke (*fikr*) und Tat ('*amal*) müssten in einer gleichgewichtigen Beziehung zueinander stehen. Alles andere ist für Sa'īd ein Weg ins Verderben.[67] Er propagiert also einen aktivistischen gewaltfreien Weg.

Wir könnten natürlich unser Thema auch aus weiteren Perspektiven betrachten. In rechtlicher Hinsicht lässt sich unschwer demonstrieren, dass ein islamischer Zugang zum Friedensvölkerrecht denkbar ist.[68] Wir könnten auch weitere islamischen Ansätze der neueren Geschichte referieren, die zeigen, dass Frieden in islamischer Perspektive denkbar ist. Theoretiker wie Wahiduddin Khan haben so auf die Möglichkeiten verwiesen, die eine gewaltfreie Interpretation des Begriffes *jihād* bietet.[69] Weitere Beispiele könnten genannt werden.

Khudai Khidmatgaran

Wir wollen aber mit einem praktischen Beispiel schließen, dass zeigt, dass die Verbindung von Kampf und Gewaltlosigkeit bzw. Frieden islamisch auch realisierbar war und damit wohl auch ist.

Es geht um Abdul Ghaffar Khan (gest. 1988), einen paschtunischen antikolonialen Kämpfer, der in Anlehnung an Mahatma Gandhi eine eigene Philosophie der Gewaltlosigkeit entwickelte, die sich auf das Prinzip der Selbstbeherrschung und der Geduld (*sabr*) stützte.[70] Die von ihm begründete Bewegung der Khudai Khidmatgaran war eine über 100.000 Mann starke gewaltfreie Armee, die die britische Kolonialmacht versuchte, mit brutaler Gewalt zu unterdrücken. Um einen Eindruck von den Vorstellungen der Khudai Khidmatgaran zu gewinnen, sei ein Blick auf den Eid geworfen, den die Mitglieder dieser gewaltlosen Armee leisten mussten:

---

67 Sa'īd, Jawdat (1997): Kun ka-ibn Ādam (über www.jawdatsaid.net) (Zugriff 01.09.2010).
68 S. dazu Lohlker, Rüdiger (2010): Das islamische Völkerrechtsdenken. Kann es einen Beitrag zu einer Friedensvölkerrechtsordnung leisten?, in: Wissenschaft & Frieden 2 (2010), 10–13.
69 S. dazu Omar, Irfan A. (2008): Towards an Islamic Theology of Nonviolence: A Critical Appraisal of Maulana Wahiduddin Khan's View of Jihad (II), in: Vidajyoti Journal of Theological Reflection 72, 751–758.
70 S. Easwaran, Eknath (2000²): Nonviolent Soldier of Islam: Badshah Khan. A Man to match his Mountains. Tomales, CA und Banerjee, Mukulika (2000): The Pathan Unarmed. Opposition & Memory in the North West Frontier. Oxford.

Ich bin ein Khudai Khidmatgar (Diener Gottes). Da Gott keinen Dienst braucht, aber / seiner Schöpfung zu dienen bedeutet, ihm zu dienen, verspreche ich, der Menschheit im Namen Gottes zu dienen. / Ich verspreche, von Gewalt Abstand zu nehmen und davon, Rache zu nehmen. / Ich verspreche, denen zu verzeihen, die mich unterdrücken und mich grausam behandeln. / Ich verspreche, Abstand zu nehmen von der Teilnahme an Streitigkeiten und Auseinandersetzungen und davon Feindseligkeit hervorzurufen. / Ich verspreche jeden Paschtunen als meinen Bruder und Freund zu behandeln. / Ich verspreche, ein einfaches Leben zu leben, tugendhaft zu handeln, Abstand zu nehmen vom Bösen. / Ich verspreche, gute Manieren und gutes Benehmen zu praktizieren und kein müßiges Leben zu führen. / Ich verspreche, wenigstens zwei Stunden am Tag sozialer Arbeit zu widmen.[71]

Gewaltfreiheit ist der Kern des Eides. Er richtet sich nicht nur gegen die grausame Gewalt der britischen Kolonialmacht, die diese insbesondere gegen die gewaltlosen Khudai Khidmatgaren richtete. Er wendet sich auch gegen die endemische Gewalt unter den Paschtunen, um so eine gewaltfreie Grundhaltung zu schaffen, was mit bemerkenswertem Erfolg gelang – bis zur Unterdrückung im unabhängigen Pakistan.

Es lässt sich also theoretisch und praktisch eine islamische Vorstellung von Frieden entwickeln. Die bittere Realität der Kriege und Gewalt im Nordafrika, in Südwestasien bis hin zu Südasien ist also nicht notwendigerweise allein in einer Vorstellung eines Islam gegründet. Zu klären, welche nicht religiösen und religiösen Elemente an diesen Entwicklungen beteiligt sind und waren, geht über den Rahmen dieses Beitrags hinaus.

Literatur

Abū Shāma al-Maqdisī ad-Dimashqī, Shihābaddīn Muhammad b. ‚Abdarrahmān b. Ismāʿīl (2002): Tarājim rijāl al-qarnayn as-sādis waʿs-sābiʿ, Dhayl ‚ala ‚l-Raudatayn. Ed. Shams al-dīn, Ibrāhīm. Beirut

Afsaruddin, Asma (2007): Views of Jihad throughout History, in: Religion Compass 1, 165–169

Afsaruddin, Asma (2013): Striving in the Path of God: Jihād and Martyrdom in Islamic Thought. Oxford u.a.

Antrim, Zayde (2006): Ibn Asakir's Representations of Syria and Damascus in the Introduction to the Tarikh Madinat Dimashq, in: International Journal of Middle East Studies 38, 109–129

Banerjee, Mukulika (2000): The Pathan Unarmed. Opposition & Memory in the North West Frontier. Oxford

Bonner, Michael (2006): Jihad in Islamic History: Doctrines and Practice. Princeton/Oxford

---

71   Easwaran: Nonviolent Soldier, S. 111ff.

Friede: Islamische Perspektiven 221

Bravmann, Meir (1966/67): The ancient Arab background of the Qur'anic concept „al-gizyatu 'an yadin", in: Arabica 13, 307–314 und 14, 90–91 und 326–327

Chittick, William C. (1998): The Self-Disclosure of God. Principles of Ibn al-'Arabī's Cosmology. Albany, NY

Duri, 'Abdal 'Aziz (1974): Notes on Taxation in Early Islam, in: *Journal of the Economic and Social History of the Orient 17, 136–144*

Easwaran, Eknath (2000²): Nonviolent Soldier of Islam: Badshah Khan. A Man to match his Mountains. Tomales, CA

Gutas, Dimitri (2014²): Avicenna and the Aristotelian Tradition . Introduction to Reading Avicenna's Philosophical Works. Leiden/Boston

Lohlker, Rüdiger (2010): Das islamische Völkerrechtsdenken. Kann es einen Beitrag zu einer Friedensvölkerrechtsordnung leisten?, in: Wissenschaft & Frieden 2 (2010), 10–13

Lohlker, Rüdiger (2013): Krieg und Frieden im Islam, in: Bader, Erwin (Hrsg.), Krieg oder Frieden: Interdisziplinäre Zugänge. Wien u. a., 161–178

al-Marzūqī, Abū Ya'rib u.a. (2006): *Jawdat Sa'īd: Buḥūth wa-maqālāt muhdāt ilayhī*. Damaskus

Morrison, Robert G. (2007): Islam and Science: The Intellectual Career of Niẓām al-Dīn al-Nīsābūrī. London/New York

Mourad, Suleiman A./Lindsay, James E. (2013): The Intensification and Reorientation of Sunni Jihad Ideology in the Crusader Period. Leiden/Boston

Al-Nīsābūrī, Niẓām al-Dīn al-Hasan b. Muhammad (1996): Tafsīr gharā'ib al-Qur' ān wa-ri'āyat al-furqān. Bd. 1–5. Ed. 'Umayrāt, Zakariyyā. Beirut

Omar, Irfan A. (2008): Towards an Islamic Theology of Nonviolence: A Critical Appraisal of Maulana Wahiduddin Khan's View of Jihad (II), in: Vidajyoti Journal of Theological Reflection 72, 751–758

Sadr ad-Dīn al-Shīrāzī, Muhammad b. Ibrāhīm (s.d.): Tafsīr al-Qur'ān al-karīm. Bd. 1 und 6. Qom

Sadrā Shīrāzī, Mullā (2004): On the Hermeneutics of the Light Verse of the Qur'an (Tafsīr Āyat al-Nūr), übers. und komm. v. Peerwani, Latimah-Parveen. London

Sa'īd, Jawdat (1993): Madhhab ibn Ādam al-awwal (über http://www.jawdatsaid.net) (lezter Zugriff 01.09.2010)

Sa'īd, Jawdat (1998): Iqra' wa-rabbuka al-akram (über http://www.jawdatsaid.net) (letzter Zugriff 01.09.2010)

Selçuk, Havva (2010): The Application of Jizya Tax into the Sanjak of Kayseri and Jizya Beratı Dated to the Year 1699, in: History Studies 2, 87–101

Talmon-Heller, Daniella (2002): Muslim Martyrdom and Quest for Martyrdom in the Crusading Period, in: Al-Masaq: Journal of the Medieval Mediterranean 14, 131–139

Wolfgang Palaver

Religion(en) und Friede: Wege zur universalen Geschwisterlichkeit

Der heute vorherrschende Blick auf die Religionen betont deren Neigung zur Gewalt, während ihr Friedenspotential leicht übersehen wird. Kritisch lässt sich aber nachfragen, ob wir mit einer solchen Zuschreibung Religionen nicht bloß als Sündenbock missbrauchen, um so unsere eigene Gewalt abwälzen zu können. Der französisch-amerikanische Kulturanthropologe René Girard warnt eindringlich vor einer solchen Verdrängung unangenehmer Wahrheiten, denn sie könnte sich letztlich selbstzerstörerisch auswirken.[1] Religionen könnten weder als ganz frei von aller Gewalt noch als nur friedfertig charakterisiert werden. Der amerikanische Historiker Scott Appleby konstatiert eine Ambivalenz der Religionen in Bezug auf Gewalt und Frieden.[2] Noch etwas differenzierter beurteilt René Girard diesen Zusammenhang. Für die archaischen Religionen am Beginn der menschlichen Zivilisation hält er ein enges Verhältnis von Gewalt und Religion fest, denn diese überwinden die Gewalt innerhalb urtümlicher Menschengruppen mittels eines Sündenbockmechanismus, indem ein Mitglied der Gruppe getötet oder verstoßen und anschließend zur Stammesgottheit erhoben wird. Rituelle Opfer dienen diesen Religionen dazu, den blutig erzielten Frieden dann dauerhaft zu stabilisieren. Girard lässt keinen Zweifel über die Gewaltförmigkeit archaischer Religionen aufkommen: „Es ist die Gewalt, die Herz und Seele des Heiligen ausmacht."[3] Doch sosehr er den Zusammenhang von Gewalt und Religion auch betont, so wenig übersieht er gleichzeitig, dass schon diese von blutiger Gewalt geprägten Religionen letztlich auf den Frieden zielen. Auch wenn er die archaischen Religionen als „Religionen der Gewalt" bezeichnet, übersieht er nicht, dass sie „stets bereits friedensorientiert" sind.[4]

Girard trifft sich mit dieser Einsicht mit so unterschiedlichen Denkern wie Augustinus oder Mahatma Gandhi. Für den heute oft als bloßen Pessimisten abgestempelten lateinischen Kirchenvater war die letzte Wirklichkeit nicht von der Gewalt, sondern vom Frieden bestimmt, denn er bezeichnete das „Streben nach Frieden" als ein „allgemeines Naturgesetz", von dem selbst Räuberban-

---

1 *Girard/Palaver* (2010) Gewalt und Religion, 30.
2 *Appleby* (2000) Ambivalence of the Sacred; vgl. *Oberdorfer/Waldmann* (2008) Ambivalenz des Religiösen.
3 *Girard* (1987) Heilige, 51.
4 *Girard* (2009) Ende, 461.

den nicht ausgeschlossen seien.⁵ Verzweifelt erinnerte der niederländische Kulturhistoriker Johan Huizinga 1935 gegen deutsche „Realisten" wie Carl Schmitt, Hans Freyer oder Oswald Spengler, die Krieg und Kampf ins Zentrum ihrer politischen und lebensphilosophischen Überlegungen stellten, an Augustinus' These vom Frieden als einem „kosmischen Prinzip" und fragte sich, warum diese deutschen Autoren überhaupt noch auf christliche Begriffe zurückgriffen.⁶

Fast zur gleichen Zeit wie Huizinga betonte auch Gandhi, dass die „Liebe" das „Gesetz des Lebens" sei, und verwies auf jene „Heiligen der Welt", die dafür konkret Beispiel geben.⁷ Dabei war Gandhi aber keineswegs naiv, denn er vergisst mit Blick auf die menschliche Geschichte nicht, dass zur menschlichen Realität auch Abscheulichkeiten wie der Kannibalismus gehörten. Schon in seinem am Beginn des 20. Jahrhunderts veröffentlichen Buch *Hind Swaraj oder Indische Selbstregierung* distanzierte er sich von einer Sicht der Welt, die alles vom Krieg bestimmt sieht. Die übliche Geschichtsschreibung registriere nach Gandhi nur Kriege und Gewaltakte, aber übersehe völlig, dass sie damit „nur die Unterbrechungen im gleichmäßigen Wirken der Liebes- oder Seelenkraft" verzeichne.⁸

Mit Augustinus und Gandhi haben wir natürlich die Welt der archaischen Religionen verlassen und die Perspektive der Hochreligionen eingenommen, die noch stärker als ihre Vorgänger auf den Frieden hin orientiert sind. Das Friedenspotential der Hochreligionen soll im Folgenden am heute so notwendig gewordenen Aufruf zu einer universalen Geschwisterlichkeit aufgezeigt werden. Ein Blick in die Geschichte wird dabei aber auch deutlich machen, dass wir dabei die Abgründe nicht übersehen dürfen, die mit der Geschwisterlichkeit einhergehen können. Eine ausführlichere Auseinandersetzung mit dem Urbrudermord Kains an Abel setzt sich eingehend mit diesen Abgründen auseinander, um schließlich in einer kenotischen Geschwisterlichkeit religiöse Auswege aus der Gewalt zu zeigen. In Franz von Assisi finden wir dazu ein Beispiel, das für unsere heutige Welt besonders bedeutsam geworden ist.

1. Universale Geschwisterlichkeit als globales Gebot der Stunde

Die konkreten gesellschaftlichen Probleme, vor denen wir heute im Zeitalter der Globalisierung stehen, verlangen das Zusammenwirken aller Menschen und Nationen. Nur einer geschwisterlich vereinten Menschheitsfamilie wird es gelingen, die Herausforderungen wie Krieg, Armut, Migration oder Umweltzer-

---

5   *Augustinus* (1985) Gottesstaat, II 547 [De civ. XIX.12]; vgl. *Palaver* (2008) Theorie, 309–310.
6   *Huizinga* (2014) Schriften, 65–72.
7   *Gandhi* (2011b) Stimme der Wahrheit, 114; vgl. *Merton* (1986) Gewaltlosigkeit, 256–257.
8   *Gandhi* (2011a) Grundlegende Schriften, 138.

störung zu bewältigen. Die Religionen der Welt fordern heute deutlich hörbar die Stärkung dieser universalen Geschwisterlichkeit ein.

Das Bemühen um den Weltfrieden ist ein erster Bereich, im dem eine universale Geschwisterlichkeit unabdingbar geworden ist. Dies gilt aber genauso für die Bereiche der Gerechtigkeit und der Bewahrung der Schöpfung, die mit dem Frieden heute als die Hauptaufgaben einer christlichen Sozialethik erkannt werden.[9] Papst Franziskus hat in seiner Friedensbotschaft vom 1.1.2014 „Brüderlichkeit – Fundament und Weg des Friedens" alle drei Bereiche genannt, für die die Geschwisterlichkeit unverzichtbar geworden ist. So bezeichnet er sie ausdrücklich als *„Fundament* und der *Weg* des Friedens".[10] Auch zur Überwindung der Armut und zur Bewältigung der gegenwärtigen Wirtschafts- und Finanzkrisen bedarf es der Geschwisterlichkeit.[11] Schließlich nennt er auch die Bewahrung und Pflege der Natur als einen Bereich, der die Haltung der Geschwisterlichkeit voraussetzt.[12] Wir brauchen nur auf die drohende Klimakatastrophe zu verweisen, um deutlich zu machen, dass dieses die ganze Welt bedrohende Problem nur durch eine gemeinsame Anstrengung der ganzen Menschheit gelöst werden kann. In seiner jüngsten Enzyklika *Laudato si'* verbindet Papst Franziskus die Geschwisterlichkeit auch mit dem interreligiösen Dialog. Viele Probleme in unserer globalisierten Welt könnten gerade auch durch eine geschwisterliche Zusammenarbeit der Religionen besser gelöst werden:

> Der größte Teil der Bewohner des Planeten bezeichnet sich als Glaubende, und das müsste die Religionen veranlassen, einen Dialog miteinander aufzunehmen, der auf die Schonung der Natur, die Verteidigung der Armen und den Aufbau eines Netzes der gegenseitigen Achtung und der Geschwisterlichkeit ausgerichtet ist.[13]

Nicht nur in der katholischen Kirche vermehren sich heute die Rufe nach einer Stärkung der Geschwisterlichkeit, sondern auch in anderen Religionen lassen sich Stimmen in diese Richtung vernehmen. Im weiteren Umfeld des Judentums hat vor allem der französische Philosoph Emmanuel Levinas die Brüderlichkeit betont und ihr eine universalistische Deutung gegeben. Ein direkteres Beispiel aus dem Judentum bietet der ehemalige Oberrabbiner Englands, Jonathan Sacks, der in einem neuen Buch über den Zusammenhang von Religion und Gewalt vor dem Hintergrund der biblischen Geschwisterrivalität ein neues Verhältnis der Geschwisterreligionen Judentum, Christentum und Islam zueinander vorschlägt.[14] Eine religiös begründete Brüderlichkeit gehört auch wesentlich zur islamischen Tradition, die die alte Stammes- und Familienordnung

---

9   *Franziskus* (2015) Laudato si', Nr. 92.
10 *Franziskus* (2014) Brüderlichkeit, Nr. 4.
11 Ebd. Nr. 5–6.
12 Ebd. Nr. 9.
13 *Franziskus* Laudato si', Nr. 201.
14 *Sacks* (2015) Not in God's Name.

ablöste.[15] Wichtig ist aber, dass diese über die islamische Glaubensgemeinschaft hinauszielt und die ganze Menschheit in den Blick nimmt. Ein solches universalistisches Verständnis der Geschwisterlichkeit ist schon in der koranischen Deutung der Kain-Abel-Geschichte angelegt, wenn es im Anschluss an die Darstellung des Brudermords heißt, dass mit der Tötung eines Menschen immer schon die ganze Menschheit angegriffen sei (Sure 5,32).[16] Fetullah Gülen, der Gründer der Hizmet-Bewegung, versteht die islamische Brüderlichkeit ausdrücklich als universale Geschwisterlichkeit.[17] In einem Brief, den er 1998 bei seinem Besuch im Vatikan an Papst Johannes Paul II. übergab, rief er zu einem geschwisterlichen Verhältnis zwischen den drei abrahamitischen Religionen auf.[18]

Auch in den östlichen Religionen finden wir Aufrufe zur universalen Geschwisterlichkeit. Als Beispiel möchte ich auf den schon oben erwähnten Propheten des gewaltfreien Widerstands, Mahatma Gandhi, hinweisen, der immer wieder betonte, wie wichtig es sei, dass wir an einer Welt mitwirken, in der eine universale Geschwisterlichkeit Wirklichkeit wird. Ohne sie gebe es seiner Meinung nach keine Hoffnung für die Menschheit.[19] Ausdrücklich bezeichnete er die Geschwisterlichkeit als „erstes Prinzip der Religion".[20] Im Hinduismus, seiner eigenen religiösen Tradition, betont er eine Geschwisterlichkeit, die über die Menschen hinaus alles Leben umfasst:

> Der Hinduismus besteht auf der Brüderlichkeit nicht nur aller Menschen, sondern allen Lebens. Dieses Konzept ist schwindelerregend, aber wir müssen uns ihm annähern. Erst wenn wir die wahre Gleichheit zwischen den Menschen wiederhergestellt haben, werden wir imstande sein, die Gleichheit zwischen dem Menschen und der gesamten Schöpfung zu verwirklichen. Wenn dieser Tag kommt, wird Friede auf Erden sein und den Menschen ein Wohlgefallen.[21]

Zeit seines Lebens hat er sich dabei aber gleichzeitig gegen einen Hinduismus gewehrt, der die Unberührbaren nicht in die Geschwisterlichkeit einbeziehen wollte. Nach Gandhi wird die Überwindung der Unberührbarkeit im Hinduismus auch die Geschwisterlichkeit zwischen allen anderen Religionen befördern.

---

15   *Izutsu* (2002) Ethico-Religious Concepts, 59–60; *Rassoul* (1983) Brüderlichkeit im Islam.
16   Vgl. *Gülen* (2014) Was ich denke, 195–196.
17   Ebd. 246–248; vgl. *Catalano* (2015) Gülen, Focolare.
18   *Gülen* (2006) Toward a Global Civilization, 259: „Our goal is to establish fraternity among the faithful of the three great religions through tolerance and understanding. We can, by coming together, stand up against those misguided souls and skeptics to act as breakers, barriers if you will, against those who wish to see the so-called clash of civilizations become a reality."
19   *Gandhi/Brown* (2008) Mahatma Gandhi: The Essential Writings, 19–20; *Gandhi* (2011c) Ausgewählte Briefe, 215.
20   *Gandhi* (1966) The Collected Works of Mahatma Gandhi. Vol.: 19: November 1920 – April 1921, 14 [Letter to Andrews 23.11.1920].
21   *Gandhi* (2006) Hinduismus, 48.

Die Geschwisterlichkeit verdankt sich dem einen Gott, auf den sich die verschiedenen Religionen auf ihre je eigene Art beziehen:

> Allah im Islam ist derselbe Gott wie der Gott der Christen und der Ishwara der Hindus. [...] Der lebendige Glaube an diesen Gott bedeutet das Hinnehmen der Tatsache, daß alle Menschen Brüder sind. Es bedeutet daher auch, daß man alle Religionen in gleicher Weise respektiert.[22]

Auch in der Lehre Buddhas erkennt Gandhi eine Geschwisterlichkeit, die alles Leben umgreift. Heute kann als Beispiel für den Buddhismus auf den Dalai Lama verwiesen werden, der nicht nur ein Bewunderer Mahatma Gandhis ist, sondern auch vor kurzem in einem Appell zur universalen Geschwisterlichkeit aufrief:

> Wir müssen jetzt lernen, dass die Menschheit eine einzige Familie ist. Wir alle sind physisch, mental und emotional Brüder und Schwestern. Aber wir legen den Fokus noch viel zu sehr auf unsere Differenzen anstatt auf das, was uns verbindet. Dabei sind wir doch alle auf dieselbe Weise geboren und sterben auf dieselbe Weise. Es ergibt wenig Sinn, mit Stolz auf Nation und Religion auf dem Friedhof zu landen![23]

2. Geschwisterlichkeit angesichts einer gewalterzeugenden Geschwisterrivalität

So wichtig und theologisch einleuchtend die Aufrufe zu einer universalen Geschwisterlichkeit auch sein mögen, so dürfen dabei aber doch die Abgründe nicht übersehen werden, die mit der Brüderlichkeit – um an dieser Stelle bewusst die männliche Form zu verwenden – einhergehen können. Für Carl Schmitt, einem jener deutschen Denker, die Huizinga kritisierte, weil sie zum grundsätzlichen Vorrang des Friedens keinen Zugang fanden, ist die Brüderlichkeit zuerst mit dem biblischen Brudermord am Anfang des Buches Genesis verbunden: „Adam hatte zwei Söhne, Kain und Abel. Schöner Ansatz einer allgemeinen Verbrüderung!"[24] Deutlicher hat er diesen Gedanken in seiner Rechtfertigungsschrift *Ex Captivitate Salus* ausformuliert, in der er seine Überlegungen über die Feindschaft in Richtung der Geschwisterrivalität vertieft:

> Der Andere ist mein Bruder. Der Andere erweist sich als mein Bruder, und der Bruder erweist sich als mein Feind. Adam und Eva hatten zwei Söhne, Kain und Abel. So beginnt die Geschichte der Menschheit. So

---

22   Gandhi (1982) Religion der Wahrheit, 75–76; vgl. Gandhi (2007) Aus der Sülle, 82.
23   Dalai Lama/Alt (2015) Appell, 10–11.
24   Schmitt (1991) Glossarium, 215 [17.1.49].

sieht der Vater aller Dinge aus. Das ist die dialektische Spannung, die die Weltgeschichte in Bewegung hält, und die Weltgeschichte ist noch nicht zu Ende.[25]

Es wäre jetzt aber etwas zu einfach, dieses von Schmitt angesprochene Problem bloß als ideologische Verirrung eines rechten Denkers abzutun. Schmitts Betonung des Brudermordes trifft sich mit einer grundsätzlichen Neigung neuzeitlicher politischer Theorie, im gründenden Brudermord den Ursprung politischer Ordnung zu behaupten. Deutlich hat Hannah Arendt im Blick auf Machiavelli, die Französische Revolution oder Marx auf diesen Umstand hingewiesen: „Kain erschlug Abel, Romulus erschlug Remus: der Ursprung der Brüderlichkeit ist der Brudermord."[26]

An dieser Stelle gilt es anthropologisch genauer nachzufragen, wie es um den Zusammenhang von Gewalt und Geschwisterrivalität bestellt ist. René Girard bietet hier interessante Einsichten, weil er schon sehr früh in dem Thema der feindlichen Brüder eine wichtige Quelle zwischenmenschlicher Gewalt entdeckte:

> Instinktiv stellen wir uns vor, in der Beziehung zwischen Brüdern herrsche affektive Übereinstimmung, aber die mythologischen, literarischen und historischen Beispiele sind beinahe ausnahmslos konfliktuell: Kain und Abel, Jakob und Esau, Eteokles und Polyneikes, Romulus und Remus, Richard Löwenherz und Johann ohne Land usw.[27]

Unsere Angst vor Fremden oder geopolitische Thesen, die einen Kampf der Kulturen behaupten, sind letztlich bloß Ablenkungsmanöver, die uns den unangenehmen Blick in die Abgründe des Bruderhasses ersparen sollen. Brüder werden durch ihre Ähnlichkeit noch mehr als andere Menschen zur Nachahmung ihres Begehrens animiert und können dadurch sehr leicht um jene Objekte des Begehrens rivalisieren, die nicht miteinander geteilt werden können. Die zahlreichen Mythen, die von Bruderkonflikten berichten, sind Ausdruck dieser grundsätzlicheren Problematik. Francis Bacon weist in seinem Essay „Über den Neid" auf Kains Neid gegen seinen Bruder Abel hin und hält dazu fest, dass der Neid zwischen „Anverwandten und Amtsgenossen" besonders leicht auftreten kann.[28] Aufbauend auf Freuds These vom „Narzissmus der kleinen Differenz" und der mimetischen Theorie Girards hat der Historiker Russell Jacoby an vielen Beispielen herausgearbeitet, wie gerade die Nähe und Vergleichbarkeit zur Gewalt antreiben kann. Er beginnt seine Darstellung mit dem Beispiel von Kain und Abel.[29] Es gibt aber auch genügend Beispiele aus der jüngeren Ge-

---

25 *Schmitt* (1950) Salus, 89–90.
26 *Arendt* (1986) Über die Revolution, 268; vgl. 21, 46; *Arendt* (1990) On Revolution, 38.
27 *Girard* Heilige, 95.
28 *Bacon* (1999) Essays, 27.
29 *Jacoby* (2011) Bloodlust.

schichte, die eindrücklich zeigen, wie oft Gewalt gerade aus den eigenen Reihen hervorgeht. Jacoby erwähnt unter anderem Gandhi, der von einem nationalistischen Hindu getötet wurde, den Moslem, der Anwar Sadat tötete, und den israelischen Juden, der den tödlichen Anschlag auf Jitzchak Rabin durchführte.[30] Auch aktuelle Konflikte in Afrika haben das Kain-Abel-Motiv wieder in Erinnerung gerufen.[31]

3. Kain und Abel: Egoistisches Aneignungsbegehren oder kenotische Absage an alle irdische Macht

Die Notwendigkeit der Geschwisterlichkeit einerseits und die mit ihr verbundenen Abgründe andererseits verlangen nach einer vertieften Auseinandersetzung mit den Ursachen zwischenmenschlicher Gewalt und ihrer möglichen Überwindung. Es lohnt sich, dazu die biblische Geschichte von Kain und Abel (Gen 4,1–16) genauer in den Blick zu nehmen. Beide Brüder bringen Gott ein Opfer dar, Kain von den Früchten des Feldes und Abel von den Erstlingen seiner Herde und ihrem Fett (Gen 4,3–4). Dann heißt es weiter, dass Gott nur auf das Opfer Abels schaute, nicht aber auf das von Kain. Genau diese Zurückweisung durch Gott erbitterte Kain so sehr, dass er deshalb seinen Bruder Abel ermordete. In dieser Erzählung ist der erste religiös-kultische Akt in der Bibel – das Darbringen von Opfern – mit mörderischer Gewalt verbunden. Leicht lässt sich durch diesen Zusammenhang die These von der Affinität der Religionen zur Gewalt unterstützen. Gerade in der modernen Welt ist der Protest gegen einen Gott laut geworden, der in seiner willkürlichen Zurückweisung einer der beiden Gabendarbringungen wesentlich für den ersten Mord in der biblischen Tradition verantwortlich zu sein scheint. Auch das sorgfältigste Lesen des Textes lässt nämlich keinen wirklich nachvollziehbaren Grund für Gottes seltsames Verhalten erkennen.[32] Am ehesten könnte noch von einer Bevorzugung blutiger Opfer gesprochen werden, was auf noch vorhandene Reste archaischer Religionen im biblischen Text hinweisen dürfte.[33] Thomas Mann lässt Kain in seiner Joseph-Tetralogie die Verantwortung für den Brudermord auf jenen „eifersüchtigen Gott" abschieben, nach dessen Ebenbild er geschaffen sei.[34] Noch schärfer fällt der Protest gegen diesen launischen Gott in Wolfgang Hildesheimers Roman *Tynset* aus, in dem im Zusammenhang mit der Zurückweisung von Kains Opfer ausdrücklich von einer „Schuld Gottes" gesprochen wird.[35] Ist

---

30 *Jacoby* (2013) Fratricidal Roots, 88.
31 *Lützeler* (2009) Bürgerkrieg global, 133.
32 *Rad* (1972) Genesis, 76; *Janowski* (2013) Ein Gott, der straft, 89.
33 *Girard* Heilige, 14; vgl. *Palaver* Theorie, 259–260.
34 *Mann* (2007) Joseph und seine Brüder, 932 [„Vorspiel in oberen Rängen"].
35 *Hildesheimer* (1973) Tynset, 108; vgl. *Hildesheimer/Kuschel* (1989) Wer zweifelt nicht manchmal, 34.

aber der Gott, der sich in dieser Erzählung erkennen lässt, tatsächlich mit dem Gott der Bibel identisch? Wird hier der wahre Gott erkennbar oder handelt es sich um ein von Menschen geschaffenes Gottesbild? Jonathan Sacks, der eine Relektüre des Buches Genesis empfiehlt, um in transformierten Geschwisterrivalitäten Anstöße für eine Überwindung religiös motivierter Gewalt in unserer heutigen Welt zu finden, zeigt auf, dass das Buch Genesis letztlich in einer „Zurückweisung der Zurückweisung" gipfelt.[36] Im ersten Buch der hebräischen Bibel wird ein Gottesbild dekonstruiert, das den Segen Gottes als ein knappes – zum Kampf antreibendes – Gut versteht. Er zeigt die Transformation der Geschwisterrivalität insbesondere an den Geschichten von Ismael und Isaak, Esau und Jakob sowie der Josefsgeschichte auf. Nach Sacks gibt Gott jedem Menschen seinen Segen und weist keinen Menschen zurück, der diesen Segen sucht. Unterstützend führt er Ps 145,18 an: „Der Herr ist allen, die ihn anrufen, nahe, / allen, die zu ihm aufrichtig rufen."

Beim zurückweisenden Willkürgott, der in der Erzählung von Kain und Abel sichtbar wird, dürfte es sich also um eine menschliche Projektion und nicht um den Gott der Bibel handeln. Auch gibt es bestimmte Hinweise in der Erzählung, die nicht übersehen werden sollen. So versucht Gott Kain noch vom Mord abzuhalten, indem er ihn auf die Möglichkeit hinweist, der Versuchung zur Gewalt nicht nachzugeben (Gen 4,7).[37] Und das Kainsmal (Gen 4,15), mit dem Gott ihn kennzeichnet, um mittels der Blutrache die Eskalation der Gewalt einzudämmen und Kain zu schützen, knüpft an den auf Frieden ausgerichteten Kern archaischer Religionen an.[38]

Die Geschichte von Kain und Abel enthält aber auch weiterführende Hinweise bezüglich der Ursache zwischenmenschlicher Gewalt. Kains Motiv für den Brudermord ist Neid bzw. Eifersucht auf den Bruder, dessen Opfer er allein von Gott angenommen glaubt.[39] Dieser Hinweis lässt sich vertiefen, indem wir die Bedeutung der Namen der beiden Brüder beachten, in denen schon eine typologische Unterscheidung grundgelegt ist. Der Name Kain ist eng mit dem hebräischen Wort *quanah* verwandt, das in Gen 4,1 Verwendung findet und aneignen, erwerben, allein haben bedeutet.[40] Kain steht für ein enges Verhältnis von Besitz und Macht. In ihm ist der egoistisch begehrende Besitzmensch dargestellt.[41] Gerade dieses egoistische Besitz- und Machtdenken lässt ihn zum Mörder an seinem Bruder werden. Je mehr er aus sich heraus über sein Opfer ein besonderes Gottesverhältnis herstellen und Gott für sich in Dienst nehmen will, desto mehr muss er auf andere schielen, die vielleicht einen noch

---

36 *Sacks* Not in God's Name, 161–173.
37 Vgl. *Janowski* Ein Gott, der straft, 247–249.
38 Ebd. 95.
39 *Schwager* (1994) Sündenbock, 81.
40 *Rienecker/Maier* (1994) Lexikon zur Bibel, Sp. 866; *Sacks* Not in God's Name, 253–254.
41 Nach *Goldberg* (2005) Wirklichkeit der Hebräer, 47, 146, ist Kain gemäß Gen 4,1 der „‚Besitz'mensch".

direkteren Draht zu Gott gefunden haben. Gerade diese Haltung führt ihn zur Annahme, Gott habe sein Opfer zurückgewiesen, und treibt ihn in den Brudermord. Diese in Kains Namen angedeutete Charakterisierung wurde später in Judentum, Christentum und Islam weiter ausgefaltet. Im Neuen Testament steht Kain für das zum Morden antreibende Böse (1 Joh 3,12; Jud 11). Der lateinische Kirchenvater Augustinus hat Kain als Repräsentanten des irdischen Staates verstanden, der in hochmütiger Selbstliebe die irdischen Dinge so sehr begehrte, dass Gewalt und Krieg im Verhältnis zu den anderen Menschen unausweichlich wurden.[42] Und im Koran steht Kain für den mordenden Bruder, der das Angebot seines Bruders, keine Gewalt anzuwenden, ausschlägt, diesen tötet, später aber dann bereut (Sure 5,27–31). Wichtig ist auch die typologische Deutung, die Kain im Werk des Philosophen Emmanuel Levinas erfährt, der dabei stark von der hebräischen Bibel und dem rabbinischen Kommentar geprägt ist.[43] Für ihn steht gar nicht so sehr Kains Mord im Zentrum, sondern dessen Ablehnung einer Verantwortung gegenüber seinem Bruder (Gen 4,9: „Bin ich der Hüter meines Bruders?"). Kain verkörpert für Levinas den egoistischen, am Sein sich festklammernden Menschen, der noch nicht verstanden hat, dass ihm sein Menschsein nur vom anderen geschenkt werden kann. Kains Antwort an Gott „kommt von demjenigen, der die menschliche Solidarität noch nicht empfunden hat und der meint (wie viele moderne Philosophen), daß jeder für sich existiert und daß alles erlaubt ist".[44] Levinas kann den von Kain verkörperten Menschentypus gut mit jenem bei Pascal beschriebenen egoistischen Besitzmenschen verbinden: „Das da ist mein Platz an der Sonne. Darin bestehen der Anfang und das Ebenbild der Usurpation der ganzen Welt."[45] Levinas kommt sowohl auf Kains Antwort an Gott als auch auf diesen Aphorismus von Pascal immer wieder zurück, um auf die Ursache von Gewalt und Krieg zu verweisen.[46] Auch für Papst Franziskus verkörpert Kain einen mörderischen „Egoismus", der mit der Zurückweisung der „Berufung zur Brüderlichkeit" einhergeht.[47] In Kain lässt sich erkennen, wie der hochmütige Egoismus in die mimetische Rivalität und Gewalt treibt. Kain steht für eine Welt, in der Frieden unmöglich ist. Dabei ist es aber wichtig zu erkennen, dass wir alle von Kains Versuchung herausgefordert sind. Wer so wie Augustinus und andere christliche Denker vor und nach ihm Kain mit den Juden identifiziert,

---

42 *Augustinus* Gottesstaat, II 212–214, 218–220 [De civ. XV.1, XV.5]; vgl. *Palaver* Theorie, 127–129.
43 Vgl. *Katz* (2005) Levinas, 166–167.
44 *Levinas* (1996) Schwierige Freiheit, 32. Vgl. *Levinas* (1981) Gott und die Philosophie, 110–111; *Levinas* (1995) Zwischen uns, 140–141.
45 *Pascal* (2004) Gedanken über die Religion, 62 [Nr. 64/295].
46 Vgl. dazu *Levinas* Zwischen uns, 163, 181, 250, 275; *Levinas* (2004) Wenn Gott ins Denken einfällt, 250; *Levinas* (2011) Jenseits des Seins, 8; *Levinas/Nemo* (1996) Ethik und Unendliches, 95–96.
47 *Franziskus* (2014) Brüderlichkeit, Nr. 2; *Franziskus* Laudato si', Nr. 70.

vergrößert nur das Potential zur Gewalt.⁴⁸ Kain bleibt für alle Menschen eine Versuchung, der es zu widerstehen gilt. Nachdenklich fragte sich der italienische Schriftsteller und Überlebende des Holocausts Primo Levi, ob nicht „jeder der Kain seines Bruders" sei.⁴⁹

Während Kain für die im egoistischen Aneignungsbegehren wurzelnde Ursache der mimetischen Rivalität steht, können wir in der Haltung Abels Auswege aus der Gewalt entdecken. Auch hier ist der Blick auf die Bedeutung des Namens hilfreich. Der Name leitet sich vom hebräischen Wort *hebel* her, das Hauch oder Nichtigkeit bedeutet.⁵⁰ Das Wort taucht an berühmter Stelle zu Beginn des Buches Kohelet wieder auf, wo es im Blick auf allen menschlichen Besitz heißt, dass dieser bloß „Windhauch" (Koh 1,2) sei. Jonathan Sacks aber weist eine Deutung des Namens Abel vom Buch Kohelet her zurück.⁵¹ Für ihn steht Abel für die menschliche Sterblichkeit, denn nur der Lebensatem Gottes ermöglicht menschliches Leben (Gen 2,7: „Da formte Gott, der Herr, den Menschen aus Erde vom Ackerboden und blies in seine Nase den Lebensatem. So wurde der Mensch zu einem lebendigen Wesen"). Doch schließen sich diese beiden Deutungen aus? Ist Abel nicht der Mensch, der so sehr vom Hauch Gottes bestimmt und getragen ist, dass er allen irdischen Besitz als „Windhauch" abtun kann und gerade dadurch als Gegenbild zum Besitzmenschen Kain erkennbar wird? Er verkörpert mit seinem Namen Abel (*hebel*) die Zurückweisung der Eitelkeit irdischer Güter, ähnlich wie Franz von Assisi von seinen Brüdern verlangte, kein Geld anzunehmen und es wie Staub mit den Füßen zu treten, weil es bloß eitler Windhauch (Koh 1,2) sei.⁵² Von Gott getragen kann er leichtfüßig als Pilger auf dieser Erde seinen Weg gehen. Wie Augustinus festhielt, strebte er nicht wie Kain nach der Stadtgründung in dieser Welt, sondern repräsentierte die in dieser Welt pilgernde himmlische Stadt.⁵³ Die Nichtigkeit, die auch im Namen Abels ausgedrückt ist, nimmt die kenotische Absage an die Macht, wie wir sie von Jesus her kennen, vorweg (Phil 2,6–8). Weiter unten werden wir diesen Gedanken noch ausführlicher entfalten.

Abel ist auch im Islam ein Anknüpfungspunkt für die Absage an die Gewalt. Eine wichtige Stelle dafür ist die Antwort Abels auf die Drohung Kains, ihn zu töten: „Gott nimmt es an nur von den Gottesfürchtigen. Auch wenn du deine Hand nach mir ausstreckst, um mich zu töten, so werde ich meine Hand nicht nach dir ausstrecken, um dich zu töten. Ich fürchte Gott, den Herrn der Welten." (Sure 5,27f.) Der muslimische Gelehrte Jawdat Said hat gerade auf diese Stelle seine gewaltfreie Interpretation des Islams aufgebaut.⁵⁴ Ähnlich den Kon-

---

48 *Augustinus* Gottesstaat, II 226 [De civ. XV.7]; vgl. *Jacoby* Bloodlust, 65, 82–85, 97.
49 *Levi* (1990) Die Untergegangenen und die Geretteten, 81.
50 *Rienecker/Maier* (1994) Lexikon zur Bibel, Sp. 6.
51 *Sacks* Not in God's Name, 253.
52 *Franz von Assisi* (2014) Sämtliche Schriften, 30–31 [Nicht-bullitierte Regel 8,6].
53 *Augustinus* Gottesstaat, II 213–214 [De civ. XV.1].
54 *Said* (2000) Law, Religion; vgl. *Humeid* (2006) Jawdat Said.

zeptionen von Augustinus und Girard sieht auch er in den Brüdern Kain und Abel zwei grundsätzlich verschiedene menschliche Optionen verkörpert. Kain steht für eine Kultur der Gewalt, die sich auf uralte mythische Traditionen zurückführen lässt, während Abel die in der Offenbarung geschenkte Möglichkeit der Gewaltfreiheit lebte. Said erkennt in Abel den Beginn einer prophetischen Tradition, die durch die Bereitschaft zum Leiden – gegen die Gewalt der Menge – für die Gerechtigkeit eintritt. Genau in dieser Haltung erkennt er das im Islam mit Mohammed identifizierte „Siegel der Propheten" (Sure 33,40).[55] Parallele prophetische Haltungen erkennt er in Sokrates, Jesus oder auch Gandhi, die alle für ihren Weg den Preis des Lebens bezahlen mussten.[56]

4. Die Gottesliebe als Voraussetzung der Nächstenliebe

In Abel zeigt sich ein Ausweg aus der Gewalt, der auch im Dekalog – den zehn Geboten – deutlich wird. Am Schluss des Dekalogs, im zehnten Gebot („Begehre nicht deines Nächsten Frau oder Gut" [Ex 20,17; 9./10. Gebot]) wird vor dem Neid gewarnt, der Menschen – Geschwister insbesondere – in tödliche Rivalitäten treiben kann. In diesem Gebot finden wir eine klare Absage an die mimetische Rivalität, wie sie von Girard als Ursache der Gewalt erkannt worden ist.[57] Kain war ihr verfallen, während Abel ihr entkommen konnte. Die religiöse Möglichkeitsbedingung für die Absage an die mimetische Rivalität ist aber im ersten Gebot des Dekalogs gegeben („Du sollst neben mir keine Götter haben" [Ex 20,3]). Menschen, die sich ganz auf Gott hin ausrichten und keine irdischen Güter an seine Stelle treten lassen, brauchen nicht mit Gewalt um die irdischen Objekte der Begierde kämpfen. Es ist der vom Lebensatem Gottes getragene Abel, der die irdischen Güter als eitlen Windhauch relativieren kann und daher nicht in die Rivalität mit seinem Bruder getrieben wird. Emmanuel Levinas hat in einem Vortrag über die Wirksamkeit des Gebetes erklärt, wie die Erhebung der Seele zu Gott zu jenem Des-inter-esse am irdischen Sein führt, das die Betenden befähigt, die Liebe in die Welt zu bringen. Die Aufforderung im Sch°ma Israel, dem täglichen Gebet der Juden, dass die Menschen Gott „mit ganzer Seele lieben" sollen (Dtn 6,5), ist nach Levinas ganz wörtlich zu verstehen:

> Weit davon entfernt, eine an Gott gerichtete Bitte zu bedeuten, bestünde das Gebet darin, ‚seine Seele zu erheben und auszuliefern, in die Höhe emporzusteigen und sich an sie zu *binden*'. Aufsteigen wie Opferrauch. Sich des-inter-essieren, sich freimachen von der bedingungslosen Anhänglichkeit an das Sein.[58]

---

55 *Said* Law, Religion, 95; vgl. *Humeid* Jawdat Said.
56 *Said* Law, Religion, 144.
57 *Girard* (2002) Satan, 21–24; *Girard* (2008) Evolution, 62.
58 *Levinas* (1985) Beten ohne zu bitten, 68.

Der Hinweis auf den aufsteigenden Opferrauch erinnert an Abel, der sich Gott ganz hingab. Diese Hingabe bricht mit jener egoistischen Selbstbehauptung, die sich nur um sich selbst sorgt und gerade deshalb in die mimetische Rivalität mit dem anderen getrieben wird. „Beten, das bedeutet für ein Ich: für das Heil der Anderen sorgen, anstatt sich sein eigenes Heil zu schaffen."[59]

Was wir hier mittels der Interpretation von Levinas dem Sch'ma Israel entnehmen konnten, prägt auch das neutestamentliche Gebot der Liebe: „Du sollst den Herrn, deinen Gott, lieben mit ganzem Herzen, mit ganzer Seele und mit all deinen Gedanken. Das ist das wichtigste und erste Gebot. Ebenso wichtig ist das zweite: Du sollst deinen Nächsten lieben wie dich selbst." (Mt 22,37–39) Indem wir unser ganzes Begehren auf Gott hin ausrichten und so unser Herz der Gottesliebe hingeben, befreien wir uns von jenem Götzendienst gegenüber innerweltlichen Gütern, der uns unausweichlich zu mimetischen Rivalen unserer Nächsten werden lässt. Wenn wir uns tiefer mit dem christlichen Liebesgebot auseinandersetzen, erkennen wir, dass hier die ganze Hingabe an Gott – eben mit „ganzem" Herzen – die paradoxe Möglichkeitsbedingung der Nächsten- und Selbstliebe darstellt. Erst die ganze Hingabe des eigenen Ichs an Gott ermöglicht es uns, den Nächsten und uns selbst zu lieben. Ähnlich wie Levinas betont auch Karl Rahner, dass nur die „radikale Selbstlosigkeit" uns zur Nächstenliebe befähigt.[60] Und ähnlich wie dieser erkennt auch Rahner, dass in einer solchen „absoluten Selbstlosigkeit" wir uns dem unsagbaren „Geheimnis Gottes" nähern, weil es letztlich die göttliche Gnade ist, die uns in einer solchen radikalen Nächstenliebe trägt.

So wie sich biblisch die Gottesliebe als Voraussetzung der Nächstenliebe erweist, können wir auch in den anderen großen religiösen Traditionen ähnliche Wege aus der Gewalt entdecken. Als wichtige Brücke zwischen westlicher und östlicher Tradition lässt sich auf Mahatma Gandhi verweisen, der in einem Mantra den Kern des Hinduismus so zusammengefasst sah, dass dieser sich mit den zentralen Gedanken anderer großer Religionen und Philosophien traf. Er entnahm dieses Mantra dem Anfangsvers der Isha-Upanishad: „Was immer in der Welt sich regt, das übergib dem Herren. Freue dich dieser Entsagung und begehre nicht jemandes Besitz."[61] Immer wieder hat Gandhi in seinen Vorträgen und Gebetsmeditationen genau diesen Vers ausgelegt.[62] In ihm findet er den religiösen Grund für den „Frieden mit allen Lebewesen" und für eine „allumfassende Brüderlichkeit".[63] Aus biblischer Sicht kann man darin unschwer eine Zusammenfassung von erstem und letztem Gebot des Dekalogs erkennen. Wer allen Besitz und auch sich selbst an Gott übergibt, befreit sich von der mimetischen Rivalität um die Güter des Nächsten.

59 Ebd. 69.
60 *Rahner* (2014) Rahner-Lesebuch, 410 [„Einheit von Nächsten- und Gottesliebe"].
61 *Glasenapp* (2003) Upanishaden, 168.
62 *Gandhi* Hinduismus, 49–59.
63 Ebd. 52, 58.

Gandhi war sich sehr wohl bewusst, dass dieses Mantra auch eine Brücke zum Islam bildet. Auch für diese Religion ist die mimetische Rivalität ein großes Übel. Deutlich wird dies sowohl in den vielen Mahnungen gegen den Neid als auch in der Identifikation des Teufels mit diesem Laster. So wird in Sure 4,32 ausdrücklich vor der mimetischen Rivalität gewarnt: „Wünscht euch nicht das, womit Gott die einen von euch vor den anderen bevorzugt hat." In Sure 113 wird bei Gott Zuflucht vor „dem Unheil eines Neiders, wenn er neidisch ist" (Sure 113,5), gesucht. Auch in den Hadith-Sammlungen ist der Neid ein Laster, vor dem ausdrücklich gewarnt wird: „Seid aufeinander nicht neidisch."[64] Wie für den Dekalog und das neutestamentliche Liebesgebot bildet auch für den Islam die Ausrichtung auf Gott und seine ewigen Güter den Ausweg aus der tödlichen Sackgasse der mimetischen Rivalität. Das Schᶜma Israel in Dtn 6,4 hat zahlreiche Entsprechungen im Koran. Auch für den Islam ist klar, dass erst die Hinwendung zu dem einen Gott den positiven Wetteifer um das Gute möglich macht.[65] Vor diesem Hintergrund muss einer der wichtigen Hadithe gelesen werden, der ausdrücklich empfiehlt, genau das zu begehren, das auch für den Bruder gewünscht werden kann: „Keiner von euch ist gläubig, solange er nicht für seinen Bruder wünscht, was er für sich selbst wünscht."[66] Wie al-Nawawi zu Recht in seinem Kommentar zu diesem Hadith festhält, ist es der Neid, d.h. also die mimetische Rivalität, die einen Bruder daran hindert, für den anderen das zu wünschen, was jemand selbst begehrt: „Eine Person, die für ihren Bruder nicht wünscht, was sie für sich selbst wünscht, ist neidisch."[67] Deutlich zeigt sich in dieser Aufforderung zur Brüderlichkeit eine Parallele zur positiven Formulierung der Goldenen Regel im Neuen Testament sowie zur christlichen Nächstenliebe, die in Balance mit der Selbstliebe gehalten werden soll. Die 138 muslimischen Gelehrten von 2007 wiesen ausdrücklich auf diesen Hadith hin, um die Bedeutung der Nächstenliebe im Islam hervorzuheben.[68] Ähnlich wie die Balance des christlichen Liebesgebotes erst durch die Gottesliebe ermöglicht wird, betont auch der Islam die Gottesliebe als Möglichkeitsbedingung und Voraussetzung der Nächstenliebe. Erst die ganze Hingabe an Gott – diese Unterwerfung ist im Wort *Islam* bzw. *Muslim* ausgedrückt – befreit die Menschen zu einem liebevollen Zusammenleben jenseits von Lastern wie dem Neid. In der Hingabe an Gott gründet der wahre Friede.[69] Rusmir Mahmutćehajić, ein bosnischer Schriftsteller und einer der 138 muslimischen Briefverfasser, betont ausdrücklich die Gottesliebe als Voraussetzung der Nächstenliebe im Sinne des christlichen Liebesgebotes sowie zur Abwehr des Neids.[70]

---

64 *al-Nawawi* (2007) Buch der Vierzig Hadithe, 212 (Nr. 35).
65 *Gnilka* (2007) Nazarener, 127f; *Platti* (2008) Islam, 107f.
66 *al-Nawawi* Buch der Vierzig Hadithe, 108 (Nr. 13).
67 Ebd. 109.
68 *Autorenkollektiv* (2007) Wort das uns und Euch gemeinsam, 15.
69 *Nasr* (2004) Heart, 215–222.
70 *Mahmutćehajić* (2007) On Love, 76, 96, 109, 159.

5. Die kenosis als religiöse Voraussetzung einer universalen Geschwisterlichkeit

Nur wo die Menschen sich von ihrem begehrlichen Egoismus und der daraus folgenden Verhaftung an irdische Güter loslösen, entrinnen sie der Sackgasse der mimetischen Rivalität und kann wahre Geschwisterlichkeit gelingen. Eine gewisse Form der „Ichlosigkeit" ist Voraussetzung wahrer Geschwisterlichkeit.[71] Die französische Mystikerin und Philosophin Simone Weil schließt an Einsichten der jüdischen Mystik an, wenn sie die Schöpfung als einen Verzicht Gottes versteht und diesen mit der kenosis Christi, dem Verzicht auf die göttliche Allmacht, und der Bereitschaft, wie ein Sklave am Kreuz zu sterben (Phil 2,6–8), verbindet.[72] Weil geht dabei sogar so weit, dass sie in diesem Verzicht das eigentliche Kriterium erkennt, um wahre und falsche Religionen voneinander zu unterscheiden:

> Die Religionen, die diesen Verzicht begriffen haben, diesen freiwilligen Abstand, dieses freiwillige Verschwinden Gottes, seine scheinbare Abwesenheit und seine verborgene Anwesenheit hienieden, – diese Religionen sind die wahre Religion, die Übersetzung der großen Offenbarung in unterschiedliche Sprachen. Die Religionen, welche die Gottheit als überall dort, wo sie die Macht dazu hat, befehlend darstellen, sind falsch. Selbst wenn sie monotheistisch sind, sind sie Götzendienst.[73]

Die Menschen können in der Nachahmung des göttlichen Verzichts ihren eigenen Egoismus überwinden und sich dadurch für die Liebe zum Nächsten und damit auch für eine universale Geschwisterlichkeit öffnen. Um lieben zu können, muss der Mensch nach Weil „sich seiner falschen Göttlichkeit entleeren, sich selbst verneinen, darauf Verzicht tun, sich in seiner Einbildung für den Mittelpunkt der Welt zu halten, alle Punkte der Welt als ebenso viele gleichberechtigte Mittelpunkte und den wahren Mittelpunkt als außerhalb der Welt gelegen erkennen".[74] In den mystischen Traditionen der Weltreligionen können wir solche Formen der Überwindung des begehrlichen Egoismus entdecken. Hier zeigt sich der wesentliche Beitrag der Religionen zum Frieden unter uns Menschen.

Wo Girard positive Auswege aus der mimetischen Rivalität andeutet, berührt er die Mystik der kenosis. Ähnlich wie Levinas in der besitzergreifenden Begehrlichkeit nur Gewalt und Krieg entspringen sieht, so betont auch Girard, dass der Ausweg in der Nachahmung eines Modelles bestehen muss, das nicht zur mimetischen Rivalität antreibt. Er rät zur Nachahmung Christi, der – wiederum seinen Vater imitierend – aus der Gewalt herausführt:

---

71 Vgl. *Sölle* (2007) Wege der Mystik, 262–293.
72 *Weil* (1961) Unglück, 145.
73 Ebd. 145–146.
74 Ebd. 163.

Weshalb betrachtet Jesus Gott, den Vater, und sich selbst als die besten Vorbilder für alle Menschen? Weil weder der Vater noch der Sohn gierig und egoistisch begehren. [...] Wenn wir die göttliche Uneigennützigkeit nachahmen, werden wir niemals in die Falle der mimetischen Rivalitäten geraten.[75]

Bei christlichen Denkern ist es natürlich einfacher, Anschlüsse an die kenosis zu entdecken. Doch wie schon Simone Weil erkannte, übersetzte sich diese religiöse Wahrheit auch in andere religiöse Traditionen. Im rabbinischen Judentum, an das Weil trotz ihrer verstörenden Distanz zu vielen Texten der hebräischen Bibel indirekt anschloss, wurde die Selbsterniedrigung Gottes vielfach betont.[76] Levinas schließt an diese Tradition an, wenn er in dem oben zitierten Beitrag über das Gebet ausdrücklich auf die „Selbsterniedrigung Gottes" hinweist, die darin besteht, dass Gott die Menschen braucht, um seine Liebe in der Welt wirksam werden zu lassen.[77] Levinas führt das Thema der Erniedrigung Gottes dann bis hin zu jener Abwesenheit Gottes weiter, die seine Nähe nur noch im „Antlitz meines Nächsten" – besonders der Ärmsten – spürbar macht.[78] Weil ich in der Beziehung zum Nächsten das Wort Gottes vernehme, führt es zur brüderlichen Liebe: „Der Bund zwischen Gott und dem Armen drückt sich aus in unserer Brüderlichkeit."[79] Im Gespräch mit Christen verweist er zur Bestätigung dieses Zusammenhangs zwischen kenosis und Geschwisterlichkeit – ähnlich wie Karl Rahner – auf Mt 25, der Rede Jesu vom Weltgericht, in der dieser sich – ohne erkannt zu werden – mit den Ausgegrenzten und Marginalisierten identifiziert: „Was ihr für einen meiner geringsten Brüder getan habt, das habt ihr mir getan" (Mt 25,40).[80]

Im Blick auf den Islam können wir den Gedanken der kenosis vor allem im Sufismus entdecken. So ist die (geistige) Armut (*faqr*) eng mit der Selbstentäußerung der christlichen kenosis verwandt.[81] Die oben schon erwähnte radikale Hingabe an Gott drückt sich im Sufismus in der ständigen Erinnerung an Gott – *Dhikr* – aus, die eng mit christlichen Formen der Kontemplation verwandt ist.[82] Ähnlich wie die christliche kenosis die Überwindung des egoistischen Selbst ermöglicht, so folgt aus dieser Form des islamischen Gebets eine

---

75 *Girard* Satan, 29.
76 *Kuhn* (1968) Gottes Selbsterniedrigung.
77 *Levinas* (1985) Beten ohne zu bitten, 66.
78 *Levinas* Zwischen uns, 73–74, 77–78.
79 Ebd. 78.
80 Ebd. 140, 148; *Levinas/Hemmerle/Henrix/Casper/Görtz/Heering* (1987) Judentum und Christentum, 164; vgl. *Rahner* Rahner-Lesebuch, 413 [„Einheit von Nächsten- und Gottesliebe"].
81 *Glassé/Smith* (2003) New Encyclopedia of Islam, 134.
82 *Schimmel* (1995) Mystische Dimension des Islam, 238–253; *Thurston* (2005) Merton's Interest in Islam.

Selbstvernichtung des Ichs.[83] Es ist der Tod des egoistischen Selbst, der jene Wiedergeburt des Ichs ermöglicht, das – weil von Gott getragen – sich für die Liebe zum Nächsten öffnet und eine wahre Geschwisterlichkeit möglich macht. Der große vom Sufismus geprägte islamische Theologe Abu Hamid al-Ghazali (1058–1111) hat sich in seinem umfassenden Werk *Die Wiederbelebung der religiösen Wissenschaften* intensiv mit der Frage der Bruderliebe auseinandergesetzt.[84] In diesem Werk spürt man zuerst, wie sehr sich der Gelehrte der Realität der Bruderrivalität und der Gefahr des Neids zwischen den Brüdern bewusst war. Seine Antwort auf diese Problematik kann als Ausdruck einer kenotischen Geschwisterlichkeit verstanden werden, denn er betont die Demut, die die Bruderliebe zur Voraussetzung hat, und rät, den Bruder gegenüber sich selbst zu bevorzugen. Auch eine Relativierung innerweltlicher Güter ist damit verbunden, wenn er den Brüdern zur Stärkung ihrer Liebe die Ausrichtung ihres Strebens auf Gott empfiehlt. Für den Teufel, der ja – wie das koranische Beispiel der Josefsgeschichte zeigt (Sure 12,100) – die mimetische Zweitracht verkörpert, gibt es nichts Schlimmeres als zwei Brüder, die sich lieben. Auch in einem Koranvers findet al-Ghazali diese kenotische Geschwisterlichkeit angesprochen:

> Und diejenigen, die vor ihnen in der Wohnstätte und im Glauben zu Hause waren, lieben die, die zu ihnen ausgewandert sind; sie empfinden in ihrem Inneren kein Bedürfnis für das, was diesen zugekommen ist, und sie bevorzugen sie vor sich selbst, auch wenn sie selbst Not leiden. Und diejenigen, die vor ihrer eigenen Habsucht bewahrt bleiben, sind die, denen es wohl ergeht. (Sure 59,9)

Ich möchte mit Franz von Assisi (1181–1226) schließen, in dem die kenotische Geschwisterlichkeit besonders deutlich sichtbar wurde und der gerade aus seiner radikalen Nachahmung der Selbstentäußerung Christi heraus inmitten der Zeit der Kreuzzüge mit Muslimen in den Dialog trat.[85] Gerade die gegenwärtigen Herausforderungen unterstreichen die Aktualität des Franz von Assisi. Papst Johannes Paul II. hat zu Recht 1987 Assisi als Ort für das erste Weltgebetstreffen für den Frieden gewählt, um durch die Zusammenarbeit der Religionen ein positives Zeichen zu setzen. 1993, 2002 und 2011 fanden weitere Treffen in Assisi statt. Papst Franziskus hat schon durch die Wahl seines Namens eine deutliche Verbindung zum Begründer des Ordens der minderen Brüder hergestellt, und in der Enzyklika *Laudato si'* – die schon im Titel den berühmten Sonnengesang des bettelarmen Mystikers aus Assisi zitiert – ist er das

---

83 *Izutsu* (1984) Sufism and Taoism, 250–251; *Thurston* (2005) Merton's Interest in Islam, 45.
84 *Al-Ghazzālī* (1980) Duties of Brotherhood. Vgl. *Kadri* (2014) Himmel auf Erden, 110–117.
85 Zur kenosis bei Franz von Assisi: *Berg/Lehmann* (2014) Franziskus-Quellen, 242, 758, 832, 848, 855, 895, 1225; *Zahner* (1992) Kenosisgedanke.

Vorbild für die vom Papst geforderte „universale Geschwisterlichkeit".[86] Aus der Sicht von Muslimen wiederum drängt sich die geistige Verwandtschaft des Franz von Assisi zu den Sufis auf.[87]

Franz von Assisi hat in der Nachahmung der kenosis Christi sich ganz der Liebe Gottes hingegeben und so die Armut in der Welt gewählt. Seine Ichlosigkeit befähigte ihn, zum Bruder der ganzen Schöpfung und vor allem der Geringsten in der Welt zu werden. Er steht für ein kenotisches Verständnis der Geschwisterlichkeit, weil er bewusst eine Bruderschaft minderer Brüder gründete, die sich ganz in den Dienst anderer Menschen und der Schöpfung insgesamt stellte. Im Unterschied zum kainitischen Besitzmenschen wusste er, dass aller Besitz immer schon das Risiko von Krieg und Gewalt in sich trägt. Dem Bischof von Assisi antwortete er einmal auf die Frage, warum er allen Besitz ablehne, folgendermaßen:

> Herr, wenn wir irgendwelche Besitztümer hätten, wären uns Waffen nötig zu ihrem Schutz. Weil dann Rechtsstreite und mancherlei Zänkereien entstehen und die Gottes- und Nächstenliebe dadurch gewöhnlich verhindert wird, darum wollen wir in dieser Welt kein zeitliches Gut besitzen.[88]

Weil Franz erkannte, dass alle Verhaftung an zeitlichen Gütern die Liebe zu Gott und den Nächsten behindert, verwundert es nicht, dass er im Neid gegen den Bruder eine Lästerung Gottes sah:

> Wer immer also seinen Bruder um des Guten willen beneidet, das der Herr in ihm redet und wirkt, der zielt ab auf die Sünde der Gotteslästerung, weil er den Allerhöchsten selbst beneidet, der jegliches Gute redet und wirkt.[89]

Mutig forderte er seine Mitbrüder auf, Jesu Aufforderung zur Feindesliebe nachzuahmen.[90] Seine radikalste Umsetzung dieser Aufforderung zeigte sich, als er es mitten im Toben der Kreuzzüge wagte, zum gegnerischen Sultan al-Kamil vorzudringen, um Frieden zu stiften. Franz von Assisi bildet hier eine große Ausnahme in der Geschichte des Christentums. So räumte beispielsweise der deutsche Staatsrechtsgelehrte Carl Schmitt der Feindesliebe der Bergpredigt nur für private Auseinandersetzungen Geltung ein und verwies zur Unterstützung dieser These darauf, dass „in dem tausendjährigen Kampf zwischen Christentum und Islam niemals ein Christ auf den Gedanken gekommen" sei, „man müsse aus Liebe zu den Sarazenen oder den Türken Europa, statt es zu verteidigen, dem Islam ausliefern".[91] Franz wollte Europa sicher nicht dem Islam

---

86 *Franziskus* Laudato si', Nr. 1, 10–11, 87, 228.
87 *Kermani* (2015) Ungläubiges Staunen, 284–286.
88 *Berg/Lehmann* (2014) Franziskus-Quellen, 585; vgl. 631.
89 *Franz von Assisi* Sämtliche Schriften, 187 [Ermahnungen 8].
90 Ebd. 51 [Nicht-bullitierte Regel 22], 187 [Ermahnungen 9].
91 *Schmitt* (1987) Begriff des Politischen, 29.

ausliefern, aber er widersetzte sich einer Haltung, die die Feindschaft zwischen Christen und Muslimen zu verewigen versuchte. Seine Erfahrungen in Ägypten schlugen sich dann in einer päpstlicherseits nicht approbierten Ordensregel nieder, in der er einen ganz neuen Weg für das Zusammenleben mit den Muslimen vorschreibt: „Eine Art besteht darin, dass sie weder zanken noch streiten, sondern *um Gottes willen jeder menschlichen Kreatur* untertan sind und bekennen, dass sie Christen sind."[92] Nur wenn es Gott will, soll die zweite Art – die Verkündigung des christlichen Glaubens – zu diesem Weg hinzukommen.[93] Im Aufruf, sich in den Ländern der Muslime den dortigen Herrschern zu unterwerfen, zeigt sich die kenotische Geschwisterlichkeit, die den besonderen Weg des Poverello kennzeichnet. Der Franziskus-Kenner Niklaus Kuster charakterisiert sie zu Recht als „geschwisterliche Unterordnung".[94] Genau in dieser Haltung ist Franz von Assisi für uns heute zum Vorbild für den Dialog mit anderen Religionen geworden. In seiner Hingabe an Gott, die ihn seinen eigenen Egoismus und sein Besitzdenken überwinden half, verkörpert er jene universale Geschwisterlichkeit, wie sie von vielen Religionsvertretern heute gefordert wird. In Franz von Assisi verkörpert sich jene in vielen Religionen auffindbare wahre Religion, die nach Simone Weil vom Verzicht Gottes geprägt ist.[95] In dieser Religion wurzelt jene universale Geschwisterlichkeit, die unsere Welt dringend benötigt und die den Frieden zwischen allen Menschen stärken kann.

Literatur

Al-Ghazzālī (1980): The Duties of Brotherhood in Islam. Übersetzt von M. Holland. Leicester: Islamic Foundation.
al-Nawawi, Yahya Ibn Sharaf (2007): Das Buch der Vierzig Hadithe. Kitab al-Arba'in. Mit dem Kommentar von Ibn Daqiq al-'Id. Übersetzt von M. Schöller. Frankfurt am Main: Verlag der Weltreligionen.
Appleby, R. Scott (2000): The Ambivalence of the Sacred: Religion, Violence, and Reconciliation. Carnegie Commission on Preventing Deadly Conflict. Lanham, Md.: Rowman & Littlefield.
Arendt, Hannah (^{3}1986): Über die Revolution. München: Piper.
Arendt, Hannah (1990): On Revolution. Harmondsworth: Penguin Books.
Augustinus, Aurelius (^{2}1985): Vom Gottesstaat (De civitate dei). Übersetzt von W. Thimme. München: Deutscher Taschenbuch Verlag.
Autorenkollektiv (2007): Ein Wort das uns und Euch gemeinsam ist. Ein Offener Brief und Aufruf von Religiösen Führern der Muslime an die Religiösen Führer des Christentums. In: online unter www.acommonword.com/lib/downloads/EIN_WORT_DAS_UNS_ UND_EUCH_GEMEINSAM_IST.pdf (zuletzt zugegriffen am 2015/10/11).
Bacon, Francis (1999): Essays oder praktische und moralische Ratschläge. Übersetzt von E. Schücking. Stuttgart: Philipp Reclam jun.

92 *Franz von Assisi* Sämtliche Schriften, 41 [Nicht-bullitierte Regel 16].
93 *Kuster* (2014) Der eine Gott, 21.
94 Ebd. 24.
95 *Weil* Unglück, 45, 49, 86, 164, 173.

Berg, Dieter/Lehmann, Leonhard, Hg. (²2014): Franziskus-Quellen. Die Schriften des Heiligen Franziskus, Lebensbeschreibungen, Chroniken und Zeugnisse über ihn und seinen Orden. Zeugnisse des 13. und 14. Jahrhunderts zur Franziskanischen Bewegung 1. Kevelaer: Butzon & Bercker.

Catalano, Roberto (2015): Gülen, Focolare, and Rissho Kosei-kai Movements: Commonalities for Religious and Social Renewal. In: Claritas: Journal of Dialogue and Culture (4/1), 42–61.

Dalai Lama/Alt, Franz (2015): Der Appell des Dalai Lama an die Welt. Ethik ist wichtiger als Religion. Wals bei Salzburg: Benevento.

Franz von Assisi (2014): Sämtliche Schriften. Lateinisch/Deutsch. Reclams Universal-Bibliothek 19044. Stuttgart: Reclam.

Franziskus (2014): Brüderlichkeit – Fundament und Weg des Friedens. Botschaft zur Feier des XLVII. Weltfriedenstages am 1. Januar 2014. In: online unter http://w2.vatican.va/content/francesco/de/messages/peace/documents/papa-francesco_20131208_messaggio-xlvii-giornata-mondiale-pace-2014.html (zuletzt zugegriffen am 22.8.2015).

Franziskus (2015): Enzyklika *Laudato si'* über die Sorge für das gemeinsame Haus. Verlautbarungen des Apostolischen Stuhls 202. Bonn: Sekretariat der Deutschen Bischofskonferenz.

Gandhi, Mohandas Karamchand (1965): The Collected Works of Mahatma Gandhi. Vol. 18: July – November 1920. New Delhi: The Publications Division.

Gandhi, Mohandas Karamchand (1982): Die Religion der Wahrheit. Aus Mahatma Gandhis schriftlichem Nachlaß ausgewählt von M.S. Deshpande und R.K. Prabhu. Übersetzt von F. Langmayr. Wörgl: Perlinger.

Gandhi, Mohandas Karamchand (2006): Was ist Hinduismus? Übersetzt von U. Gräfe. Frankfurt am Main: Insel Verlag.

Gandhi, Mohandas Karamchand (2007): Aus der Stille kommt die Kraft des Friedens. Übersetzt von H. Rick. Freiburg im Breisgau: Herder.

Gandhi, Mohandas Karamchand (2011a): Grundlegende Schriften. Übersetzt von B. Luchesi. Ausgewählte Werke in 5 Bänden 3. Göttingen: Wallstein Verlag.

Gandhi, Mohandas Karamchand (2011b): Die Stimme der Wahrheit. Übersetzt von W. Sternstein. Ausgewählte Werke in 5 Bänden 4. Göttingen: Wallstein Verlag.

Gandhi, Mohandas Karamchand (2011c): Ausgewählte Briefe. Übersetzt von B. Luchesi. Ausgewählte Werke in 5 Bänden 6. Göttingen: Wallstein Verlag.

Gandhi, Mohandas Karamchand/Brown, Judith M., Hg. (2008): Mahatma Gandhi: The Essential Writings. Oxford world's classics. Oxford: Oxford University Press.

Girard, René (1987): Das Heilige und die Gewalt. Übersetzt von E. Mainberger-Ruh. Zürich: Benziger.

Girard, René (2002): Ich sah den Satan vom Himmel fallen wie einen Blitz. Eine kritische Apologie des Christentums. Übersetzt von E. Mainberger-Ruh. München: Carl Hanser Verlag.

Girard, René (2008): Evolution and Conversion: Dialogues on the Origin of Culture. With Pierpaolo Antonello at João Cezar de Castro Rocha. London: Continuum.

Girard, René (2009): Das Ende der Gewalt. Analyse des Menschheitsverhängnisses. Erkundungen zu Mimesis und Gewalt mit Jean-Michel Oughourlian und Guy Lefort. Übersetzt von E. Mainberger-Ruh. Freiburg: Herder.

Girard, René/Palaver, Wolfgang (2010): Gewalt und Religion. Ursache oder Wirkung? Übersetzt von H. Lipecky und A.L. Hofbauer. Berlin: Matthes & Seitz.

Glasenapp, Helmuth von, Hg. (2003): Upanishaden: Die Geheimlehre der Inder. Diederichs Gelbe Reihe. München: Hugendubel.

Glassé, Cyril/Smith, Huston (2003): The New Encyclopedia of Islam. Walnut Creek, CA: AltaMira Press.

Gnilka, Joachim (2007): Die Nazarener und der Koran. Eine Spurensuche. Freiburg im Breisgau: Herder.
Goldberg, Oskar (2005): Die Wirklichkeit der Hebräer. Wissenschaftliche Neuausgabe. Wiesbaden: Harrassowitz Verlag.
Gülen, Fethullah (2006): Toward a Global Civilization of Love & Tolerance. Somerset, N.J.: Light, Inc.
Gülen, Fethullah (2014): Was ich denke, was ich glaube. Freiburg im Breisgau: Herder.
Hildesheimer, Wolfgang (1973): Tynset. Frankfurt am Main: Suhrkamp-Verlag.
Hildesheimer, Wolfgang/Kuschel, Karl-Josef (1989): Wer zweifelt nicht manchmal an allem, was ihm wert ist? Publik-Forum-Gespräch. In: Publik-Forum (18/10), 33–36.
Huizinga, Johan (2014): Kultur- und zeitkritische Schriften. Übersetzt von A. Wunschel. München: Fink.
Humeid, Bashar (2006): Jawdat Said. Islam als gewaltlose Religion. In: Qantara.de online unter http://de.qantara.de/inhalt/islamischer-reformer-jawdat-said-islam-als-gewaltlose-religion (zuletzt zugegriffen am 2015/10/12).
Izutsu, Toshihiko (1984): Sufism and Taoism: A Comparative Study of Key Philosophical Concepts. Berkeley: University of California Press.
Izutsu, Toshihiko (2002): Ethico-Religious Concepts in the Qur'ān. Montreal: McGill-Queen's University Press.
Jacoby, Russell (2011): Bloodlust: On the Roots of Violence from Cain and Abel to the Present. New York: Free Press.
Jacoby, Russell (2013): On the Fratricidal Roots of Violence. In: K. Almqvist und L. Belfrage (Hg.): Roots of Violence. Stockholm: Axel and Margaret Ax:son Johnson Foundation, 87–105.
Janowski, Bernd (2013): Ein Gott, der straft und tötet? Zwölf Fragen zum Gottesbild des Alten Testaments. Neukirchen-Vluyn: Neukirchener Verlag.
Kadri, Sadakat (2014): Himmel auf Erden. Eine Reise auf den Spuren der Scharia durch die Wüsten des alten Arabien zu den Straßen der muslimischen Moderne. Übersetzt von I. Utz. Berlin: Matthes & Seitz.
Katz, Claire Elise (2005): Levinas: Between Philosophy and Rhetoric: The „Teaching" of Levinas's Scriptural References. In: Philosophy & Rhetoric (38/2), 159–172.
Kermani, Navid (2015): Ungläubiges Staunen. Über das Christentum. München: C.H. Beck.
Kuhn, Peter (1968): Gottes Selbsterniedrigung in der Theologie der Rabbinen. Studien zum Alten und Neuen Testament 17. München: Kösel.
Kuster, Niklaus (2014): Der eine Gott und die vielen Religionen – Die universale Vision des Franz von Assisi. In: A. Holderegger u.a. (Hg.): Franziskanische Impulse für die interreligiöse Begegnung. Religionsforum 10. Stuttgart: Kohlhammer, 13–34.
Levi, Primo (1990): Die Untergegangenen und die Geretteten. Übersetzt von M. Kahn. München: Carl Hanser Verlag.
Levinas, Emmanuel (1981): Gott und die Philosophie. In: B. Casper (Hg.): Gott nennen. Phänomenologische Zugänge. Freiburg: Alber, 81–123.
Levinas, Emmanuel (1985): Vom Beten ohne zu bitten. Anmerkung zu einer Modalität des Jüdischen. In: W. Breuning und H. Heinz (Hg.): Damit die Erde menschlich bleibt. Gemeinsame Verantwortung von Juden und Christen für die Zukunft. Veröffentlichungen der Stiftung Oratio Dominica. Freiburg im Breisgau: Herder, 62–70.
Levinas, Emmanuel (1995): Zwischen uns. Versuche über das Denken an den Anderen. Übersetzt von F. Miething. München: Carl Hanser Verlag.
Levinas, Emmanuel (^{2}1996): Schwierige Freiheit. Versuch über das Judentum. Übersetzt von E. Moldenhauer. Frankfurt am Main: Jüdischer Verlag.
Levinas, Emmanuel (^{4}2004): Wenn Gott ins Denken einfällt. Diskurse über die Betroffenheit von Transzendenz. Alber-Studienausgabe. Freiburg: Alber.

Levinas, Emmanuel (⁴2011): Jenseits des Seins oder anders als Sein geschieht. Übersetzt von T. Wiemer. Freiburg: Alber.

Levinas, Emmanuel/Hemmerle, Klaus/Henrix, Hans Hermann/Casper, Bernhard/Görtz, Heinz-Jürgen/Heering, H.J. (1987): Judentum und Christentum nach Franz Rosenzweig. In: G. Fuchs und H.H. Henrix (Hg.): Zeitgewinn. Messianisches Denken nach Franz Rosenzweig. Frankfurt am Main: Knecht, 163–184.

Levinas, Emmanuel/Nemo, Philippe (³1996): Ethik und Unendliches. Gespräche mit Philippe Nemo. Übersetzt von D. Schmidt. Edition Passagen 11. Wien: Passagen-Verlag.

Lützeler, Paul Michael (2009): Bürgerkrieg global. Menschenrechtsethos und deutschsprachiger Gegenwartsroman. Paderborn: Fink.

Mahmutćehajić, Rusmir (2007): On Love: In the Muslim Tradition. Übersetzt von C. Hawkesworth. The Abrahamic dialogues series. New York: Fordham University Press.

Mann, Thomas (2007): Joseph und seine Brüder. Frankfurt am Main: S. Fischer Verlag.

Merton, Thomas (1986): Gewaltlosigkeit. Eine Alternative. Übersetzt von P. Wenk und I. Wenk. Zürich: Benziger.

Nasr, Seyyed Hossein (2004): The Heart of Islam: Enduring Values for Humanity. San Francisco: HarperSanFrancisco.

Oberdorfer, Bernd/Waldmann, Peter, Hg. (2008): Die Ambivalenz des Religiösen. Religionen als Friedensstifter und Gewalterzeuger. Rombach Wissenschaften Reihe Historiae 22. Freiburg im Breisgau: Rombach.

Palaver, Wolfgang (³2008): René Girards mimetische Theorie. Im Kontext kulturtheoretischer und gesellschaftspolitischer Fragen. Beiträge zur mimetischen Theorie 6. Münster: LIT Verlag.

Pascal, Blaise (2004): Gedanken über die Religion und einige andere Themen. Übersetzt von U. Kunzmann. Universal-Bibliothek 1622. Stuttgart: Reclam.

Platti, Emilio (2008): Islam, Friend or Foe? Übersetzt von B. Doyle. Louvain Theological & Pastoral Monographs 37. Leuven: Peeters.

Rad, Gerhard von (⁹1972): Das erste Buche Mose – Genesis. Das Alte Testament Deutsch 2/4. Göttingen: Vandenhoeck & Ruprecht.

Rahner, Karl (2014): Karl Rahner-Lesebuch. Freiburg im Breisgau: Herder.

Rassoul, Muhammad (²1983): Die Brüderlichkeit im Islam. Köln: Verlag Islamische Bibliothek.

Rienecker, Fritz/Maier, Gerhard, Hg. (1994): Lexikon zur Bibel. Wuppertal: Brockhaus.

Sacks, Jonathan (2015): Not in God's Name: Confronting Religious Violence. New York: Schocken Books.

Said, Jawdat (2000): Law, Religion and the Prophetic Method of Social Change. In: Journal of Law and Religion (15/1/2), 83–150.

Schimmel, Annemarie (1995): Mystische Dimension des Islam. Die Geschichte des Sufismus. Frankfurt am Main: Insel Verlag.

Schmitt, Carl (1950): Ex Captivitate Salus. Erfahrungen der Zeit 1945/47. Köln: Greven Verlag.

Schmitt, Carl (1987): Der Begriff des Politischen. Berlin: Duncker & Humblot.

Schmitt, Carl (1991): Glossarium. Aufzeichnungen der Jahre 1947–1951. Berlin: Duncker & Humblot.

Schwager, Raymund (³1994): Brauchen wir einen Sündenbock? Gewalt und Erlösung in den biblischen Schriften. Thaur: Kulturverlag.

Sölle, Dorothee (2007): „Du stilles Geschrei". Wege der Mystik. Gesammelte Werke 6. Stuttgart: Kreuz.

Thurston, Bonnie (2005): Thomas Merton's Interest in Islam: The Example of Dhikr. In: R. Baker und G. Henry (Hg.): Merton & Sufism: The Untold Story: A Complete Compendium. Louisville, KY: Fons Vitae, 40–50.

Weil, Simone (²1961): Das Unglück und die Gottesliebe. Übersetzt von F. Kemp. München: Kösel.

Zahner, Paul (1992): Der Kenosisgedanke in der mittelalterlichen Auslegung des Philipperhymnus unter besonderer Berücksichtigung Francisci und Bonaventuras. In: Wissenschaft und Weisheit (55/2–3), 94–110.

Thomas Nauerth

Die christlichen Kirchen und der Friede
Ein Rückblick auf 100 Jahre Aufbruch

Weithin unbemerkt und weithin unkommentiert in den herkömmlichen Kirchengeschichten[1] hat sich in den letzten 100 Jahren in den christlichen Kirchen Europas etwas verändert. Die Kirchen haben etwas Neues entdeckt, eine neue Aufgabe: den Frieden dieser Welt. Man entdeckte, dass christliches Engagement nicht mehr nur allein in der Sorge um den Frieden der Seele bestehen kann, dass es christliche Aufgabe ist, sich um den ganz irdischen Frieden dieser Welt zu kümmern, zu sorgen, für ihn zu streiten. „Ich bin überzeugt, daß die Erziehung unseres Volkes zur Friedensgesinnung und die Bekämpfung des Völkerhasses eine unabweisbare Pflicht der Kirche ist."[2] Es waren in der Regel nicht Kirchenleitungen, die die neuen Aufgaben und Perspektiven sahen, es waren Menschen, die eher am Rande der offiziellen (Groß-)Kirchen standen, die eher von unten und von außen auf die verfassten Christentümer schauten. Vielleicht ist dies kirchengeschichtlich die zweite große Veränderung seit gut 100 Jahren: in den Kirchen entstehen Bewegungen, organisieren sich Gruppen, die entscheidende Themen entdecken, entwickeln und für die Kirche insgesamt vordenken.[3]

1   Ausnahmen bilden vor allem regionalgeschichtlich orientierte Studien, vgl. beispielhaft Henze, Barbara (2013): Friedensbemühungen, in: Bümlein, K. u.a. (Hrsg.): Kirchengeschichte am Oberrhein – ökumenisch und grenzüberschreitend. Im Auftrag der Arbeitsgemeinschaft Christlicher Kirchen (ACK), Heidelberg, Basel, 435–493 und Bürger, Peter (Hrsg.) (2015): Friedenslandschaft Sauerland – Beiträge zur Geschichte von Pazifismus und Antimilitarismus in einer katholischen Region, Eslohe (www.sauerlandmundart.de/pdfs/daunlots%2077.pdf). Zu beachten sind darüber hinaus immer noch die älteren Arbeiten von Hoffmann, Hermann (1933): Die Kirche und der Friede. Von der Friedenskirche zur Friedenswelt, Berlin, Leipzig und Mayr, Kaspar (1957): Der andere Weg. Dokumente und Materialien zur europäisch-christlichen Friedenspolitik, Nürnberg.
2   So 1914 Friedrich Curtius, Vorsitzender des Oberkonsistoriums der lutherischen Landeskirche im Elsass; zitiert nach Henze, Barbara (2013), Friedensbemühungen, 436f.
3   „Mit der systematischen Erforschung des ‚progressiven Erbes' im deutschen Protestantismus des 19. und 20. Jahrhunderts ist gerade erst begonnen worden. Doch läßt sich bereits sagen: Träger dieses Erbes waren fast ausschließlich einzelne Christen oder ‚kleine Kreise, die von maßgeblichem Einfluß (in den evangelischen Kreisen, freien Verbänden, massenwirksamen Medien der Meinungsbildung usw.) ausgeschaltet blieben', die oft an den Rand der verfaßten Kirchen oder auch ganz aus ihnen herausgedrängt wurden. Sie gehörten zu jenen ‚irregulären' Kräften (H. J. Iwand), die die Erstarrungen der kirchli-

Im Folgenden ein vorläufiger Rückblick, eine durchaus subjektiv geprägte Auswahl an Ereignissen und Personen. Zudem wird im Wesentlichen nur die deutsche Entwicklung skizziert. Eine abgewogene umfassende quellengestützte Aufarbeitung der skizzierten Entwicklungen steht ebenso wie eine europäische Weitung des Blicks noch aus.

Die Strukturierung dieses langen Zeitraumes unter der thematischen Perspektive „Christentum und Friede" ist nicht schwierig, die großen Zäsuren sind klar markiert. Der Erste Weltkrieg 1914–1918 ist eine solche einschneidende Zäsur, die vieles verändert hat. Allerdings hat diese Zäsur weder alles vernichtet, was sich vorher langsam und in sehr kleinem Rahmen entwickelt hat, noch lässt sich sagen, dass erst mit diesem ersten modernen Massenkrieg das Thema Frieden Bedeutung gewann. Es gab eine Vorgeschichte, erste zarte Anfänge, die bleibend wichtig sind. Die nächste große Zäsur zunächst vor allem in Deutschland, dann aber auch in Europa ist mit dem Jahr 1933 markiert. Die folgenden zwölf Jahre stellten das von 1918 bis 1933 Aufgebaute und Erarbeitete weit mehr in Frage, als es der Erste Weltkrieg getan hatte. Nach 1945 war die politische Situation nicht nur von dem Grauen eines gerade überstandenen Weltkriegs mit immensen Zerstörungen gerade in Deutschland geprägt, sondern zugleich von einer neuen Konfrontation in Europa, die in vielerlei Weise den Namen Kalter Krieg verdient und die innerkirchlichen Diskurse tief prägte bzw. belastete. Erst 1989 änderte sich diese zentrale und die Friedensarbeit innerhalb wie außerhalb der christlichen Kirchen immens bestimmende Konstellation in entscheidender Weise. Man wird daher den langen Zeitraum von 1945 bis 1989 ebenso als einheitliche Epoche nehmen können, wie man den Zeitraum von 1990 bis 2014, trotz der Zäsur des 11.9.2001, zusammen sehen kann.[4]

chen Institutionen und Apparate durchbrachen und deren Fehlhaltungen in Frage stellten" (Brediendiek, Walter (2011), Zur Rezeption des „progressiven Erbes" im deutschen Protestantismus des 19. und 20. Jahrhunderts – Thesen, in: Beeskow, Hans-Joachim/ Bredendiek, Hans-Otto (Hrsg.): Walter Bredendiek, Kirchengeschichte von ‚Links' und von ‚Unten'. Studien zur Kirchengeschichte des 19. und 20. Jahrhunderts unter sozialhistorischer Perspektive, Berlin, Basel, 11–14.11). In Bezug auf das progressive Erbe des deutschen bzw. europäischen Katholizismus liegen die Dinge sehr ähnlich; vgl. jetzt aber Horn, Gerd-Rainer (2013): Die Quellen der Transnationalität des westeuropäischen Linkskatholizismus (1924–1954). Querdenker, Kommunikationsnetzwerke und soziale Bewegungen, in: Wischmeyer, Johannes/Arnold, Claus (Hrsg.): Transnationale Dimensionen wissenschaftlicher Theologie, Göttingen, 107–124.

4   Heinrich Lutz hat in einem interessanten Abriss über den „Weg der Kirche und der Gläubigen im Zeitalter des Imperialismus" den Zeitraum vom Ende des 19. Jahrhunderts bis 1945 als Zeitalter der Gewalt bezeichnet, auf die es für die christlichen Kirchen zu reagieren galt (Lutz, Heinrich (1964): Über die Verantwortung der Gläubigen im Zeitalter der Gewalt, in: Maier, Hans (Hrsg.): Deutscher Katholizismus nach 1945. Kirche, Gesellschaft, Geschichte, München, 163–189. 163f.). Auch unter dieser Perspektive wird deutlich, wie sehr das Thema Frieden sich in den Vordergrund geschoben hat, da „das hier gemeinte Charakteristikum der Gewalt [oder Gewalttätigkeit] in einem besonderen Spannungsverhältnis zum Innersten der christlichen Botschaft steht" (Lutz, ebd. 164).

Die Entdeckung einer Aufgabe

Es hat im 19. Jahrhundert mit einzelnen evangelischen Christen und einzelnen katholischen Päpsten begonnen, evangelische Christen, die die Anstöße der zur gleichen Zeit entstehenden ersten Friedensorganisationen aufgenommen haben und als christliche Aufgabe erkannten,[5] Päpste, die auf der Suche nach einer neuen Rolle des Papsttums in der modernen Welt nach „Verlust" des Vatikanstaats die prophetische Rolle fanden. Es war Leo XIII., der 1894 sehr klar vor der fatalen Tendenz, „um die Wette zum Kriege zu rüsten", gewarnt hat[6] und es war der protestantische Pfarrer Otto Umfried der 1898 ein Buch unter dem Titel „Friede auf Erden! Betrachtungen über den Völkerfrieden" publizierte.[7]

---

5   Es „war der klassische Pazifismus der wichtigste ‚Anstoß von außen', um Christen in Deutschland ein grundsätzlich neues Verständnis der Friedensarbeit und des Friedenskampfes für die Verbindlichkeit christlicher Verkündigung und für die Glaubwürdigkeit christlicher Existenz gewinnen zu lassen", so Bredendiek, Walter (1984): Zur Bedeutung des „klassischen" Pazifismus für die Anfänge christlicher Friedensarbeit in Deutschland, in: Standpunkt. Evangelische Monatsschrift 6; zitiert nach: www.hans-otto-bredendiek. de/Bredendiek_Gedenkband/klassischer_pazifismus.html [Zugriff: 8.9.2015]. Höhepunkt dieser ersten Phase war „eine Zusammenkunft im Rahmen des V. Weltkongresses für Freies Christentum, der im Sommer 1910 in Berlin durchgeführt wurde, bei der der Problemkreis ‚Die Religion und der Friede' erörtert wurde (in der Sache war dies die erste wirklich internationale christliche Friedensversammlung), und vor allem der Appell ‚An die Geistlichen und theologischen Hochschullehrer der evangelischen deutschen Landeskirchen' vom April 1913" (Bredendiek, ebd.). Zu diesem Aufruf vgl. auch Lipp, Karlheinz (o.J.): Evangelische Friedensaufrufe von 1913 aus Deutschland und Frankreich, in: Pfälzisches Pfarrerblatt (www.pfarrerblatt.de) [8.9.2015].
6   So Leo XIII in seinem Rundschreiben „Praeclara gratulationis publicae" (zitiert nach Lutz, Heinrich (1964): Über die Verantwortung der Gläubigen im Zeitalter der Gewalt, 164, der betont: „Es ist kein Zweifel, daß für Leo XIII die Neuregelung der internationalen Beziehungen auf der Basis einer Rüstungsbegrenzung und einer internationalen Schiedsgerichtsbarkeit einen integrierenden Bestandteil seines Programms christlicher Verantwortung bilden.", ebd. 165). Im Konsistorium vom 11.2.1889 formulierte er bereits: „Nichts ist dringender, nichts ist notwendiger, als dem Kriege entgegen zuarbeiten, und jedes Streben in dieser Hinsicht muß als ein löbliches Wirken im Sinne der christlichen Anschauung und zum allgemeinen Besten betrachtet werden." (Zitiert nach: Hoffmann, Hermann (1933): Die Kirche und der Friede, 63). Vgl. zu den katholischen Vorläufern ansonsten die Übersicht bei Mayr, Kaspar (1957): Der andere Weg, 99ff. Mayr setzt die Zäsur zeitlich bei 1815 an („Wiedergeburt der kirchlichen Friedensarbeit"). Inhaltlich sei Anlass neuen Nachdenkens über Krieg und Frieden im katholischen Raum die „allgemeine Wehrpflicht und ihre Probleme" gewesen.
7   1913 folgte dann die Schrift: „Europa den Europäern. Politische Ketzereien". Vgl. zur Person von Otto Umfrid und zu seinem Wirken nur Mauch, Christof/Brenner, Tobias (1987): „Für eine Welt ohne Krieg. Otto Umfrid und die Anfänge der Friedensbewegung, Schönaich. Zu weiteren Vorläufern vgl. vor allem die verschiedenen Arbeiten von Karlheinz Lipp (u.a. Lipp, Karlheinz (2013): Berliner Friedenspfarrer und der Erste Weltkrieg. Ein Lesebuch, Freiburg i. Br. und ders. (2010): Der Thüringer Friedenspfarrer Ernst Böhme (1862 – 1941). Ein Lesebuch, Nordhausen).

Und dann war da am Ende des 19. Jahrhunderts noch eine russische Stimme: Leo Tolstoi besaß damals ein „fast mythisches Ansehen in der europäischen Öffentlichkeit und vertrat mit der Schrift „Das Reich Gottes ist in euch" (1894) „einen konsequent antimilitaristischen Standpunkt, dessen kritische Spitze sich gegen die Praxis der allgemeinen Wehrpflicht" richtete.[8] Allerdings scheint Tolstoi die damalige anarchistische Bewegung stärker geprägt zu haben, als die westeuropäischen Christen und ihre Kirchen.

Es gab dann in Deutschland zu Beginn des 20. Jahrhunderts einen weiteren Strang der Entwicklung. Sie hatte ihren Ausgangspunkt nicht im Gespräch mit modernen pazifistischen Bewegungen, sondern orientierte sich an der Frage des britischen Quäkers J. Allen Baker: „Warum, so muss man fragen, hat sich die christliche Kirche so lange zurückgehalten (...) von ihrer offenbaren Pflicht der Förderung des Friedens und der Brüderschaft unter den Völkern?"[9] Konkrete Versöhnungsarbeit zwischen Völkern war hier der Ausgangspunkt. Einem von Baker mitinitiierten ersten „Aufruf der Kirchen für den Frieden" folgte in Deutschland ein gelungener praktischer Einfall, eine „Friedensreise deutscher Geistlicher" nach England und die Etablierung eines „Kirchlichen Komitees zur Pflege freundschaftlicher Beziehungen zwischen Großbritannien und Deutschland".[10] Sekretär dieses Komitees wurde auf deutscher Seite ein junger Pfarrer, Friedrich Siegmund-Schultze. Dieser Sekretär stützte die Arbeit unter anderem auch durch eine Zeitschrift, die er seit Anfang 1913 herausgab: „Die Eiche. Vierteljahresschrift zur Pflege freundschaftlicher Beziehungen zwischen Großbritannien und Deutschland".

Eine andere kirchliche Friedensinitiative war inzwischen in Amerika entstanden. Dort hatte der Industrielle Andrew Carnegie eine größere Stiftung zur Verfügung gestellt, mit der Bestrebungen zur Förderung des Völkerfriedens unterstützt werden sollten.[11] Zur Verwaltung der Stiftung wurde am 10.2.1914 die „Church Peace Union" gegründet, die nun ebenfalls Kontakte zu den Kirchen anderer Länder suchte.[12] Schließlich trat 1914 auch die Schweizerische Refor-

---

8   Sandfuchs, Wolfgang (1995): Dichter – Moralist – Anarchist. Die deutsche Tolstojkritik 1880–1900, Stuttgart, 12 u. 219. Vgl. auch Edith Hanke (1993): Prophet des Unmodernen. Leo N. Tolstoi als Kulturkritiker in der deutschen Diskussion der Jahrhundertwende, Tübingen.
9   Baker, Joseph Allen, Kirchliche Einheit für den Frieden, Ansprache Berlin, 6.10.1910 (EZAB 626/I/15,13). zitiert nach: Dam, Harmjan (2001): Der Weltbund für Freundschaftsarbeit der Kirchen 1914–1948. Eine ökumenische Friedensorganisation, Frankfurt, 23.
10 Voigt, Karl Heinz (2014): Ökumene in Deutschland. Internationale Einflüsse und Netzwerkbildung – Anfänge 1848–1945, Göttingen, schildert sehr ausführlich diese „Deutsch-britische Freundschaft durch Friedensfahrten" (ebd. 91–107).
11 Vgl. zu der heutigen Entwicklung dieser Stiftung: http://carnegieendowment.org/about/.
12 In der am 10.2.1914 verabschiedeten ersten Resolution heißt es einleitend: „Resolved that we, the members of The Church Peace Union, and one or other of the following religious bodies: Episcopal, Roman Catholic, Methodist, Baptist, Lutheran, Congrega-

mierte Kirchenkonferenz mit einem Aufruf an die Kirchen Europas hervor, in dem sie die Einberufung einer kirchlichen Friedenskonferenz vorschlug. Diese Initiativen und Entwicklungen bildeten den Hintergrund für eine große Konferenz in Konstanz. Man wollte das, was sich aus verschiedenen Anstößen von unten entwickelt hatte, nun auf eine breitere Grundlage stellen und lud daher für August 1914 zu einer allgemeinen kirchlichen Konferenz für Frieden und Freundschaft nach Konstanz ein. Der Aufruf war erfolgreich. Zahlreiche Vertreter europäischer und amerikanischer Kirchen sagten ihre Teilnahme zu. Es gelang allerdings nicht, die römisch-katholische Kirche zu gewinnen (sie wollte eine eigene Friedenskonferenz am 10. August 1914 in Lüttich abhalten)[13] und auch in Deutschland war die Resonanz sehr gering. Genau an jenem Augustwochenende im Jahr 1914, an dem der große europäische Krieg, der später so genannte 1. Weltkrieg begonnen wurde (Kriege brechen nie aus, sie werden immer aktiv begonnen) wurden durch diese Konferenz gleich zwei Organisationen initiiert, die sich ganz der Aufgabe von Frieden und Versöhnung verschrieben hatten. Es war dies zum einen die erste große überkonfessionelle und internationale Organisation: der „Weltbund für Freundschaftsarbeit der Kirchen".[14] Allerdings, die katholische Kirche wie auch die orthodoxen Kirchen waren bei dieser wichtigen Vorläuferorganisation des ÖRK noch nicht dabei. Zugleich wurde in den Tagen der Konferenz von Konstanz ein Bund geistig grundgelegt, der in den 20er Jahren auch katholische Christen in die gemeinsame Arbeit am Frieden dieser Welt zu integrieren suchte und insofern in enger Zusammenarbeit zum „Friedensbund Deutscher Katholiken" auch ökumenische Pionierarbeit leistete: IFOR („International Fellowship of Reconciliation"); IVB oder einfach VB sein Name im deutschsprachigen Raum: „Versöhnungsbund".[15] In einer Zeit, in der keine Seite in der Lage war, im ‚Feind' den Christen zu erkennen"[16] war allein diese Konferenz an sich eine bemerkenswerte Leistung und die Teilnehmer gerieten automatisch in eine starke Opposition zu dem „unüberschaubaren Heer von Religionsintellektuellen aller

tional, Presbyterian, Disciples of Christ, Unitarian, Jewish, Universalist, and Friends, as our first duty appeal to the Rulers, Statesmen and people of all civilized lands to give their immediate, earnest and prayerful attention to the lamentable facts here presented [...] and establishing the reign of peace through arbitration of international disputes" (www.carnegiecouncil.org/about/history/church_peace_union.html/_res/id=sa_File1/CPU-Charter.pdf).

13 Zu den erstaunlich vielfältigen Aktivitäten und auch Organisationen katholischer Friedensarbeit vor 1914 in Frankreich, Holland, der Schweiz, England und Belgien (Ligue Internationale des Sociétés Catholiques pour la Paix) vgl. den Überblick bei Mayr, Kaspar (1957): Der andere Weg, 131f.

14 Siehe zur Arbeit dieser Organisation die umfassende Monographie von Dam, Harmjan (2001): Der Weltbund für Freundschaftsarbeit der Kirchen 1914–1948.

15 Eine umfassende Monographie zur Geschichte des Versöhnungsbundes fehlt, vgl. als Überblick über die Arbeitsbereiche des Bundes Nauerth, Thomas (Hrsg.) (2014): Friede findet tausend Wege. 100 Jahre Versöhnungsbund. Ein Lesebuch, Minden.

16 Henze, Barbara (2013), Friedensbemühungen, 439.

Art, von Pfarrern, Kirchenvertretern und kirchlichen Publizisten, für die der Kriegsausbruch ein Erweckungserlebnis zu Nationalismus und Feindeshass gewesen ist".[17]

Harte Bewährung 1914–1918

Selten wohl ist ein hoffnungsvoller Aufbruch so jäh in seiner Entstehungsphase mit unheilvoller Wirklichkeit konfrontiert gewesen, wie damals im August 1914. Schon die Anreise zur Konferenz in Konstanz am 1.8.1914 erfolgte in einer Phase der Mobilmachung, nur ein kleiner Teil der Teilnehmer erreichte überhaupt den Tagungsort. Am 3.8.1914 musste die Konferenz bereits abgebrochen werden. Aber auch ein beginnender Weltkrieg konnte die Teilnehmer bemerkenswerterweise nicht hindern, mit der praktischen Arbeit zu beginnen. Im Dezember 1914 gründete sich in Cambridge/England der erste nationale Zweig des Versöhnungsbundes, der bis 1918 auf etwa 7.000 Mitglieder anwuchs, von denen etwa 600 als Kriegsdienstverweigerer ins Gefängnis gingen. Andere Zweige kamen noch während des Krieges in den USA, den Niederlanden, Schweden und sechs weiteren Ländern hinzu. Natürlich konnte 1914–1918 in Deutschland unter einer immer rigideren Militärzensur ein Versöhnungsbund nicht offiziell gegründet werden, was jedoch nicht hinderte, mit Friedensarbeit sehr praktisch zu beginnen, indem man sich um die Zivilinternierten und Kriegsgefangenen kümmerte. Daneben begann man geschickt mit der Arbeit an Völkerverständigung im elementaren Sinn, indem es beispielsweise Siegmund-Schultze trotz Militärzensur gelang, die sog. „Weißbücher" der Feindstaaten zu veröffentlichen.[18] Man hat vom Versagen der bürgerlichen Friedensbewegung in Deutschland bei Kriegsbeginn 1914 gesprochen. Man übersieht dabei in Bezug auf die christlichen Akteure nicht nur leicht, unter welch

17 Wolfes, Matthias (2013): Versöhnung und Reich Gottes. Friedrich Siegmund-Schultze und das Paradigma einer interkulturellen Theologie, in: Arnold, Claus/Wischmeyer, Johannes (Hrsg.): Transnationale Dimensionen wissenschaftlicher Theologie, Göttingen, 293–315. 299
18 1946 blickt Siegmund-Schultze auf diese Zeit zurück und ordnet seine damalige Publikationstätigkeit friedenspolitisch ein: „Als wir im ersten Weltkriege in Deutschland die »Farbbücher« der feindlichen Staaten über die Gründe ihrer Kriegserklärungen herausgaben, standen wir fortdauernd mit einem Fuss im Gefängnis [...] galten wir als Landesverräter. Aber nichts kann so sehr zur Entgiftung des Hasses beitragen als ein mutiger Wahrheitsdienst [...]. Ein solcher Wahrheitsdienst schafft weit über seinen kleinen Bereich von Berichtigungen hinaus einen Boden der Verständigung, eine Grundlage neuer Freundschaft zwischen den Völkern. Es ist nicht zufällig, dass der grosse Friedefürst der Völker sich als König der Wahrheit bezeichnet Weil die Wahrheit eine so grosse Bedeutung für die Minderung des Hasses und für den Frieden hat, ist die Kenntnis der andern Völker für die Friedenstifter so wichtig." (Siegmund-Schultze, Friedrich (1946): Die Überwindung des Hasses, Zürich, New York, 24)

militärstaatlichen Bedingungen damals gearbeitet werden musste,[19] sondern auch, wie neu die Fragen waren, denen man sich zu stellen hatte. Ob man sich als Christ Pazifist nennen durfte, ob man als Christ Pazifist sein musste, was genau mit Pazifismus zu verbinden ist an Haltungen und Einstellungen, all das waren damals sehr offene Fragen speziell auch bei denjenigen, die angefangen hatten den irdischen Aufgabenbereich des Friedens als christliche Sorge neu zu entdecken. Man war gegen Kriege und arbeitete an der Verständigung der Völker, aber was sollte, durfte man tun, wenn der Krieg nun einmal da war? Konnte, durfte man gegen die eigene Regierung arbeiten? Wie war das mit einem biblischen Text wie Röm 13 in so einer Situation? Erfahrungen mit Demokratie hatte man noch nicht, war politische Opposition für einen Christen überhaupt legitim, konnte man gar seiner Nation den Kriegsdienst verweigern? Und auch wenn man dies selbst konnte, weil das eigene Gewissen klar war, konnte, durfte man dazu aufrufen? Fragen über Fragen, bei denen die damaligen Christen vor allem in Deutschland[20] um Orientierung rangen.

Die erstaunliche Kraft kirchlicher Friedensarbeit in den 20er Jahren war allerdings nicht nur der kleinen Schar derer zu verdanken, die ihre pazifistische Orientierung in den Jahren 1914–1918 nicht verloren haben,[21] sondern vor allem der Tatsache, dass der 1. Weltkrieg für viele Menschen, gerade auch für viele Christen zu einer Bekehrung hin zu Frieden, Versöhnung und Völkerverständigung geführt hat. „Ich habe im Lauf des Krieges viel gelernt, & mit elementarer Gewalt überkommt mich das immer aufs neue. [...] Selbst an höchsten Stellen spricht man jetzt offen vom Wahnsinn der Menschenschlächterei, u. es dürfte der kein bloßer Narr mehr gescholten werden, der dem entsetzlichen Rad in die Speichen fallen wollte."[22] Gerade auf katholischer Seite war dieser

---

19 Zwar schreibt Ludwig Quidde im Rückblick 1922, dass während „des Krieges und unmittelbar nach dem Kriege [...] die Zahl der deutschen pazifistischen Organisationen außerordentlich gewachsen" sei, erwähnt dann aber auch die massiven Restriktionen. So sei die „Zentralstelle Völkerrecht [...] 1916 geschaffen worden als eine Art Kriegsersatz für die von den militärischen Behörden lahmgelegte Deutsche Friedensgesellschaft und für den gleich im ersten Kriegsjahr entstandenen, vom Oberkommando in den Marken bald noch schärfer unterdrückten »Bund Neues Vaterland«" (Quidde, Ludwig (1922): Die Geschichte des Pazifismus, http://gutenberg.spiegel.de/buch/die-geschichte-des-pazifismus-7267/1).

20 „Eine sehr anders geprägte Tradition finden wir in Großbritannien, den USA, in den Niederlanden und in den skandinavischen Ländern. Die englischen Quäker unterstützten seit Kriegsbeginn 1914 alle, die den Kriegsdienst verweigerten, und erreichten 1916, dass für die jungen Männer, die nicht den Dienst mit der Waffen leisten wollten, ein ziviler Ersatzdienst eingerichtet wurde. (...) Ähnliche Regelungen wurden 1917 in den Niederlanden und in Dänemark eingeführt, 1920 in Schweden und 1922 in Norwegen und in Finnland", so Lehmann, Hartmut (2012): Das Christentum im 20. Jahrhundert: Fragen, Probleme, Perspektiven, Leibzig, 146f.

21 Überblick dazu bietet Lipp, Karlheinz (2004): Pazifismus im Ersten Weltkrieg. Ein Lesebuch. Herbolzheim.

22 So der Pfarrer Paul Knapp 1917 in einem Brief an sein Konsistorium (nach Glaser, Stephan (2003): Paul Knapp. Pfarrer, Pazifist, Politiker, Tübingen, 44f.). Typisch auch

Faktor zumindest in Deutschland von großer Bedeutung. Max Josef Metzger, Hermann Hoffmann und Franziskus Maria Stratmann OP, auch Kaspar Mayr haben alle das Thema Friede und seine Bedeutung für christliche Kirche wie Theologie durch den 1. Weltkrieg entdeckt. Sehr schnell und eigenständig reagiert und agiert hat vor allem Max Josef Metzger. 1914 als Divisionspfarrer an die französische Front versetzt, kehrte er nach einem Jahr krank in die Heimat zurück. „Von dieser Zeit an wurde Metzger zum leidenschaftlichen Apostel für Völkerfrieden und Völkerverständigung."[23] 1917 entwirft er ein Friedensmanifest, gründet den „Weltfriedensbund vom Weißen Kreuz" und tritt in Kontakt mit Papst Benedikt XV. Im Advent 1939 wird er, aus dem Gefängnis heraus, noch einmal an einen Papst, an Pius XII. schreiben. „Hat die Kirche keinen Einfluß auf das Weltgeschehen und muß dieses dem Spiel des Bösen überlassen? Oder sind wir Christen alle lässig geworden und schwach im Glauben", so fragt er und schlägt als Lösung, damit die Christenheit wieder kraftvoll mit einer Stimme „zur Durchsetzung der ewigen Grundsätze unseres Herrn" sprechen kann, ein allgemeines christliches Konzil vor.[24]

Unterstützung von oben – Der Pazifismus der Päpste

Man kann von der Zeit des Ersten Weltkriegs unter dem Thema Kirche und Friede ebenso wenig sprechen wie von den letzten hundert Jahren insgesamt, ohne das ungewöhnliche Phänomen zu würdigen, dass häufig die Päpste die Sache des Friedens entdeckt und zu ihrer eigenen gemacht haben:

---

die folgende Biographie: „Begeistert zog der junge Kriegsfreiwillige Rudolf Daur hinaus, sehr bald erkennend, was Krieg wirklich bedeutet. Drei seiner Brüder fielen, schwer verwundet kehrte er selbst heim – und kehrte gleichzeitig um. Sein Leben und seine Arbeit gehörten fortan dem ‚Kampf' um den Frieden. Als der nun auch dem politischen Leben – und der ‚Linken' – sich aufschließende junge Vikar nach dem Ende des Ersten Weltkriegs von einem Bund antimilitaristischer Pfarrer hörte, meldete er sich spontan als Mitglied. Dieser Pfarrerbund ging, als sich Anfang der 20er Jahre in Deutschland ein Zweig des Internationalen Versöhnungsbundes bildete, in diesem auf." (Willi Collmer (1962): Wir grüßen Rudolf Daur zu seinem 70. Geburtstag, in: Versöhnung und Friede Nummer 20/21, 24–28 24).

23 Kienzler, Klaus (1991): Einführung, in: Ders. (Hrsg.): Max Josef Metzger. Christuszeuge in einer zerrissenen Welt. Briefe aus dem Gefängnis 1934–1944, Freiburg, 7–42. 9.

24 Kienzler, Klaus (Hrsg.) (1991): Max Josef Metzger, 84–90. 84. Die Parallelen zur berühmten Rede in Fanö von Dietrich Bonhoeffer liegen auf der Hand: „Nur das Eine große ökumenische Konzil der Heiligen Kirche Christi aus aller Welt kann es so sagen, daß die Welt zähneknirschend das Wort vom Frieden vernehmen muß", so Bonhoeffer, Dietrich (1934): Rede auf der Fanö-Konferenz (28.8.1934): „Kirche und Völkerwelt", in: Goedeking, Hans/Heimbucher, Martin/Schleicher, Hans Walter (Hrsg.) (1994): Dietrich Bonhoeffer Werkausgabe Bd. 13, Gütersloh, 298–301.

Ehrwürdige Brüder und geliebte Söhne, es wird euch aufgefallen sein, wie oft Wir über den Frieden sprechen. Wir tun es nicht um einer rasch erworbenen Gewohnheit nachzugeben (...). Wir tun es, weil der Friede zum Geist der christlichen Religion gehört, weil für den Christen den Frieden verkünden Jesus Christus verkünden heißt. „Er ist unser Friede" (Eph 2,14) (...) und wir, seine Jünger sind aufgerufen, „Friedensstifter" (Mt 5,9) zu sein.[25]

Mit dem am 3.9.1914 zum Papst ernannten Benedikt XV. hatte sich wohl zum ersten Mal in der Kirchengeschichte ein Papst klar, eindeutig und in prophetischer Sprache gegen einen Bürgerkrieg der europäischen Mächte ausgesprochen.[26] Die Frage des Papstes von 1915 ist die Frage jeder christlichen Friedensbewegung bis heute: „Warum wollen wir nicht von nun ab mit reinem Gewissen die Rechte und die gerechten Wünsche der Völker abwägen?"[27] Dieser Papst empfing sogar die Delegierten des internationalen Frauenfriedenskongresses, der vom 28. bis 30.4.2015 in Den Haag stattfand. Zwar scheiterte Benedikt XV. in seinem Bemühen zu Frieden und Verständigung zu gelangen, aber er bereitete mit seiner Friedensnote Dès le début" von 1917 „das berühmte 14-Punkte-Programm zur Neuordnung der internationalen Verhältnisse" des amerikanischen Präsidenten Wilson mit vor[28] und legte mit der Enzyklika *Pacem dei munus* 1920 das theoretische Fundament für die starke katholische Friedensbewegung der Zwischenkriegszeit.

Seit der Enzyklika *Pacem in Terris* von Johannes XXIII.[29] kann man sagen, dass die Päpste durchgängig friedensbewegt gewesen sind. Erstaunlicherweise

---

25   Papst Paul VI (1967): Botschaft „an alle Menschen guten Willens" vom 8. Dezember 1967 (AAS 59 [1967] 1097–1102), zitiert nach: Sekretariat der Deutschen Bischofskonferenz (Hrsg.) (o.J.): Dienst am Frieden. Stellungnahmen der Päpste, des II. Vatikanischen Konzils und der Bischofssynode. Von 1963–1980 (Verlautbarungen des Apostolischen Stuhls 23), Bonn, 83–88. 86.
26   Es ist interessant zu sehen, dass bereits zeitgenössisch Benedikt XV. in der Erwartung begrüßt worden ist, dass er „vom politischen Standpunkt aus […] mehr wie je der Papst des Friedens sein" werde (Kölnische Volkszeitung, 10.9.1914). In der Exhortatio *Allorché fummo chiamati* vom 28.7.1915 sprach er vom „Bruderblut" und beschwor die politischen Führer im „Namen des allmächtigen Gottes, im Namen unsres himmlischen Vaters und Herrn, bei Jesu Christi benedeitem Blute, dem Preis der Menschheitserlösung […] endlich dieser grauenhaften Schlächterei ein Ende zu setzen". Die Veröffentlichung der Exhortatio in einer neuen Übersetzung im Jahre 1931 (Benedikt XV, Der Krieg ist eine grauenhafte Schlächterei!, in: Die Weltbühne 27 (31/1931) 171–173) veranlasste im übrigen Kurt Tucholsky in seinem Artikel „Der bewachte Kriegsschauplatz" zu der berühmten Formulierung „Soldaten sind Mörder".
27   Benedikt XV., Exhortatio *Allorché fummo chiamati* vom 28.7.1915.
28   Vgl. zu den Parallelen beider Texte jetzt Lauderbach, Sabine (2015): Papst Benedikt XV. – Päpstliche Europavorstellungen in Kriegs- und Nachkriegszeiten (1914–1922), Hamburg, 183ff.
29   Zeitnah in Deutsch als Taschenbuch veröffentlicht und so die deutsche katholische

gilt dies auch Benedikt XVI, der als Kardinal Ratzinger noch keinerlei besondere Empathie für die Sache des Friedens gezeigt hatte:

> Die neue Waffe, die uns Jesus in die Hände gibt, ist das Kreuz – Zeichen der Versöhnung und Zeichen der Liebe, die stärker ist als der Tod. Jedes Mal, wenn wir uns bekreuzigen, müssen wir uns daran erinnern, einer Ungerechtigkeit nicht eine andere Ungerechtigkeit, einer Gewalt nicht eine andere Gewalt entgegenzusetzen.[30]

Sosehr die Entdeckung des Friedens als Sache von Glaube und Kirche in den letzten gut 100 Jahren eine Basisbewegung gewesen und bis heute geblieben ist, auf katholischer Seite wurde sie fast durchgehend von oberster Stelle aus unterstützt. Gerade im Ersten Weltkrieg standen Papst und katholische Friedensaktivisten sozusagen Seite an Seite gegen den gesamten kirchlichen Apparat und weithin auch gegen das Kirchenvolk. Denn das katholische Kirchenvolk war durch einen „Prozeß der ‚Anpassung' [...] an die jeweiligen Nationalismen ihrer Staaten"[31] weithin nicht mehr in der Lage, den Papst zu verstehen und zu folgen. Der Papst war daher damals in seiner Kirche so einsam wie ein Max Josef Metzger, und er drang mit seinem Thema genauso wenig durch wie P. Franziskus Maria Stratmann OP. Am Thema Frieden lässt sich insofern die „Dauerkrise der Weisungs- und Wirkchancen des Papsttums in einer von nationalen Programmen zerrissenen Christenheit"[32] bereits sehr früh beobachten. Sie hält bis heute an.

Antimilitarismus und Völkerverständigung 1919–1932

Mit der Überschrift sind die zwei Themen benannt, die die Friedensdiskurse in den 20er Jahren in den christlichen Kirchen bestimmt haben. In der Weimarer Republik ist allmählich auch in Deutschland eine große bunte Vielfältigkeit zu beobachten.[33] Die Erfahrung des Weltkriegs wirkte dabei lange nach:

Friedensdebatte wieder neu belebend: Utz OP, Arthur-Fridolin (Hrsg.) (1963), Die Friedensenzyklika Papst Johannes XXIII. Pacem in Terris. Über den Frieden unter allen Völkern in Wahrheit, Gerechtigkeit, Liebe und Freiheit, Freiburg.

30 Benedikt XVI, Ansprache Palmsonntag 2006 (zitiert nach: www.zenit.org).
31 Lutz, Über die Verantwortung der Gläubigen im Zeitalter der Gewalt, 168.
32 Lutz, ebd., 174.
33 Am beeindruckendsten dokumentiert im Buch „Gewalt und Gewaltlosigkeit. Handbuch des aktiven Pazifismus" (1928), herausgegeben im Auftrag der Internationale der Kriegsdienstgegner von Franz Kobler. Ein Überblick über die unterschiedlichen Bewegungen findet sich jetzt auch bei Lipp, Karl-Heinz/Lütgemeier-Davin, Reinhold/Nehring, Holger (Hrsg.) (2010): Frieden und Friedensbewegungen in Deutschland 1892–1992. Ein Lesebuch, Essen. Wenn es in einer Rezension dieses Buches heißt: „Die heftige Kritik vieler Pazifisten an der Weimarer Militärpolitik trug sicherlich nicht zur Stabilisierung der ersten deutschen Demokratie bei, die sich aufgrund der Bestimmungen des Friedensver-

Mutters Prinzipien: Pazifismus, Humanismus seit 1915 als sie das erste Verwundeten-Transportschiff in Neuwied am Rhein sah. [...]. In den frühen 20er Jahren stand Mutter schon auf der Straße vor den Kinos mit dem Film „Im Westen nichts Neues" und sammelte Unterschriften für den Frieden. Sie wurde angegriffen. Sehr früh hielt sie Vorträge über Gandhi u.a. und machte sich viele Gedanken über die Weltreligionen.[34]

1919 war die offizielle Gründungsversammlung des „International Fellowship of Reconciliation" (IFOR) in Bilthoven (Holland). „Dieses Treffen wurde zu einem Erlebnis tiefer Einheit: Menschen aus Ländern, die sich bis vor kurzem bekriegt hatten, arbeiteten die Grundlagen einer internationalen Christlichen Friedensbewegung aus, auf der radikalen Basis der göttlichen Liebesbotschaft."[35]

Es war damals mehr als nur ein Zeichen, Menschen aus den ehemaligen Feindstaaten als (christliche) Freunde erleben zu können. Der Versöhnungsbund organisierte Rundreisen „mit den ausländischen Freunden Nevin Sayre (Amerika), Oliver Dryer (England), Léon Revoyre (Frankreich) und Kees Boeke (Holland)", um gemeinsam „Zeugnis für den von Christus der ganzen Welt gebotenen Frieden" abzulegen.[36] Völkerverständigung, bereits vor dem Krieg als Aufgabe in Bezug auf England erkannt, wird nun als europäische Aufgabe angesehen, eine intensive Begegnungs- und Verständigungsarbeit insbesondere mit Polen[37] und mit Frankreich wird gerade von den christlichen Friedensorganisationen betrieben. Die christlichen Friedensbewegung(en) ar-

---

trages nahezu wehrlos durchaus feindseligen Nachbarn gegenüber sah", (Michael Ploetz (2012): Rezension, in: sehepunkte 12 Nr. 6 [www.sehepunkte.de/2012/06/19529.html Zugriff: 15.06.2012]) so zeigt dieses erschreckende Aufgreifen von Sprache und Denken der reaktionären Strömungen aus den 20er Jahren, wie sehr heutzutage in Deutschland wieder militaristisches Denken um sich greift. Bekanntlich ist die erste deutsche Demokratie nicht an feindseligen Nachbarn zugrunde gegangen.

34 Religiöse Gesellschaft der Freunde (Quäker), Deutsche Jahresversammlung (Hrsg.) (1992): Lebensbilder Deutscher Quäker während der NS-Herrschaft 1933–1945. Sammlung von Schicksalen aus der Erinnerung, aus Briefen, Zeitungsartikeln und anderen Dokumenten (Quäkerhaltung im 20. Jahrhundert, Band 1), Bad Pyrmont, 46. Es handelt sich um Henriette Jordan, eine Quäkerin jüdischer Abstammung.

35 Lester, Muriel (1963), Erinnerungen an die Anfänge des IVB, in: Nauerth, Thomas (Hrsg.) (2014): Friede findet tausend Wege, 18–21. 20 [zuerst: „Der Internationale Versöhnungsbund wie ich ihn erlebt habe", in: Der Christ in der Welt XIII, 41–43].

36 Koch, Walter (1960): Aus den ersten Tagen des Versöhnungsbundes. In: Versöhnung und Friede. Friedrich Siegmund-Schultze zum 75. Geburtstag am 14. Juni 1960. Nr. 13/14, 17–19; zitiert nach: Nauerth, Thomas (Hrsg.) (2014): Friede findet tausend Wege, 46.

37 Vgl. zu den Spannungen, die gerade bezüglich der Aussöhnungsarbeit mit Polen in den evangelischen Kirchen entstanden Röhm, Eberhard (1985): Sterben für den Frieden. Spurensicherung: Hermann Stöhr (1898–1940 und die ökumenische Friedensbewegung, Stuttgart, 86–96.

beiten dabei teilweise Hand in Hand mit dem christlichen Teil der bündischen Jugend, wie das Beispiel von Franz Stock exemplarisch zeigt. Über die Quickbornbewegung bekommt Stock Kontakt zum Friedensbund Deutscher Katholiken und nimmt an internationalen Jugendbegegnungen teil (1926 in Bierville, 1931 auf dem Borberg bei Brilon). Als Student geht er dann 1928 nach Paris und studiert dort Theologie, Franz Stock ist seit dem Mittelalter der erste deutsche Theologiestudent in Paris.

Nicht nur solcher Austausch hilft bei der Arbeit am Zusammenwachsen Europas, sondern auch die konkrete Tat. Es entstehen Organisationen, die sich ganz der praktischen Arbeit verschreiben und diese als entscheidend für Frieden und Verständigung begreifen. 1920 gründet der Schweizer Pierre Ceresole den „Internationalen Zivildienst", ein freiwilliger Arbeitsdienst in Notstandsgebieten. Im November 1920 wird als eines der ersten Projekte ein Wiederaufbaulager in dem zerstörten Ort Esnes, in der Nähe von Verdun, durchgeführt. Nach dem II. Weltkrieg wird dann aus derselben Grundhaltung die „Aktion Sühnezeichen Friedensdienste" entstehen.

Praktische Arbeit wird auch geleistet in den vielfältigsten Siedlungsprojekten, die die 20er Jahre in Deutschland kennzeichnen und in der ein anderer, friedlicher Geist, eine neue Gesellschaft, exemplarisch vorgelebt werden soll.[38] Als Arbeit am inneren Frieden des Volkes verstand sich schon seit 1911 die von Friedrich Siegmund-Schultze begründete „Soziale Arbeitsgemeinschaft" (SAG), ein Settlement nach englischem Vorbild im Berliner Osten.[39] Nicht zuletzt angestoßen durch die SAG gründete dann Eberhard Arnold, mit Siegmund-Schultze persönlich und über die gemeinsame Arbeit im IVB verbunden, 1920 eine kleine Lebensgemeinschaft in Sannerz, die sich nach ihrer Übersiedlung 1926 auf die Rhön „Bruderhof" nannte. Neben der Bergpredigt sind es vor allem die frühen täuferischen Traditionen des 16. Jahrhunderts, die Arnold und seine Gemeinschaft entdecken und zu leben versuchen.[40] 1930 gelingt es Arnold, seine Gemeinschaft mit den hutterischen Gemeinden in den

38   Einen Überblick über diese Siedlungsgeschichte der 20er Jahre findet sich bei Linse, Ulrich (1983): „Zurück, O Mensch, zur Mutter Erde". Landkommunen in Deutschland 1890–1933, München.
39   Vgl. dazu Tenorth, Heinz-Elmar u.a. (Hrsg.) (2007): Friedrich Siegmund-Schultze 1885–1969. Ein Leben für Kirche, Wissenschaft und Soziale Arbeit, Stuttgart.
40   Mit dieser Entdeckung des täuferischen Erbes des 16. Jahrhunderts mit seiner klaren Orientierung an der Bergpredigt stand der Bruderhof nicht nur Seite an Seite mit mennonitischen Theologen in den Niederlanden und in den USA (Harold S. Bender, John Horsch, S.H.N. Gorter), sondern nahm auch vorweg, was in der jüngsten Vergangenheit in den großen christlichen Kirchen zum besonderen ökumenischen Ereignis wurde (vgl. zum Dialogprozess zwischen Mennoniten und Katholiken Nauerth, Thomas (2004): Ökumenisches Neuland. Fünf Jahre katholisch–mennonitischer Dialog, in: Herder Korrespondenz 58, 470–473, und zum Dialogprozess zwischen Lutheraner und Mennoniten vgl. Burkart, Rainer W. (2010): Heilung der Erinnerungen – Versöhnung in Christus. Der Dialog zwischen der Mennonitischen Weltkonferenz und dem Lutherischen Weltbund 2005 bis 2008, in: Mennonitische Geschichtsblätter 135–142.

USA und Kanada zu vereinigen, damit lebt in Deutschland bis zu ihrer Vertreibung 1937 wieder eine täuferische Gemeinschaft, die „auf den Weg völliger Gemeinschaft gerufen" ihr Gemeinschaftsleben versteht als Zeichen für die „Macht der Liebe"[41] und des Friedens, den Gott der gesamten Schöpfung schenken will.

Der Versöhnungsbund, als wesentlich protestantisch geprägte Basisbewegung, bekommt nach dem Ersten Weltkrieg bald einen katholischen Partner, den „Friedensbund Deutscher Katholiken".[42] Mit dem Buch „Weltkirche und Weltfriede" verschaffte der Dominikaner Franziskus Maria Stratmann OP 1924 der katholischen Friedensarbeit eine solide theologische Grundlegung.[43] Der theologische Ausgangspunkt liegt in der klassischen Bellum-Justum-Lehre (Just War), deren Bedingungen (von Stratmann in ihrer Rigidität klar herausgearbeitet) der moderne Krieg verletzt. Seit den Arbeiten von Stratmann hat damit innerhalb der katholischen Kirche ein Just-War Pacifism Heimatrecht.[44]

Über eine eigene Zeitschrift, „Katholische Friedenswarte" (ab 1926 „Der Friedenskämpfer"), und durch Mitarbeit in verschiedenen anderen katholischen Zeitschriften beteiligt sich der Friedensbund auch publizistisch an den politischen Diskursen der 20er Jahre. Vielfältige Querbeziehungen zwischen Versöhnungsbund und Friedensbund bestehen und gemeinsame Projekte werden unternommen. Besonders bei der Arbeit an Versöhnung und Ausgleich mit Polen erweisen sich katholische Partner als wichtige Hilfen.[45] Gleichwohl ist auch der IVB längst nicht mehr eine rein protestantische Bewegung, mit Max Josef Metzger, Nikolaus Ehlen, Kaspar Mayr, und Herrmann Hoffmann haben auch katholische Christen großen Anteil an der Friedensarbeit der 20er Jahre im IVB. Insofern entsteht und entwickelt sich in den 20er Jahren die ökumenische

---

41 Meier, Hans (1990): Solange das Licht brennt. Lebensbericht eines Mitgliedes der neuhutterischen Bruderhof-Gemeinschaft, Klosters, 112. Vgl. ansonsten Baum, Markus (2013): Eberhard Arnold. Ein Leben im Geist der Bergpredigt, Schwarzenfeld 2013.

42 Vgl. dazu nur Höfling, Beate (1979): Katholische Friedensbewegung zwischen zwei Kriegen. Friedensbund Deutscher Katholiken 1917–1933 (Tübinger Beiträge zur Friedensforschung und Friedenserziehung). Waldkirch und Riesenberger, Dieter (1976): Die katholische Friedensbewegung in der Weimarer Republik, Düsseldorf.

43 Stratmann, Franziskus Maria O.P. (1924): Weltkirche und Weltfriede. Katholische Gedanken zum Kriegs- und Friedensproblem, Augsburg.

44 Berühmt geworden ist diese Position durch Alfredo Ottaviani, den späteren Kardinal und Sekretär des „Heiligen Offiziums", vgl. Cordovani, Mariano (1948): „Der Krieg ist völlig zu untersagen". Ein Kirchenrechtslehrer über den modernen Krieg und eine Stellungnahme des „Osservatore Romano", in: Dokumente. Internationale Beiträge zu kulturellen und sozialen Fragen 4. Jahrgang Heft 1, 1–4.

45 Vgl. zu diesem Aspekt Adenauer, Evelyne A. (2008): „In elfter Stunde". Hermann Hoffmann und sein Engagement für eine deutsch-polnische Verständigung und die Ökumene in der Zwischenkriegszeit, Münster und Nauerth, Thomas (2004): Vergebung und Versöhnung. Der Briefwechsel zwischen den deutschen und polnischen Bischöfen im Jahre 1965 und seine Vorgeschichte, in: Keryks. Internationale Religionspädagogisch-Katechetische Rundschau III, 159–172.

Bewegung fast beiläufig aus der praktischen gemeinsamen Friedensarbeit, eine Kultur gegenseitiger Rücksichtnahme in Bezug auf die konfessionellen Besonderheiten der je anderen Schwestern und Brüder wird entwickelt.

Beachtenswert und heute noch wegweisend ist, wie früh erkannt wurde, dass Völkerverständigung auch eine andere Bildung und Erziehung in den Völkern selbst bedarf. Vor allem ein Name ist hier zu erinnern, Elisabeth Rotten. Sie war von 1914 bis 1918 eine enge Mitarbeiterin von Friedrich Siegmund-Schultze, baute die „Auskunfts- und Hilfsstelle für Deutsche im Ausland und Ausländer in Deutschland" auf und war Mitbegründerin des „Bundes entschiedener Schulreformer" sowie bis 1921 Leiterin der pädagogischen Abteilung der „Deutschen Liga für Völkerbund". Eine Umsetzung dieser Anstöße im Bereich Friedenserziehung steht bis heute aus; auch da, wo immerhin die Kirchen relativ frei sind in der Gestaltung von Unterricht, nämlich im Religionsunterricht, wird Friedenserziehung bislang nicht als Leitmaxime verstanden.[46]

Am Ende der 20er Jahre war die Bewegung für den Frieden in den christlichen Kirchen so stark, dass eine „Arbeitsgemeinschaft der Konfessionen für den Frieden" gegründet werden konnte, wobei mit dem Wort „Konfessionen" auch andere Religionen gemeint waren. So gab es auch von jüdischer Seite aus durch den „Jüdischen Friedensbund" eine aktive Beteiligung.[47] Auch in der zionistischen Bewegung der 20er Jahre gab es Stimmen, die für Frieden, Ausgleich und Verständigung in Palästina warben.[48]

Allen Erfolgen, aller Aufbauarbeit, aller beginnenden internationalen Vernetzung zum Trotz, gelang es aber nicht, den Faschismus zu stoppen: „Der Gewaltglaube, niemals in den Seelen erloschen, brach vielmehr in der Zeit zwischen den beiden Kriegen im Herzen Europas mit wahrhaft dämonischer Urkraft auf."[49]

---

46 Vgl. zu den Anstößen der 20er Jahre diesbezüglich nur die Übersicht bei Simon, Werner (1991): Friedenserziehung im katholischen Religionsunterricht in der Zeit der Weimarer Republik (1918–1933), in: Religionspädagogische Beiträge 27, 153–164. Von Seiten des Versöhnungsbundes und der Quäker aus hat Agnes Martens-Edelmann die Erfahrungen von zwei Weltkriegen bereits 1947 umfassend ausgewertet und auf den Punkt gebracht: „Zum Einbau der Friedensfrage in den Schulunterricht" (Der Quäker, Heft 1/2).
47 Vgl. Barkai, Avraham (2005): Oscar Wassermann und die Deutsche Bank. München. Oscar Wassermann, 1923–1933 Vorstandssprecher der Deutschen Bank, war Mitgründer des Jüdischen Friedenbundes.
48 Vgl. nur Gordon, A.D. (1929): Erlösung durch Arbeit. Ausgewählte Aufsätze. Berlin: Aus dem Hebräischen übersetzt v. Victor Kellner. Zionistischer Bücher-Bund, und die Seite www.britshalom.org.
49 Mayr, Kaspar (1957): Der Andere Weg, 136f.

Friedensarbeit als Widerstand 1933–1945

Mit der Machtübernahme 1933 begann für die Kirchen generell und besonders für die kleinen Minderheiten, die in ihr Friedensarbeit betrieben, eine dunkle und schwere Zeit, ein „vernichtender Rückschlag" (Friedrich Siegmund-Schultze). Nikolaus Ehlen, der damalige Vorsitzende des IVB wurde inhaftiert und nur unter der Maßgabe freigelassen, den Versöhnungsbund aufzulösen. Friedrich Siegmund-Schultze wurde zur Ausreise in die Schweiz gezwungen. Auch der Friedensbund Deutscher Katholiken wurde 1933 verboten, Franziskus M. Stratmann OP, der auf den verwegenen Gedanken verfiel, offiziell zu protestieren, wurde verhaftet. Es war wohl dem Geschick seines Ordens zu verdanken, dass er bald freigelassen wurde. Er musste Deutschland verlassen und konnte sich schließlich bis 1945 in einem Dominikanerinnenkloster in Belgien versteckt halten.[50]

Doch Vereinsstrukturen sind nur äußere Hilfsmittel, die Arbeit ging weiter, im Versöhnungsbund z.b. wesentlich getragen von Wilhelm Mensching, einem evangelischen Pfarrer, der in dieser Zeit als Reisesekretär arbeitete. Zusammen mit den Quäkern gelang es ihm, geistigen Widerstand zu organisieren und kleine Zellen lebendig zu halten. Diskret wurde vor Ort in verschiedener Weise konkrete Hilfe geleistet, Mensching selbst beherbergte für fast ein Jahr eine junge Jüdin auf der Flucht in seinem Pfarrhaus.

Manche mussten ihren Widerstand in diesen Jahren mit dem Leben bezahlen. Hermann Stöhr, langjähriger Sekretär des deutschen Versöhnungsbundes, wurde 1940 hingerichtet, nachdem er sich seiner Einberufung widersetzte; Elisabeth von Thadden und Max Josef Metzger fielen Gestapospitzeln zum Opfer. Im Namen des deutschen Volkes wurden sie von Freisler zum Tod verurteilt. Mitten im Krieg und in einer Kultur tödlicher Gewalt wurden damals von einzelnen aber entscheidende geistliche wie geistige Grundlagen gelegt für Frieden und Verständigung nach dem II. Weltkrieg. Wir seien noch weit entfernt „von einer produktiven Rechenschaft über den gedanklichen Ertrag ihres Widerstandes und ihres Opfers", schreibt Heinrich Lutz 1964.[51] Die Rezeptionsgeschichte in Bezug auf Dietrich Bonhoeffer ist in diesem Zusammenhang eine herausragende Ausnahme, ähnlich wie auf katholischer Seite die allerdings erst spät einsetzende Wirkungsgeschichte der einsamen Entscheidung des oberösterreichischen Bauern Franz Jägerstätter, den Dienst in der deutschen Wehrmacht zu verweigern. „Sein Opfer hat eine tiefgehende Wirkung auf seine Kirche, in der heute Gewaltlosigkeit, Friedenschaffen und das Recht auf eigenes Gewissen eine hohe Priorität haben."[52] Wie die Einleitung der Selig-

---

50 Vgl. dazu Stratmann, Franziskus Maria (1962): In der Verbannung. Tagebuchblätter 1940–1947. Frankfurt/M.
51 Lutz, Heinrich (1964): Über die Verantwortung der Gläubigen im Zeitalter der Gewalt, 183.
52 Bruce Kent (2000): Inspiration Franz Jägerstätter. In: Pax Christi Oberösterreich (Hrsg) (2000): Franz Jägerstätter. Zur Erinnerung seines Zeugnisses. Eine Handreichung, 79.

sprechungsverfahren in Bezug auf Franz Stock und Max Josef Metzgers zeigen, beginnt sich in dieser Hinsicht langsam etwas zu ändern. Franz Stock betreute als Priester während der deutschen Besatzung in Paris in den Gefängnissen Fresnes, La Santè und Cherche Midi die französischen Häftlinge und begleitete die zum Tode Verurteilten. Stock hilft, wo er kann, und bleibt allen französischen Gefangenen, dem gesamten französischen Widerstand, unvergessen. Die deutsch-französische Aussöhnung nach dem II. Weltkrieg beruht geistlich gesehen wesentlich darauf, dass zumindest dieser eine Deutsche in Frankreich Mensch geblieben und kameradschaftlich gehandelt hat.[53] Insofern kann „zur Entgiftung des Hasses" nicht nur „ein mutiger Wahrheitsdienst" beitragen,[54] sondern ebenso ein mutiger Liebesdienst. Aussöhnung zwischen Völkern wird von Politikern besiegelt, erarbeitet aber immer durch die Begegnung einzelner Menschen.

Mauern überwinden und weltweite Perspektiven gewinnen 1945–1989

Neben der Teilung Europas in Ost und West mit den damit verbundenen Spannungen und Bedrohungsgefühlen sind es vor allem die neuen Fragen der furchtbaren atomaren Waffe, die diese Zeit und die Diskurse in den christlichen Kirchen prägen.

Der „Weltbund für Freundschaftsarbeit der Kirchen" löste sich kurz vor Gründung des „Ökumenischen Rates der Kirchen" (ÖRK) auf, damit entfiel ein wichtiger kirchlicher Akteur im Themenfeld Frieden. Die erste Tagung des ÖRK 1948 in Amsterdam formulierte zwar einerseits „Krieg steht im Widerspruch zu dem Willen Gottes", dokumentierte andererseits aber auch die Uneinigkeit in der Frage, welche praktischen Konsequenzen für den einzelnen und für die Kirche insgesamt daraus zu ziehen sind.[55] Diese Uneinigkeit zeichnet die kirchlichen Stellungnahmen bis heute in allen Volkskirchen durchgehend aus.

Von Hoffnungen auf eine radikale Änderung kirchlicher Haltung zu Krieg und Frieden bewegt war auf katholischer Seite zunächst die Geburtsstunde von Pax Christi. Französische Bischöfe riefen gegen Ende des II. Weltkriegs zu einem Kreuzzug des Gebetes für den Frieden in der Welt auf. Aus diesem Geist entstand die Pax-Christi-Bewegung. „Ich bringe euch den Bruderkuss des christlichen Frankreich, einen Kuss, der Verzeihung gewährt und solche sucht, das heißt den Kuss der Versöhnung."[56] Doch es zeigte sich bald, dass

---

53 Vgl. zu Franz Stock jetzt nur Raymond Loonbeek (2015): Franz Stock – Menschlichkeit über Grenzen hinweg, franz. Originaltitel: Franz Stock: La fraternité universelle.
54 Siegmund-Schultze, Friedrich (1946): Die Überwindung des Hasses, 24.
55 Vgl. Text und Interpretation bei Mayr, Kaspar (1957): Der andere Weg, 275f.
56 So Bischof Theas bei der Gründung der deutschen Sektion von Pax Christi 1948 in Kevelaer. Vgl. Mollis, Hans Heinz (1948) (Hrsg.): Der Weg in den Frieden. Erste Internationale Arbeitstagung der „Pax Christi" Kevelaer 1. bis 4. April 1948, Köln.

die hochgesteckten Erwartungen, die ein Franziskus Maria Stratmann bei der Gründung von Pax Christi in Kevelaer noch gehabt hatte,[57] schnell verflogen. Die 50er Jahre waren in Deutschland vor allem für katholisch friedensbewegte Christen eine dunkle Zeit, die katholische Hierarchie unterstützte den auf Wiederaufrüstung zielenden Kurs Adenauers und erreichte, das einerseits der Friedensbund Deutscher Katholiken nicht wieder auflebte und andererseits Pax Christi einen weithin unpolitischen Charakter erhielt. Es entsteht daher im Rahmen des Internationalen Versöhnungsbundes eine „Arbeitsgemeinschaft" friedensbewegter Katholiken. Wenige katholische Stimmen des Friedens waren in Deutschland damals zu hören, am lautesten war wohl die Stimme eines Dichters, Reinhold Schneider. Nach Jahren der Anfeindung erhält er 1956 den Friedenspreis des Deutschen Buchhandels: „Wer den Frieden will in der Geschichtswelt, kann dem Vorwurf der Torheit nicht entgehn. Es ist fast unvermeidlich, daß er in Gesellschaft von Narren gerät. Aber besser auf einem Narrenschiff reisen als auf einem Flugzeugträger."[58]

Erst mit dem Pontifikat von Johannes XXIII. und dem Zweiten Vatikanischen Konzil ändert sich die Situation innerhalb der katholischen Kirche auch in Deutschland. Die Enzyklika *Pacem in Terris* von Johannes XXIII., vor allem aber die Aussagen zu Krieg und Frieden in der Konzilserklärung *Gaudium et Spes* waren Meilensteine, hinter denen nicht mehr zurückgegangen werden konnte. Nicht der Kommunismus wurde auf diesem Konzil exkommuniziert, sondern der moderne totale Krieg: „Jede Kriegshandlung, die auf die Vernichtung ganzer Städte oder weiter Gebiete und ihrer Bevölkerung unterschiedslos abstellt, ist ein Verbrechen gegen Gott und gegen den Menschen, das fest und entschieden zu verwerfen ist."[59] Hinzu kam, dass mit Paul VI ein Papst diese Impulse mit großer Leidenschaft fortgeführt hat. Wegweisend waren seine Ansprache vor der UNO 1965, aber auch die Ausrufung des 1. Januar zum Weltfriedenstag.

Auf protestantischer Seite sah die friedensethische Diskussion seit den 50er Jahren etwas anders aus. Aus der bekennenden Kirche fanden einige evangelische Theologen (u.a. Martin Niemöller, Heinz Kloppenburg, Ernst Wilm) den Weg zum Versöhnungsbund und zu einer deutlichen Position in Bezug auf die Frage einer Wiederaufrüstung der Bundesrepublik und die Ende der 50er Jahre drohende atomare Bewaffnung. Es kam zu heftigen innerkirchlichen Auseinandersetzungen. Offizielle Position der evangelischen Kirchen in Deutschland

57 Vgl. ebd. 119–123 („Bericht I. Religiöser Arbeitskreis").
58 Schneider, Reinhold (1956): Dankesrede zur Verleihung des Friedenspreises des Deutschen Buchhandels (www.friedenspreis-des-deutschen-buchhandels.de/sixcms/media.php/1290/1956_schneider.pdf [Zugriff: 29.9.2015].
59 II. Vatikanisches Konzil: Pastoralkonstitution über die Kirche in der Welt von heute. Gaudium et Spes, 7.12.1965; zitiert nach: Sekretariat der Deutschen Bischofskonferenz (Hrsg.) (o.J.): Dienst am Frieden. Stellungnahmen der Päpste, des II. Vatikanischen Konzils und der Bischofssynode. Von 1963–1980 (Verlautbarungen des Apostolischen Stuhls 23), Bonn, 60–69. 63.

aber wurden nicht nur in der Frage der Atomwaffen die 1959 entwickelten „Heidelberger Thesen". Zwar wurde in diesen Thesen konzediert, dass der „Weltfrieden [...] zur Lebensbedingung des technischen Zeitalters" geworden sei, es wurde auch betont, dass Notwendigkeit bestehe, den Krieg abzuschaffen, entscheidend aber war die Formulierung: „Die Kirche muss den Versuch, durch das Dasein von Atomwaffen einen Frieden in Freiheit zu sichern, als eine heute noch mögliche christliche Handlungsweise anerkennen." Damit war der Status quo sozusagen ethisch legitimiert, zumal keine Selbstverpflichtung eingegangen wurde, das „heute noch" kontinuierlich zu überprüfen. Die beim Deutschen Evangelischen Kirchentag 1967 geprägte Formel „Friedensdienst mit und ohne Waffen" brachte es dann auf eine kurze Formel. Die besondere Stellung der Militärseelsorge dokumentiert diese Unentschiedenheit bis heute deutlich.

Aus dem Aufruf der Vollversammlung des ÖRK in Nairobi 1975 an die Kirchen, „ihre Bereitschaft (zu) betonen, ohne den Schutz von Waffen zu leben und bedeutsame Initiativen (zu) ergreifen, um auf eine wirksame Abrüstung zu drängen",[60] entstand zwar die Initiative „Ohne Rüstung leben", eine bis heute aktive Basisorganisation. Eine Änderung der friedensethischen Position innerhalb der EKD erfolgte aber nicht, erst die Synode des Bundes der Evangelischen Kirchen in der DDR formulierte 1983 eine Absage an „Geist, Logik und Praxis der Abschreckung"

Es gelang auch nicht, trotz der Tatsache, dass Niemöller und Wilm für längere Zeit wichtige kirchenleitende Positionen einnahmen, die in Deutschland an den Universitäten gelehrte evangelische Theologie entscheidend zu verändern. Zusammen mit den historischen Friedenskirchen (Church of the Brethren, Quäker, Mennoniten) versuchte der Versöhnungsbund mit den protestantischen Großkirchen bereits in den 50er Jahren in einen theologischen Dialog über Krieg und Frieden zu treten. Eine Erklärung „Friede ist der Wille Gottes" wird 1953 veröffentlicht und 1955 begann auf europäischer Ebene eine Reihe von theologischen Dialogen unter Einbezug von friedenskirchlichen Theologen, u.a. über die Beziehung von Ekklesiologie und Friedensethik (sog. Puidoux-Konferenzen). Ein neues Netzwerk mit dem Namen „Church and Peace" entstand in diesem Zusammenhang. Immerhin gelang es allmählich, dass zumindest den Kriegsdienstverweigerern auch innerhalb der Volkskirchen kirchliche Anerkennung zuteil wurde.[61] 1957 erfolgt die Gründung der Zentralstelle für Recht und Schutz der Kriegsdienstverweigerer aus Gewissensgrün-

---

60 Zitiert nach: Huber, Wolfgang/Reuter, Hans-Georg (1990): Friedensethik, Stuttgart, 165.
61 Vgl. den Beschluss der Synode der Evangelischen Kirche in Deutschland im Jahre 1950: „Wir begrüßen es dankbar und voller Hoffnung, dass Regierungen durch ihre Verfassung denjenigen schützen, der um seines Gewissens willen den Kriegsdienst verweigert. Wir bitten alle Regierungen dieser Welt, diesen Schutz zu gewähren. Wer um des Gewissens willen den Kriegsdienst verweigert, soll der Fürsprache und der Fürbitte der Kirche gewiss sein ..."

den e.V. mit Unterstützung aus den evangelischen Landeskirchen, Friedrich Siegmund-Schultze wird ihr erster Vorsitzender. Dabei ist der Blick allerdings noch nicht darauf gerichtet, die jungen Kriegsdienstverweigerer zu Friedensarbeitern zu schulen, das von Wilhelm Mensching in Bückeburg gegründete sog. „Freundschaftsheim" war als erster Versuch, Friedensarbeiter systematisch auszubilden in Deutschland lange ein Unikat.

Allmählich weitet sich zudem der Blick auf den Süden dieser Welt, ablesbar am auch für den deutschen Versöhnungsbund sehr wichtigen und inspirierenden Wirken von Hildegard Goss-Mayr und Jean Goss als Reisesekretäre des Internationalen Versöhnungsbundes, aber auch an der Gründung eines internationalen christlichen Friedensdienstes 1957, mit dem Ziel, unter dem programmatischen Namen „Eirene" Friedenstheologie in die Praxis einer Solidarität mit Marginalisierten und Unterdrückten umzusetzen. Stärker noch als in der Weimarer Republik differenziert sich der Arbeitsbereich Frieden nun in einzelne Organisationen aus. Es entstehen allmählich weitere spezielle Friedensdienste (u.a. 1958 „Aktion Sühnezeichen"), die sich 1968 dann zusammenschließen zur „Aktionsgemeinschaft Dienst für den Frieden" (AGDF).

Im Kalten Krieg und in einem gespaltenen Europa gewann Versöhnungsarbeit eine neue Bedeutung, obwohl sie angesichts eines „eisernen Vorhangs" nur unter großen Schwierigkeiten durchzuführen war. In Bezug auf Begegnungen in Polen und mit polnischen Menschen wurden auch deswegen die ersten und wichtigsten Kontakte von österreichischer Seite aus geknüpft.[62] In Deutschland war die Frage nach adäquater Beziehung zu dem zweiten deutschen Staat in den 50er Jahren ein intensiv diskutiertes Thema: „Im Blick auf die höchst gefährdete Lage unseres Volkes bitten wir alle Deutschen, insbesondere aber alle Christen, im politischen Kampf sich dessen bewußt zu bleiben, daß auch der Gegner unser Bruder ist, der Anspruch darauf hat, daß wir seine Überzeugung achten (…) und zur Zusammenarbeit mit ihm in allen guten Dingen bereit sind."[63] Ende der 50er Jahre entstand dann ein ökumenisches Netz, das zu einer Zusammenarbeit von Theologen und Kirchenführern aus West und Ost führte, die Christliche Friedenskonferenz (CFK), deren Sitz in Prag war.

Der gewaltfreie Kampf der afroamerikanischen Bürgerrechtsbewegung um Martin Luther King in den 60er Jahren in den USA lenkte den Blick verstärkt auf die Möglichkeiten gewaltfreien Handelns. Von einiger Relevanz für die innerkirchlichen Diskurse waren auch die radikalen Pflugscharaktionen die in den USA im Rahmen der umfangreichen Proteste gegen den Vietnamkrieg stattfanden, beginnend mit der Verbrennung von Einberufungsakten in Catonsville

---

62   Vgl. dazu die Schilderung bei Goss-Mayr, Hildegard (1996): Wie Feinde Freunde werden. Mein Leben mit Jean Goss für Gewaltlosigkeit, Gerechtigkeit und Versöhnung, Freiburg/Basel/Wien. Vgl. auch Mayr, Hildegard (1957): Christen sehen Moskau, in: Der Christ in der Welt Jahrgang VII Heft 5, 140–146.
63   IVB, Ein Wort zur Bundestagswahl. Flugblatt (6.9.1953) http://archiv2.fes.de/objekt_start.fau?prj=fes&dm=Flugschriften&ref=3764#1 [Zugriff: 29.9.2015].

1968. Die Experimente mit der Wahrheit, von der Gandhi sprach, setzten sich fort. Sie wurden in Deutschland durch die politologischen Arbeiten von Theodor Ebert auch wissenschaftlich reflektiert.[64] Gleichwohl gelang es nicht, eine breite Debatte über gewaltfreie Handlungskonzepte in Deutschland zu verstetigen, was gerade die innerkirchliche friedensethische Debatte bis heute belastet. Mit der Gründung des „Bundes für Soziale Verteidigung (BSV)" wurde 1989 dann versucht, eine Organisation zu schaffen, die der Idee militärischer Verteidigung eine kraftvolle Alternative entgegensetzen konnte. Dann aber „kam die Zeit von 1989/90, Jahre einer beispiellosen politischen Wende, Jahre der Wunder, die jede andere Häufung politischer Umwälzungen in der Geschichte übertrafen. (...) Die Menschheit hat in ihrer ganzen Geschichte noch nie einen solchen Aufschwung gewaltloser Befreiung erlebt."[65] Horst Sindermann vom Zentralkomitee der SED formulierte es nüchterner: „Wir hatten alles geplant, wir waren auf alles vorbereitet, nur nicht auf Kerzen und Gebete."[66]

Die Gebete fanden vor allem in den evangelischen Kirchen in der DDR statt. Über die Jahre hinweg war die evangelische Kirche dort in die Rolle eines gesellschaftlichen Katalysators hineingewachsen, immer wieder orientiert am und fokussiert auf das Thema Frieden.[67] Es begann in den 70er Jahren mit lokalen Friedensseminaren (Meißner Friedensseminaren), es wurde öffentlich u.a. mit dem Streit um die Aufnäher „Schwerter zu Pflugscharen" und schließlich 1986 mit dem Aufruf zur Ökumenischen Versammlung, die dann vom 12.2 bis 15.2.1988 in Dresden stattfand. „Kirchen waren in dieser Zeit fast der einzige Raum, in dem politische Gedanken ungestört entwickelt werden konnten."[68] Den Kirchen in der DDR gelang auch in der internationalen Ökumene ein wichtiger Anstoß: „die ökumenische Versammlung für Gerechtigkeit, Frieden und Bewahrung der Schöpfung. 1983 bei der Weltkirchenkonferenz in Vancouver, Kanada, hatten DDR-Delegierte einen weltweiten ‚Konziliaren Prozess' zu diesen Überlebensfragen der Menschheit angeregt, der dann auch beschlossen wurde."[69] In der BRD nahm der Kirchentag in Düsseldorf mit dem Aufruf

64 Ebert, Theodor (1968): Gewaltfreier Aufstand. Alternative zum Bürgerkrieg, Freiburg.
65 Wink, Walter (2014): Verwandlung der Mächte. Eine Theologie der Gewaltfreiheit, Regensburg, 104.
66 Vgl. www.stiftung-fr.de/Keine-Gewalt.8.0.html [Zugriff: 29.9.2015].
67 Vgl. den Gesamtüberblick bei Mau, Rudolf (2005), Der Protestantismus im Osten Deutschlands (1945–1990), Leibzig, der von „Gesellschaftliche Diakonie zur Friedlichen Revolution" spricht (ebd. 170ff.).
68 Albrecht, Rudolf (2010): „Ein Floh macht einem Löwen oft mehr zu schaffen als ein Löwe einem Floh", in: Jesse, Eckhard/Schubert, Thomas (Hrsg.): Zwischen Konfrontation und Konzession. Friedliche Revolution und deutsche Einheit in Sachsen, Berlin, 111–127. 125. Weiter heißt es: „Und was für ein Glück, dass sich die Gebetsandachten in den Kirchen als Ausgangspunkte für Demonstrationen erwiesen. So konnte die Botschaft der Bergpredigt Jesu: ‚Keine Gewalt!' und ‚Liebet eure Feinde' vertieft werden und die Atmosphäre auf der Straße bestimmen. Keine Gewalt – das wurde gepredigt, erbeten und gelebt."
69 Albrecht, Rudolf (2010): „Ein Floh macht einem Löwen oft mehr zu schaffen als ein Löwe einem Floh", 122.

von Carl Friedrich von Weizsäcker die Idee eines „konziliaren Prozesses" auf. Europäischer Höhepunkt dieses Prozesses war die Versammlung in Basel 1989 unter dem Titel „Frieden in Gerechtigkeit", 1990 folgte eine Weltversammlung in Seoul. Doch dieser konziliare Prozess führte nicht zur Verwirklichung des Traumes von Bonhoeffer und Metzger, dass die Kirche mit einer Stimme „ihren Söhnen im Namen Christi die Waffen aus der Hand nimmt und ihnen den Krieg verbietet und den Frieden Christi ausruft über die rasende Welt"[70] Immerhin aber wurde nachhaltig der enge unauflösbare Zusammenhang von Gerechtigkeit, Frieden und klarer ökologischer Orientierung in die innerkirchlichen Diskurse eingetragen.

Die Rückkehr der Kriege stoppen, Gewaltfreiheit professionalisieren, endlich Friedenskirche werden – 1989–2014

Es gab viele (Friedens-)Träume rund um die gewaltlosen Aufstände und den dadurch bedingten Zusammenbruch des sog. Ostblocks. Gerade auch in Deutschland waren die Erwartungen hoch. Doch Menschen vergessen schnell und inzwischen ist es eine eigene Aufgabe gerade der verschiedenen kirchlichen Friedensorganisationen, die Erinnerung daran wach zuhalten, dass es nicht staatliche Machtpolitik, sondern die machtlose Gewaltfreiheit von unten gewesen war, die die versteinerten Verhältnisse im Ostblock zum Einsturz geführt hat – unter starker Beteiligung christlicher Gruppen und Kirchen. Es gibt auch wenig Hinweise, dass die Kirchen im vereinigten Deutschland eine große Bereitschaft haben, auf die Erfahrungen der Kirchen in der Zeit des DDR-Sozialismus lernend zurückzublicken, die bleibend aktuelle Erkenntnis, dass Kirche „'Salz der Erde' und nicht ‚Marmelade ihres Landes' (Werner Krusche)"[71] zu sein hat, findet sich in den aktuell kursierenden pastoralen Zukunftspapieren weder auf evangelischer noch auf katholischer Seite. Geblieben aus dem Erbe der Erfahrungen der Kirche im Sozialismus ist immerhin die „Friedensdekade", die in jedem Jahr im November mit ihrem in der DDR so einflussreichen Logo „Schwerter zu Pflugscharen" den Gemeinden ein Angebot macht, ihre ureigene Aufgabe neu zu entdecken.[72] Durchgesetzt hat sich ansonsten nach 1989 politisch wie kirchlich das Übliche: Militär und (Nato-)Bündnis, inklusive Militärseelsorge. Und seit 1990 erklingt von den politischen Eliten in Deutschland in immer wieder neuer Variation der Ruf aus 1 Sam 8: „Wir wollen auch so sein wie andere Völker." Die Bundeswehr wird umgebaut zu einer Armee, die man auch einsetzen kann, das letzte Mittel Militär wird immer mehr zum äußersten Mittel des normalen außenpolitischen Geschäfts. Ebenso wie die

---

70 Bonhoeffer, Dietrich (1934): Rede auf der Fanö-Konferenz (28.8.1934
71 So Albrecht, Rudolf (2010): „Ein Floh macht einem Löwen oft mehr zu schaffen als ein Löwe einem Floh", 127.
72 Vgl. www.friedensdekade.de.

Kirchen insgesamt mussten auch die kirchlichen Friedensbewegungen neu lernen, gegen Krieg aufzustehen, auch wenn dieser Krieg im moralischen Gewand daherkommt. Auffällig war, wie wenig Kirchenleitung(en) bei diesem Lernprozess das Gespräch mit den NGOs in ihrem Umfeld suchten. „Humanitäre Intervention" und „responsible to protect" sind Ausdrücke, unter denen die alte Tradition bedingter Kriegsrechtfertigung neues Leben gewann, gerade auch in kirchlichen Kreisen. Dagegen gilt es festzuhalten: „Der Abwurf von Bomben auf Menschen ist Mord, unabhängig davon, ob Täter und Opfer Uniformen tragen oder nicht."[73] Während in den Kriegen im und um das ehemalige Jugoslawien kirchliche Rechtfertigungsversuche nach altem Bellum-Justum-Modell noch häufig zu hören waren, wurde bei den Kriegen im Gefolge des 11.9..2001 die Skepsis auch bei deutschen Kirchen erkennbar stärker. Ein Höhepunkt war diesbezüglich die nahezu einhellige Ablehnung des Irakkrieges 2003. „Zum ersten Mal in der Geschichte nehmen christliche Kirchen jeglicher Denomination weltweit, mit großem Engagement und mit klarer Argumentation, negativ Stellung zu einem Krieg, bevor dieser begonnen hat. Die Vertreter des Glaubens werden zur Stimme der Vernunft."[74] Diesmal agierten auch die nationalen Bischöfe und Bischofsversammlungen mit dem Papst zusammen.

Mit der Dekade „Gewalt überwinden", ausgerufen auf der ÖRK-Vollversammlung 2001, sollte noch einmal ein Anstoß zu einer Veränderung der Kirchen in Richtung einer Friedenskirche gegeben werden. Diese Dekade hat viele Aktivitäten angestoßen, die Kirchen selbst zumindest in Deutschland aber unverändert gelassen. So scheiterte auch die im Rahmen dieser Dekade vom deutschen Versöhnungsbund initiierte Kampagne zu einer definitiven Abkehr von Confessio Augustana Art. 16. Dieser 16. Artikel einer der zentralen reformatorischen Bekenntnisschriften, schreibt fest, „dass Christen ohne Sünde (...) Übeltäter mit dem Schwert bestrafen [und] rechtmäßig Kriege führen" können und dass diejenigen verdammt sind, „die lehren, dass das oben Angezeigte unchristlich sei".[75] Die friedensethische und friedenstheologische Neubesinnung, die die badische Landeskirche in den letzten Jahren eingeleitet hat, ist demgegenüber ein wirkliches Hoffnungszeichen. Nach einem zweijährigen Konsultationsprozess in allen Kirchenbezirken wurde 2013 ein Positionspapier auf der Landessynode unter dem Titel „Richte unsere Füße auf den Weg des Friedens"

---

73 Erklärung des Internationalen Versöhnungsbundes, deutscher Zweig, zum Krieg im Kosovo (www.versoehnungsbund.de/1999-erklaerung-kosovo) [Zugriff: 29.9.2015].
74 Nauerth, Thomas (2003): In the name of the Prince of Peace – Christliche Kirchen als friedliche Stimme der Vernunft = Dossier Nr. 43. Wissenschaft & Frieden 2003.
75 So der Text nach dem aktuellen Evangelischen Gesangbuch (Ausgabe für die EKiR, EKvW und die Lippische Landeskirche, 1370). Im Originaltext von 1530 stand noch „Hiermit werden die Wiedertäufer verdammt, die ...". Aus ökumenischer Rücksicht auf die aus der täuferischen Bewegung hervorgegangenen Kirchen (u.a. Mennoniten, Hutterer) wurde diese Präzisierung im Gesangbuch weggelassen, mit der Folge, dass aktuell alle Pazifisten verdammt werden.

verabschiedet, das sich dadurch auszeichnet, das es konkrete Arbeitsaufträge und Selbstverpflichtungen enthält und so erstmals ein mehrjähriges Programm zur Friedensarbeit einer Landeskirche entwirft. Dieser Beschluss einer deutschen Landeskirche nimmt quasi die „Einladung zum Pilgerweg der Gerechtigkeit und des Friedens", die die ÖRK-Vollversammlung am 8.6.2014 formuliert hat, vorweg.[76]

Damit enden hundert Jahre kirchlicher Neubesinnung bezüglich des Themenbereichs Frieden mit einer Einladung, erneut aufzubrechen. Das scheint ein überaus sachgerechter Schlusspunkt zu sein. Noch ist das Ziel nicht erreicht, aber immerhin, einiges hat sich deutlich verändert in diesen hundert Jahren:

- Einzelne gewaltfreie Verfahren, wie Mediation und Methoden gewaltfreier Konfliktlösung, sind allmählich in den gesellschaftlichen Mainstream eingewandert. Auch die Etablierung von gewaltfreien Friedensdiensten („Christian Peacemaker Teams"; „Peace Brigades International"; „Forum Ziviler Friedensdienst") ist ein wichtiger Schritt hin zu einer Gesellschaft, die tötende Gewalt als Mittel nicht mehr braucht. Die Vorgeschichte zur Gründung des „Forum Ziviler Friedensdienst" zeigt, was Kirchen (hier die Berlin-Brandenburgische Kirche) in Zusammenarbeit mit Erfahrungen aus NGOs und Friedensforschung in diesem Bereich gesellschaftlich positives bewirken können.[77] Was Kirchen auf diesem Feld selbst zu leisten imstande sind, zeigt das vom ÖRK angestoßene „Ecumenical Accompaniment Programme in Palestine and Israel (EAPPI)" zur Unterstützung der ökumenischen Partner im heiligen Land. Hier wird zum ersten Mal von offizieller kirchlicher Seite aus direkte gewaltfreie Intervention in heißen Konflikten protegiert und zugleich ein ökumenisch bemerkenswertes Zeugnis für die internationale Solidarität christlicher Kirchen gegeben.
- Die aus christlichen Ursprüngen stammenden Basisbewegungen haben sich in den letzten hundert Jahren deutlich verändert. Man könnte formulieren, dass auch ursprünglich sehr kirchlich orientierte Basisorganisationen am allgemeinen Prozess der Verdunstung des Christlichen in der Postmoderne aktiv partizipieren. Der Dienst an den Kirchen umfasst heute nur eine Facette der Arbeit dieser NGOs. Menschen mit ganz verschiedenen geistigen und geistlichen Hintergründen sammeln sich hier, zusammengehalten von der Überzeugung, dass die Sache des Friedens in dieser Welt den Einsatz lohnt. Das diesen Organisationen paradoxerweise gerade durch diese Entwicklung inzwischen auch eine wichtige Funktion für die Weitergabe des christlichen Glaubens in diesem Land zukommen kann, weil sie immer wieder einmal über die Sache des Friedens Menschen mit christlicher Tradition in Verbindung bringen und in die Friedensbewe-

---

76 Vgl. www.oikoumene.org/de/resources/documents/central-committee/geneva-2014/an-invitation-to-the-pilgrimage-of-justice-and-peace [Zugriff: 29.9.2015].
77 Vgl. Evangelische Kirche in Berlin-Brandenburg – EkiBB (Hg.) (1994): Ziviler Friedensdienst. Einsatzgruppen für eine Politik mit gewaltfreien Mitteln, Berlin.

gungen allgemein eine spirituelle Komponente hineintragen, wird weithin nicht beachtet.
- Es fehlt in Deutschland eine breitere Debatte über Gewaltfreiheit als Haltung wie als Methode. Eine Nachdenklichkeit über bzw. eine Sensibilität für eine „Politik ohne Gewalt"[78] ist noch immer nicht entwickelt. Dies gilt gesellschaftlich wie innerkirchlich. Gerade die kirchliche Friedensethik leidet unter diesem blinden Fleck, da sie ihre grundsätzlich kritische Haltung in Bezug auf tötende Gewalt als Mittel nicht mit einer positiven Alternative zu verknüpfen versteht. Auch die oft pathetisch beschworene kopernikanische Wende vom Konzept gerechter Krieg hin zum Konzept gerechter Frieden[79] scheitert bislang letztlich an dieser Leerstelle. Die Gewaltfreiheit Jesu wird in ihrer programmatischen Bedeutung für kirchliches Handeln heute weithin immer noch nicht erkannt.
- Es fehlt in Deutschland zudem eine akademisch theologische Verankerung von Friedenstheologie. Während in Frankreich u.a. durch André Trocmé und Jean Lasserre, in England durch George McGregor, in den Niederlanden durch Hannes de Graf und vor allem in den USA durch John Howard Yoder, Walter Wink, Stanley Hauerwas eine beachtenswerte theologische Arbeit geleistet wurde, die z.T. auch an den Universitäten, also den theologischen Ausbildungsstätten verankert war und ist, hat sich in Deutschland die akademische Theologie bislang dem Thema Frieden nicht entscheidend genähert.[80] Mit wechselnden Partnern versucht der deutsche Versöhnungsbund seit einiger Zeit wichtige Arbeiten wieder zugänglich zu machen (vgl. www.friedenstheologie.de). Auch von Seiten der mennonitischen Gemeinden werden diesbezüglich in jüngster Zeit einige wichtige Anstöße gegeben (vgl. die „Arbeitsstelle Theologie der Friedenskirchen" an der Universität Hamburg).
- Theologisch wird zu klären sein, ob christliche Friedenstheologie wirklich unter dem Slogan „gerechter Friede" sinnvoll zu entwerfen ist[81] oder ob nicht doch eher die nordamerikanische Tradition einer Befreiungstheologie weiterführend ist. Diese Befreiungstheologie ist eng verbunden mit Person und Werk von William Stringfellow und vor allem von Walter

---

78 Vgl. das gleichnamige Buch von Egon Spiegel und Michael Nagler (2008): Politik ohne Gewalt. Prinzipien, Praxis und Perspektiven der Gewaltfreiheit,
79 Auch bezüglich dieses Terminus scheinen die Kirchen der DDR stilprägend gewesen zu sein: „Mit der notwendigen Überwindung der Institution des Krieges kommt auch die Lehre vom gerechten Krieg, durch welche die Kirchen den Krieg zu humanisieren hofften, an ein Ende. Daher muss schon jetzt eine Lehre vom gerechten Frieden entwickelt werden" (Kirchenamt der EKD (Hrsg.) (1991): Ökumenische Versammlung für Gerechtigkeit, Frieden und Bewahrung der Schöpfung Dresden – Magdeburg – Dresden, 32).
80 Bücher wie Spiegel, Egon (1987): Gewaltverzicht. Grundlagen einer biblischen Friedenstheologie, haben keine bleibenden Spuren hinterlassen.
81 Die deutschen Bischöfe (66), Gerechter Friede, Sekretariat der Deutschen Bischöfe (Hg.) Bonn, 27.9.2000 Nr. 110

Wink. Für Wink stecken wir fest in einem Herrschaftssystem, stabilisiert durch den Mythos erlösender Gewalt. Wir haben daher zu kämpfen nicht gegen Fleisch und Blut, sondern gegen geistige Mächte und Gewalten. Wir haben zu träumen und wir haben daran zu arbeiten, dass die Verwandlung der Mächte, ihre Rückführung auf die ihnen von Gott gewiesenen Aufgaben gelingt. „Theology for a new millenium", so nannte Wink seine zusammenfassende kleine Studie „The Powers That Be", die seit kurzem endlich auch auf Deutsch zu lesen.[82]

- Gesellschaftlich wie innerkirchlich ist weiter beharrlich daran zu arbeiten, den Glauben an die erlösende Kraft der Gewalt, diese wahre Religion unserer Gegenwart (Walter Wink) aus Köpfen und Herzen endgültig zu verbannen. Eine Vision einer Gesellschaft, die tötende Gewalt als Handlungsoption weder will noch braucht, wäre dringend zu erarbeiten, um allen humanitären Interventionisten in den weltlichen wie kirchlichen Schreib- wie Amtsstuben dieser Republik entgegentreten zu können.

In dunkler friedenethischer Zeit hat Franziskus M. Stratmann OP formuliert: „Die Tatsache, dass in unserer Kirche ein übernatürlicher Weltorganismus gegeben ist, ein Friedenspotential, das zwar quantitativ, kaum aber qualitativ noch übertroffen werden kann, bleibt bestehen. Freilich, seine Güte ist objektiv. Die subjektive Ausnützung lässt viel zu wünschen übrig."[83] Diese Worte sind nach wie vor gültig. Immerhin, in den letzten hundert Jahren wurde das Friedenspotential wie noch nie in der Geschichte des Christentums hier in Europa erkannt, beschrieben und beschworen. „Das Volk des menschenfreundlichen Gottes würde seine Aufgabe verfehlen, wenn es nicht der Menschheit zu dem Frieden verhelfen suchte, welcher die Alternative zu ihrem Selbstmord ist."[84] Auch von kirchenleitender Seite aus sind Texte verabschiedet worden, die sehr ähnlich klingen und die vor 100 Jahren undenkbar waren: „Mitten in einer Welt voll Krieg und Gewalt kann die Kirche nicht als Sakrament des Friedens wirken, wenn sie sich anpasst. Diese Welt braucht keine Verdoppelung ihres Unfriedens durch eine Religion, die zu allem Ja und Amen sagt. (…) Der Widerstand gegen den Unfrieden und die Mächte des Todes in dieser Welt stellt (…) keine beiläufige Ergänzung kirchlichen Lebens dar, sondern muss es von Grund auf formen."[85]

Der Konjunktiv wäre allerdings in diesem Text der deutschen Bischöfe ehrlicher gewesen. Denn noch formt der Widerstand gegen den Unfrieden und

---

82 Wink, Walter (2014): Verwandlung der Mächte. Eine Theologie der Gewaltfreiheit, Regensburg.
83 Stratmann, Franziskus Maria (1950): Krieg und Christentum heute, Trier, 22. Vgl. zum aktuellen Stand der Dinge Mokrosch, Reinhold/Held, Thomas/Czada, Roland (Hrsg.) (2013): Religionen und Weltfrieden. Frieden- und Konfliktlösungspotenziale von Religionsgemeinschaften, Stuttgart.
84 Walter Dirks (1967): Vorwort. In: Ders. (Hrsg.), Friede im Atomzeitalter, Mainz, 7–17.16.
85 Die deutschen Bischöfe (66), Gerechter Friede, Sekretariat der Deutschen Bischöfe (Hg.) Bonn, 27.9.2000 Nr. 90.

die Mächte des Todes in dieser Welt die Kirchen Europas nicht grundlegend. Die Bedingungen dafür aber sind gelegt, an der Verwandlung der kirchlichen Mächte allerdings wird diesbezüglich wohl noch länger zu arbeiten sein. Es geht darum, dass die Kirchen Europas so „auf Gottes Willen für diese Welt antworten", dass sie „Gemeinschaften der Gerechtigkeit und des Friedens werden"[86], denn, wie es inzwischen von katholischer Seite aus heißt, die „Kirche ist berufen, eine Friedenskirche zu sein, eine Frieden stiftende Kirche. Davon sind wir gemeinsam überzeugt."[87]

---

86 So die Zielvorgabe oder Vision des ÖRK (vgl. www.oikoumene.org/de/resources/documents/central-committee/geneva-2014/an-invitation-to-the-pilgrimage-of-justice-and-peace) [Zugriff: 29.9.2015].
87 „Called Together to be Peacemakers: Report of the International Dialogue between the Catholic Church and the Mennonite World Conference" Nr. 175, veröffentlich im Informationsdienst des Päpstlichen Rates zur Förderung der Einheit der Christen, N.113 (2003/II/III); inzwischen auch in deutscher Fassung unter www.mennoniten.de als Download.

Verzeichnis der Autorinnen und Autoren

Dr. Gerd Althoff ist Senior Professor für Mittelalterliche Geschichte an der Universität Münster.

Dr. Georg Cavaller ist Dozent am Institut für Philosophie der Universität Wien.

Dr. Regina Heller ist Wissenschaftliche Referentin am Institut für Friedensforschung und Sicherheitspolitik an der Universität Hamburg.

PD Dr. Oliver Hidalgo ist Privatdozent am Institut für Politikwissenschaft der Universität Regensburg und derzeit Vertretungsprofessor für Politische Theorie an der WWU Münster.

Dr. Christoph Kampmann ist Professor für die Geschichte der Frühen Neuzeit an der Universität Marburg.

Dr. Rüdiger Lohlker ist Professor für Islamwissenschaften an der Universität Wien.

Dr. Jean-Christophe Merle ist Professor für Philosophie an der Universität Vechta.

Dr. Thomas Nauerth ist außerplanmäßiger Professor und Privatdozent am Institut für Katholische Theologie der Universität Osnabrück.

Dr. Wolfgang Palaver ist Professor für Christliche Gesellschaftslehre an der Universität Innsbruck.

Dr. Dagmar Richter ist Professorin am und Mitglied des Instituts für Rechtswissenschaften der Polnischen Akademie der Wissenschaften in Warschau.

Dr. Bernhard Rinke ist Lehrbeauftragter am Institut für Sozialwissenschaften an der Universität Osnabrück und Mitglied des Zentrums für Demokratie- und Friedensforschung (ZeDF) an der Universität Osnabrück.

PD Dr. Ines-Jacqueline Werkner ist Wissenschaftliche Mitarbeiterin im Arbeitsbereich „Frieden und Nachhaltige Entwicklung" an der Forschungsstätte der Evangelischen Studiengemeinschaft e.V. (FEST) und Privatdozentin am Institut für Politikwissenschaft der Goethe-Universität Frankfurt a. M.